Die jüngere Entwicklung der kapitalmarktrechtlichen Beteiligungstransparenz

Europäische Hochschulschriften

European University Studies

Publications Universitaires Européennes

Reihe II **Rechtswissenschaft**

Series II Law

Série II Droit

Band/ Volume **5984**

Till Moritz Vogel

Die jüngere Entwicklung der kapitalmarktrechtlichen Beteiligungstransparenz

Analyse der Entwicklung der §§ 21 bis 30 WpHG im Rahmen des AnsFuG und der Umsetzung der Transparenzrichtlinie-Änderungsrichtlinie in systematischer, dogmatischer und rechtspolitischer Hinsicht

PETER LANG

Bibliografische Information der Deutschen Nationalbibliothek
Die Deutsche Nationalbibliothek verzeichnet diese Publikation in der Deutschen Nationalbibliografie; detaillierte bibliografische Daten sind im Internet über http://dnb.d-nb.de abrufbar.

Zugl.: Düsseldorf, Univ., Diss., 2017

D 61
ISSN 0531-7312
ISBN 978-3-631-74219-8 (Print)
E-ISBN 978-3-631-74590-8 (E-PDF)
E-ISBN 978-3-631-74591-5 (EPUB)
E-ISBN 978-3-631-74592-2 (MOBI)
DOI 10.3726/b13268

Peter Lang – Berlin · Bern · Bruxelles · New York · Oxford · Warszawa · Wien

Diese Publikation wurde begutachtet.

www.peterlang.com

Meiner Familie

Vorwort

Die vorliegende Arbeit wurde im Sommersemester 2017 von der Juristischen Fakultät der Heinrich-Heine-Universität Düsseldorf als Dissertation angenommen. Die mündliche Prüfung fand am 11. Juli 2017 statt.

An erster Stelle gilt mein herzlicher Dank meinem Doktorvater Herrn Prof. Dr. Ulrich Noack. Seine bereitwillige Betreuung und sein Vertrauen haben ganz wesentlich zur Erstellung dieser Arbeit beigetragen. Besonderer Dank gebührt auch Herrn Prof. Dr. Dieter Leuering, der das Zweitgutachten zu dieser Arbeit zügig erstellte.

Mein Dank gilt ferner all denjenigen Freunden und Kollegen, die zum Entstehen, Gelingen sowie der Vollendung dieser Arbeit beigetragen haben. Sie haben mir während der Promotionszeit sowohl auf persönlicher wie auch auf fachlicher Ebene mit Rat und Tat zur Seite gestanden.

Von Herzen bedanken möchte ich mich schließlich bei meiner Familie, insbesondere meinen Eltern, die mir eine sorgenfreie Ausbildung ermöglicht und mich stets in vielfältiger Weise unterstützt und gefördert haben, sowie meinem Bruder und meiner Frau für ihre Motivation und die vielfältige Unterstützung. Ohne ihren Rückhalt und ihre stets liebevolle Unterstützung wäre diese Arbeit nicht entstanden, ihnen ist sie gewidmet.

Düsseldorf, im September 2017 *Till Vogel*

Inhaltsverzeichnis

A. Einleitung

Auf den Kapitalmärkten[1] fand in der Vergangenheit eine rasante Entwicklung statt, die sich in Deutschland vor allem in ihrem raschen und mehrdimensionalen Wachstum seit den 1990er Jahren zeigte.[2] Zum einen weitete sich der Kreis der Marktteilnehmer erheblich aus. Nicht nur auf der Seite der Kapitalnachfrager nahm die Anzahl der kapitalmarktgebundenen Rechtsformen und deren Bereitschaft, ihren Finanzierungsbedarf über die Kapitalmärkte zu decken, rapide zu.[3] Auch auf der Angebotsseite traten viele neue Anleger, die Kapital zur Verfügung stellten, in den Markt ein.[4] Neben der öffentlichen Hand und privatwirtschaftlichen Unternehmen nahmen zunehmend auch private Haushalte an den Kapitalmärkten teil.[5] Zum anderen entwickelte sich aber auch das Angebot der auf den Kapitalmärkten vorhandenen Produkte und Dienstleistungen dynamisch fort.[6] Neben dem Anwachsen der Gesamtmenge bereits etablierter Finanzprodukte war daher auch der Markteintritt einer Vielzahl neuartiger Produkte zu beobachten.

I. Die Entwicklung des Kapitalmarktrechts in seiner Gesamtheit

Als Folge dieser Entwicklung nahmen die Komplexität und die Unübersichtlichkeit der Kapitalmärkte erheblich zu. Gleichzeitig erlangten die Kapitalmärkte während dieses Zeitraums jedoch eine immer größere Bedeutung für die Volkswirtschaft

---

1 Zum Begriff des Kapitalmarkts siehe Schlitt, in: Grunewald/Schlitt, Einführung in das Kapitalmarktrecht, S. 1 ff.; Lenenbach, Kapitalmarktrecht, Rn. 1.9 ff.; Buck-Heeb, Kapitalmarktrecht, § 2 Rn. 69 ff; Seiler/Kniehase, in: Schimansky/Bunte/Lwowski, Bankrechts-Handbuch, Vor § 104 Rn. 2 ff.; Lehmann, in: MüKo, BGB, Band 11, Internationales Finanzmarktrecht, Rn. 29; Merkt/Rossbach, Jus 2003, S. 217 (217 f.); Oulds, in: Kümpel/Wittig, Bank- und Kapitalmarktrecht, Rn. 14.26; Veil, in: Veil, Europäisches Kapitalmarktrecht, § 7 Rn. 1 ff.

2 Assmann, in: Assmann/Schütze, Handbuch des Kapitalanlagerechts, § 1 Rn. 4.

3 Vgl. Wittig, in: Kümpel/Wittig, Bank- und Kapitalmarktrecht, Rn. 1.27; Fleischer, ZIP 2006, S. 451 (453).

4 Zu dieser Entwicklung siehe auch: Assmann, in: Assmann/Schütze, Handbuch des Kapitalanlagerechts, § 1 Rn. 22 ff.; Rudolf, in: Habersack/Mülbert/Schlitt, Unternehmensfinanzierung am Kapitalmarkt, § 1 Rn. 78 f., 82 f., 118; Starke, Beteiligungstransparenz im Gesellschafts- und Kapitalmarktrecht, S. 27.

5 Wittig, in: Kümpel/Wittig, Bank- und Kapitalmarktrecht, Rn. 1.29.

6 Krimphove, EuR 2007, S. 597 (603); Wittig, in: Kümpel/Wittig, Bank- und Kapitalmarktrecht, Rn. 1.25.

der Bundesrepublik Deutschland.[7] Daher wuchs auch der Regulierungsbedarf für diese Materie.

Aus diesem Grund fanden parallel zu dem faktischen Wandel der Kapitalmärkte auch auf rechtlicher Ebene erhebliche Veränderungen und Umwälzungen statt.[8] Voraussetzung für das beschriebene Wachstum der Kapitalmärkte war zunächst, dass der Gesetzgeber Anfang der 90er Jahre durch umfangreiche Reformen vieler kapitalmarktrechtlicher[9] Regelungen einen Prozess der Liberalisierung und Deregulierung in Gang setzte und auf diese Weise wachstumsfreundliche Rahmenbedingungen schuf.[10] In diesem Zusammenhang sind etwa das Erste Finanzmarktförderungsgesetz[11] sowie das Zweite Finanzmarktförderungsgesetz[12] zu nennen.

Aufgrund der anschließend immer wichtiger werdenden Rolle der Kapitalmärkte für das wirtschaftliche Wohlergehen Deutschlands und des zunehmenden Wettbewerbs zwischen den internationalen Finanzplätzen konnte es die Legislative aber nach dem Anstoßen des Wachstumsprozesses nicht bei diesen ursprünglichen Reformen belassen. Im Gegenteil war der Gesetzgeber in der Folgezeit gezwungen, den sich rasch verändernden, tatsächlichen Gegebenheiten Rechnung zu tragen.[13] Aus diesem Grund wurde eine Fülle von weiteren Regelungsvorhaben angestoßen, die

---

7 Hirte/Heinrich, in: Kölner Kommentar, WpHG, Einleitung Rn. 1; Kümpel, in: Kümpel/Hammen/Ekkenga, Kapitalmarktrecht, 050 Rn. 1; Schwarz, DStR 2003, S. 1930 (1930); Buck-Heeb, Kapitalmarktrecht, § 1 Rn. 2; Wittig, in: Kümpel/Wittig, Bank- und Kapitalmarktrecht, Rn. 1.28 f, 1.54; Rudolf, in: Habersack/Mülbert/Schlitt, Unternehmensfinanzierung am Kapitalmarkt, § 1 Rn. 1, 19.

8 Richter, ZHR 177 (2013), S. 577 (578).

9 Zum Begriff des Kapitalmarktrechts siehe: Assmann, in: Hopt/Wiedemann, Großkommentar AktG, Einleitung Rn. 354 ff.; Hirte/Heinrich, in: Kölner Kommentar, WpHG, Einleitung Rn. 4 f.; Assmann, in: Assmann/Schütze, Handbuch des Kapitalanlagerechts, § 1 Rn. 2; Kümpel, in: Kümpel/Hammen/Ekkenga, Kapitalmarktrecht, 050 Rn. 14; Seiler/Kniehase, in: Schimansky/Bunte/Lwowski, Bankrechts-Handbuch, Vor § 104 Rn. 62; Merkt/Rossbach, Jus 2003, S. 217 (217); Schwarz, DStR 2003, S. 1930 (1930); Wittig, in: Kümpel/Wittig, Bank- und Kapitalmarktrecht, Rn. 1.10; Oulds, in: Kümpel/Wittig, Bank- und Kapitalmarktrecht, Rn. 14.5; Schlitt, in: Grunewald/Schlitt, Einführung in das Kapitalmarktrecht, S. 2 f.; Buck-Heeb, Kapitalmarktrecht, § 1 Rn. 4 ff.; Bröcker, in: Claussen, Bank- und Börsenrecht, § 6 Rn. 1, 2; Hopt, in: Canaris/Heldrich/Hopt/Roxin/Schmidt/Widmaier, 50 Jahre Bundesgerichtshof, Festausgabe aus der Wissenschaft, S. 497 (499); Lenenbach, Kapitalmarktrecht, Rn. 1.78 ff.

10 Rudolf, in: Habersack/Mülbert/Schlitt, Unternehmensfinanzierung am Kapitalmarkt, § 1 Rn 8.

11 Gesetz zur Verbesserung der Rahmenbedingungen der Finanzmärkte (Erstes Finanzmarktförderungsgesetz) vom 22. Februar 1990, BGBl. I, 28. Februar 1990, S. 266 ff.

12 Gesetz über den Wertpapierhandel und zur Änderung börsenrechtlicher und wertpapierrechtlicher Vorschriften (Zweites Finanzmarktförderungsgesetz) vom 26. Juli 1994, BGBl. I, 30. Juli 1994, S. 1749 ff.

13 Richter, ZHR 177 (2013), S. 577 (578).

den auf tatsächlicher Ebene stattfindenden Wandel begleiteten.[14] Große Teile dieser Rechtssetzungsakte hatten ihren Ursprung auf der europäischen Ebene und wurden im Rahmen der Umsetzung europäischer Richtlinien in deutsches Recht übernommen.[15] Bezüglich der in der vorliegenden Bearbeitung im Vordergrund stehenden kapitalmarktrechtlichen Beteiligungstransparenz[16] gilt dies z. B. für die Umsetzung der zweiten Transparenzrichtlinie[17] durch das TUG[18]. Andere Reformen hatten ihren Ursprung in einem eigenständigen, kapitalmarktrechtlichen Gestaltungswillen des deutschen Gesetzgebers.[19] So ging etwa das Risikobegrenzungsgesetz[20] auf eine eigene Initiative des nationalen Gesetzgebers zurück.[21]

---

14 Schwark/Zimmer, in: Schwark/Zimmer, Kapitalmarktrechts-Kommentar, Vorwort; Richter, ZHR 177 (2013), S. 577 (580); so auch zum europäischen Gesetzgeber Krimphove, EuR 2007, S. 597 (620); für einen Überblick über die gesamte Gesetzeshistorie im Kapitalmarktrecht siehe: Assmann, in: Assmann/Schütze, Handbuch des Kapitalanlagerechts, § 1 Rn. 29, 37; Oulds, in: Kümpel/Wittig, Bank- und Kapitalmarktrecht, Rn. 14.7; Rudolf, in: Habersack/Mülbert/Schlitt, Unternehmensfinanzierung am Kapitalmarkt, § 1 Anhang I.

15 Krimphove, EuR 2007, S. 597 (597); Buck-Heeb, Kapitalmarktrecht, § 1 Rn. 32; Assmann, in: Assmann/Schütze, Handbuch des Kapitalanlagerechts, § 1 Rn. 29; Schwark, in: Schwark/Zimmer, Kapitalmarktrechts-Kommentar, Einleitung WpHG Rn. 30; Schwarz, DStR 2003, S. 1930 (1930); Rudolf, in: Habersack/Mülbert/Schlitt, Unternehmensfinanzierung am Kapitalmarkt, § 1 Rn. 15.

16 Die „Beteiligungstransparenz“ wird teilweise auch als „Beteiligungspublizität“ bezeichnet. Beide Begrifflichkeiten sind inhaltsgleich und werden im Folgenden gleichbedeutend verwendet.

17 Richtlinie 2004/109/EG des Europäischen Parlaments und des Rates vom 15. Dezember 2004 zur Harmonisierung der Transparenzanforderungen in Bezug auf Informationen über Emittenten, deren Wertpapiere zum Handel auf einem geregelten Markt zugelassen sind, und zur Änderung der Richtlinie 2001/34/EG, ABl. EU, L 390, 31. Dezember 2004, S. 38 ff.

18 Gesetz zur Umsetzung der Richtlinie 2004/109/EG des Europäischen Parlaments und des Rates vom 15. Dezember 2004 zur Harmonisierung der Transparenzanforderungen in Bezug auf Informationen über Emittenten, deren Wertpapiere zum Handel auf einem geregelten Markt zugelassen sind, und zur Änderung der Richtlinie 2001/34/EG (Transparenzrichtlinie-Umsetzungsgesetz – TUG) vom 5. Januar 2007, BGBl. I, 10. Januar 2007, S. 10 ff.

19 Vgl. Bröcker, in: Claussen, Bank- und Börsenrecht, § 6 Rn. 17; Assmann, in: Assmann/Schütze, Handbuch des Kapitalanlagerechts, § 1 Rn. 29; Schwark/Zimmer, Kapitalmarktrechts-Kommentar, Vorwort; Merkt/Rossbach, Jus 2003, S. 217 (217); Brombach, Kapitalmarktrechtliche und aufsichtsrechtliche Pflichten bei der Berührung von Schwellenwerten, S. 1.

20 Gesetz zur Begrenzung der mit Finanzinvestitionen verbundenen Risiken (Risikobegrenzungsgesetz) vom 12. August 2008, BGBl. I, 18. August 2008, S. 1666 ff.

21 Vgl. RegBegrE zum Risikobegrenzungsgesetz, BT-Drucks. 16/7438, S. 8; Fleischer/Schmolke, NZG 2010, S. 846 (846); Fleischer/Schmolke, NZG 2010, S. 1241 (1242); Fleischer/Schmolke, EBOR 2011, S. 121 (126).

Getrieben von dem raschen Wandel seiner Regelungsmaterie und bemüht mit den tatsächlichen Veränderungen Schritt zu halten, entwickelte sich das deutsche Kapitalmarktrecht in den zurückliegenden rund zweieinhalb Jahrzehnten jedenfalls so dynamisch wie kaum ein anderes Rechtsgebiet.[22] Im Laufe dieser Entwicklung weitete sich das Kapitalmarktrecht erheblich aus und ist seit Längerem als eigenständiges Rechtsgebiet anerkannt.[23]

II. Die Entwicklung des WpHG und der kapitalmarktrechtlichen Beteiligungstransparenz

Bis heute spiegeln sich diese Entwicklung des Kapitalmarktrechts sowie deren Auswirkungen und Konsequenzen für die Rechtsanwendung in kaum einem anderen Gesetz so anschaulich wider wie im WpHG.[24] Das WpHG stand häufig im Zentrum der legislatorischen Reformbemühungen und wurde daher im Rahmen einer Vielzahl von Reformen geändert und ergänzt.[25] Ein Grund hierfür ist sicherlich, dass das WpHG viele für die Kapitalmärkte wesentliche Bestimmungen beinhaltet, und daher als eine der „zentralsten"[26], wenn nicht die „zentralste"[27] Kodifikation des Kapitalmarktrechts anerkannt ist. Verschiedentlich wird es auch als „Fundament"[28],

---

22 Kümpel, in: Kümpel/Hammen/Ekkenga, Kapitalmarktrecht, 050 Rn. 23; Bröcker, in: Claussen, Bank- und Börsenrecht, § 6 Rn. 1; Merkt/Rossbach, Jus 2003, S. 217 (217); Buck-Heeb, Kapitalmarktrecht, § 1 Rn. 1; Habersack/Mülbert/Schlitt, Unternehmensfinanzierung am Kapitalmarkt, § 1 Rn. 19; Wittig, in: Kümpel/Wittig, Bank- und Kapitalmarktrecht, Rn. 1.15, 1.25; vgl. auch Veil, ZHR 177 (2013), S. 427 (428).

23 Kümpel, in: Kümpel/Hammen/Ekkenga, Kapitalmarktrecht, 050 Rn. 1; Schwarz, DStR 2003, S. 1930 (1930); Wittig, in: Kümpel/Wittig, Bank- und Kapitalmarktrecht, Rn. 1.14; Oulds, in: Kümpel/Wittig, Bank- und Kapitalmarktrecht, Rn. 14.1, 14.5; Buck-Heeb, Kapitalmarktrecht, § 1 Rn. 1, 3; Merkt/Rossbach, Jus 2003, S. 217 (217); Bröcker, in: Claussen, Bank- und Börsenrecht, § 6 Rn. 1; Walla, BB 2012, S. 1358 (1358); Fuchs, in: Fuchs, WpHG, Einleitung Rn. 5.

24 Hirte/Heinrich, Kölner Kommentar, WpHG, Einleitung Rn. 1.

25 Assmann, in: Assmann/Schütze, Handbuch des Kapitalanlagerechts § 1 Rn. 31; Schwark/Zimmer, Kapitalmarktrechts-Kommentar, Vorwort; Bröcker, in: Claussen, Bank- und Börsenrecht, § 6 Rn. 3; BGH, Urteil vom 14. Januar 2014, Az. XI ZR 355/12, NJW 2014, S. 924 (926) = WM 2014, S. 307 (310); eine Beschreibung der Entstehungsgeschichte und eine Auflistung der Novellierungen des WpHG geben Fuchs, in: Fuchs, WpHG, Einleitung Rn. 20 ff.; sowie Assmann, in: Assmann/Schneider, WpHG, Einleitung Rn. 12 ff.; Opitz, in: Schäfer/Hamann, KMG, Vor § 21 WpHG Rn. 12a.

26 Vgl. Wittig, in: Kümpel/Wittig, Bank- und Kapitalmarktrecht, Rn. 1.55; Oulds, in: Kümpel/Wittig, Bank- und Kapitalmarktrecht, Rn. 14.5.

27 Hirte/Heinrich, in: Kölner Kommentar, WpHG, Einleitung Rn. 3.

28 Fuchs, in: Fuchs, WpHG, Einleitung Rn. 1; Kümpel, in: Kümpel/Hammen/Ekkenga, Kapitalmarktrecht, 050 Rn. 425.

„Keimzelle"[29] oder „Zentrum"[30], als „Kernstück"[31], „Grundgesetz"[32] oder zumindest „grundlegende Norm"[33] des deutschen Kapitalmarktrechts bezeichnet. Legislatorische Maßnahmen innerhalb des Kapitalmarktrechts bedurften daher häufig auch Anpassungen und Änderungen innerhalb des WpHG. Dennoch ist die häufige Überarbeitung der im WpHG enthaltenen Regelungsmaterien vor dem Hintergrund der noch recht jungen Historie seit der Einführung durch das Zweite Finanzmarktförderungsgesetz zum 1. Januar 1995 auch bemerkenswert.[34]

Als einer der wesentlichen Bausteine des WpHG war naturgemäß auch die in den §§ 21 bis 30 WpHG geregelte, kapitalmarktrechtliche Beteiligungstransparenz von den zahlreichen Novellierungen regelmäßig betroffen.[35] Im Grundsatz besteht zwar bereits seit längerer Zeit Einigkeit darüber, dass ein transparentes Marktgeschehen die Offenlegung wesentlicher Beteiligungen an solchen Gesellschaften erfordert, deren Anteile öffentlich gehandelt werden, und die Beteiligungstransparenz daher zu den unerlässlichen Bestandteilen einer angemessenen Verhaltenskultur auf den Kapitalmärkten zählt.[36] Dementsprechend wurde bald nach ihrer Verankerung im WpHG nicht mehr über die grundsätzliche Notwendigkeit und Berechtigung der kapitalmarktrechtlichen Beteiligungstransparenz gestritten. Dennoch waren die

29 So Kümpel/Veil, Wertpapierhandelsgesetz – Eine systematische Darstellung –, 1. Teil Rn. 6; Zimmer, in: Schwark/Zimmer, Kapitalmarktrechts-Kommentar, § 1 WpHG Rn. 4; Bachmann, in: Fleischer/Kalss/Vogt, Konvergenzen und Divergenzen im deutschen, österreichischen und schweizerischen Gesellschafts- und Kapitalmarktrecht, S. 209.

30 Assmann, in: Assmann/Schneider, WpHG, Einleitung Rn. 11.

31 Hopt, ZHR 159 (1995), S. 135 (163); Bröcker, in: Claussen, in: Bank- und Börsenrecht, § 6 Rn. 3; Zimmer, in: Schwark/Zimmer, Kapitalmarktrechts-Kommentar, § 1 WpHG Rn. 4.

32 Grundmann, in: Ebenroth/Boujong/Joost/Strohn, HGB, Bank- und Börsenrecht, Vorbemerkungen Rn. VI 1; Schwark, in: Schwark/Zimmer, Kapitalmarktrechts-Kommentar, Einleitung WpHG Rn. 28, § 1 Rn. 4; ebenso Merkt/Rossbach, Jus 2003, S. 217 (221); Oulds, in: Kümpel/Wittig, Bank- und Kapitalmarktrecht, Rn. 14.196.

33 Seiler/Kniehase, in: Schimansky/Bunte/Lwowski, Bankrechts-Handbuch, Vor § 104 Rn. 68.

34 Zur Einführung des WpHG und dem damit einhergehenden Systemwechsel von einem rechtsform- und institutionenbezogenen Ansatz hin zu einer marktbezogenen Regelung siehe Assmann, in: Assmann/Schneider, WpHG, Einleitung Rn. 9 ff.

35 Seibt/Wollenschläger, AG 2012, S. 305 (309); Schwark, in: Schwark/Zimmer, Kapitalmarktrechts-Kommentar, Einleitung WpHG Rn. 30; Brombach, Kapitalmarktrechtliche und aufsichtsrechtliche Pflichten bei der Berührung von Schwellenwerten, S. 1.

36 Schneider, in: Assmann/Schneider, WpHG, Vor § 21 Rn. 2; Schneider/Brouwer, AG 2008, S. 557 (557); zum Ursprung und der späteren Entwicklung der Beteiligungstransparenz siehe auch Fleischer/Schmolke, NZG 2009, S. 401 (402 f.).

konkrete Ausgestaltung und der Umfang der Mitteilungspflichten[37] aufgrund bestehender Transparenzlücken immer wieder Gegenstand von Reformdiskussionen. In der Folge fand in dem System der einzelnen Mitteilungs- und Veröffentlichungspflichten vor allem in der jüngeren Vergangenheit ein steter Wandel statt.[38] Seit dem Jahr 2007 überarbeitete der Gesetzgeber die der Beteiligungstransparenz dienenden kapitalmarktrechtlichen Meldepflichten zunächst mit dem TUG und dem Risikobegrenzungsgesetz sowie zuletzt durch das AnsFuG[39] und das Gesetz zur Umsetzung der Transparenzrichtlinie-Änderungsrichtlinie[40] innerhalb von nur rund neun Jahren vier Mal. Bereits das Inkrafttreten des AnsFuG hatte erhebliche Veränderungen u. a. in Systematik und Regelungstechnik des Regelungsregimes der kapitalmarktrechtlichen Beteiligungstransparenz zur Folge. Mit der Umsetzung der Transparenzrichtlinie-Änderungsrichtlinie[41] durch das Gesetz zur Umsetzung der Transparenzrichtlinie-Änderungsrichtlinie, kam es in jüngster Vergangenheit zu einer erneuten, in Teilbereichen durchaus grundlegenden Überarbeitung der Vorschriften der kapitalmarktrechtlichen Beteiligungstransparenz. Ein solch enger Überarbeitungsturnus jeweils zumeist weitreichender Änderungsvorhaben ist selbst für die ohnehin eher kurzlebigen Bestimmungen des Kapitalmarktrechts ungewöhnlich.[42]

---

37 Der Gesetzeswortlaut unterscheidet nicht stringent zwischen den Begriffen „Mitteilungspflicht" und „Meldepflicht" sowie zwischen den Verben „melden" und „mitteilen". Inhaltliche Unterschiede bestehen zwischen beiden Begrifflichkeiten nicht. Aus diesem Grund werden beide Bezeichnungen im Folgenden gleichbedeutend verwendet. Ebenso Weber-Rey/Benzler, in: Habersack/Mülbert/Schlitt, Handbuch der Kapitalmarktinformation, § 20 Rn. 8.

38 Merkner/Sustmann, NZG 2010, S. 1170 (1170).

39 Gesetz zur Stärkung des Anlegerschutzes und Verbesserung der Funktionsfähigkeit des Kapitalmarkts (Anlegerschutz- und Funktionsverbesserungsgesetz) vom 5. April 2011, BGBl. I, 7. April 2011, S. 538 ff.

40 Gesetz zur Umsetzung der Transparenzrichtlinie-Änderungsrichtlinie vom 20. November 2015, BGBl. I, 25. November 2015, S. 2029 ff.

41 Richtlinie 2013/50/EU des europäischen Parlaments und des Rates vom 22. Oktober 2013 zur Änderung der Richtlinie 2004/109/EG des Europäischen Parlaments und des Rates zur Harmonisierung der Transparenzanforderungen in Bezug auf Informationen über Emittenten, deren Wertpapiere zum Handel auf einem geregelten Markt zugelassen sind, der Richtlinie 2003/71/EG des Europäischen Parlaments und des Rates betreffend den Prospekt, der beim öffentlichen Angebot von Wertpapieren oder bei deren Zulassung zum Handel zu veröffentlichen ist, sowie der Richtlinie 2007/14/EG der Kommission mit Durchführungsbestimmungen zu bestimmten Vorschriften der Richtlinie 2004/109/EG, ABl. EU, L 294, 6. November 2013, S. 13 ff.

42 Ähnlich Renz/Rippel, BKR 2011, S. 235 (235).

III. Folgen dieser Entwicklung

Bedingt durch diese Dynamik und die Geschwindigkeit des Veränderungs- und Wachstumsprozesses bildete sich im Kapitalmarktrecht eine komplexe Normenvielfalt, die bisweilen unübersichtlich anmutet.[43] Ein Grund hierfür ist sicherlich, dass die Rechtsquellen des Kapitalmarktrechts nicht in einem einzigen Kapitalmarktgesetzbuch kodifiziert sind, sondern sich aus einer Vielzahl von Regelungen und Vorschriften ergeben.[44] Neben dem WpHG stellen viele weitere Gesetze wie insbesondere das BörsG, aber auch das WpÜG, das KAGB, das WpPG sowie das DepotG bedeutende Quellen des Kapitalmarktrechts dar.

Hinzu kommt noch, dass inzwischen ca. 80 % der nationalen, kapitalmarktrechtlichen Regelungen ihren Ursprung auf europäischer Ebene haben.[45] Der europäische Gesetzgeber verabschiedet aber häufig keine dogmatisch durchdachten und systematisch konzipierten Kodifikationen, sondern reagiert mit seinen Regelungen eher rasch und problemfokussiert auf einzelne, wirtschaftliche oder politische Anlässe.[46] Die Umsetzung dieser Vorgaben in nationales Recht erfordert dann das Einfügen von Detailregelungen in eine oft bereits differenziert ausgestaltete Gesetzessystematik. Aufgrund fehlender Passgenauigkeit beider Bestandteile entsteht dann nicht selten ein unübersichtlicher und nicht immer widerspruchsfreier Gesamtkodex.[47]

Als Hauptgrund für Schwierigkeiten bei der Anwendung vieler kapitalmarktrechtlicher Regelungen gelten aber die in der jüngeren Vergangenheit nahezu jährlich erschienenen Gesetzesänderungen, die sich zudem häufig nicht lediglich in Detailregelungen erschöpften, sondern auch durchaus grundlegende Modifikationen der betroffenen Gesetze mit sich brachten.[48] Entsprechende Gesetzesänderungen gingen beispielhaft mit dem Vierten Finanzmarktförderungsgesetz[49], dem

---

43 Vgl. Oulds, in: Kümpel/Wittig, Bank- und Kapitalmarktrecht, Rn. 14.191; Opitz, in: Schäfer/Hamann, KMG, § 21 WpHG Rn. 2; Heinrich/Krämer, CFL 2013, S. 225 (225); Casper, Ad Legendum 2010, S. 1 (2); ähnlich Veil, ZHR 177 (2013), S. 427 (441).

44 Wittig, in: Kümpel/Wittig, Bank- und Kapitalmarktrecht, Rn. 1.53; Schwarz, DStR 2003, S. 1930 (1930); Buck-Heeb, Kapitalmarktrecht, § 1 Rn. 23; Lenenbach, Kapitalmarktrecht, Rn. 1.89.

45 Buck-Heeb, Kapitalmarktrecht, § 1 Rn. 32; eine Übersicht über die wichtigsten europäischen Rechtsakte gibt Kümpel, in: Kümpel/Hammen/Ekkenga, Kapitalmarktrecht 050 Rn. 27.

46 Krimphove, EuR 2007, S. 597 (597).

47 Opitz, in: Schäfer/Hamann, KMG, Vor § 21 WpHG Rn. 12; Krimphove, EuR 2007, S. 597 (618); vgl. auch Neye, ZIP 1996, S. 1853 (1854).

48 Anzinger, Gesellschaftsrecht in der Diskussion 2010, S. 187 (223); Casper, Ad Legendum 2010, S. 1 (2); Brandt, BKR 2008, S. 441 (447); Opitz, in: Schäfer/Hamann, KMG, Vor § 21 WpHG Rn. 14.

49 Gesetz zur weiteren Fortentwicklung des Finanzplatzes Deutschland (Viertes Finanzmarktförderungsgesetz) vom 21. Juni 2002, BGBl. I, 26. Juni 2002, S. 2010 ff.

AnSVG[50], dem KapMuG-EinführungsG[51], dem TUG, dem FRUG[52], dem MoRaKG[53], dem Risikobegrenzungsgesetz, dem BilMoG[54] sowie dem AnsFuG einher, um nur eine Auswahl der seit der Jahrtausendwende ergangenen Reformen zu nennen.[55]

Einzelne Autoren sprechen daher im Zusammenhang mit den legislatorischen Maßnahmen im Kapitalmarktrecht von einem „Perpetuum Mobile“[56], ziehen Vergleiche zu einer „Großbaustelle“[57], bezeichnen die Aktivitäten des Gesetzgebers als „Reform in Permanenz“[58] oder konstatieren schlicht einen „steten Wandel“[59]. Teilweise werden unter Hinweis auf die schnelle Abfolge der Gesetzesreformen auch Bedenken an der Rechtssicherheit der betroffenen Regelungswerke geäußert.[60] Ein aus diesem Grund angezeigtes Zuwarten[61] in der Gesetzgebung, das eine ausführliche Untersuchung und Auswertung des aktuellen Rechts ermöglicht hätte, war jedoch auch zuletzt aufgrund der weltweiten Finanzmarktkrise und der Geschehnisse auf dem deutschen Kapitalmarkt nicht möglich.[62] Nicht wenige[63] sehen den

---

50 Gesetz zur Verbesserung des Anlegerschutzes (Anlegerschutzverbesserungsgesetz – AnSVG) vom 28. Oktober 2004, BGBl. I, 29. Oktober 2004, S. 2630 ff.

51 Gesetz zur Einführung von Kapitalanleger-Musterverfahren vom 16. August 2005, BGBl. I, 19. August 2005, S. 2437 ff.

52 Gesetz zur Umsetzung der Richtlinie über Märkte für Finanzinstrumente und der Durchführungsrichtlinie der Kommission (Finanzmarktrichtlinie-Umsetzungsgesetz) vom 16. Juli 2007, BGBl. I, 19. Juli 2007, S. 1330 ff.

53 Gesetz zur Modernisierung der Rahmenbedingungen für Kapitalbeteiligungen (MoRaKG) vom 12. August 2008, BGBl. I, 18. August 2008, S. 1672 ff.

54 Gesetz zur Modernisierung des Bilanzrechts (Bilanzrechtsmodernisierungsgesetz – BilMoG) vom 25. Mai 2009, BGBl. I, 28. Mai 2009, S. 1102 ff.

55 Für eine detailliertere Auflistung siehe Oulds, in: Kümpel/Wittig, Bank- und Kapitalmarktrecht, Rn. 14.7 ff.

56 Weber, NJW 2007, S. 3688 (3688).

57 Assmann, in: Assmann/Schütze, Handbuch des Kapitalanlagerechts, § 1 Rn. 37.

58 So bzgl. der kapitalmarktrechtlichen Beteiligungstransparenz Fleischer/Schmolke, NZG 2009, S. 401 (401); Fleischer/Schmolke, NZG 2010, S. 846 (846); Anzinger, Gesellschaftsrecht in der Diskussion 2010, S. 187 (223); Anzinger, WM 2011, S. 391 (394); Theusinger/Möritz, Ad Legendum 2010, S. 3 (3); auch allgemeiner Casper, Ad Legendum 2010, S. 1 (1 f.).

59 So zum europäischen Kapitalmarktrecht Walla, BB 2012, S. 1358 (1358).

60 Explizit hinsichtlich der Beteiligungstransparenz Brandt, BKR 2008, S. 441 (441).

61 Vgl. Opitz, in: Schäfer/Hamann, KMG, Vor § 21 WpHG Rn. 12a; Schiessl, Der Konzern 2009, S. 291 (297).

62 Schwark, in: Schwark/Zimmer, Kapitalmarktrechts-Kommentar, Einleitung WpHG Rn. 30; siehe hierzu auch S. 61 ff.

63 So etwa Anzinger, WM 2011, S. 391 (394); Anzinger, Gesellschaftsrecht in der Diskussion 2010, S. 187 (223); Baums/Sauter, ZHR 173 (2009), S. 454 (489); Brouwer, AG 2010, S. 404 (406); Schneider/Anzinger, ZIP 2009, S. 1 (2); vgl. auch Baums/Sauter, ZHR 173 (2009), S. 454 (489); Schneider, in: Assmann/Schneider, WpHG, § 22 Rn. 5; unter Bezugnahme hierauf LG München, Beschluss vom 6. Mai 2005, Az. 4 HKO 929/04, AG 2005, S. 52 (54); Opitz, in: Schäfer/Hamann, KMG, § 21 WpHG Rn. 2.

Gesetzgeber daher in der Rolle des „Hasen", der sich in einem Wettrennen mit dem „Igel" in Person der Rechtspraxis befindet.[64] Die Legislative reagiert mit ihren Regelungen lediglich auf in der Praxis bereits zutage tretende Missstände und hinkt der Praxis stets einen Schritt hinterher; schafft es regelmäßig aber nicht, dieser vorauszueilen. Andere bemühen den Vergleich zu einem „Katz-und-Maus-Spiel".[65]

IV. Gegenstand der Bearbeitung und Gang der Untersuchung

Unbestreitbar war der Großteil der vorgenannten legislatorischen Maßnahmen notwendig, um negativen Entwicklungen zu begegnen.[66] In Einzelfällen bestehen jedoch auch begründete Zweifel an der Sinnhaftigkeit mancher Gesetzesänderungen.[67] In jedem Fall erschweren die zahlreichen Reformen dieses Regelungsbereichs die Rechtsfindung und -anwendung nicht unerheblich. Rechtsprechung und Wissenschaft verbleibt kaum ausreichend Zeit, die neuen Regelungen in die Praxis umzusetzen und deren Auswirkungen und Defizite sorgfältig aufzuarbeiten, bevor die Rechtslage bereits wieder eine andere ist. Nach wie vor besteht daher ein erheblicher Bedarf für die systematische Durchdringung neuer, kapitalmarktrechtlicher Vorschriften sowie die Ausarbeitung darin enthaltener, allgemeiner Strukturprinzipien.[68] So gibt die im Rahmen des AnsFuG vorgenommene Überarbeitung der §§ 21 bis 30 WpHG Anlass, deren Regelungsgegenstand und Auswirkungen auf das gesamte System der im 5. Abschnitt des WpHG enthaltenen Mitteilungs- und Veröffentlichungspflichten genauer zu untersuchen und aufzubereiten. Dies gilt ungeachtet der Tatsache, dass aufgrund des Gesetzes zur Umsetzung der Transparenzrichtlinie-Änderungsrichtlinie eine weitere Überarbeitung der kapitalmarktrechtlichen Beteiligungstransparenz bereits stattgefunden hat. Denn viele Erkenntnisse, die den im Rahmen des AnsFuG angestoßenen Reformen entspringen, sind auf die zuletzt erfolgte Umsetzung der Transparenzrichtlinie-Änderungsrichtlinie in deutsches Recht übertragbar.

---

64 Vgl. hierzu die Fabel „Der Hase und der Igel" wiedergegeben beispielsweise von Rothhaas, Der Hase und der Igel, S. 1 ff.

65 Heusel, WM 2012, S. 291 (292).

66 So auch Casper, Ad Legendum 2010, S. 1 (2).

67 So führt Korff, AG 2008, S. 692 (695) beispielsweise zutreffend aus, dass mit der im Rahmen des Risikobegrenzungsgesetzes eingeführten Zusammenrechnung von Stimmrechten aus Aktien und Finanzinstrumenten in § 25 Abs. 1 Satz 3 WpHG eigentlich eine erhöhte Meldedichte beabsichtigt war, tatsächlich aber eine Verringerung der Transparenz bewirkt wurde.

68 Siehe auch Assmann, in: Assmann/Schütze, Handbuch des Kapitalanlagerechts, § 1 Rn. 4; Schwark, in: Schwark/Zimmer, Kapitalmarktrechts-Kommentar, Einleitung WpHG Rn. 30; Merkt/Rossbach, Jus 2003, S. 217 (220); ähnlich auch Casper, Ad Legendum 2010, S. 1 (2); Bröcker, in: Claussen, Bank- und Börsenrecht, § 6 Rn. 17.

Im Folgenden soll daher zunächst ein Überblick über den Regelungsgegenstand und die Regelungsziele der kapitalmarktrechtlichen Beteiligungstransparenz gegeben werden. Weiterhin soll kursorisch die Entwicklung der §§ 21 bis 30 WpHG bis zum Inkrafttreten des AnsFuG nachgezeichnet und die daraus entstandene Systematik der kapitalmarktrechtlichen Beteiligungstransparenz dargestellt werden. Anschließend werden die mit dem AnsFuG einhergehenden Änderungen der §§ 21 bis 30 WpHG im Detail behandelt. Da diese ohne Kenntnis der Entstehungsgeschichte nur bedingt zu verstehen sind,[69] wird zunächst der Regelungsanlass des AnsFuG, dessen rechtliche und ökonomische Grundlagen sowie das mit dem AnsFuG verfolgte Regelungsziel dargestellt. Daran anschließend werden die wesentlichen Regelungsgegenstände sowie Einzelproblematiken und verbreitet geäußerte Kritikpunkte an den Änderungen der §§ 21 bis 30 WpHG im Rahmen des AnsFuG behandelt, bevor deren Auswirkungen auf das Gesamtsystem der kapitalmarktrechtlichen Beteiligungstransparenz erarbeitet werden. Hierauf folgen rechtspolitische Erwägungen hinsichtlich der Vor- und Nachteile der neuerlichen, gesetzgeberischen Maßnahmen im Bereich der kapitalmarktrechtlichen Meldepflichten.

Unter Bezugnahme auf die hierbei entwickelten Ergebnisse erfolgt schließlich eine Analyse der Überarbeitung der §§ 21 bis 30 WpHG im Rahmen der Umsetzung der Transparenzrichtlinie-Änderungsrichtlinie. Wiederum werden in diesem Zusammenhang zunächst die Entstehungsgeschichte sowie die Veränderungen der §§ 21 bis 30 WpHG im Detail dargestellt. Anschließend wird die durch die neuerliche Überarbeitung entstandene Gesamtsystematik der verschiedenen Mitteilungstatbestände analysiert. Ergänzend werden die Verschiebungen bzgl. des Normzwecks der kapitalmarktrechtlichen Beteiligungstransparenz sowie die Modifikation der Regelungstechnik behandelt. Unter Verweis und Bezugnahme auf die bereits im Zusammenhang mit dem AnsFuG erarbeiteten rechtspolitischen Erwägungen im Zusammenhang mit einer Ausweitung der kapitalmarktrechtlichen Beteiligungstransparenz wird schließlich auf rechtspolitische Vor- und Nachteile des gegenwärtigen Transparenzregimes für Beteiligungen an börsennotierten Unternehmen hingewiesen.

Den Schwerpunkt der Bearbeitung stellen hierbei die einzelnen Mitteilungstatbestände der kapitalmarktrechtlichen Beteiligungstransparenz und deren sachliche Reichweite dar, da diese auch den Kern des Regelungsregimes der kapitalmarktrechtlichen Beteiligungstransparenz bilden. Die Modalitäten der jeweiligen Meldungen und drohende Sanktionen für den Fall der Nichtbeachtung bestehender Mitteilungspflichten sollen hingegen nur am Rand berührt werden, soweit dies für den Untersuchungsgegenstand relevant ist.

69 Ähnlich Cascante/Topf, AG 2009, S. 53 (60); Fleischer/Schmolke, ZIP 2008, S. 1501 (1503).

B. Die kapitalmarktrechtliche Beteiligungstransparenz

Das Kapitalmarktrecht ist in seinen verschiedenen Regelungsbereichen von einer umfassenden Offenlegungsphilosophie in Form zahlreicher Informations-, Mitteilungs- und Veröffentlichungspflichten durchdrungen.[70] Als Beispiele für diese Offenlegungsphilosophie können die unter anderem durch das WpPG oder auch § 15 WpHG hergestellte Emittentenpublizität sowie die Organpublizität, deren Ausprägungen sich etwa in den §§ 39 Abs. 1, 80 Abs. 1, 81 Abs. 1 AktG und § 15a WpHG finden, angeführt werden.[71] Darüber hinaus bestehen zahlreiche weitere gesellschaftsrechtliche, handelsrechtliche, börsenrechtliche oder generell wirtschaftsrechtliche Offenlegungs- und Anzeigepflichten, die ebenfalls eine möglichst breite Informationsbasis für alle Kapitalmarktteilnehmer gewährleisten sollen.[72]

Dieses umfassende Informationsmodell hat grundlegende Bedeutung für den Kapitalmarkt. Dessen Hauptaufgabe ist die Lenkung der Kapitalströme.[73] Das verfügbare Kapital soll dorthin fließen, wo es die produktivste Verwendung findet und damit volkswirtschaftlich am sinnvollsten eingesetzt werden kann, sog. „Allokationsfunktion" der Kapitalmärkte.[74] Die sinnvollste Einsatzmöglichkeit in diesem Sinne wird wiederum durch die Höhe der möglichen Rendite unter Berücksichtigung des mit dem jeweiligen Investment verbundenen Risikos indiziert.[75] Diese Variablen können die Marktteilnehmer aber nur dann inhaltlich zutreffend beurteilen, wenn sie über eine ausreichende Informationsgrundlage verfügen. Die Steuerungsfunktion der Kapitalmärkte erfordert daher eine möglichst weitgehende Transparenz der Märkte sowie die bestmögliche Informationsversorgung der Anleger.[76]

---

70 Fleischer/Schmolke, ZIP 2008, S. 1501 (1502); Fleischer, NZG 2006, S. 561 (561); Fleischer, ZIP 2006, S. 451 (458); ähnlich Opitz, in: Schäfer/Hamann, KMG, Vor § 21 WpHG Rn. 11; Weber-Rey/Benzler, in: Habersack/Mülbert/Schlitt, Handbuch der Kapitalmarktinformation, § 20 Rn. 31; Christ, Barausgleichsderivate und das Anschleichen an Zielgesellschaften, S. 41.

71 Vgl. auch Dehlinger/Zimmermann, in: Fuchs, WpHG, Vor §§ 21 bis 30 Rn. 1.

72 Eine Übersicht über die zahlreichen Offenlegungs- und Anzeigepflichten außerhalb des WpHG gibt Schneider, in Assmann/Schneider, WpHG, Vor § 21 Rn. 60 ff.

73 Ähnlich Seiler/Kniehase, in: Schimansky/Bunte/Lwowski, Bankrechts-Handbuch, Vor § 104 Rn. 87.

74 Oulds, in: Kümptel/Wittig, Bank- und Kapitalmarktrecht, Rn. 14.168; Zimmer, in: Schwark/Zimmer, Kapitalmarktrechts-Kommentar, § 1 WpHG Rn. 5; Eichner, ZRP 2010, S. 5 (7); Hitzer/Düchting, ZIP 2011, S. 1084 (1087); Arends, Die Offenlegung von Aktienbesitz nach deutschem Recht, S. 3.

75 Lenenbach, Kapitalmarktrecht, Rn. 1.72; Buck-Heeb, Kapitalmarktrecht, § 1 Rn. 11.

76 Vgl. RegBegrE zum TUG, BT-Drucks. 16/2498, S. 26; Fuchs, in: Fuchs, WpHG, Einleitung Rn. 17; Zimmer, in: Schwark/Zimmer, Kapitalmarktrechts-Kommentar, § 1 WpHG Rn. 5.

Daneben nutzt der Gesetzgeber die Publizität aber auch systematisch als zentralen Regelungsmechanismus.[77] Er ersetzt eine etwaige Staats- bzw. Fremdsteuerung durch das Prinzip der Markt- bzw. Selbststeuerung.[78] Als milderes Mittel gegenüber Gebots- und Verbotstatbeständen kommt ein weitreichendes, kapitalmarktrechtliches Informationsmodell zum Einsatz.[79] Die dadurch geschaffene umfassende Transparenz ermöglicht es dem Markt, selbst auf das gewünschte Verhalten der einzelnen Marktteilnehmer hinzuwirken.[80]

Ein essenzieller Baustein dieser Transparenzphilosophie ist die sog. „kapitalmarktrechtliche Beteiligungstransparenz".[81] Diese bezweckt die Offenlegung von bedeutenden Beteiligungen[82] an solchen Gesellschaften, deren Aktien öffentlich gehandelt werden, um auf diese Weise die Allgemeinheit über die aktuellen Eigentümer- und Kontrollstrukturen dieser Gesellschaften zu unterrichten.[83] Zu diesem Zweck sehen die §§ 21 bis 30 WpHG ein zweistufiges Offenlegungsverfahren für bedeutende Stimmrechtsanteile an börsennotierten Unternehmen vor. In einem ersten Schritt werden die betroffene Gesellschaft und die Aufsichtsbehörden sowie anschließend in einem zweiten Schritt auch die Allgemeinheit über die aktuellen Kontrollstrukturen innerhalb dieser Gesellschaften informiert.[84]

---

77 Veil, in: Veil, Europäisches Kapitalmarktrecht, § 2 Rn. 12; Möllers/Holzner, NZG 2008, S. 166 (171); Pavlova, Anlassbezogene Informationspflichten der Emittenten nach dem Wertpapierhandelsgesetz, S. 39.

78 Siehe dazu Hopt, ZHR 141 (1977), S. 389 (398, 400).

79 Fleischer, NZG 2006, S. 561 (561); Fleischer, ZIP 2006, S. 451 (458); vgl. auch Brombach, Kapitalmarktrechtliche und aufsichtsrechtliche Pflichten bei der Berührung von Schwellenwerten, S. 9, 10; Burgard, AG 1992, S. 41 (43); ähnlich auch RegBegrE zum AnsFuG, BT-Drucks. 17/3628, S. 17.

80 Vgl. Fleischer, ZIP 2006, S. 451 (458); zu diesem Regelungsansatz siehe auch die RegBegrE zum Risikobegrenzungsgesetz, BT-Drucks. 16/7438, S. 8.

81 Vgl. Fleischer, NZG 2006, S 561 (561); Heusel, WM 2012, S. 291 (291); Veil, ZHR 175 (2011), S. 83 (84); Veil, in: Schmidt/Lutter, AktG, Anh. § 22: Vor §§ 21 ff. WpHG Rn. 4; Christ, Barausgleichsderivate und das Anschleichen an Zielgesellschaften, S. 41.

82 Neben dem Begriff „bedeutende Beteiligung" wird teilweise auch die Bezeichnung „wesentliche Beteiligung" verwendet. Inhaltliche Unterschiede ergeben sich aus den verschiedenen Begrifflichkeiten nicht. Im Folgenden werden beide Bezeichnungen daher gleichbedeutend verwendet.

83 Ähnlich die RegBegrE zum Zweiten Finanzmarktförderungsgesetz, BT-Drucks. 12/6679, S. 33; Süßmann, in: Assmann/Schütze, Handbuch des Kapitalanlagerechts, § 14 Rn. 1; Götze, BKR 2013, S. 265 (266); Heusel, WM 2012, S. 291 (291); Krause, AG 2011, S. 469 (470); Renz/Rippel, BKR 2011, S. 235 (236); Teichmann/Epe, WM 2010, S. 1477 (1477); bzgl. der Transparenzrichtlinie Brinckmann, BB 2012, S. 1370 (1371); Bachmann, in: Fleischer/Kalss/Vogt, Konvergenzen und Divergenzen im deutschen, österreichischen und schweizerischen Gesellschafts- und Kapitalmarktrecht, S. 211.

84 Michel, in: Just/Voß/Ritz/Becker, WpHG, § 21 Rn. 10; Arends, Die Offenlegung von Aktienbesitz nach deutschem Recht, S. 125; vgl. auch BaFin, Emittentenleitfaden, Ziffer VIII.1, die nicht von einem „zweistufigen Offenlegungsverfahren", sondern

Das Bestehen einer bedeutenden Beteiligung setzte der Gesetzgeber im Rahmen des WpHG lange Zeit mit dem Innehaben eines durch Stimmrechte vermittelten Einflusspotenzials gleich.[85] Die Höhe der ggf. abweichenden Kapitalbeteiligung war in diesem Zusammenhang hingegen unbeachtlich.[86] Plakativ ergibt sich diese Anknüpfung an Stimmrechte bereits aus der amtlichen Überschrift des fünften Abschnitts des WpHG, die „Mitteilung, Veröffentlichung und Übermittlung von Veränderungen des Stimmrechtsanteils an das Unternehmensregister" lautet.[87]

Entgegen diesem Ansatz innerhalb des WpHG, knüpfen andere gesetzliche Meldepflichten bei der Ermittlung der zu meldenden Unternehmensbeteiligung auch an Kapitalbeteiligungen an. Dies gilt etwa für § 20 Abs. 1 Satz 1, 2, 16 Abs. 2 Satz 1 AktG[88] sowie für die Meldepflichten der §§ 2c Abs. 1 Satz 1, 24 Abs. 1 Nr. 10, 13, 1 Abs. 9 KWG i.V. m. Art. 4 Abs. 1 Nr. 36 der CRR-Verordnung[89].[90] Zusätzlich begründen verschiedene gesetzliche Bestimmungen Machtpositionen und Einflussmöglichkeiten innerhalb einer Gesellschaft nicht lediglich ausnahmslos für Inhaber von Stimmrechten.[91] So benötigen beispielsweise bestimmte grundlegende Beschlüsse innerhalb einer Aktiengesellschaft über eine reine Stimmrechts-

von einem „auf zwei Säulen ruhendem Regime zur Publikation von Kapitalmarktinformationen" spricht. Die Beschreibung der kapitalmarktrechtlichen Beteiligungstransparenz als auf zwei Säulen ruhendes Regelungsregime wird in der vorliegenden Bearbeitung in einem anderen Zusammenhang verwendet, siehe hierzu S. 43 ff.

85 Dehlinger/Zimmermann, in: Fuchs, WpHG, § 21 Rn. 17; Schneider, in: Assmann/Schneider, WpHG, Vor § 21 Rn. 32.

86 Insofern unterscheiden sich die §§ 21 ff. WpHG und die §§ 20 ff. AktG. Statt aller Bayer, in: MüKo, AktG, Band 1, § 22 Anh. § 21 WpHG Rn. 15; Nordholtz, in: Heidel, Aktienrecht und Kapitalmarktrecht, § 25a WpHG Rn. 7; Schneider, in: Assmann/Schneider, WpHG, Vor § 21 Rn. 68; Hopt, ZHR 159 (1995), S. 135 (139), vgl. auch Witt, AG 1998, S. 171 (173 f.); Arends, Die Offenlegung von Aktienbesitz nach deutschem Recht, S. 124.

87 Opitz, in: Schäfer/Hamann, KMG, § 21 WpHG Rn. 1.

88 Bayer, in: MüKo, AktG, Band 1, § 20 Rn. 12; Emmerich, in: Emmerich/Habersack, Aktien- und GmbH-Konzernrecht, § 20 AktG Rn. 17; Maier, in: Henssler/Strohn, Gesellschaftsrecht, § 20 AktG Rn. 6; Hirschmann, in: Hölters, AktG, § 20 Rn. 8; Koch, in: Hüffer, AktG, § 20 Rn. 6; Koppensteiner, in: Kölner Kommentar, AktG, § 20 Rn. 20.

89 Verordnung (EU) Nr. 575/2013 des Europäischen Parlaments und des Rates vom 26. Juni 2013 über Aufsichtsanforderungen an Kreditinstitute und Wertpapierfirmen und zur Änderung der Verordnung (EU) Nr. 646/2012, ABl. EU, L 176, 27. Juni 2013, S. 1 ff.

90 Weber/Seifert, in: Luz/Neus/Schaber/Schneider/Wagner/Weber, KWG und CRR, § 1 KWG Rn. 105; Schäfer, in: Boos/Fischer/Schulte-Mattler, KWG, § 1 Rn. 212; Schwennicke, in: Schwennicke/Auerbach, KWG, § 1 Rn. 227; Reschke, in: Beck/Samm/Kokemoor, KWG, § 1 Rn. 928.

91 Hirte, in: Kölner Kommentar, WpHG, § 21 Rn. 73; für Beispiele siehe Arends, Die Offenlegung von Aktienbesitz nach deutschem Recht, S. 124.

mehrheit i.S.d. § 133 Abs. 1 AktG hinaus auch eine qualifizierte Kapitalmehrheit.[92] Dies gilt gemäß §§ 182 Abs. 1 Satz 1, 193 Abs. 1 Satz 1 AktG etwa für die Kapitalerhöhung.[93] In diesen Fällen kann daher auch eine entsprechend umfangreiche Kapitalbeteiligung unabhängig von hiermit etwaig verbundenen Stimmrechten eine Blockadeposition begründen und insofern eine gewisse Machtposition innerhalb der betroffenen Gesellschaft begründen.[94] Hinzu kommt noch der rein faktische Einfluss, der mit einer entsprechend hohen Kapitalbeteiligung einhergeht. Dennoch gewährt eine bloße Kapitalbeteiligung lediglich in Sonderfällen Einfluss auf einzelne Angelegenheiten der Gesellschaft. Im Gegensatz hierzu geht mit einer entsprechenden Stimmrechtsmacht ein steter, wesentlich größerer Einfluss in Form einer aktiven Gestaltungsmacht hinsichtlich aller wesentlicher Belange der Gesellschaft einher.[95] Daher werden die Stimmrechte auch als das Kernelement der Gesellschafterrechte angesehen.[96] Darüber hinaus lassen sich aus einem bestehenden Stimmrechtsanteil in aller Regel auch Rückschlüsse auf eine entsprechende Kapitalbeteiligung ziehen. Nachvollziehbar zog der Gesetzgeber im Rahmen des WpHG daher bisher stets die Stimmrechte als wesentliches Merkmal zur Bestimmung und Offenlegung von bedeutenden Beteiligungen heran.[97]

Aufgrund dieser grundsätzlichen Anknüpfung an die Stimmrechtsanteile ist jedoch die Bezeichnung als „Beteiligungstransparenz“ nicht gänzlich präzise und in gewisser Weise missverständlich. Denn wie dargestellt werden nicht die (Kapital-)Beteiligungen an einer Gesellschaft als solche, sondern lediglich die jeweiligen Stimmrechtspotenziale mitgeteilt und veröffentlicht.[98] So ist es beispielsweise möglich, dass allein aufgrund der Zurechnung von Stimmrechten, die aus Aktien Dritter stammen, eine Mitteilung gemäß § 21 Abs. 1 Satz 1 WpHG erforderlich wird, obwohl der Meldepflichtige tatsächlich überhaupt keine Kapitalbeteiligung in Form von Aktieneigentum an der Gesellschaft hält.[99] Aus diesem Grund wird

92 Vgl. Schröer, in: MüKo, AktG, Band 3, § 133 Rn. 37 ff.; Hüffer, in: Hüffer, AktG, § 133 Rn. 14; Hirschmann, in: Hölters, AktG, § 133 Rn. 32; Rieckers, in: Spindler/Stilz, AktG, § 133 Rn. 34.

93 Eine Übersicht über weitere Beschlussgegenstände, die neben einer Stimmenmehrheit eine qualifizierte Kapitalmehrheit erfordern, gibt Schröer, in: MüKo, AktG, § 133 Rn. 42.

94 Ähnlich Schneider, in: Assmann/Schneider, WpHG, Vor § 21 Rn. 30; Hirte, in: Kölner Kommentar, WpHG, § 21 Rn. 73.

95 Ebenso Brombach, Kapitalmarktrechtliche und aufsichtsrechtliche Pflichten bei der Berührung von Schwellenwerten, S. 50.

96 Hu/Black, The new Vote Buying: Empty Voting and Hidden (Morphable) Ownership, Southern California Law Review, Volume 79, 2006, Nr. 4, S. 811 (814).

97 Vgl. Schneider, in: Assmann/Schneider, WpHG, Vor § 21 Rn. 32; Heusel, WM 2012, S. 291 (295); Krause, AG 2011, S. 469 (470); Seibt, ZGR 2010, S. 795 (815).

98 Ähnlich Dehlinger/Zimmermann, in: Fuchs, WpHG, Vor §§ 21 bis 30 Rn. 1.

99 Nottmeier/Schäfer, AG 1997, S. 87 (91); Vaupel, AG 2011, S. 63 (75); Götze, BKR 2013, S. 265 (268); Renz/Rippel, BKR 2009, S. 265 (266); Bayer, in: MüKo, AktG, Band 1, § 22 Anh. § 22 WpHG Rn. 3; Schwark, in: Schwark/Zimmer, Kapitalmarktrechts-

teilweise auch nicht von „Beteiligungstransparenz", sondern sachlich präziser von „Stimmrechtspublizität" gesprochen.[100] Da der Begriff der Beteiligungstransparenz jedoch in Rechtsprechung[101] und Literatur[102] überwiegende Verbreitung gefunden hat, soll trotz der begrifflichen Ungenauigkeit auch im Rahmen der vorliegenden Bearbeitung an dieser Bezeichnung festgehalten werden.

I. Regelungsziele der kapitalmarktrechtlichen Beteiligungstransparenz

Wie bereits angedeutet,[103] besteht das unmittelbare Regelungsziel der in den §§ 21 bis 30 WpHG verankerten kapitalmarktrechtlichen Beteiligungstransparenz darin, der Marktöffentlichkeit einen Einblick in die bestehenden Stimmrechtsmachten und damit in die innergesellschaftlichen Kontroll- und Machtstrukturen börsennotierter Unternehmen zu ermöglichen.[104] Die Offenlegung der innergesellschaftlichen Machtverhältnisse erfüllt jedoch keinen Selbstzweck, sondern ist lediglich ein Zwischenziel.[105] Die hergestellte Beteiligungstransparenz dient übergeordneten und grundlegenden Regelungszwecken des Kapitalmarktrechts, die allerdings im WpHG nicht ausdrücklich benannt werden und daher lediglich aus den einzelnen Regelungen abgeleitet werden können.[106]

1. Anlegerschutz

In diesem Zusammenhang ist zunächst der Anlegerschutz als eines der grundlegenden Motive des Kapitalmarktrechts zu nennen.[107]

Kommentar, § 22 WpHG Rn. 2; Starke, Beteiligungstransparenz im Gesellschafts- und Kapitalmarktrecht, S. 182.

100 So beispielsweise Lebherz, WM 2010, S. 154 (159), Heinrich/Krämer, CFL 2013, S. 225 (225).

101 Siehe beispielsweise LG Köln, Urteil vom 18. Juli 2008, Az. 82 O 63/07, BeckRS 2009, 15920.

102 Siehe beispielsweise Dehlinger/Zimmermann, in: Fuchs, WpHG, Vor §§ 21 bis 30 Rn. 1.

103 Siehe bereits S. 24.

104 Hirte, in: Kölner Kommentar, WpHG, § 21 Rn. 3; Schneider, in: Assmann/Schneider, WpHG, Vor § 21 Rn. 18 ff.; von Bülow/Stephanblome, ZIP 2008, S. 1797 (1798); Cahn, AG 2013, S. 459 (461 f.); Eichner, ZRP 2010, S. 5 (5).

105 Vgl. Brombach, Kapitalmarktrechtliche und aufsichtsrechtliche Pflichten bei der Berührung von Schwellenwerten, S. 59.

106 Anzinger, Gesellschaftsrecht in der Diskussion 2010, S. 187 (217).

107 Zum Anlegerschutz als grundlegendes Ziel des Kapitalmarktrechts: Fuchs, in: Fuchs, WpHG, Einleitung Rn. 13 ff.; Bröcker, in: Claussen, Bank- und Börsenrecht, § 6 Rn. 17; Oulds, in: Kümpel/Wittig, Bank- und Kapitalmarktrecht, Rn. 14.141; zweifelnd Hirte/Heinrich, in: Kölner Kommentar, WpHG, Einl. Rn. 11 f.

Eine grundlegende Voraussetzung des Anlegerschutzes ist es, dass die Anleger durch ausreichende Informationen in die Lage versetzt werden, ihre mit einer Investitionsentscheidung einhergehenden Chancen und Risiken auf einer belastbaren Grundlage abzuwägen und auf diese Weise vor ungeeigneten Angeboten und Fehlinvestitionen gewarnt und geschützt werden.[108] Ein wesentlicher Faktor für die Abwägung einer jeden Investitionsentscheidung ist dabei auch das Bestehen bedeutender Beteiligungen.[109] Denn Anleger haben im Vorfeld ihrer Anlageentscheidungen aus mehreren Gründen ein Interesse an der Offenlegung der vorhandenen Aktionärsstrukturen und der damit einhergehenden Machtverteilung innerhalb börsennotierter Unternehmen.[110]

Zum einen schließen sich Anleger durch den Kauf von Aktien eines Unternehmens mit den jeweiligen übrigen Aktionären dieses Unternehmens zumindest vorübergehend zu einer Interessengemeinschaft zusammen. Insofern sind für ihre Kaufentscheidung nicht ausschließlich die Unternehmensdaten, sondern auch die an diesem Unternehmen beteiligten Aktionäre von Interesse. Relevant können insofern beispielsweise die Motive der übrigen Aktionäre bzgl. der Unternehmensausrichtung, das Bestehen etwaiger Sonderinteressen einzelner Aktionäre oder die Gewährleistung einer kritischen und effektiven Begleitung des Managements durch die bereits bestehenden Beteiligungen sein.[111] Auch kann bei Aktionären mit erheblichen Stimmrechtsanteilen regelmäßig darauf geschlossen werden, dass diese eigene, unternehmerische Interessen verfolgen.[112]

Zum anderen können die Kenntnis über das Vorhandensein wesentlicher Beteiligungen sowie die Unterrichtung über die Zunahme oder das Abschmelzen einzelner

108 Vgl. Bröcker, in: Clausen, Bank- und Börsenrecht, § 6 Rn. 17; Hitzer/Düchting, ZIP 2011, S. 1084 (1087).

109 RegBegrE zum Zweiten Finanzmarktförderungsgesetz, BT-Drucks. 12/6679, S. 52; RegBegrE zum TUG, BT-Drucks. 16/2498, S. 26; Hirte, in: Kölner Kommentar, WpHG, § 21 Rn. 3; Dehlinger/Zimmermann, in: Fuchs, WpHG, Vor §§ 21 bis 30 Rn. 1, 15, 17; Schneider, in: Assmann/Schneider, WpHG; Vor § 21 Rn. 19; Süßmann, in: Assmann/Schütze, Handbuch des Kapitalanlagerechts, § 14 Rn. 3; Baums/Sauter, ZHR 173 (2009), S. 454 (474); Pavlova, Anlassbezogene Informationspflichten der Emittenten nach dem Wertpapierhandelsgesetz, S. 134; Brombach, Kapitalmarktrechtliche und aufsichtsrechtliche Pflichten bei der Berührung von Schwellenwerten, S. 59, 60; Fiedler, Mitteilungen über Beteiligungen von Mutter- und Tochterunternehmen, S. 23; Teichmann/Epe, WM 2010, S. 1477 (1477 f.); Heusel, WM 2012, S. 291 (291); Renz/Rippel, BKR 2008, S. 309 (310); Weber/Meckbach, BB 2008, S. 2022 (2027); Schneider, WM 2006, S. 1321 (1323).

110 Anzinger, Gesellschaftsrecht in der Diskussion 2010, S. 187 (209); vgl. auch Baums, ZIP 2010, S. 2374 (2382).

111 Bott/Schleef, ZBB 1998, S. 330 (330 f.); Fleischer, ZGR 2008, S. 185 (205); Schouten, Stanford Journal of Law, Business & Finance, Volume 15, 2009, Nr. 1, S. 127 (135); Theusinger/Möritz, Ad Legendum 2010, S. 3 (3); Starke, Beteiligungstransparenz im Gesellschafts- und Kapitalmarktrecht, S. 67.

112 Cahn, AG 2013, S. 459 (462).

oder mehrerer solcher Beteiligungen Aufschlüsse über die wirtschaftliche Situation des ins Auge gefassten Unternehmens oder zumindest über die Beurteilung der wirtschaftlichen Zukunft durch die mit den Unternehmensdaten vertrauten Aktionären geben.[113] Insofern können Informationen über den Auf- bzw. Abbau von wesentlichen Beteiligungen Rückschlüsse auf die bevorstehende Entwicklung des Unternehmens und damit auch auf die künftige Kursentwicklung erlauben.[114]

Schließlich ermöglicht das Beobachten eines steten Aufbaus einer wesentlichen Beteiligung auch eine ggf. bevorstehende Unternehmensübernahme vorherzusehen.[115] Auch ein solches Ereignis kann maßgeblichen Einfluss auf eine Investitionsentscheidung haben, und sei es nur aufgrund der Tatsache des im Rahmen einer Übernahme üblicherweise eintretenden Kursanstiegs hinsichtlich der Aktien des Übernahmeziels.[116] Ein Anleger, der bereits Aktien des Übernahmeziels besitzt, wird in der bevorstehenden Übernahme ggf. einen günstigen Zeitpunkt zum Verkauf sehen, während ein Anleger, der ebenfalls die Absicht verfolgt, Aktien des Übernahmeziels zu erwerben, seine Beteiligungspläne eventuell zunächst zurückstellen wird.[117]

Ziel der kapitalmarktrechtlichen Beteiligungstransparenz ist es, den Anlegern durch die frühzeitige Unterrichtung über die bestehende Aktionärsstruktur eine Einschätzung dieser Faktoren zu ermöglichen und sie damit in die Lage zu versetzen, eine informierte und überlegte Anlageentscheidung zu treffen. In diesem Sinne bezweckt die kapitalmarktrechtliche Beteiligungstransparenz ganz bewusst auch eine Verbesserung des Anlegerschutzes auf den Kapitalmärkten.[118]

---

113 RegBegrE zum Zweiten Finanzmarktförderungsgesetz, BT-Drucks. 12/6679, S. 33; Dehlinger/Zimmermann, in: Fuchs, WpHG, Vor §§ 21 bis 30 Rn. 17; Schouten, Stanford Journal of Law, Business & Finance, Volume 15, 2009, Nr. 1, S. 127 (141); Brombach, Kapitalmarktrechtliche und aufsichtsrechtliche Pflichten bei der Berührung von Schwellenwerten, S. 60; Fiedler, Mitteilungen über Beteiligungen von Mutter- und Tochterunternehmen, S. 25.

114 Buck-Heeb, Kapitalmarktrecht, § 8 Rn. 466; Schneider, in: Assmann/Schneider, WpHG, Vor § 21 Rn. 19; Hirte, in: Kölner Kommentar, WpHG, § 21 Rn. 3; Renz/Rippel, BKR 2008, S. 309 (310); Theusinger/Möritz, Ad Legendum 2010, S. 3 (3); Teichmann/Epe, WM 2010, S. 1477 (1477, 1478); Heusel, WM 2012, S. 291 (291).

115 Dehlinger/Zimmermann, in: Fuchs, WpHG, Vor §§ 21 bis 30 Rn. 16; Schneider, in: Assmann/Schneider, WpHG, Vor § 21 Rn. 19; Otto, AG 1994, S. 167 (170); Renz/Rippel, BKR 2008, S. 309 (310); Schouten, Stanford Journal of Law, Business & Finance, Volume 15, 2009, Nr. 1, S. 127 (141); Arends, Die Offenlegung von Aktienbesitz nach deutschem Recht, S. 5.

116 Vgl. Baums/Sauter, ZHR 173 (2009), S. 454 (474); Otto, AG 1994, S. 167 (168); Schouten, Stanford Journal of Law, Business & Finance, Volume 15, 2009, Nr. 1, S. 127 (137); Brombach, Kapitalmarktrechtliche und aufsichtsrechtliche Pflichten bei der Berührung von Schwellenwerten, S. 70.

117 Vgl. Otto, AG 1994, S. 167 (168).

118 RegBegrE zum TUG, BT-Drucks. 16/2498, S. 26; Dehlinger/Zimmermann, in: Fuchs, WpHG, Vor §§ 21 bis 30 Rn. 1, 15; Schäfer, in: Handbuch börsennotierte AG,

2. Funktionsfähigkeit des Kapitalmarkts

Darüber hinaus soll die kapitalmarktrechtliche Beteiligungstransparenz auch die Funktionsfähigkeit der Kapitalmärkte als ein weiteres grundlegendes Ziel des Kapitalmarktrechts fördern.[119] Hierzu tragen wiederum verschiedene Einzelaspekte bei.

Wird es Anlegern generell ermöglicht, eine fundierte Anlageentscheidung auf der Grundlage einer breiten Informationsbasis zu treffen und aufgrund des angeeigneten Wissens das Marktgeschehen nachzuvollziehen, fördert dies zunächst das Anlegervertrauen in den Kapitalmarkt.[120] Ein gestärktes Vertrauen der Anleger hat wiederum zur Folge, dass ihre Investitionsbereitschaft zunimmt und hierdurch das Volumen des vorhandenen Investitionskapitals sowie die am Markt vorhandene Liquidität ansteigen.[121] Ausreichendes Investitionskapital und eine hohe Liquidität stellen schließlich grundlegende Voraussetzungen für die Leistungsfähigkeit eines jeden Kapitalmarkts dar.[122]

Weiterhin gewährleisten die der Kapitalmarktöffentlichkeit zur Verfügung gestellten Unternehmensdaten hinsichtlich der bestehenden Beteiligungsverhältnisse eine zutreffende Preisfindung und fördern damit die Preiseffizienz der Kapitalmärk-

---

§ 18 Rn. 3; Süßmann, in: Assmann/Schütze, Handbuch des Kapitalanlagerechts, § 14 Rn. 3; Brombach, Kapitalmarktrechtliche und aufsichtsrechtliche Pflichten bei der Berührung von Schwellenwerten, S. 59, 60; Frisch, in: Derleder/Knops/Bamberger, Handbuch zum deutschen und europäischen Bankrecht, § 52 Rn. 99; Cahn, AG 1997, S. 502 (502); Eichner, ZRP 2010, S. 5 (5); Neye, ZIP 1996, S. 1853 (1855); Fleischer/Schmolke, NZG 2009, S. 401 (403); Steuer/Baur, WM 1996, S. 1477 (1477); zum Anlegerschutz durch Information siehe beispielsweise Hannöver, in: Schimansky/Bunte/Lwowski, Bankrechts-Handbuch, § 110 Rn. 5; Starke, Beteiligungstransparenz im Gesellschafts- und Kapitalmarktrecht, S. 98; Arends, Die Offenlegung von Aktienbesitz nach deutschem Recht, S. 46; Fiedler, Mitteilungen über Beteiligungen von Mutter- und Tochterunternehmen, S. 23.

119 Dehlinger/Zimmermann, in: Fuchs, WpHG, Vor §§ 21 bis 30 Rn. 1, 15; Süßmann, in: Assmann/Schütze, Handbuch des Kapitalanlagerechts, § 14 Rn. 1; Anzinger, WM 2011, S. 391 (392); Weber/Meckbach, BB 2008, S. 2022 (2027); Sudmeyer, BB 2002, S. 685 (686); Hitzer/Düchting, ZIP 2011, S. 1084 (1087); zur Funktionsfähigkeit der Kapitalmärkte als grundlegendes Ziel des Kapitalmarktrechts im Allgemeinen: Bröcker, in: Claussen, Bank- und Börsenrecht, § 6 Rn. 17; Hirte/Heinrich, in: Kölner Kommentar, WpHG, Einl. Rn. 11; Oulds, in: Kümpel/Wittig, Bank- und Kapitalmarktrecht, Rn. 14.170.

120 RegBegrE zum Zweiten Finanzmarktförderungsgesetz, BT-Drucks. 12/6679, S. 33; Dehlinger/Zimmermann, in: Fuchs, WpHG, Vor §§ 21 bis 30 Rn. 1, 15; Hirte, in: Kölner Kommentar, WpHG, § 21 Rn. 3; Sudmeyer BB 2002, S. 685 (686); Brombach, Kapitalmarktrechtliche und aufsichtsrechtliche Pflichten bei der Berührung von Schwellenwerten, S. 59, 60.

121 Oulds, in: Kümpel/Wittig, Bank- und Kapitalmarktrecht, Rn. 14.141; ebenso bezogen auf die Transparenzrichtlinie Göres, Der Konzern 2007, S. 15 (16).

122 Oulds, in: Kümpel/Wittig, Bank- und Kapitalmarktrecht, Rn. 14.148; Seiler/Kniehase, in: Schimansky/Bunte/Lwowski, Bankrechts-Handbuch, § 104 Rn. 90.

te.[123] Denn die Unterrichtung über die bestehende Aktionärsstruktur und deren Veränderungen erlaubt beispielsweise Rückschlüsse auf die Frage, ob eine effektive Kontrolle der Unternehmensleitung durch einzelne Großaktionäre sichergestellt ist, oder ob für einzelne Anteilseigner oder eine Gruppe von Aktionären Anreize bestehen, Partikularinteressen zu verfolgen.[124] Dies sind wiederum wichtige Faktoren für die Einschätzung des Umfangs der bei dem jeweiligen Unternehmen anfallenden Agenturkosten, die etwa durch ein nicht effektiv oder nicht im Interesse der Aktionäre handelndes Management und durch ein nicht am Erfolg des Unternehmens, sondern an Sonderinteressen orientiertes Verhalten einzelner Aktionäre verursacht werden.[125] Nur wenn solche für das Entstehen etwaiger Agenturkosten verantwortliche Ursachen offengelegt werden, können diese Informationen angemessen in den Marktwert des jeweiligen Unternehmens eingepreist werden.

Darüber hinaus kann aus den gemeldeten Beteiligungen im Umkehrschluss auch die Menge der im Streubesitz befindlichen Aktien und der Umfang des noch frei handelbaren Aktienbestands gefolgert werden, sog. *Freefloat*.[126] Das frei handelbare Aktienvolumen kann dabei insbesondere für Investoren, die eine größere Beteiligung anstreben, eine maßgebliche Rolle spielen. Denn zum einen tritt im Fall eines geringen *Freefloat* mit dem Aufbau der beabsichtigten Beteiligung und der dadurch gesteigerten Nachfrage eine Angebotsverknappung ein, die höhere Transaktionskosten verursacht.[127] Zum anderen lässt sich der Höhe des Streubesitzes entnehmen, welches Einflusspotenzial mit dem beabsichtigten Beteiligungsumfang einhergeht, da beispielsweise bei einer hohen Streubesitzquote bereits eine verhältnismäßig geringe Beteiligung erheblichen Einfluss ermöglichen kann.[128] Diese Faktoren wird ein potenzieller Investor bei seinen Überlegungen berücksichtigen und hiervon auch seine Bereitschaft, ggf. einen Preisaufschlag zu zahlen, abhängig machen. Im

123 Möritz, ZVglRWiss 109 (2010), S. 94 (110); vgl. Schouten, Stanford Journal of Law, Business & Finance, Volume 15, 2009, Nr. 1, S. 127 (133).

124 Schouten, Stanford Journal of Law, Business & Finance, Volume 15, 2009, Nr. 1, S. 127 (135).

125 Vgl. Schouten, Stanford Journal of Law, Business & Finance, Volume 15, 2009, Nr. 1, S. 127 (135, 148).

126 Dehlinger/Zimmermann, in: Fuchs, WpHG, Vor §§ 21 bis 30 Rn. 17; Hirte, in: Kölner Kommentar, WpHG, § 21 Rn. 3; Fleischer/Schmolke, NZG 2009, S. 401 (403); Renz/Rippel, BKR 2008, S. 309 (310); Hitzer/Düchting, ZIP 2011, S. 1084 (1087); Fiedler, Mitteilungen über Beteiligungen von Mutter- und Tochterunternehmen, S. 25; mögliche Rückschlüsse auf den *Freefloat* als lediglich nicht beabsichtigten Nebeneffekt bezeichnend Heusel, WM 2012, S. 291 (293).

127 Vgl. Schouten, Stanford Journal of Law, Business & Finance, Volume 15, 2009, Nr. 1, S. 127 (147 f.).

128 Grund hierfür ist die bei börsennotierten Unternehmen, deren Aktien sich in großem Umfang in Streubesitz befinden, oftmals festzustellende, niedrige Hauptversammlungspräsenz der Anteilseigner.

Ergebnis wird auf diese Weise wiederum die jeweilige Kursentwicklung beeinflusst und damit eine angemessene Preisbildung sichergestellt.[129]

Werden schließlich alle auf dem Kapitalmarkt tätigen Handelsteilnehmer mit aktuellen und umfassenden Informationen versorgt und somit ein breites und homogenes Informationsniveau erzeugt, wird auch Insidergeschäften entgegengewirkt, da weniger missbräuchlich nutzbare Informationsvorsprünge verbleiben.[130] Die kapitalmarktrechtliche Beteiligungstransparenz gewährleistet dabei zunächst unmittelbar, dass keine Wissensvorsprünge bzgl. der bestehenden Aktionärsstrukturen von börsennotierten Unternehmen bestehen. Darüber hinaus trägt sie aber auch mittelbar zur allgemeinen Informationsverbreitung insofern bei, als der Erwerb einer bedeutenden Beteiligung durch einen bestimmten Investor den übrigen Marktteilnehmern signalisieren kann, wie öffentlich zwar verfügbare, aber aufwendig zu analysierende Daten zu werten sind und entsprechend bei der Preisbildung zu berücksichtigen sind.[131]

All diese Faktoren wirken sich im Ergebnis positiv auf die Markteffizienz insgesamt aus.[132]

3. Corporate Governance

Neben diesen beiden, auf den Kapitalmarkt ausgerichteten Regelungsdimensionen tritt schließlich noch eine weitere, auf die Unternehmen selbst bezogene Zielsetzung des Gesetzgebers, die sich nicht zuletzt darin zeigt, dass die Mitteilungen über wesentliche Beteiligungen zunächst auch gegenüber dem betroffenen Unternehmen selbst abzugeben sind.[133] In diesem Sinne soll die kapitalmarktrechtliche

---

129 Schneider, in: Assmann/Schneider, WpHG, Vor § 21 Rn. 19; zu den Auswirkungen einer Verknappung des *Freefloat* auf den Aktienpreis siehe auch die Ausführungen zum Übernahmekampf Porsche/VW auf S. 66.

130 RegBegrE zum Zweiten Finanzmarktförderungsgesetz, BT-Drucks. 12/6679, S. 52; Dehlinger/Zimmermann, in: Fuchs, WpHG, Vor §§ 21 bis 30 Rn. 1, 15; vgl. Süßmann, in: Assmann/Schütze, Handbuch des Kapitalanlagerechts, § 14 Rn. 3; Schäfer, in: Handbuch börsennotierte AG, § 18 Rn. 3; Petersen, in: Spindler/Stilz, AktG, § 22 Anh. Rn. 2; BaFin, Emittentenleitfaden, Ziffer VIII; Weber/Meckbach, BB 2008, S. 2022 (2027); Fleischer/Schmolke, NZG 2009, S. 401 (403); Anzinger, Gesellschaftsrecht in der Diskussion 2010, S. 187 (210); Cahn, AG 1997, S. 502 (502); Eichner, ZRP 2010, S. 5 (5); Steuer/Baur, WM 1996, S. 1477 (1477); Arends, Die Offenlegung von Aktienbesitz nach deutschem Recht, S. 3; Starke, Beteiligungstransparenz im Gesellschafts- und Kapitalmarktrecht, S. 100; a.A. Sudmeyer, BB 2002, S. 685 (686).

131 Schouten, Stanford Journal of Law, Business & Finance, Volume 15, 2009, Nr. 1, S. 127 (141).

132 Schäfer, in: Handbuch börsennotierte AG, § 18 Rn. 3; Dehlinger/Zimmermann, in: Fuchs, WpHG, Vor §§ 21 bis 30 Rn. 1, 15; unter Verweis auf Art. 9 der Transparenzrichtlinie ebenso Teichmann/Epe, WM 2010, S. 1477 (1477 f.); Weber/Meckbach, BB 2008, S. 2022 (2027).

133 Siehe bereits S. 24.

Beteiligungstransparenz auch ein Mechanismus zur Förderung und Verbesserung der *Corporate Governance* von börsennotierten Unternehmen sein.[134]

Durch die Meldungen über das Bestehen und die Veränderung von wesentlichen Beteiligungen soll den Unternehmen selbst zunächst ein besserer Überblick über ihre Aktionärsstruktur und die daraus folgenden Beherrschungsverhältnisse ermöglichst werden.[135] Zum einen wird den Unternehmen auf diese Weise die Beachtung konzernrechtlicher Schutzvorschriften des AktG erleichtert.[136] Zum anderen wird durch die Veröffentlichung der Informationen über wesentliche Aktionäre sowohl den Unternehmen selbst als auch den jeweiligen Anteilseignern die Möglichkeit gegeben, einerseits die Kommunikation zwischen den Unternehmen und ihren Aktionären und andererseits die Kommunikation der Aktionäre untereinander zu intensivieren.[137] Beide Faktoren fördern die *Corporate Governance.*

Darüber hinaus hat die kapitalmarktrechtliche Beteiligungstransparenz in einem gewissen Rahmen auch positive Auswirkungen auf den Markt für Unternehmenskontrolle.[138] Ein funktionierender Markt für Unternehmenskontrolle wiederum hat disziplinierende Wirkung auf das Management der Unternehmen und fördert damit die *Corporate Governance* innerhalb des Unternehmens.[139] Denn die Unternehmensleitung muss im Fall einer erfolgreichen Unternehmensübernahme um ihren Arbeitsplatz fürchten und ist daher im Grundsatz bemüht, eine Übernahme des von ihnen geführten Unternehmens zu vermeiden.[140] Die Gefahr einer Übernahme ist wiederum allein aufgrund des höheren finanziellen Aufwands geringer, wenn sich das Unternehmen in einem gesunden und wirtschaftlich soliden Zustand befindet und daher über eine dementsprechend hohe Marktkapitalisierung verfügt. Diese ist wiederum durch eine effektiv und erfolgreich arbeitende Unternehmensleitung bedingt. Insofern schafft ein funktionsfähiger Markt für Unternehmenskontrolle

---

134 Anzinger, Gesellschaftsrecht in der Diskussion 2010, S. 187 (209 f.); Anzinger, WM 2011, S. 391 (392); Möritz, ZVglRWiss 109 (2010), S. 94 (111).

135 RegBegrE zum Zweiten Finanzmarktförderungsgesetz, BT-Drucks. 12/6679, S. 52; Schäfer, in: Handbuch börsennotierte AG, § 18 Rn. 3; Weber/Meckbach, BB 2008, S. 2022 (2027); Cahn, AG 1997, S. 502 (502); Fleischer/Schmolke, ZIP 2008, S. 1501 (1505); Fleischer/Schmolke, NZG 2009, S. 401 (403); Hitzer/Düchting, ZIP 2011, S. 1084 (1088).

136 Hirte, in: Kölner Kommentar, WpHG, § 21 Rn. 3; Möritz, ZVglRWiss 109 (2010), S. 94 (111).

137 Hirte, in: Kölner Kommentar, WpHG, § 21 Rn. 3; Hitzer/Düchting, ZIP 2011, S. 1084 (1088); Schouten, Stanford Journal of Law, Business & Finance, Volume 15, 2009, Nr. 1, S. 127 (156 f.); Arends, Die Offenlegung von Aktienbesitz nach deutschem Recht, S. 5.

138 Anzinger, Gesellschaftsrecht in der Diskussion 2010, S. 187 (211); Schouten, Stanford Journal of Law, Business & Finance, Volume 15, 2009, Nr. 1, S. 127 (154).

139 Schouten, Stanford Journal of Law, Business & Finance, Volume 15, 2009, Nr. 1, S. 127 (154).

140 Schäfer/Ott, Lehrbuch der ökonomischen Analyse des Zivilrechts, 25.7, S. 712; Zetsche, EBOR 2010, S. 231 (241).

einen Anreiz für die Unternehmensleitung, seine Arbeit an den Interessen der Aktionäre auszurichten. Auch insofern wird also die *Corporate Governance* gefördert.

Zusammenfassend lässt sich insofern festhalten, dass die kapitalmarktrechtliche Beteiligungstransparenz mit dem Anlegerschutz und der Funktionsfähigkeit des Kapitalmarkts zwei für den Kapitalmarkt ganz wesentliche Regelungsziele verfolgt. Die ebenfalls bezweckte Förderung der *Corporate Governance* in börsennotierten Unternehmen spielt eine nicht weniger wichtige Rolle, ist jedoch in ihrer Zielrichtung weniger auf die Allgemeinheit als vielmehr auf die einzelnen Unternehmen fokussiert.

II. Die Entwicklung der kapitalmarktrechtlichen Beteiligungstransparenz bis zum Inkrafttreten des AnsFuG

Trotz dieser gewichtigen Zielsetzung und obwohl die in den §§ 20 bis 22 AktG geregelte aktienrechtliche Beteiligungstransparenz, die ähnliche Meldepflichten hinsichtlich bestimmter Beteiligungsgrößen an einer inländischen Aktiengesellschaft vorsieht, als Bestandteil des Aktienkonzernrechts bereits durch die Aktiengesetznovelle 1965[141] zum 1. Januar 1966 eingeführt worden war, wurden in Deutschland erst nahezu 30 Jahre später auch kapitalmarktrechtliche Mitteilungspflichten für Veränderungen von wesentlichen Stimmrechtsanteilen an börsennotierten Unternehmen etabliert.[142] Und selbst zu diesem vergleichsweise späten Zeitpunkt hatte die kapitalmarktrechtliche Beteiligungstransparenz noch einen schwierigen Start.

Ihren Ursprung haben die §§ 21 bis 30 WpHG in der ersten Transparenzrichtlinie[143]. Das Zweite Finanzmarktförderungsgesetz setzte diese Richtlinie zum 1. Januar 1995 mit vierjähriger Verspätung in deutsches Recht um.[144] Maßgeblicher Grund für diese Verspätung war, dass im Gesetzgebungsverfahren ebenso wie bereits im Rahmen der Aktiengesetznovelle 1965 kontrovers über die beabsichtigte Offenlegung der Beteiligungsverhältnisse an börsennotierten Gesellschaften gestritten

141 Aktiengesetz vom 6. September 1965, BGBl. I, 11. September 1965, S. 1089 ff. sowie Einführungsgesetz zum Aktiengesetz vom 6. September 1965, BGBl. I, 11. September 1965, S. 1185 ff.; siehe hierzu auch Habersack, in: MüKo, AktG, Band 1, Einleitung Rn. 28 ff.; Assmann, in: Hopt/Wiedemann, Großkommentar AktG, Einleitung Rn. 183 ff.

142 Vgl. Dehlinger/Zimmermann, in: Fuchs, WpHG, Vor §§ 21 bis 30 Rn. 4; zur Einführung der aktienrechtlichen Beteiligungstransparenz siehe Fleischer, NZG 2009, S. 401 (402); Witt, AG 1998, S. 171 (171).

143 Richtlinie 88/627/EWG des Rates vom 12. Dezember 1988 über die bei Erwerb und Veräußerung einer bedeutenden Beteiligung an einer börsennotierten Gesellschaft zu veröffentlichenden Informationen, ABl. EU, L 348, 17. Dezember 1988, S. 62 ff.

144 Petersen, in: Spindler/Stilz, AktG, § 22 Anh. Rn. 1; siehe bereits S. 17.

wurde.[145] Teile der Wirtschaft lehnten die Offenlegung des Beteiligungsbesitzes an börsennotierten Unternehmen insgesamt und grundsätzlich ab. Sie vertraten die „These des Rechts der Aktionäre auf Anonymität".[146] Da aber zur damaligen Zeit bereits rechtsvergleichende Vorbilder – insbesondere in Frankreich und den USA – existierten, die entsprechende Mitteilungspflichten vorsahen, konnten sich letztendlich die Befürworter der Beteiligungstransparenz durchsetzen.[147]

Dementsprechend wurde durch Art. 1 des Zweiten Finanzmarktförderungsgesetzes in § 21 Abs. 1 Satz 1 WpHG ein Mitteilungstatbestand eingeführt, der beim Erreichen, Überschreiten oder Unterschreiten von 5 %, 10 %, 25 %, 50 % und 75 % der Stimmrechte einer börsennotierten Gesellschaft die Veröffentlichung dieser Information verlangte. Ergänzend hierzu enthielten die parallel eingeführten § 22 Abs. 1 Nrn. 1 bis 7 WpHG Zurechnungstatbestände für Stimmrechte Dritter. In die Berechnung der Stimmrechtsquote des Meldepflichtigen waren hiernach auch Stimmrechte aus Aktien miteinzubeziehen, die einem Dritten gehörten und von diesem für Rechnung des Meldepflichtigen oder eines von diesem kontrollierten Unternehmens gehalten wurden.[148] Gleiches galt für Stimmrechte aus Aktien, die einem vom Meldepflichtigen kontrollierten Unternehmen oder einem Dritten gehörten, mit dem zusammen der Meldepflichtige oder ein von diesem kontrolliertes Unternehmen aufgrund einer Vereinbarung über die Verfolgung langfristiger Ziele bezüglich der Gesellschaft seine Stimmrechte einvernehmlich ausübte.[149] Ebenso wurden Stimmrechte aus Aktien zugerechnet, die der Meldepflichtige einem zur Ausübung der Stimmrechte nicht befugten Dritten als Sicherheit übertragen hatte oder an denen zugunsten des Meldepflichtigen ein Nießbrauch bestellt wurde.[150] Schließlich fand eine Zurechnung auch für Stimmrechte aus Aktien statt, die der Meldepflichtige oder ein von diesem kontrolliertes Unternehmen durch eine einseitige Willenserklärung erwerben konnte, sowie für Stimmrechte aus Aktien, die

145 Vgl. Neye, ZIP 1996, S. 1853 (1853); zur Kontroverse im Rahmen der Aktiengesetznovelle 1965 siehe Windbichler, in: Hopt/Wiedemann, Großkommentar AktG, § 20 Rn. 1 f.; Schäfer, BB 1966, S. 229 (230); Anzinger, Gesellschaftsrecht in der Diskussion 2010, S. 187 (209); Fleischer/Schmolke, NZG 2009, S. 401 (402); Bachmann, in: Fleischer/Kalss/Vogt, Konvergenzen und Divergenzen im deutschen, österreichischen und schweizerischen Gesellschafts- und Kapitalmarktrecht, S. 209; Veil, ZHR 177 (2013), S. 427 (428).

146 Siebel, in: FS Heinsius, S. 771 (784, 787); Opitz, in: Schäfer/Hamann, KMG, Vor § 21 WpHG Rn. 1 ff.; Dehlinger/Zimmermann, in: Fuchs, WpHG, Vor §§ 21 bis 30 Rn. 7; Hirte, in: Kölner Kommentar, WpHG, § 21 Rn. 3, 11; Wansleben, StudZR 2009, S. 465 (467); Starke, Beteiligungstransparenz im Gesellschafts- und Kapitalmarktrecht, S. 141 ff.

147 Fleischer/Schmolke, NZG 2009, S. 401 (402); Otto, AG 1994, S. 167 (170); Veil, ZHR 177 (2013), S. 427 (428).

148 § 22 Abs. 1 Nr. 1 WpHG in der damaligen Fassung.

149 § 22 Abs. 1 Nr. 2 und 3 WpHG in der damaligen Fassung.

150 Vgl. § 22 Abs. 1 Nr. 4 und 5 WpHG in der damaligen Fassung.

dem Meldepflichtigen zur Verwahrung anvertraut waren, sofern er diese Stimmrechte nach eigenem Ermessen ausüben durfte.[151]

In der Folgezeit unterlagen diese Regelungen einer ständigen Fortentwicklung.[152] Sie wurden den generellen Bestrebungen des Gesetzgebers zur Ausweitung der Transparenz auf den Kapitalmärkten folgend sukzessive überarbeitet und angepasst. Für die vorliegende Bearbeitung sind dabei im Wesentlichen diejenigen Gesetzesänderungen von Relevanz, durch die neue Sachverhalte den Mitteilungs- und Veröffentlichungspflichten unterworfen wurden. Änderungen der Mitteilungs- und Veröffentlichungsmodalitäten sowie der Sanktionen für den Fall der Missachtung der Meldepflichten werden daher zwar der Vollständigkeit halber kursorisch dargestellt, jedoch nicht in allen Einzelheiten wiedergegeben.

Eine erste Erweiterung der Mitteilungs- und Veröffentlichungspflichten brachte Art. 3 des Dritten Finanzmarktförderungsgesetzes[153] zum 1. April 1998 mit sich. Neben wenigen redaktionellen Änderungen und einer Verschärfung der durch § 28 WpHG a. F. für den Fall der Nichtbefolgung der Mitteilungspflichten angedrohten Sanktionen[154] wurde durch dieses Gesetz § 21 Abs. 1a WpHG eingeführt, der fortan auch bei der erstmaligen Zulassung von Aktien zum Handel eine Stimmrechtsmitteilung vorschrieb, sofern ein Stimmrechtsinhaber 5 % oder mehr der Stimmrechte auf sich vereinte.[155] Dies sah der Gesetzgeber zur Wahrung der Transparenz wesentlicher Stimmrechtsbeteiligungen als erforderlich an, da nur mithilfe dieser Information ein vollständiger Überblick über die Stimmrechtsverhältnisse ermöglicht wird.[156]

Eine weitere Ausdehnung der Beteiligungstransparenz ging mit Art. 5 des KonTraG[157] einher. Zum 1. Mai 1998 wurde durch dieses Gesetz in § 25 Abs. 1 Satz 3 WpHG ein Veröffentlichungstatbestand eingeführt, nach dem auch die Gesellschaft selbst bei Erreichen, Überschreiten oder Unterschreiten der in § 21 Abs. 1 Satz 1 WpHG genannten Schwellenwerte durch Erwerb oder Veräuße-

---

151 § 22 Abs. 1 Nr. 6 und 7 WpHG in der damaligen Fassung.

152 Süßmann, in: Assmann/Schütze, Handbuch des Kapitalanlagerechts, § 14 Rn. 1; Heinrich, in: Heidel, Aktienrecht und Kapitalmarktrecht, § 21 WpHG Rn. 1; Dehlinger/Zimmermann, in: Fuchs, WpHG, Vor §§ 21 bis 30 Rn. 9; Fleischer/Schmolke, NZG 2009, S. 401 (401).

153 Gesetz zur weiteren Fortentwicklung des Finanzplatzes Deutschland (Drittes Finanzmarktförderungsgesetz) vom 24. März 1998, BGBl. I, 27. März 1998, S. 529 ff.

154 Der durch § 28 WpHG angeordnete Rechtsverlust wurde auch auf diejenigen Stimmrechte Dritter ausgedehnt, die dem Meldepflichtigen gemäß § 22 Abs. 1, Abs. 2 WpHG zugerechnet wurden. Darüber hinaus waren künftig auch weitere Rechte aus den den Stimmrechten zugrunde liegenden Aktien, von dem Rechtsverlust betroffen. Siehe auch Pötzsch, WM 1998, S. 949 (957).

155 Für Einzelheiten siehe beispielsweise Witt, WM 1998, S. 1153 (1158).

156 RegBegrE zum Dritten Finanzmarktförderungsgesetz, BT-Drucks. 13/8933, S. 95.

157 Gesetz zur Kontrolle und Transparenz im Unternehmensbereich (KonTraG) vom 27. April 1998, BGBl. I, 30. April 1998, S. 786 ff.

rung eigener Aktien eine entsprechende Erklärung zu veröffentlichen hatte.[158] Die Stimmrechte aus eigenen Aktien können von der Gesellschaft zwar nicht ausgeübt werden, da sie gemäß § 71b AktG ruhen.[159] Nur mithilfe der Offenlegung der Bestände gesellschaftseigener Aktien können jedoch die Stimmgewichte der übrigen Gesellschafter und somit die Kontrollstrukturen innerhalb der Gesellschaft letztlich realistisch eingeschätzt bzw. ermittelt werden.[160]

Erhebliche Änderungen erfuhren die Mitteilungs- und Veröffentlichungspflichten der §§ 21 bis 30 WpHG durch Art. 2 des Gesetzes zur Regelung von öffentlichen Angeboten zum Erwerb von Wertpapieren und von Unternehmensübernahmen[161].[162] Mit Inkrafttreten dieses Gesetzes am 1. Januar 2002 wurde zum einen der Anwendungsbereich der Mitteilungs- und Veröffentlichungspflichten insgesamt erweitert. Fortan galt die Pflicht zur Mitteilung von wesentlichen Stimmrechtsveränderungen nicht mehr nur für Beteiligungen an Gesellschaften, deren Aktien zum amtlichen Handel an einer Börse zugelassen waren, sondern auch dann, wenn die Aktien generell an einem organisierten Markt gehandelt wurden.[163] Aufgrund dieser Änderung wurden auch Veränderungen von Stimmrechtsanteilen an bisher nicht erfassten Gesellschaften mitteilungspflichtig.[164] Zum anderen wurden auch die in § 22 WpHG enthaltenen Zurechnungstatbestände umgestaltet.[165] Die grundsätzlichen Erwägungen der einzelnen Stimmrechtszurechnungen blieben hierbei zwar erhalten. Allerdings wurden die einzelnen Tatbestandsvoraussetzungen weiter als zuvor gefasst, sodass zukünftig auch bisher nicht erfasste Sachverhalte eine Mitteilungspflicht begründeten.[166] Im Einzelnen wurde die in § 22 Abs. 3 WpHG a. F. enthaltene und für die Zurechnung des § 22 Abs. 1 Nr. 2 WpHG a. F. geltende Definition des kontrollierten Unternehmens durch den inhaltlich weiteren, aus § 290 Abs. 1 Satz 1 HGB

---

158 Witt, WM 1998, S. 1153 (1159); die Nachfolgeregelung dieser Norm findet sich in § 26 Abs. 1 Satz 2 WpHG.

159 Oechsler, in: MüKo, AktG, § 71b Rn. 8; Cahn, in: Spindler/Stilz, AktG, § 71b Rn. 6.

160 Vgl. Bayer, in: MüKo, AktG, Band 1, § 22 Anh. § 26 WpHG Rn. 1; Süßmann, in: Assmann/Schütze, Handbuch des Kapitalanlagerechts, § 14 Rn. 11.

161 Gesetz zur Regelung von öffentlichen Angeboten zum Erwerb von Wertpapieren und von Unternehmensübernahmen vom 20. Dezember 2001, BGBl. I, 22. Dezember 2001, S. 3822 ff.

162 Witt, AG 2001, S. 233 (233); vgl. auch Dehlinger/Zimmermann, in: Fuchs, WpHG, Vor §§ 21 bis 30 Rn. 10.

163 Für Einzelheiten siehe Sudmeyer, BB 2002, S. 685 (685); Krause, NJW 2002, S. 705 (714).

164 RegBegrE zum Gesetz zur Regelung von öffentlichen Angeboten zum Erwerb von Wertpapieren und von Unternehmensübernahmen, BT-Drucks. 14/7034, S. 70; Witt, AG 2001, S. 233 (234).

165 Vgl. Krause, NJW 2002, S. 705 (714); Sudmeyer, BB 2002, S. 685 (688 f.).

166 RegBegrE zum Gesetz zur Regelung von öffentlichen Angeboten zum Erwerb von Wertpapieren und von Unternehmensübernahmen, BT-Drucks. 14/7034, S. 70.

stammenden Begriff des Tochterunternehmens[167] ersetzt.[168] Tochterunternehmen in diesem Sinne wurden dem Meldepflichtigen für alle Zurechnungstatbestände durch die § 22 Abs. 1 Satz 2, 3 WpHG n.F. gleichgestellt. Hierdurch wurden sowohl solche Zurechnungstatbestände, die bereits zuvor von dem Meldepflichtigen kontrollierte Unternehmen erfassten,[169] aufgrund des inhaltlich weiteren Begriffs des Tochterunternehmens ausgedehnt und darüber hinaus auch jene Tatbestände des § 22 Abs. 1 WpHG erweitert, die bisher noch nicht für kontrollierte Unternehmen galten.[170] Weiterhin wurden Stimmrechte aus zur Sicherheit auf Dritte übertragenen Aktien künftig auch dann dem Meldepflichtigen zugerechnet, wenn der Dritte die Stimmrechte weisungsabhängig ausübte.[171] Ebenso standen eigenen Stimmrechten des Meldepflichtigen fortan auch unabhängig von einem etwaigen Verwahrungsverhältnis Stimmrechte aus Aktien gleich, die dem Meldepflichtigen anvertraut waren und deren Stimmrechte er eigenständig ausüben konnte.[172] Schließlich erforderte eine Zurechnung wegen abgestimmten Verhaltens – sog. "*Acting in Concert*" – nicht mehr eine langfristige, einvernehmliche Ausübung der Stimmrechte. Es genügte vielmehr bereits eine generelle Abstimmung über das Verhalten in Bezug auf die Gesellschaft, sofern nicht nur eine Vereinbarung über die Ausübung von Stimmrechten im Einzelfall vorlag.[173] In der Summe bewirkten diese Einzelmaßnahmen eine erhebliche Ausdehnung der mitteilungspflichtigen Sachverhalte. Dies war vom Gesetzgeber auch beabsichtigt, da er die bis zu diesem Zeitpunkt geltende Gesetzeslage als lückenhaft empfand.[174]

Für die der Beteiligungstransparenz dienenden Vorschriften lediglich Änderungen redaktioneller Art, Klarstellungen sowie die Beseitigung von Redaktionsversehen aus zurückliegenden Gesetzesänderungen enthielten Art. 4 des Gesetzes über die integrierte Finanzdienstleistungsaufsicht[175] sowie Art. 2 des Vierten Finanz-

167 Siehe hierzu beispielsweise Busse von Colbe, in: MüKo, HGB, Band 4, § 290 Rn. 1 ff., 25 ff.

168 Siehe auch Sudmeyer, BB 2002, S. 685 (688).

169 Dies waren die Zurechnungstatbestände des § 22 Abs. 1 Nr. 1, Nr. 3 und Nr. 6 WpHG.

170 Hierzu zählten die Zurechnungstatbestände des § 22 Abs. 1 Nr. 2, Nr. 4, Nr. 5 und Nr. 7 WpHG.

171 Vgl. § 22 Abs. 1 Nr. 4 WpHG in der damaligen Fassung sowie den neu eingeführten § 22 Abs. 1 Satz 1 Nr. 3 WpHG.

172 Siehe hierzu § 22 Abs. 1 Nr. 7 WpHG in der damaligen Fassung sowie den neu eingeführten § 22 Abs. 1 Satz 1 Nr. 6 WpHG.

173 Vgl. § 22 Abs. 1 Nr. 3 WpHG in der damaligen Fassung sowie den neu eingeführten § 22 Abs. 2 Satz 1 WpHG.

174 RegBegrE zum Gesetz zur Regelung von öffentlichen Angeboten zum Erwerb von Wertpapieren und von Unternehmensübernahmen, BT-Drucks. 14/7034, S. 53, 70.

175 Gesetz über die integrierte Finanzdienstleistungsaufsicht vom 22. April 2002, BGBl. I, 25. April 2002, S. 1310 ff.

marktförderungsgesetzes.[176] Ohne substanzielle Auswirkungen auf die Mitteilungstatbestände war auch Art. 1 des AnSVG.[177]

Eine umfangreiche und tiefgreifende Umgestaltung der in §§ 21 bis 30 WpHG enthaltenen Mitteilungs- und Veröffentlichungspflichten verursachte zum 20. Januar 2007 allerdings dann wieder Art. 1 des TUG.[178] Die Umsetzung der zweiten Transparenzrichtlinie durch dieses Gesetz erforderte einige Anpassungen der bestehenden Vorschriften, um unter anderem zu vermeiden, dass länderübergreifend tätige Unternehmen inhaltsgleiche Mitteilungspflichten in mehreren Ländern erfüllen mussten.[179] In diesem Zusammenhang ist insbesondere die Einführung des Herkunftsstaatsprinzips zur Bestimmung des Anwendungsbereichs der nationalen Mitteilungspflichten zu nennen.[180] Fortan war nicht mehr das Bestehen einer inländischen Börsenzulassung entscheidend, sondern – von bestimmten Durchbrechungen abgesehen – der Sitz der Gesellschaft.[181] Neben den hierdurch bedingten Änderungen, verschiedenen redaktionellen Anpassungen, einer Verkürzung der Mitteilungs- und Veröffentlichungsfristen sowie der Einführung des Unternehmensregisters als Plattform[182], die die zu veröffentlichenden Daten dauerhaft bereitstellte, wurden die Mitteilungspflichten auch inhaltlich überarbeitet. Wesentlich war insofern die Ausweitung der durch § 21 Abs. 1 Satz 1 WpHG a.F. vorgeschriebenen Mitteilungen. Dieser verpflichtete künftig zusätzlich zu den schon zuvor bestehenden Schwellenwerten auch beim Erreichen, Überschreiten oder Unterschreiten von 3 %, 15 %, 20 % und 30 % der Stimmrechte einer an einem organisierten Markt gehandelten Gesellschaft zu einer entsprechenden Mitteilung.[183] Parallel hierzu wurde auch die Meldeschwelle des § 21 Abs. 1a WpHG a.F. bei der erstmaligen Zulassung von Aktien von 5 % auf 3 % abgesenkt. Der Zurechnungstatbestand des § 22 Abs. 1 Satz 1 Nr. 6 WpHG a.F. wurde darüber hinaus

---

176 Vgl. Bericht des Finanzausschusses zum Entwurf eines Gesetzes zur weiteren Fortentwicklung des Finanzplatzes Deutschland (Viertes Finanzmarktförderungsgesetz), BT-Drucks. 14/8601, S. 20; Dehlinger/Zimmermann, in: Fuchs, WpHG, Vor §§ 21 bis 30 Rn. 10.

177 Siehe hierzu auch Dehlinger/Zimmermann, in: Fuchs, WpHG, Vor §§ 21 bis 30 Rn. 10.

178 Göres, Der Konzern 2007, S. 15 (15 f.); Hutter/Kaulamo, NJW 2007, S. 471 (473); Weber, NJW 2007, S. 3688 (3691); Schwark, in: Schwark/Zimmer, Kapitalmarktrechts-Kommentar, Vorbemerkung zu § 21 WpHG Rn. 2.

179 Vgl. Hutter/Kaulamo, NJW 2007, S. 471 (472).

180 Siehe zur Einführung des Herkunftsstaatsprinzips beispielsweise Nießen, NZG 2007, S. 41 (41 f.); Bosse, DB 2007, S. 39 (40); Göres, Der Konzern 2007, S. 15 (17); Hutter/Kaulamo, NJW 2007, S. 471 (472 f.).

181 RegBegrE zum TUG, BT-Drucks. 16/2498, S. 27; siehe hierzu auch Göres, Der Konzern, S. 15 (17 f.).

182 Siehe hierzu Noack, WM 2007, S. 377 (380 f.); Bosse, DB 2007, S. 39 (40 f.).

183 Hutter/Kaulamo, NJW 2007, S. 471 (474); Nießen, NZG 2007, S. 41 (42); Rodewald/Unger, BB 2006, S. 1917 (1918); Krieger, in: Hoffmann-Becking, Münchener Handbuch des Gesellschaftsrechts, Band 4, § 68 Rn. 147.

künftig bereits ausgelöst, wenn der Meldepflichtige die Stimmrechte aus Aktien als Bevollmächtigter ausüben konnte, sofern er diesbezüglich keinen Weisungen des Aktionärs unterlag.[184] Ein Anvertrauen war künftig nicht mehr erforderlich.[185] Weiterhin wurden in § 23 WpHG gesetzliche Ausnahmen für die Berücksichtigung von Aktien bei der Berechnung des Stimmrechtsanteils eingeführt, die die bisherige Einzelfallbefreiung durch die Bundesanstalt für Finanzdienstleistungsaufsicht ersetzten.[186] Eine erhebliche und daher beachtenswerte Änderung in materieller Hinsicht war schließlich die Einführung des neuen § 25 WpHG zur Erfassung von Finanzderivaten.[187] Hiernach war auch derjenige meldepflichtig, der unmittelbar oder mittelbar Finanzinstrumente hielt, die das Recht verliehen, einseitig im Rahmen einer rechtlich bindenden Vereinbarung mit Stimmrechten verbundene Aktien zu erwerben. Zu veröffentlichen war jeweils das Erreichen, Überschreiten oder Unterschreiten der auch für Stimmrechte aus Aktien gemäß § 21 Abs. 1 Satz 1 WpHG geltenden Meldehöhen mit Ausnahme der Schwelle von 3 %.[188] Eine Zusammenrechnung mit den gemäß §§ 21 Abs. 1 Satz 1, 22 Abs. 1, Abs. 2 WpHG zu meldenden Beteiligungen erfolgte dabei gemäß § 25 Abs. 1 Satz 3 WpHG zunächst nicht.[189] Gemäß § 25 Abs. 2 Satz 1 WpHG waren aber die Stimmrechte aus verschiedenen Finanzinstrumenten i.S.d. § 25 Abs. 1 Satz 1 WpHG zusammenzurechnen. Bei Überschneidungen mit dem Tatbestand des § 22 Abs. 1 Satz 1 Nr. 5 WpHG hatte jedoch gemäß § 25 Abs. 2 Satz 2 WpHG keine zusätzliche Meldung erfolgen. Im Ergebnis führten die neu eingeführten Meldeintervalle in § 21 Abs. 1 WpHG n.F. sowie die erneute Ausdehnung des § 22 Abs. 1 Satz 1 Nr. 6 WpHG a.F. und die Einführung einer neuen Meldepflicht für Finanzinstrumente in § 25 WpHG zu einer erneuten, deutlichen Erweiterung der kapitalmarktrechtlichen Beteiligungstransparenz.[190]

Keine wesentlichen Änderungen materieller Art für die Mitteilungspflichten, sondern lediglich inhaltlich gleichbleibende Neufassungen und Beweislastregelungen, brachte Art. 3 des Investmentänderungsgesetzes[191] mit sich.

184 Eine Erleichterung für diesen Zurechnungstatbestand sah wiederum § 22 Abs. 4 WpHG in der damaligen Fassung für den Fall vor, dass die Bevollmächtigung lediglich für eine Hauptversammlung erteilt wurde. In diesem Fall entfiel die Verpflichtung zur Meldung auch des Unterschreitens.

185 Bosse, DB 2007, S. 39 (41); Göres, Der Konzern 2007, S. 15 (18 f.); Nießen, NZG 2007, S. 41 (42 f.).

186 Rodewald/Unger, BB 2006, S. 1917 (1918).

187 Opitz, in: Schäfer/Hamann, KMG, Vor § 21 WpHG Rn. 7; Hutter/Kaulamo, NJW 2007, S. 471 (475).

188 Vgl. § 25 Abs. 1 Satz 1 WpHG in der damaligen Fassung.

189 Nießen, NZG 2007, S. 41 (43).

190 Dies war auch das erklärte Ziel des Gesetzgebers, vgl. RegBegrE zum TUG, BT-Drucks. 16/2498, S. 26.

191 Gesetz zur Änderung des Investmentgesetzes und zur Anpassung anderer Vorschriften (Investmentänderungsgesetz) vom 21. Dezember 2007, BGBl. I, 27. Dezember 2007, S. 3089 ff.

Die vorerst letzte Überarbeitung der Mitteilungs- und Veröffentlichungspflichten vor dem Inkrafttreten des AnsFuG bewirkte dann zum 19. August 2008 bzw. zum 1. März 2009[192] Art. 1 des Risikobegrenzungsgesetzes. Für das System der Beteiligungstransparenz sah diese Reform im Wesentlichen vier weitgehende und praxisrelevante Änderungen vor,[193] die insgesamt eine erneute Ausweitung der Mitteilungs- und Publikationspflichten bedeuteten.[194] Der Zurechnungstatbestand des § 22 Abs. 2 WpHG a.F. für abgestimmtes Verhalten wurde ein weiteres Mal überarbeitet. In Reaktion auf ein Urteil des Bundesgerichtshofs vom 18. September 2006[195], in dem dieser § 30 Abs. 2 Satz 1 WpHG, der eine wortgleiche Parallelnorm zu § 22 Abs. 2 Satz 1 WpHG a.F. enthielt, einschränkend auslegte und für eine Zurechnung von Stimmrechten nach dieser Norm verlangte, dass eine Vereinbarung über die Ausübung der Stimmrechte in der Hauptversammlung getroffen wurde, fasste der Gesetzgeber den Rechtsbegriff des „abgestimmten Verhaltens" neu.[196] Künftig erfolgte eine Stimmrechtszurechnung auch dann, wenn – unabhängig von einer abgestimmten Stimmrechtsausübung – ein sonstiges Zusammenwirken mit dem Ziel einer dauerhaften und erheblichen Änderung der unternehmerischen Ausrichtung des Unternehmens vorlag.[197] Darüber hinaus wurde in § 25 Abs. 1 Satz 3 WpHG n.F. die Zusammenrechnung von gemäß § 25 Abs. 1 Satz 1 WpHG mitzuteilenden Finanzinstrumenten und Beteiligungen, die nach §§ 21 Abs. 1 Satz 1, 22 Abs. 1, 2 WpHG zu melden waren, vorgeschrieben, was bei Einführung des TUG – also noch nicht einmal zwei Jahre zuvor – noch explizit ausgeschlossen worden war.[198] Finanzinstrumente, die sowohl gemäß § 22 Abs. 1 Satz 1 Nr. 5 WpHG als auch nach § 25 Abs. 1 Satz 1 WpHG zu melden waren, wurden bei der Berechnung jedoch nur einmal berücksichtigt.[199] Von der neu eingeführten Zusammenrechnung ver-

---

192 Zu den unterschiedlichen Zeitpunkten des Inkrafttretens der Gesetzesänderungen siehe Art. 12 des Risikobegrenzungsgesetzes.

193 Vgl. Diekmann/Merkner, NZG 2007, S. 921 (921); Fleischer/Schmolke, EBOR 2011, S. 121 (126).

194 Schwark, in: Schwark/Zimmer, Kapitalmarktrechts-Kommentar, Vorbemerkung zu § 21 WpHG Rn. 3; von Bülow/Stephanblome, ZIP 2008, S. 1797 (1797); Diekmann/Merkner, NZG 2007, S. 921 (921).

195 BGH, Urteil vom 18. September 2006, Az. II ZR 137/05, NJW-RR 2007, S. 1179 = AG 2006, S. 883.

196 Diekmann/Merkner, NZG 2007, S. 921 (922); Korff, AG 2008, S. 692 (692); Fleischer, ZGR 2008, S. 185 (199); Renz/Rippel, BKR 2008, S. 309 (311); von Bülow/Stephanblome, ZIP 2008, S. 1797 (1797); Wecker/Pluskat, in: Gedächtnisschrift für Gruson, S. 421 (425 f.); Heinrich, in: Heidel, Aktienrecht und Kapitalmarktrecht, § 22 WpHG, Rn. 16; Schneider, in: Assmann/Schneider, WpHG, § 22 Rn. 166.

197 Ausführlich hierzu siehe Gätsch/Schäfer, NZG 2008, S. 846 (848 f.); Diekmann/Merkner, NZG 2007, S. 921 (922); Korff, AG 2008, S. 692 (692 ff.).

198 Siehe bereits S. 40. Ausführlich zu der neu eingeführten Zusammenrechnung siehe Brandt, BKR 2008, S. 441 (442 f.); Gätsch/Schäfer, NZG 2008, S. 846 (847 ff.); Diekmann/Merkner, NZG 2007, S. 921 (923).

199 Vgl. § 25 Abs. 1 Satz 3 WpHG.

sprach sich der Gesetzgeber eine Absenkung der Eingangsmeldeschwelle sowie eine Erhöhung der Meldedichte.[200] In der Tat konnte künftig maximal noch ein Stimmrechtsanteil aus Aktieneigentum in Höhe von 2,99 % zuzüglich Finanzinstrumenten mit Bezug zu weiteren 2 % der Stimmrechte aufgebaut werden, ohne zu einer Mitteilung dieser Einflusspotenziale verpflichtet zu sein.[201] Bis zur Einführung der Zusammenrechnung in § 25 Abs. 1 Satz 3 WpHG n. F. konnten als höchstmöglicher, noch nicht mitteilungspflichtiger Stimmrechtsanteil Aktien in Höhe von 2,99 % sowie Finanzinstrumente mit Bezug zu weiteren maximal 4,99 % der Stimmrechte erworben werden.[202] Die Eingangsmeldeschwelle wurde also von 7,98 % der Stimmrechte auf 4,99 % der Stimmrechte abgesenkt. Darüber hinaus wurden durch den neu eingeführten § 27a WpHG Erwerber von Stimmrechten beim Erreichen der Schwelle von 10 % der Stimmrechte einer an einem organisierten Markt gehandelten Gesellschaft verpflichtet, nähere Informationen über die mit dem Erwerb der Stimmrechte verfolgten Ziele und die Herkunft der für deren Erwerb verwendeten Mittel mitzuteilen.[203] Schließlich wurden auch die für den Fall der Verletzung der Mitteilungspflichten der §§ 21 Abs. 1 Satz 1, 22 Abs. 1, 2 WpHG drohenden Sanktionen des § 28 WpHG a. F. verschärft.[204] Die Nachholung von Mitteilungen führte seither nicht mehr zwangsläufig zur Beseitigung des von § 28 WpHG n. F. angeordneten Rechtsverlusts.[205]

Die vorstehende Aufstellung zeigt, dass die kapitalmarktrechtliche Beteiligungstransparenz bereits vor dem Inkrafttreten des AnsFuG eine noch relativ junge aber dennoch bewegte Geschichte vorzuweisen hatte.[206] Nach und nach wurde die §§ 21 bis 30 WpHG seit ihrer Einführung erheblich erweitert. Durch die dargestellte, sukzessive Ausdehnung des Anwendungsbereichs der einzelnen Mitteilungspflichten sowie durch die beschriebene Einführung neuer Mitteilungspflichten wurden mehr und mehr Sachverhalte mitteilungspflichtig. Darüber hinaus wurden auch die Modalitäten der vorzunehmenden Mitteilungen und Veröffentlichungen überarbeitet. So wurden die Vorschriften insbesondere dahin gehend

200 RegBegrE zum Risikobegrenzungsgesetz, BT-Drucks. 16/7438, S. 8, 12.

201 Siehe Meyer/Kiesewetter, WM 2009, S. 340 (344); Schiessl, Der Konzern, 2009, S. 291 (291); ähnlich auch Renz/Rippel, BKR 2009, S. 265 (269).

202 Korff, AG 2008, S. 692 (695); Brandt, BKR 2008, S. 441 (442); Bayer, in: MüKo, AktG, Band 1, § 22 Anh. § 25 WpHG Rn. 7.

203 Ausführlich zu dem eingeführten § 27a WpHG siehe Möllers/Holzner, NZG 2008, S. 166 (168 ff.); Diekmann/Merkner, NZG 2007, S. 921 (924 f.); Pluskat, NZG 2009, S. 206 (207 ff.); Fleischer, ZGR 2008, S. 185 (204 ff.); von Bülow/Stephanblome, ZIP 2008, S. 1797 (1801 ff.); vgl. auch Lebherz, WM 2010, S. 154 (160).

204 von Bülow/Stephanblome, ZIP 2008, S. 1797 (1804 f.); Weber, NJW 2009, S. 33 (35).

205 Vgl. Opitz, in: Schäfer/Hamann, KMG, Vor § 21 WpHG Rn. 7; Diekmann/Merkner, NZG 2007, S. 921 (925); Krämer/Heinrich, ZIP 2009, S. 1737 (1739 f.).

206 Vgl. etwa Dehlinger/Zimmermann, in Fuchs, WpHG, Vor §§ 21 bis 30 Rn. 9; Opitz, in: Schäfer/Hamann, KMG, Vor § 21 WpHG Rn. 14; ähnlich Brandt, BKR 2008, S. 441 (441).

modifiziert, dass schnellere und aussagekräftigere, wertpapierhandelsrechtliche Meldungen entstanden. Beispielshaft ist in diesem Zusammenhang die Verkürzung der Mitteilungs- und Veröffentlichungsfristen[207] sowie die Ausweitung der Mitteilungsinhalte[208] zu nennen. Darüber hinaus wurden auch die bei Verstößen gegen die Publizitätspflichten drohenden Rechtsfolgen sukzessive verschärft, um die Wahrung der Beteiligungstransparenz zu gewährleisten.[209] Gemeinsames Ziel dieser Maßnahmen war es, allen Marktteilnehmern eine möglichst umfassende Informationsbasis zur Verfügung zu stellen und zu diesem Zweck die Transparenz auf den Kapitalmärkten zu erhöhen.[210]

III. Ursprüngliche Systematik der kapitalmarktrechtlichen Beteiligungstransparenz

Aufgrund dieser Entwicklung der kapitalmarktrechtlichen Beteiligungstransparenz bildete sich bis zum Inkrafttreten des AnsFuG in den §§ 21 bis 30 WpHG ein System von kapitalmarktrechtlichen Meldepflichten heraus, das im Wesentlichen auf lediglich zwei Säulen basierte.[211]

1. Erste Säule: Offenlegung von gegenwärtigem Stimmrechtseinfluss

Die erste Säule der kapitalmarktrechtlichen Meldepflichten verpflichtete zur Offenlegung von gegenwärtig selbst gehaltenen sowie zugerechneten Stimmrechten

207 So wurde die Mitteilungsfrist des § 21 Abs. 1 Satz 1 WpHG durch das TUG von 7 auf 4 Tage und die Veröffentlichungsfrist des § 26 Abs. 1 Satz 1 WpHG (ursprünglich § 25 Abs. 1 Satz 1 WpHG) von 9 auf 3 Tage verkürzt.

208 So ergänzte etwa das Dritte Finanzmarktförderungsgesetz für die Mitteilung des § 21 Abs. 1 Satz 1 WpHG die Angabe des Tages des Erreichens der Schwellenwerte. Ebenfalls neue Mitteilungsinhalte brachte der durch das Risikobegrenzungsgesetz eingeführte § 27a WpHG mit sich. Siehe bereits S. 42.

209 Eine erste Verschärfung des § 28 WpHG ging etwa mit dem Dritten Finanzmarktförderungsgesetz einher. Eine weitere Verschärfung brachte das Risikobegrenzungsgesetz mit sich. Siehe bereits S. 36 und42.

210 Vgl. RegBegrE zum Dritten Finanzmarktförderungsgesetz, BT-Drucks. 13/8933, S. 58, 94 f.; RegBegrE zum TUG, BT-Drucks. 16/2498, S. 26; RegBegrE zum Risikobegrenzungsgesetz, BT-Drucks. 16/7438, S. 8.

211 So unter Hinzurechnung des § 25a WpHG als dritte Säule: Schneider, in: Assmann/Schneider, WpHG, Vor § 21 Rn. 32a, § 21 Rn. 6, § 22 Rn. 9; Brandt, WM 2014, S. 543 (544); Heusel, WM 2012, S. 291 (297); Götze, BKR 2013, S. 265 (268 f.); Merkner/Sustmann, NZG 2013, S. 1361 (1361); Cascante/Topf, AG 2009, S. 53 (62); Seibt, CFL 2010, S. 502 (503 f.); Deutsches Aktieninstitut, Stellungnahme zum Diskussionsentwurf eines Gesetzes zur Stärkung des Anlegerschutzes und Verbesserung der Funktionsfähigkeit des Kapitalmarktes, S. 1; vgl. auch Merkner/Sustmann, NZG 2010, S. 681 (683).

Dritter. Auf diese Weise wurde das Kapitalmarktpublikum über die aktuell bestehenden, wesentlichen Stimmrechtsmachten innerhalb des jeweiligen Unternehmens informiert.[212] Die Mitteilungen innerhalb dieser Säule ermöglichten den Kapitalmarktteilnehmern daher, die gegenwärtigen Einfluss- und Machtverhältnisse innerhalb des jeweiligen Unternehmens einzusehen.[213]

Die einzelnen Mitteilungstatbestände basierten hierbei – was auch für die heutigen Meldetatbestände zutrifft – auf einer abstrahierenden Betrachtungsweise.[214] Die zur Mitteilung verpflichtenden Vorschriften formulierten rein formale Tatbestandsmerkmale, bei deren Vorliegen der jeweilige Stimmrechtseinfluss unwiderlegbar und unabhängig davon, ob dieser Stimmrechtseinfluss in jedem Einzelfall tatsächlich bestand und genutzt wurde, vermutet wurde.[215] Daher spielte es zum einen keine Rolle, ob der Meldepflichtige beabsichtigte, seine Stimmrechtsmacht tatsächlich auszuüben oder ob er hiervon absah. Zum anderen war es unerheblich, ob im Einzelfall rechtliche oder tatsächliche Hinderungsgründe für die Stimmrechtsausübung bestanden, die aber keinen Niederschlag in den Tatbestandsvoraussetzungen fanden.[216] Lagen die von den einzelnen Meldetatbeständen formulierten Merkmale vor, hatte stets eine Mitteilung zu erfolgen. Im Ergebnis wurden daher lediglich die abstrakten, generell möglichen Stimmrechtsmachten abgebildet. Folge dieser abstrakten Betrachtung war eine gewisse Unschärfe des von den Mitteilungspflichten gezeichneten Bilds bzgl. der vorhandenen Stimmrechtseinflüsse. Im jedem konkreten Einzelfall konnten sich von den gemeldeten Stimmrechtsanteilen durchaus divergierende Machtverhältnisse ergeben.

Grundtatbestand und Kernvorschrift der kapitalmarktrechtlichen Beteiligungstransparenz insgesamt – insbesondere aber dieser ersten Säule – war und ist bis

---

212 Dehlinger/Zimmermann, in: Fuchs, WpHG, § 21 Rn. 30; Schneider, in: Assmann/Schneider, WpHG, Vor § 21 Rn. 32b, § 21 Rn. 6; Cahn, AG 2013, S. 459 (461 f.); Anzinger, Gesellschaftsrecht in der Diskussion 2010, S. 187 (233); Witt, NZG 2000, S. 809 (810).

213 Gelegentlich wird als Ziel der ersten Säule der kapitalmarktrechtlichen Beteiligungstransparenz auch die Offenlegung von „tatsächlichem Stimmrechtseinfluss" angeführt; vgl. Anzinger, Gesellschaftsrecht in der Diskussion 2010, S. 187 (208); Brandt, WM 2014, S. 543 (544). Angesichts der abstrakten Betrachtungsweise – insbesondere innerhalb der Zurechnungstatbestände – und der damit einhergehenden Abbildung lediglich potenzieller Stimmrechte erscheint diese Bezeichnung jedoch missverständlich.

214 Hirte, in: Kölner Kommentar, WpHG, § 21 Rn. 75; Dehlinger/Zimmermann, in: Fuchs, WpHG, § 21 Rn. 17, § 22 Rn. 2, 4, 5, 71; Opitz, in: Schäfer/Hamann, KMG, WpHG, § 21 Rn. 4; Schneider, in: Assmann/Schneider, WpHG, § 22 Rn. 3; Heusel, WM 2012, S. 291 (295); Renz/Rippel, BKR 2009, S. 265 (267).

215 Vgl. von Bülow, in: Kölner Kommentar, WpHG, § 22 Rn. 3, 44 ff.; Dehlinger/Zimmermann, in: Fuchs, WpHG, § 22 Rn. 1, 2; Wansleben, StudZR 2009, S. 465 (469).

216 Renz/Rippel, BKR 2009, S. 265 (267); von Bülow, in: Kölner Kommentar, WpHG, § 22 Rn. 45, § 22 Rn. 27; Schneider, in: Assmann/Schneider, WpHG, § 22 Rn. 3.

heute die Mitteilungspflicht des § 21 Abs. 1 Satz 1 WpHG.[217] Diese Norm verpflichtet zur Mitteilung von Stimmrechtsanteilen an einem börsennotierten Unternehmen, die durch Erwerb, Veräußerung oder auf sonstige Weise jeweils die Schwellenwerte von 3 %, 5 %, 10 %, 15 %, 20 %, 25 %, 30 %, 50 % und 75 % der insgesamt vorhandenen Stimmrechte einer solchen Gesellschaft erreichen, über- oder unterschreiten.

Der Gesetzeswortlaut des § 21 Abs. 1 Satz 1 WpHG war und ist insofern in gewisser Weise unpräzise, als es nicht möglich ist, einzelne Stimmrechte gesondert zu erwerben.[218] Grund hierfür ist das in § 8 Abs. 5 AktG normierte, aktienrechtliche Abspaltungsverbot für mit der Aktionärsstellung verbundene Rechte. Dieses verbietet u. a. die Trennung der Stimmrechte von den ihnen zugrunde liegenden Aktien.[219] Erwerbs- und Veräußerungsgegenstand sind daher vielmehr die Aktien als Inbegriff der in ihnen zusammengefassten Mitgliedschaftsrechte, zu denen auch das Stimmrecht gehört.[220] Meldepflichtig gemäß § 21 Abs. 1 Satz 1 WpHG kann demnach nur sein, wer auch Aktienbestände besitzt, erwirbt oder veräußert, die entsprechende Stimmrechtsanteile vermitteln.[221]

Im Rahmen des § 21 Abs. 1 Satz 1 WpHG wurde ursprünglich allein auf die formale Rechtsinhaberschaft bzgl. der Stimmrechte vermittelnden Aktien abgestellt. Für die Begründung einer Meldepflicht maßgeblich waren daher aus-

---

217 Vgl. Heinrich, in: Heidel, Aktienrecht und Kapitalmarktrecht, § 21 WpHG Rn. 1, 3; Dehlinger/Zimmermann, in: Fuchs, WpHG, Vor §§ 21 bis 30 Rn. 2, § 21 Rn. 1; Schneider, in: Assmann/Schneider, WpHG, Vor § 21 Rn. 12, 32b, § 21 Rn. 1, 6; Schwark, in Schwark/Zimmer, Kapitalmarktrechts-Kommentar, Vorbemerkung zu § 21 WpHG Rn. 7; Frisch, in: Derleder/Knops/Bamberger, Handbuch zum deutschen und europäischen Bankrecht, § 52 Rn. 100; Heusel, WM 2012, S. 291 (294); Wansleben, StudZR 2009, S. 465 (467).

218 RegBegrE zum Zweiten Finanzmarktförderungsgesetz, BT-Drucks. 12/6679, S. 54; Schneider, in: Assmann/Schneider, WpHG, § 22 Rn. 8.

219 Koch, in: Hüffer, AktG, § 8 Rn. 29; Vatter, in: Spindler/Stilz, AktG, § 8 Rn. 50; Solveen, in: Hölters, AktG, § 8 Rn. 28; Lange, in: Henssler/Strohn, Gesellschaftsrecht, § 8 AktG Rn. 13; Heider, in: MüKo, AktG, Band 1, § 8 Rn. 89.

220 Schneider, in: Assmann/Schneider, WpHG, § 21 Rn. 32; Hirte, in: Kölner Kommentar, WpHG, § 21 Rn. 106; Götze, BKR 2013, S. 265 (266); vgl. auch Widder/Kocher, ZIP 2012, S. 2092 (2093); Noack, DB 1999, S. 1306 (1308); Renz/Rippel, BKR 2009, S. 265 (266); Widder/Kocher, ZIP 2012, S. 2092 (2093); BaFin, Emittentenleitfaden, Ziffer VIII.2.3.3. Dieser Umstand wird auch im Wortlaut des § 25 Abs. 1 Satz 1 WpHG deutlich, der sich ausdrücklich lediglich auf Erwerbsrechte bzgl. „mit Stimmrechten verbundenen" Aktien bezieht.

221 Vgl. Dehlinger/Zimmermann, in: Fuchs, WpHG, § 21 Rn. 18, 28; OLG Stuttgart, Urteil vom 10. November 2004, Az. 20 U 16/03, ZIP 2004, S. 2232 (2234) = NZG 2005, S. 432 (434) = AG 2005, S. 125 (127); im Grundsatz ebenso OLG Köln, Urteil vom 6. Juni 2012, Az. 18 U 240/11, NZG 2012, S. 946 (948) = WM 2013, 2030 (2031); Nartowska, NZG 2013, S. 124 (125 f.); kritisch hierzu wohl Bayer/Scholz, NZG 2013, S. 721 (726); Diekmann, BB 1999, S. 1985 (1987); Süßmann, in: Assmann/Schütze, Handbuch des Kapitalanlagerechts, § 14 Rn. 16.

schließlich die zivilrechtlichen Eigentumsverhältnisse an den Aktien.[222] Eine Veränderung des Stimmrechtsanteils durch den Erwerb oder die Veräußerung einer Aktie in diesem Sinne lag erst dann vor, wenn der letzte Wirksamkeitsakt des dinglichen Verfügungsgeschäfts vollendet war.[223] Der Abschluss des schuldrechtlichen Verpflichtungsgeschäfts genügte hierfür noch nicht.[224] Dementsprechend wurden im Rahmen des § 21 Abs. 1 Satz 1 WpHG zunächst nur diejenigen Stimmrechte in die Berechnung des Stimmrechtsanteils miteinbezogen, über die der Meldepflichtige aufgrund seines korrespondierenden Aktienbesitzes originär und unmittelbar verfügte.

Eine bis heute fortbestehende Ergänzung erfuhr die Mitteilungspflicht des § 21 Abs. 1 Satz 1 WpHG zunächst durch den inhaltlich ähnlichen § 21 Abs. 1a Satz 1 WpHG. Diese Vorschrift sieht vor, dass Stimmrechtsanteile an einer Gesellschaft im Zeitpunkt der erstmaligen Zulassung dieser Gesellschaft zum Handel an einem organisierten Markt mitzuteilen sind, sofern sie den Schwellenwert von 3 % erreichen oder überschreiten. Im Unterschied zu § 21 Abs. 1 Satz 1 WpHG handelt es sich bei der Meldepflicht des § 21 Abs. 1a Satz 1 WpHG damit um eine einmalige Mitteilungspflicht und nicht um eine wiederkehrende Meldeverpflichtung.[225]

Erweitert wurden diese beiden in § 21 Abs. 1 Satz 1 WpHG und § 21 Abs. 1a Satz 1 WpHG normierten Mitteilungspflichten schließlich durch eine Reihe in § 22 Abs. 1 Satz 1 und 2, Abs. 2 WpHG enumerativ aufgezählter, wiederum

---

222 Cahn, AG 1997, S. 502 (506 f.); Widder/Kocher, ZIP 2012, S. 2092 (2092); Cahn, AG 2013, S. 459 (460); Götze, BKR 2013, S. 265 (266); Fleischer/Bedkowski, DStR 2010, S. 933 (934); Seibt, ZIP 2004, S. 1829 (1831); Wansleben, StudZR 2009, S. 465 (468); Dehlinger/Zimmermann, in: Fuchs, WpHG, § 21 Rn. 18, 28, § 22 Rn. 71; Opitz, in: Schäfer/Hamann, KMG, § 21 WpHG Rn. 20; Hirte, in: Kölner Kommentar, WpHG, § 21 Rn. 106 f.; a.A. Bayer/Scholz, NZG 2013, S 721 (726); Diekmann, BB 1999, S. 1985 (1987).

223 Bayer, in: MüKo, AktG, Band 1, § 22 Anh. § 21 WpHG Rn. 25; Dehlinger/Zimmermann, in: Fuchs, WpHG, § 21 Rn. 28, 39; Schneider, in: Assmann/Schneider, WpHG, § 21 Rn. 6; Süßmann, in: Assmann/Schütze, Handbuch des Kapitalanlagerechts, § 14 Rn. 14; Veil, in: Schmidt/Lutter, AktG, Anh. § 22: § 21 WpHG Rn. 16; Becker, in: Bürgers/Körber, AktG, Anh § 22/21 WpHG Rn. 2; BaFin, Emittentenleitfaden, Ziffer VIII.2.3.3, VIII.2.3.6; Lebherz, WM 2010, S. 154 (159); Nartowska, NZG 2013, S. 124 (125).

224 Dies ist inzwischen einhellige Meinung: Dehlinger/Zimmermann, in: Fuchs, WpHG, § 21 Rn. 28, 29; Schwark, in: Schwark/Zimmer, Kapitalmarktrechts-Kommentar, § 21 WpHG Rn. 17; Schneider, in: Assmann/Schneider, WpHG, § 21 Rn. 73, 74; Bayer, in: MüKo, AktG, Band 1, § 22 Anh. § 21 WpHG Rn. 25; Opitz, in: Schäfer/Hamann, KMG, § 21 WpHG Rn. 20. Zur früheren Diskussion um dieses Ergebnis siehe Schneider, in: Assmann/Schneider, WpHG, § 21 Rn. 70 bis 72; Nottmeier/Schäfer, AG 1997, S. 87 (88), Cahn, AG 1997, S. 502 (507).

225 Dehlinger/Zimmermann, in: Fuchs, WpHG, § 21 Rn. 56.

im Wesentlichen auch heute noch fortgeltender Zurechnungstatbestände.[226] Unter bestimmten Voraussetzungen wurden dem Meldepflichtigen nach dieser Vorschrift auch Stimmrechte aus Aktien zugerechnet, die einem Dritten gehören. Die einzelnen Zurechnungstatbestände zielen dabei zum einen auf Fallgestaltungen ab, in denen die Stimmrechtsausübung zwar durch einen Dritten erfolgt, der Meldepflichtige jedoch Einfluss auf diesen und dessen Stimmrechtsausübung nehmen kann.[227] Zum anderen erfassen sie auch Konstellationen, in denen der Meldepflichtige Stimmrechte aus Aktien ausüben kann, die im Eigentum Dritter stehen, und daher die Stimmrechtsinhaberschaft einerseits und die Stimmrechtsausübungsberechtigung andererseits auseinanderfallen.[228] Die in § 22 Abs. 1 Satz 1 und 2, Abs. 2 WpHG enthaltenen Zurechnungstatbestände korrigierten insofern die in §§ 21 Abs. 1 Satz 1, Abs. 1a Satz 1 WpHG ursprünglich angewandte, rein formale Betrachtungsweise mit ihrem alleinigen Abstellen auf die formale Rechtsinhaberschaft um materielle Gesichtspunkte.[229]

Hintergrund der verschiedenen Zurechnungstatbestände war und ist die Überlegung, dass bestimmte, nicht von den Tatbeständen des § 21 Abs. 1 Satz 1, Abs. 1a Satz 1 WpHG erfasste Fallkonstellationen existieren, bei deren Vorliegen der Meldepflichtige von Rechts wegen oder faktisch Einfluss auf die Ausübung der Stimmrechte nehmen kann.[230] Auch die Offenlegung dieser Sachverhalte und

---

226 Opitz, in: Schäfer/Hamann, KMG, § 22 WpHG Rn. 1a; Hirte, in: Kölner Kommentar, WpHG, § 21 Rn. 2; Süßmann, in: Assmann/Schütze, Handbuch des Kapitalanlagerechts, § 14 Rn. 50; Dehlinger/Zimmermann, in: Fuchs, WpHG, § 21 Rn. 1, § 22 Rn. 1, die teilweise § 22 WpHG sogar als „tatbestandlichen Annex“ des § 21 WpHG bezeichnen.

227 Casper, ZIP 2003, S. 1469 (1469); Meyer/Kiesewetter, WM 2009, S. 340 (343); vgl. auch Veil, in: Schmidt/Lutter, AktG, Anh. § 22: § 22 WpHG Rn. 1.

228 Dehlinger/Zimmermann, in: Fuchs, WpHG, § 21 Rn. 32, § 22 Rn. 2, 79; von Bülow, in: Kölner Kommentar, WpHG, § 22 Rn. 3 f.; vgl. auch RegBegrE zum Zweiten Finanzmarktförderungsgesetz, BT-Drucks. 12/6679, S. 53; Casper, ZIP 2003, S. 1469 (1469).

229 Hirte, in: Kölner Kommentar, WpHG, § 21 Rn. 105; Widder/Kocher, ZIP 2012, S. 2092 (2093); ähnlich Dehlinger/Zimmermann, in: Fuchs, WpHG, § 22 Rn. 7, 71; zur Parallelvorschrift des § 30 WpÜG Seibt, ZIP 2004, S. 1829 (1830).

230 Heinrich, in: Heidel, Aktienrecht und Kapitalmarktrecht, § 22 WpHG Rn. 1; von Bülow, in: Kölner Kommentar, WpHG, § 22 Rn. 4; Schwark, in: Schwark/Zimmer, Kapitalmarktrechts-Kommentar, § 22 WpHG Rn. 1, 2; Weber-Rey/Benzler, in: Habersack/Mülbert/Schlitt, Handbuch der Kapitalmarktinformation, § 20 Rn. 74; Schneider, in: Assmann/Schneider, WpHG, § 22 Rn. 3; Anzinger, Gesellschaftsrecht in der Diskussion 2010, S. 187 (199); Meyer/Kiesewetter, WM 2009, S. 340 (343); Renz/Rippel, BKR 2008, S. 309 (310); Widder/Kocher, GWR 2011, S. 461 (462 f.); Wilsing/Illert, EWiR 2011, S. 789 (790); Casper, ZIP 2003, S. 1469 (1469); BaFin, Emittentenleitfaden, Ziffer VIII.2.5.2.2; BGH, Urteil vom 16. März 2009, Az. II ZR 302/06, NZG 2009, S. 585 (589) = NJW-RR 2009, S. 828 (832); ähnlich auch OLG Frankfurt zu § 30 Abs. 2 Satz 1 WpÜG, Beschluss vom 25.06.2004, Az. WpÜG 5/03a, 6/03 und 8/03a, NZG 2004, S. 865 (867) = AG 2004, S. 617 (618).

der damit einhergehenden, zusätzlichen Stimmrechtseinflüsse gegenüber dem Kapitalmarktpublikum ist aber essenziell, um die tatsächlich gegebenen, innergesellschaftlichen Machtverhältnisse und Kontrollstrukturen möglichst realitätsnah abzubilden.[231] Darüber hinaus sollen durch die Zurechnung fremder Stimmrechte auch etwaige Umgehungsversuche hinsichtlich der in § 21 Abs. 1 Satz 1, Abs. 1a Satz 1 WpHG enthaltenen Mitteilungspflichten eingefangen werden.[232]

Wird ein Zurechnungstatbestand in der Person des Meldepflichtigen erfüllt, hat dieser die ihm zugerechneten Stimmrechte in seine Stimmrechtsmitteilungen miteinzubeziehen.[233] Hingegen hat eine Zurechnung nicht zur Folge, dass eine etwaige Meldepflicht des Aktieninhabers für die von der Zurechnung erfassten Stimmrechte entfällt. Vielmehr sind im Fall einer Zurechnung sowohl der Inhaber der den Stimmrechten zugrunde liegenden Aktien als auch derjenige, dem die Stimmrechte zugerechnet werden, verpflichtet, eine entsprechende Mitteilung vorzunehmen.[234] Folge der Zurechnungstatbestände ist daher eine Vervielfältigung der Stimmrechtsmitteilungen, sodass die Anzahl der gemeldeten Stimmrechte die tatsächlich vor-

231 Schneider, in: Assmann/Schneider, WpHG, § 22 Rn. 3; Weber-Rey/Benzler, in: Habersack/Mülbert/Schlitt, Handbuch der Kapitalmarktinformation, § 20 Rn. 74; Dehlinger/Zimmermann, in: Fuchs, WpHG, § 22 Rn. 4; Steuer/Baur, WM 1996, S. 1477 (1477).

232 Vgl. von Bülow, in: Kölner Kommentar, WpHG, § 22 Rn. 4; Schwark, in: Schwark/Zimmer, Kapitalmarktrechts-Kommentar, Vorbemerkung zu § 21 WpHG Rn. 7; Bayer, in: MüKo, AktG, Band 1, § 22 Anh. § 22 WpHG Rn. 1; Schneider, in: Assmann/Schneider, WpHG, § 22 Rn. 4; Dehlinger/Zimmermann, in: Fuchs, WpHG, § 22 Rn. 1; Opitz, in: Schäfer/Hamann, KMG, § 22 WpHG Rn. 1a; Anzinger, Gesellschaftsrecht in der Diskussion 2010, S. 187 (199); Eichner, ZRP 2010, S. 5 (6); Fleischer/Bedkowski, DStR 2010, S. 933 (935); Fleischer/Schmolke, ZIP 2008, S. 1501 (1502); Arends, Die Offenlegung von Aktienbesitz nach deutschem Recht, S. 68.

233 Hält der Meldepflichtige bereits selbst Aktien, hat er die ihm zugerechneten Stimmrechte hinzuzurechnen. Hält er hingegen selbst keine Aktien, wird durch die Zurechnung eine Meldepflicht ggf. erst begründet. Vgl. BaFin, Emittentenleitfaden, Ziffer VIII.2.5.8, VIII.2.5.8.3; Nottmeier/Schäfer, AG 1997, S. 87 (91); Vaupel, AG 2011, S. 63 (75); Bayer, in: MüKo, AktG, Band 1, § 22 Anh. § 22 WpHG Rn. 3; Schwark, in: Schwark/Zimmer, Kapitalmarktrechts-Kommentar, § 22 WpHG Rn. 2.

234 Sog. „Grundsatz der mehrfachen Zurechnung" bzw. „Grundsatz der doppelten Meldepflicht"; vgl. Schwark, in: Schwark/Zimmer, Kapitalmarktrechts-Kommentar, § 22 WpHG Rn. 44 f.; Schneider, in: Assmann/Schneider, WpHG, § 22 Rn. 15; von Bülow, in: Kölner Kommentar, WpHG, § 22 Rn. 5, 48; Opitz, in: Schäfer/Hamann, KMG, § 22 WpHG Rn. 1b; Dehlinger/Zimmermann, in: Fuchs, WpHG, § 31 Rn. 31; Fleischer/Bedkowski, DStR 2010, S. 933 (934); Arends, Die Offenlegung von Aktienbesitz nach deutschem Recht, S. 58; eine Ausnahme von diesem Grundsatz gilt lediglich für den Zurechnungstatbestand des § 22 Abs. 1 Satz 1 Nr. 3 WpHG; siehe hierzu S. 52.

handende Anzahl an Stimmrechten als systembedingte und vom Gesetzgeber bewusst in Kauf genommene Folge um ein Vielfaches übersteigen kann.[235]

§ 22 Abs. 1 Satz 1 Nr. 1, 2, 4, und 5 WpHG erfassten insofern zunächst vier Sachverhalte, denen gemeinsam ist, dass die Stimmrechte zwar durch einen Dritten ausgeübt werden, der Meldepflichtige jedoch Einfluss auf die Ausübung der Stimmrechte durch den Dritten nehmen kann.[236]

Den Stimmrechten des Meldepflichtigen hinzugerechnet wurden insofern Stimmrechte, die aus Aktien stammten, welche einem Tochterunternehmen des Meldepflichtigen i.S.d. § 22 Abs. 3 WpHG in der damaligen Fassung gehörten.[237] Zwischen Mutter- und Tochterunternehmen wird vom Gesetzgeber insofern ein Interessengleichlauf hinsichtlich der Stimmrechtsausübung vermutet.[238] Darüber hinaus ist es dem Mutterunternehmen im Innenverhältnis z. B. aufgrund entsprechender Weisungsrechte i. d. R. auch möglich, auf die Stimmrechtsausübung durch das Tochterunternehmen Einfluss zu nehmen.[239]

Ebenfalls dem Meldepflichtigen zugerechnet wurden Stimmrechte, die zwar einem Dritten gehörten, von diesem aber für Rechnung des Meldepflichtigen gehalten wurden.[240] Von diesem Zurechnungstatbestand werden im Wesentlichen die Fälle der Treuhand und der mittelbaren Stellvertretung erfasst, in denen der Treugeber bzw. der Vertretene die wirtschaftlichen Chancen und Risiken trägt und daher i. d. R. auch Einfluss auf die Stimmrechtsausübung nimmt.[241]

---

235 Fiedler, Mitteilungen über Beteiligungen von Mutter- und Tochterunternehmen, S. 17, 27; Noack/Zetsche, in: FS Schwark, S. 569 (576); so waren für die Volkswagen AG in der Datenbank der BaFin für Mitteilungen bedeutender Stimmrechte (abrufbar unter http://www.bafin.de) zum 26. März 2016 beispielsweise nahezu 2000 % der tatsächlich vorhandenen Stimmrechte gemeldet.

236 Schwark, in: Schwark/Zimmer, Kapitalmarktrechts-Kommentar, § 22 WpHG Rn. 2; vgl. auch Casper, ZIP 2003, S. 1469 (1469).

237 § 22 Abs. 1 Satz 1 Nr. 1 WpHG.

238 So zur Parallelvorschrift des § 30 Abs. 1 Satz 1 Nr. 1 WpÜG Seibt, ZIP 2004, S. 1829 (1831); Casper, ZIP 2003, S. 1469 (1469).

239 Schwark, in: Schwark/Zimmer, Kapitalmarktrechts-Kommentar, § 22 WpHG Rn. 3; anders mag dies im Einzelfall z. B. bei Vorliegen eines Entherrschungsvertrags sein, vgl. hierzu Bayer, in: MüKo, AktG, Band 1, § 22 Anh. § 22 WpHG Rn. 14.

240 § 22 Abs. 1 Satz 1 Nr. 2 WpHG.

241 Schwark, in: Schwark/Zimmer, Kapitalmarktrechts-Kommentar, § 22 WpHG Rn. 4; Bayer, in: MüKo, AktG, Band 1, § 22 Anh. § 22 WpHG Rn. 17; Süßmann, in: Assmann/Schütze, Handbuch des Kapitalanlagerechts, § 14 Rn. 39; ähnlich Meyer/Kiesewetter, WM 2009, S. 340 (348); Weber/Meckbach, BB 2008, S. 2022 (2028); Brellochs, ZIP 2011, S. 2225 (2226); von Bülow/Petersen, NZG 2009, S. 1373 (1373); vgl. auch VG Frankfurt a. M., Urteil vom 18. Mai 2008, Az. 1 E 2049/05, BKR 2007, S. 40 (42 f.) = BeckRS 2006, 24796; Noack/Zetsche, in: FS Schwark, S. 569 (575); Zetsche, Status Recht 2008, S. 276 (277); Starke, Beteiligungstransparenz im Gesellschafts- und Kapitalmarktrecht, S. 200; Christ, Barausgleichsderivate und das Anschleichen an Zielgesellschaften, S. 57.

Weiterhin wurden dem Meldepflichtigen Stimmrechte aus Aktien zugerechnet, an denen zugunsten des Meldepflichtigen ein Nießbrauch bestellt war.[242] Obwohl im aktienrechtlichen Schrifttum die Frage, wem im Fall eines Nießbrauchs das Recht zur Stimmrechtsausübung zusteht, nicht einheitlich beurteilt wird,[243] entschied sich der Gesetzgeber im Rahmen des WpHG für eine Zurechnung der betroffenen Stimmrechte zum Nießbraucher.[244] Dieser Entscheidung liegt die typisierende Wertung zugrunde, dass im Fall eines Nießbrauchs der Aktionär bei der Ausübung seiner Stimmrechte zumindest die Vermögensinteressen des Nießbrauchers berücksichtigen wird, wenn dieser nicht ohnehin selbst zur Stimmrechtsausübung bevollmächtigt ist.[245]

Darüber hinaus sah § 22 Abs. 1 Satz 1 Nr. 5 WpHG die Zurechnung auch für Stimmrechte aus Aktien vor, hinsichtlich derer der Meldepflichtige bereits eine gesicherte Erwerbsposition dergestalt besaß, dass er sie durch eine Willenserklärung erwerben konnte. Eine solche gesicherte Erwerbsposition liegt nicht bereits vor, wenn lediglich schuldrechtliche Ansprüche auf Andienung der Aktie bestehen.[246] Erforderlich ist vielmehr eine einseitige, dingliche Erwerbsmöglichkeit, z. B. eine dingliche Option. Nur in diesem Fall kann der Meldepflichtige die Aktien tatsächlich durch lediglich eine Willenserklärung erwerben.[247] Ob der Grund für diesen Zurechnungstatbestand darin begründet liegt, dass der Meldepflichtige aufgrund seiner gesicherten Erwerbsposition bereits Einfluss auf die Ausübung der Stimmrechte nehmen kann, wird nicht einheitlich beurteilt.[248] In jedem Fall besteht ein

---

242 § 22 Abs. 1 Satz 1 Nr. 4 WpHG.

243 Vgl. Heider, in: MüKo, AktG, Band 1, § 12 Rn. 7; Koch, in: Hüffer, AktG, § 16 Rn. 7; Solveen, in: Hölters, AktG, § 12 Rn. 4.

244 Opitz, in: Schäfer/Hamann, KMG, § 22 WpHG Rn. 56; Schneider, in: Assmann/Schneider, WpHG, § 22 Rn. 99; für ein Verbleiben des Stimmrechts beim Aktionär Dehlinger/Zimmermann, in: Fuchs, WpHG, § 22 Rn. 62.

245 Dehlinger/Zimmermann, in: Fuchs, WpHG, § 22 Rn. 62.

246 Schuldrechtliche Fallgestaltungen werden ggf. durch § 25 WpHG erfasst, siehe hierzu S. 52 ff.; vgl. Becker, in: Bürgers/Körber, AktG, Anh § 22/§ 22 WpHG Rn. 7; Weber-Rey/Benzler, in: Habersack/Mülbert/Schlitt, Handbuch der Kapitalmarktinformation, § 20 Rn. 88; Süßmann, in: Assmann/Schütze, Handbuch des Kapitalanlagerechts, § 14 Rn. 47; Fleischer/Schmolke, ZIP 2008, S. 1501 (1503); a.A. beispielsweise noch Arends, Die Offenlegung von Aktienbesitz nach deutschem Recht, S. 68.

247 Inzwischen einhellige Meinung: Schneider, in: Assmann/Schneider, WpHG, § 22 Rn. 109; Dehlinger/Zimmermann, in: Fuchs, WpHG, § 22 Rn. 65 f.; von Bülow, in: Kölner Kommentar, WpHG, § 22 Rn. 138; Opitz, in: Schäfer/Hamann, KMG, § 22 WpHG Rn. 57, 58a, 59; Süßmann, in: Assmann/Schütze, Handbuch des Kapitalanlagerechts, § 14 Rn. 47; Lebherz, WM 2010, S. 154 (159); Fleischer/Schmolke, ZIP 2008, S. 1501 (1503); ferner bereits zur Vorgängerregelung des § 22 Abs. 1 Nr. 6 WpHG Cahn, AG 1997, S. 502 (507 f.); ebenso zur Parallelvorschrift des § 30 Abs. 1 Satz 1 Nr. 5 WpÜG Noack/Zetsche, in: Schwark/Zimmer, Kapitalmarktrechts-Kommentar, § 30 WpÜG Rn. 14.

248 Für einen entsprechenden Einfluss: Opitz, in: Schäfer/Hamann, KMG, § 22 WpHG Rn. 63; Süßmann, in: Assmann/Schütze, Handbuch des Kapitalanlagerechts, § 14

Publikationsinteresse aber dahin gehend, dass es dem Meldepflichtigen jederzeit möglich ist, die betroffenen Aktien zu erwerben, die Stimmrechte auf diese Weise nach Belieben an sich zu ziehen und dann entsprechend auszuüben.[249] Insofern wird mittels dieses Zurechnungstatbestands über in unmittelbarer Zukunft bevorstehende Veränderungen der Beteiligungsstruktur aufgeklärt.[250]

Über diese vier Zurechnungstatbestände hinaus sah § 22 Abs. 2 Satz 1 WpHG einen weiteren Fall der Zurechnung von Stimmrechten vor, sofern der Meldepflichtige und ein Dritter ihr Verhalten in Bezug auf ein Unternehmen abstimmen.[251] Auch in diesem Fall erfolgt die Ausübung der Stimmrechte zwar durch einen Dritten, jedoch nimmt der Meldepflichtige hierbei Einfluss auf den Dritten.[252] Im Unterschied zu den vier vorgenannten Fallkonstellationen erfolgt in diesem Fall die Zurechnung der Stimmrechte allerdings wechselseitig.[253] Der Zurechnungsgrund liegt hierbei in der mit dem abgestimmten Verhalten einhergehenden Bündelung der Stimmpotenziale, wodurch die Machtposition der an dem Verhalten beteiligten Personen innerhalb des Unternehmens verstärkt wird.[254] Darüber hinaus wird mittels des abgestimmten Verhaltens ein Interessengleichlauf bzw. eine Interessenbindung begründet.[255] Jeder der Beteiligten übt insofern aufgrund des abgestimmten Verhaltens Einfluss auf die Stimmrechtsausübung des jeweils anderen aus.[256]

Neben der dargestellten Zurechnung von Stimmrechten, die durch Dritte ausgeübt werden, wurden schließlich gemäß § 22 Abs. 1 Satz 1 Nr. 3 und 6 WpHG dem Meldepflichtigen in zwei Fällen auch Stimmrechte zugerechnet, die zwar von ihm

---

Rn. 47; a.A Schneider, in: Assmann/Schneider, WpHG, § 22 Rn. 4, 101; Dehlinger/Zimmermann, in: Fuchs, WpHG, § 22 Rn. 64; von Bülow, in: Kölner Kommentar, WpHG, § 22 Rn. 135.

249 Ähnlich BaFin, Emittentenleitfaden, Ziffer VIII.2.5.5.

250 von Bülow, in: Kölner Kommentar, WpHG, § 22 Rn. 135; Weber-Rey/Benzler, in: Habersack/Mülbert/Schlitt, Handbuch der Kapitalmarktinformation, § 20 Rn. 87; Schneider, in: Assmann/Schneider, WpHG, § 22 Rn. 101.

251 Zur Definition des Begriffs „abgestimmtes Verhalten" siehe die Legaldefinition des § 22 Abs. 2 Satz 2 WpHG.

252 Vgl. auch Seibt, ZIP 2004, S. 1829 (1831).

253 Dehlinger/Zimmermann, in: Fuchs, WpHG, § 22 Rn. 3; Fleischer/Bedkowski, DStR 2010, S. 933 (935); Renz/Rippel, BKR 2009, S. 265 (268).

254 Vgl. von Bülow, in: Kölner Kommentar, WpHG, § 22 Rn. 190; Dehlinger/Zimmermann, in: Fuchs, WpHG, § 22 Rn. 3, 81, 89; ebenso zu § 30 Abs. II WpÜG OLG Frankfurt a. M., Urteil vom 25. Juni 2004, Az. WpÜG 5, 6 und 8/03, ZIP 2005, S. 1309 (1312).

255 Casper, ZIP 2003, S. 1469 (1469); Dehlinger/Zimmermann, in: Fuchs, WpHG, § 22 Rn. 3.

256 BGH, Urteil vom 19. Juli 2011, Az. II ZR 246/09, WM 2011, S. 1853 (1855) = NZG 2011, S. 1147 (1149); Heinrich, in: Heidel, Aktienrecht und Kapitalmarktrecht, § 22 WpHG Rn. 16; so auch zur Parallelvorschrift des § 30 Abs. 2 WpÜG Seibt, ZIP 2004, S. 1829 (1831).

selbst ausgeübt werden konnten, aber aus Aktien stammen, die im Eigentum eines Dritten standen und daher nicht bereits von § 21 Abs. 1 Satz 1 WpHG erfasst wurden.

In diesem Sinne erhielt der Meldepflichtige auch solche Stimmrechte zugerechnet, die er einem Dritten zur Sicherheit übertragen hat, sofern der Dritte nicht befugt und gewillt war, die Stimmrechte weisungsunabhängig auszuüben.[257] Bei solchen Sicherungsgeschäften fallen typischerweise die Rechtsmacht einerseits und die wirtschaftliche Zugehörigkeit der Aktien andererseits auseinander.[258] Daher übt der Sicherungsnehmer das mit den Aktien verbundene Stimmrecht in aller Regel nach den Weisungen des Sicherungsgebers aus.[259] Darüber hinaus fallen die Aktien nach Wegfall des Sicherungszweckes wieder an den ursprünglichen Eigentümer zurück, sodass dieser ab diesem Zeitpunkt auch wieder den entsprechenden Stimmrechtseinfluss innehat.[260] Im Unterschied zu den übrigen Zurechnungstatbeständen sah § 22 Abs. 1 Satz 1 Nr. 3 WpHG ausnahmsweise eine alternative bzw. ausschließliche Zurechnung vor.[261] Die jeweils betroffenen Stimmrechte wurden insofern entweder dem Sicherungsnehmer oder dem Sicherungsgeber zugeordnet, nicht jedoch – wie im Rahmen der übrigen Zurechnungstatbeständen – sowohl dem Aktieninhaber als auch dem Zurechnungsbegünstigten.

§ 22 Abs. 1 Satz 1 Nr. 6 WpHG schrieb schließlich die Zurechnung von Stimmrechten aus Aktien vor, die dem Meldepflichtigen anvertraut wurden, oder aus denen er die Stimmrechte als Bevollmächtigter ausüben konnte. In beiden Fällen galt dies allerdings nur, sofern er die Stimmrechte für den Fall des Fehlens besonderer Weisungen nach eigenem Ermessen ausüben konnte. Auch diese Stimmrechte wurden nicht bereits von der Meldepflicht des § 21 Abs. 1 Satz 1 WpHG erfasst, da der Meldepflichtige nicht selbst Eigentümer der betroffenen Aktien war. Grund dieser Zurechnung ist die Überlegung, dass auch derjenige, der zwar keine Beteiligung an dem Unternehmen hält, aber dennoch Stimmrechte in beträchtlicher Anzahl ausüben kann, über eine offenlegungsbedürftige Stimmrechtsmacht verfügt.[262]

2. Zweite Säule: Offenlegung von zukünftigem Stimmrechtseinfluss aufgrund von einseitigen, rechtlich verbindlichen Erwerbsrechten

Die zweite Säule der kapitalmarktrechtlichen Meldepflichten, die durch das AnsFuG zwar im Wesentlichen unberührt blieb, jedoch im Rahmen des Transparenzrichtlinie-

257 § 22 Abs. 1 Satz 1 Nr. 3 WpHG.
258 Dehlinger/Zimmermann, in: Fuchs, WpHG, § 22 Rn. 59.
259 Schneider, in: Assmann/Schneider, WpHG, § 22 Rn. 96.
260 RegBegrE zum Zweiten Finanzmarktförderungsgesetz, BT-Drucks 12/6679, S. 53.
261 Schneider, in: Assmann/Schneider, WpHG, § 22 Rn. 17, 93; Dehlinger/Zimmermann, in: Fuchs, WpHG, § 22 Rn. 59; Meyer/Bundschuh, WM 2003, S. 960 (961 f.); Heinrich, in: Heidel, Aktienrecht und Kapitalmarktrecht, § 22 WpHG Rn. 11; Starke, Beteiligungstransparenz im Gesellschafts- und Kapitalmarktrecht, S. 204.
262 Vgl. Dehlinger/Zimmermann, in: Fuchs, WpHG, § 22 Rn. 71.

Umsetzungsgesetzes eine grundlegende Umgestaltung erfuhr, spiegelte im Gegensatz zur ersten Säule nicht die bereits gegenwärtig bestehenden Stimmrechtsverhältnisse wider, sondern informierte die Kapitalmarktöffentlichkeit lediglich über zukünftigen Stimmrechtseinfluss, der aufgrund einer qualifizierten Erwerbsposition hinsichtlich mit Stimmrechten verbundener Aktien bereits derart verfestigt war, dass mit hinreichender Wahrscheinlichkeit von seiner Realisierung in der Zukunft ausgegangen werden konnte.[263] Die Mitteilungen innerhalb dieser Säule gewährten dem Kapitalmarktpublikum daher keinen Einblick in die gegenwärtig bestehenden, innergesellschaftlichen Machtstrukturen. Sie bildeten vielmehr erst zukünftige Einfluss- und Machtstrukturen ab, die jedoch bereits eine hinreichende Verfestigung aufwiesen.[264]

Anders als die erste Säule der kapitalmarktrechtlichen Beteiligungstransparenz, die mit der Zentralnorm des § 21 Abs. 1 Satz 1 WpHG sowie den verschiedenen Zurechnungstatbeständen des § 22 Abs. 1 Satz 1, 2, Abs. 2 WpHG ein breites Fundament aufweist, basierte die zweite Säule lediglich auf der Vorschrift des § 25 Abs. 1 Satz 1 WpHG. Im Kern verpflichtete diese Vorschrift Kapitalmarktakteure zu einer entsprechenden Mitteilung, soweit sie über ein Recht verfügten, einseitig im Rahmen einer rechtlich bindenden Vereinbarung mit Stimmrechten verbundene und bereits ausgegebene Aktien eines börsennotierten Unternehmens zu erwerben und hierdurch die in § 21 Abs. 1 Satz 1 WpHG genannten Beteiligungsschwellen mit Ausnahme des Schwellenwerts von 3 % erreicht, überschritten oder unterschritten wurden.

Zentrale Voraussetzung für das Entstehen einer Mitteilungspflicht gemäß § 25 Abs. 1 Satz 1 WpHG war demnach das Vorliegen eines Erwerbsrechts, welches durch zwei einschränkende Merkmale qualifiziert war.[265] Zum einen war erforderlich, dass es sich um einseitiges Erwerbsrecht handelte.[266] Zum anderen musste das Erwerbsrecht aus einer rechtlich bindenden Vereinbarung stammen.[267] Diese beiden

263 RegBegrE zum TUG, BT-Drucks. 16/2498, S. 37; Schneider, in: Assmann/Schneider, WpHG, Vor § 21 Rn. 32a, 32c, § 25 Rn. 3; Dehlinger/Zimmermann, in: Fuchs, WpHG, § 21 Rn. 30; Götze, BKR 2013, S. 265 (268); Brandt, WM 2014, S. 543 (544).

264 Schwark, in: Schwark/Zimmer, Kapitalmarktrechts-Kommentar, § 25 WpHG Rn. 1; Opitz, in: Schäfer/Hamann, KMG, § 25 WpHG Rn. 1a; Schneider, in: Assmann/Schneider, WpHG, § 25 Rn. 3; Dehlinger/Zimmermann, in: Fuchs, WpHG, § 25 Rn. 2; Brandt, CFL 2012, S. 110 (110); Heusel, WM 2012, S. 291 (295); Noack/Zetsche, in: FS Schwark, S. 569 (579); vgl. auch Anzinger, Gesellschaftsrecht in der Diskussion 2010, S. 187 (201).

265 Vgl. Anzinger, Gesellschaftsrecht in der Diskussion 2010, S. 187 (220).

266 Schneider, in: Assmann/Schneider, WpHG, § 25 Rn. 41; Schwark, in: Schwark/Zimmer, Kapitalmarktrechts-Kommentar, § 25 WpHG Rn. 2; Wehowsky, in: Erbs/Kohlhaas, Strafrechtliche Nebengesetze, § 25 WpHG Rn. 2.

267 Schiessl, Der Konzern 2009, S. 261 (269); Schwark, in: Schwark/Zimmer, Kapitalmarktrechts-Kommentar, § 25 WpHG Rn. 2; ebenso wohl Schneider, in:

Anforderungen ließen sich dahin gehend konkretisieren, dass eine Mitteilungspflicht gemäß § 25 Abs. 1 Satz 1 WpHG lediglich dann bestand, wenn aufgrund des Erwerbsrechts der Erwerb der betroffenen Aktien durch den Berechtigten allein in dessen Ermessen stand. Das Erwerbsrecht musste in seinem Bestehen unabhängig von sonstigen, äußeren Umständen sein, sodass der Berechtigte eine von außen nicht mehr entziehbare Anwartschaft besaß.[268] Hing der Erwerb der Aktien hingegen noch von anderen als den genannten Voraussetzungen, wie z. B. anderweitigen, vertraglich vereinbarten Bedingungen ab, schied eine Meldepflicht gemäß § 25 Abs. 1 Satz 1 WpHG aus.[269] Beispiele für Erwerbsrechte i.S.d. § 25 Abs. 1 Satz 1 WpHG waren demnach etwa als Kaufvertrag ausgestaltete Festgeschäfte oder schuldrechtliche Erwerbsrechte in Form von Kauf-Optionen.[270]

Zusätzliche, einschränkende Voraussetzung des § 25 Abs. 1 Satz 1 WpHG in der bis zum Inkrafttreten des AnsFuG geltenden Fassung war, dass das jeweilige Erwerbsrecht seinem Inhaber durch das unmittelbare oder mittelbare Halten von Finanzinstrumenten im Sinne der Legaldefinition des § 2 Abs. 2b WpHG vermittelt wurde.[271] Als Finanzinstrumente in diesem Sinne galten beispielsweise Wertpapiere i.S.d. § 2 Abs. 1 WpHG, Anteile an Investmentvermögen i.S.d. § 1 Abs. 1 KAGB, Geldmarktinstrumente i.S.d. § 2 Abs. 1a WpHG, Derivate i.S.d. § 2 Abs. 1 WpHG, bestimmte Rechte auf Zeichnung von Wertpapieren

---

Assmann/Schneider, WpHG, § 25 Rn. 43; a.A. Opitz, in: Schäfer/Hamann, KMG, § 25 WpHG Rn. 13; Bayer, in: MüKo, AktG, Band 1, § 22 Anh. § 25 WpHG Rn. 2; die das Erfordernis einer rechtlich bindenden Vereinbarung nicht auf das Erwerbsrecht, sondern den sich anschließenden Erwerbsvertrag beziehen. In der Sache ergeben sich aus den beiden unterschiedlichen Ansichten keine Unterschiede.

268 Schneider, in: Assmann/Schneider, WpHG, § 25 Rn. 41 ff.; Opitz, in: Schäfer/Hamann, KMG, § 25 WpHG Rn. 13 ff.; Bayer, in: MüKo, AktG, Band 1, § 22 Anh. § 25 WpHG Rn. 2; Schwark, in: Schwark/Zimmer, Kapitalmarktrechts-Kommentar, § 25 WpHG Rn. 2; Bosse, DB 2007, S. 39 (41); Fleischer/Schmolke, ZIP 2008, S. 1501 (1503); Göres, Der Konzern 2007, S. 15 (18); vgl. auch RegBegrE zum TUG, BT-Drucks. 16/2498, S. 36.

269 Heinrich, in: Kölner Kommentar, WpHG, § 25 Rn. 1; Schwark, in: Schwark/Zimmer, Kapitalmarktrechts-Kommentar, § 25 WpHG Rn. 2; Bayer, in: MüKo, AktG, Band 1, § 22 Anh. § 25 WpHG Rn. 2; Schneider, in: Assmann/Schneider, WpHG, § 25 Rn. 41; Süßmann, in: Assmann/Schütze, Handbuch des Kapitalanlagerechts, § 14 Rn. 60; Anzinger, Gesellschaftsrecht in der Diskussion 2010, S. 187 (201); Hutter/Kaulamo, NJW 2007, S. 471 (475); Nießen, NZG 2007, S. 41 (43); differenzierend Schneider/Brouwer, AG 2008, S. 557 (564 f.); Schlitt/Schäfer, AG 2007, S. 227 (233).

270 RegBegrE zum TUG, BT-Drucks. 16/2498, S. 36; Lebherz, WM 2010, S. 154 (159); Krämer/Heinrich, ZIP 2009, S. 1737 (1744).

271 Dehlinger/Zimmermann, in: Fuchs, WpHG, § 25 Rn. 6; Schwark, in: Schwark/Zimmer, Kapitalmarktrechts-Kommentar, § 25 WpHG Rn. 2; Schneider, in: Assmann/Schneider, WpHG, § 25 Rn. 9; für ein weiteres Verständnis Opitz, in: Schäfer/Hamann, KMG, § 25 WpHG Rn. 6; zu den diesbezüglichen Änderungen durch das AnsFuG siehe S. 105 ff.

und Vermögensanlagen sowie bestimmte Namensschuldverschreibungen. Unmittelbarer Halter dieser Finanzinstrumente war der Eigentümer bzw. der Inhaber der Finanzinstrumente.[272] Ein mittelbares Halten lag hingegen vor, wenn Finanzinstrumente über Tochterunternehmen oder Verwaltungstreuhänder gehalten wurden.[273] Da mit dem Merkmal des mittelbaren Haltens der gleiche Zweck verfolgt wurde wie mit den Zurechnungstatbeständen des § 22 Abs. 1 Satz 1, Abs. 2 WpHG, wurde zur weiteren Konkretisierung dieses Begriffs auch auf die Zurechnungstatbestände des § 22 Abs. 1 Satz 1, Abs. 2 WpHG verwiesen.[274]

Aufgrund seiner Ausrichtung auf Erwerbsrechte wies § 25 Abs. 1 Satz 1 WpHG eine gewisse Ähnlichkeit zum Zurechnungstatbestand des § 22 Abs. 1 Satz 1 Nr. 5 WpHG auf, der auf ähnliche Weise an gesicherte Erwerbspositionen anknüpft und insofern ebenso zur Mitteilung von Stimmrechten verpflichtet, die aus im Eigentum Dritter stehenden Aktien stammen. Der entscheidende, inhaltliche Unterschied zwischen beiden Normen lag jedoch darin, dass der Erwerbsvorgang bzgl. der betroffenen Aktien im Fall des § 25 Abs. 1 Satz 1 WpHG noch weniger weit fortgeschritten war. Der Meldepflichtige besaß zwar ebenfalls bereits ein Erwerbsrecht. Allerdings war dieses nicht bereits derart verfestigt, dass – wie es § 22 Abs. 1 Satz 1 Nr. 5 WpHG erfordert – der dingliche Aktienerwerb mit einer einzigen Willenserklärung des Berechtigten bewirkt werden konnte. In diesem Fall war daher die Annahme, dass bereits ein gegenwärtiger Stimmrechtseinfluss besteht, welcher im Rahmen des § 22 Abs. 1 Satz 1 Nr. 5 WpHG offenzulegen wäre, noch nicht gerechtfertigt.

Diese Unterscheidung war auch der Grund für die Tatsache, dass § 25 Abs. 1 Satz 1 WpHG nach der damaligen, gesetzlichen Systematik als eigenständiger Mitteilungstatbestand und nicht lediglich als Zurechnungstatbestand konzipiert war.[275] Ordnete demgemäß § 25 Abs. 1 Satz 1 WpHG nicht lediglich die Berücksichtigung von Stimmrechten im Rahmen einer Mitteilung gemäß § 21 Abs. 1 Satz 1 WpHG an, erforderte die Begründung einer eigenen Mitteilung gemäß § 25 Abs. 1 Satz 1 WpHG über die genannten Voraussetzungen hinaus eine Berührung bestimmter Schwellenwerte. Abweichend von § 21 Abs. 1 Satz 1 WpHG wurde die diesbezügliche Eingangsschwelle bei 5 %

---

272 Schneider, in: Assmann/Schneider, WpHG, § 25 Rn. 50; BaFin, Emittentenleitfaden, Ziffer VIII.2.8.1.2; für ein weiteres Verständnis Opitz, in: Schäfer/Hamann, KMG, § 25 WpHG Rn. 3.

273 RegBegrE zum TUG, BT-Drucks. 16/2498, S. 37.

274 Vgl. Weber-Rey/Benzler, in: Habersack/Mülbert/Schlitt, Handbuch der Kapitalmarktinformation, § 20 Rn. 125; Schneider, in: Assmann/Schneider, WpHG, § 25 Rn. 51; Schwark, in: Schwark/Zimmer, Kapitalmarktrechtskommentar, § 25 WpHG Rn. 8; Bayer, in: MüKo, AktG, Band 1, § 22 Anh. § 25 WpHG Rn. 5.

275 Weber-Rey/Benzler, in: Habersack/Mülbert/Schlitt, Handbuch der Kapitalmarktinformation, § 20 Rn. 119; Schneider, in: Assmann/Schneider, WpHG, § 22 Rn. 9, § 25 Rn. 2; vgl. auch RegBegrE zum TUG, BT-Drucks. 16/2498, S. 36; vgl. auch von Bülow/Stephanblome, ZIP 2008, S. 1797 (1800); Fleischer/Schmolke, ZIP 2008, S. 1501 (1502).

festgeschrieben, da der Gesetzgeber unterhalb dieser Schwelle keinen hinreichenden Transparenzbedarf sah.[276] Im Übrigen waren die Schwellenwerte in beiden Mitteilungstatbeständen identisch. Allerdings wurde eine Schwellenberührung im Rahmen des § 25 Abs. 1 Satz 1 WpHG nicht durch eine tatsächliche Veränderung des jeweiligen Stimmrechtsanteils begründet. Die Mitteilungspflicht des § 25 Abs. 1 Satz 1 WpHG knüpfte bereits an bloße Erwerbsrechte an. Im Zeitpunkt der Mitteilung war daher noch keinerlei Veränderung der tatsächlichen Stimmrechtsverhältnisse erfolgt. Eine etwaige Schwellenberührung war vielmehr anhand derjenigen hypothetischen Stimmrechtsveränderungen zu ermitteln, die bei Ausübung der jeweiligen Erwerbsrechte entstanden wären.[277] Trotz dieses Unterschieds sah § 25 Abs. 1 Satz 3 WpHG die Zusammenrechnung der im Rahmen des § 25 Abs. 1 Satz WpHG zu berücksichtigenden Erwerbsrechte und den bereits gemäß § 21 Abs. 1 Satz 1 WpHG und § 22 Abs. 1 Satz 1 und 2, Abs. 2 WpHG mitzuteilenden Stimmrechten vor. Ausgenommen von dieser Aggregation waren lediglich Instrumente, die sowohl § 25 Abs. 1 Satz 1 WpHG als auch § 22 Abs. 1 Satz 1 Nr. 5 WpHG unterfielen und daher im Fall der Zusammenrechnung zweifach gemeldet worden wären.[278] Gemäß § 25 Abs. 1 Satz 4 WpHG war eine zusätzliche Mitteilung aufgrund der beschriebenen Zusammenrechnung darüber hinaus auch dann entbehrlich, wenn bestehende Stimmrechte bereits gemäß §§ 21 Abs. 1 Satz 1, 22 Abs. 1, 2 WpHG gemeldet wurden und es aufgrund der angeordneten Aggregation zu keiner weiteren Berührung der in § 21 Abs. 1 Satz 1 WpHG genannten Schwellen kam.[279]

3. Zusammenfassung und Analyse der bis zum Inkrafttreten des AnsFuG bestehenden Systematik der kapitalmarktrechtlichen Beteiligungstransparenz

Zusammenfassend ist festzuhalten, dass die bis zum Inkrafttreten des AnsFuG bestehende Systematik der kapitalmarktrechtlichen Beteiligungstransparenz im Rahmen ihrer ersten Säule zur Offenlegung von Sachverhalten verpflichtete, die dem Meldepflichtigen gegenwärtig die Möglichkeit einräumten, Einfluss auf die Geschicke des jeweiligen Unternehmens zu nehmen. Ursache dieses Einflusspotenzials mussten eigene Stimmrechte oder die Möglichkeit zur Einflussnahme auf die Ausübung von Stimmrechten Dritter bzw. durch Dritte sein. Darüber hinaus sah die zweite Säule der kapitalmarktrechtlichen Beteiligungstransparenz auch die Offenlegung von zukünftigem Einflusspotenzial vor. Die diesbezügliche Mitteilungspflicht war jedoch auf die Offenlegung von Sachverhalten beschränkt, aus denen in der Zukunft

---

276 RegBegrE zum TUG, BT-Drucks. 16/2498, S. 37.

277 Schneider, in: Assmann/Schneider, WpHG, § 25 Rn. 4; Süßmann, in: Assmann/Schütze, Handbuch des Kapitalanlagerechts, § 14 Rn. 56 f.; Heusel, WM 2012, S. 291 (295).

278 Bosse, DB 2007, S. 39 (42).

279 Siehe hierzu S. 106 ff.

mit hinreichender Wahrscheinlichkeit Stimmrechtseinfluss entstehen konnte, da der Erwerb von mit Stimmrechten verbundenen Aktien durch Einräumung eines unbedingten, rechtlich verbindlichen und allein vom Willen des Berechtigten abhängigen Erwerbsrecht auch bereits gegenwärtig eine hinreichende Verfestigung aufwies. Für andere als die genannten Sachverhalte sahen die §§ 21 bis 30 WpHG in der bis zum Inkrafttreten des AnsFuG geltenden Fassung keine Meldepflicht vor.

Regelungstechnisch waren zum einen sowohl der Mitteilungstatbestand des § 21 Abs. 1 Satz 1 WpHG als auch die verschiedenen Zurechnungstatbestände des § 22 Abs. 1 Satz 1, 2, Abs. 2 WpHG und zum anderen auch der Mitteilungstatbestand des § 25 Abs. 1 Satz 1 WpHG jeweils von eng gefassten, an konkreten Fallgruppen orientierten Tatbestandsmerkmalen geprägt. Aufgrund dieser Ausgestaltung gewährten diese Normen kaum Spielraum für eine weite, primär am Normzweck orientierte Auslegung.[280] Insofern ließ sich die bis zum Inkrafttreten des AnsFuG bestehende Systematik der kapitalmarktrechtlichen Beteiligungstransparenz als kasuistisch beschreiben.[281] Eine solche Struktur erleichterte einerseits die rechtssichere Anwendung der einzelnen Mitteilungs- und Zurechnungstatbestände.[282] Denn anhand der konkret umschriebenen Tatbestandsmerkmale konnte die Subsumtion eines konkreten Sachverhalts ohne weitreichende und hintergründige Überlegungen vorgenommen werden. Andererseits nahm der Gesetzgeber hiermit aber auch bewusst eine gewisse Lückenhaftigkeit der Mitteilungs- und Zurechnungstatbestände in Kauf, mit der eine erhöhte Gefahr von Vermeidungs- und Umgehungsgestaltungen einherging.[283] Denn die an bestimmten Fallgruppen orientierten, detaillierten Tatbestandsmerkmale erlaubten der Rechtspraxis, Gestaltungen zu entwickeln, die ähnliche Wirkungen erzielten, aber die jeweiligen Tatbestandsmerkmale gerade nicht erfüllten. Dennoch gab der Gesetzgeber in der Vergangenheit der Rechtssicherheit den Vorzug und hielt im

280 Anzinger, Gesellschaftsrecht in der Diskussion 2010, S. 187 (217); Anzinger, WM 2011, S. 391 (392).

281 Fleischer/Schmolke, NZG 2010, S. 846 (853); Fleischer/Bedkowski, DStR 2010, S. 933 (936); Heusel, WM 2012, S. 291 (292); Baums/Sauter, ZHR 173 (2009), S. 454 (470, 488 f.), Schneider/Anzinger, ZIP 2009, S. 1 (9); Cahn, AG 1997, S. 502 (503); Wansleben, StudZR 2009, S. 465 (479); vgl. auch Teichmann/Epe, WM 2010, S. 1477 (1477, 1480); Widder/Kocher, ZIP 2012, S. 2092 (2094); Opitz, in: Schäfer/Hamann, KMG, § 22 WpHG Rn. 1a.

282 Vgl. Anzinger, Gesellschaftsrecht in der Diskussion 2010, S. 187 (223); Anzinger, WM 2011, S. 391 (394).

283 Opitz, in: Schäfer/Hamann, KMG, § 22 WpHG Rn. 1a; von Bülow, in: Kölner Kommentar, § 22 Rn. 3; Fleischer/Bedkowski, DStR 2010, S. 933 (936); Theusinger/Möritz, Ad Legendum, S. 3 (7); vgl. Baums/Sauter, ZHR 173 (2009), S. 454 (470, 472); Anzinger, Gesellschaftsrecht in der Diskussion 2010, S. 187 (217); Anzinger, WM 2011, S. 391 (392); Cahn, AG 1997, S. 502 (503); Schneider, NZG 2007, S. 888 (890); Teichmann/Epe, WM 2010, S. 1477 (1480); Wansleben, StudZR 2009, S. 465 (479); Arends, Die Offenlegung von Aktienbesitz nach deutschem Recht, S. 126.

Rahmen der verschiedenen Reformen bis zum Inkrafttreten des AnsFuG an dem fallgruppenorientierten Ansatz fest.[284]

Inhaltlich wies die bis zum Inkrafttreten des AnsFuG bestehende Systematik der kapitalmarktrechtlichen Beteiligungstransparenz zum einen eine klare Ausrichtung auf durch Stimmrechte und damit gesellschaftsrechtlich vermittelte Einflusspotenziale auf.[285] So knüpften die §§ 21 bis 30 WpHG in ihrer damaligen Fassung ausdrücklich entweder – wie im Fall des § 21 Abs. 1 Satz 1 WpHG – unmittelbar an Stimmrechte oder – wie im Fall des § 22 Abs. 1 Satz 1, 2, Abs. 2 WpHG sowie des § 25 Abs. 1 Satz 1 WpHG – an Aktien von Unternehmen an, die ihrerseits wiederum Stimmrechte vermitteln. Anders geartete, nicht durch Stimmrechte und damit nicht gesellschaftsrechtlich vermittelte Einflusspotenziale wurden demgemäß unabhängig von ihrer jeweiligen Erscheinungsform nicht erfasst. Zum anderen waren die einzelnen Offenlegungspflichten im Wesentlichen auf gegenwärtige Sachverhalte beschränkt. Insbesondere der Mitteilungstatbestand des § 21 Abs. 1 Satz 1 WpHG sowie die Zurechnungstatbestände des § 22 Abs. 1 Satz 1, 2, Abs. 2 WpHG erfassten lediglich bereits gegenwärtig bestehende Einflusspotenziale. Aber auch der auf zukünftigen Stimmrechtseinfluss abzielende Tatbestand des § 25 Abs. 1 Satz 1 WpHG wies noch einen engen Bezug zur Gegenwart auf. Eine Mitteilungspflicht nach dieser Norm bestand nur für Erwerbsrechte, die bereits existierten und dem hieraus Berechtigten eine bereits gegenwärtig nicht mehr entziehbare Erwerbsposition einräumten. Daher konnte bereits im Vorfeld des eigentlichen Stimmrechtserwerbs mit hinreichender Wahrscheinlichkeit angenommen werden, dass sich der durch eine entsprechende Mitteilung abgebildete Stimmrechtseinfluss tatsächlich realisieren würde.

---

284 Vgl. Anzinger, Gesellschaftsrecht in der Diskussion 2010, S. 187 (223); Anzinger, WM 2011, S. 391 (394).

285 von Bülow, in: Kölner Kommentar, WpHG, § 22 Rn. 4; siehe bereits S. 25 ff.

C. Änderungen der kapitalmarktrechtlichen Beteiligungstransparenz im Rahmen des AnsFuG

Neben verschiedenen anderen Gesetzen wurden durch das AnsFuG insbesondere das WpHG und die darin enthaltenen Regelungen der kapitalmarktrechtlichen Beteiligungstransparenz erneut überarbeitet. Beweggrund für diese verschiedenen Gesetzesänderungen im Rahmen des AnsFuG war generell das Ziel, in der jüngeren Vergangenheit auf den Kapitalmärkten zutage getretenen Defiziten entgegenzuwirken.[286] Von dieser Motivation des Gesetzgebers wurden auch die mit dem AnsFuG einhergehenden Änderungen der kapitalmarktrechtlichen Beteiligungstransparenz getragen.[287]

I. Der verdeckte Beteiligungsaufbau als Regelungsanlass

Auslöser für die erneute Überarbeitung der kapitalmarktrechtlichen Beteiligungstransparenz im Rahmen des AnsFuG war insofern eine Reihe in der Öffentlichkeit als spektakulär empfundener Sachverhalte, in denen der Aufbau umfangreicher Beteiligungen an börsennotierten Unternehmen durch den Einsatz von aktienbasierten Finanzderivaten vorbereitet worden war. Der Einsatz dieser Finanzderivate bewirkte in der nachfolgenden Erwerbssituation verschiedene vorteilhafte Effekte für ihren Inhaber, aufgrund derer er im Ergebnis eine gegenüber anderen Marktteilnehmern privilegierte Erwerbsposition besaß. Trotz dieses Umstands war der vorbereitende Einsatz der Aktienderivate gegenüber der Kapitalmarktöffentlichkeit zunächst nicht offengelegt worden. Aus Sicht der übrigen Marktteilnehmer erfolgte der Aufbau der Beteiligung daher verdeckt.[288]

Der Gesetzgeber konstatierte bezüglich einer solchen Vorgehensweise, dass durch die Nutzung nicht meldepflichtiger Finanzinstrumente in der Vergangenheit in bestimmten Fällen ein „unbemerktes Anschleichen“ an Unternehmen ermöglicht

---

286 RegBegrE zum AnsFuG, BT-Drucks. 17/3628, S. 1 f.

287 RegBegrE zum AnsFuG, BT-Drucks. 17/3628, S. 17.

288 Nordholtz, in: Heidel, Aktienrecht und Kapitalmarktrecht, § 25a WpHG Rn. 2 ff.; Schneider, in: Assmann/Schneider, WpHG, § 25a Rn. 1; Opitz, in: Schäfer/Hamann, KMG, § 25 Rn. 1b, § 25a Rn. 1; Cascante/Bingel, NZG 2011, S. 1086 (1086); Heusel, WM 2012, S. 291 (291 f.); Merkner/Sustmann, NZG 2013, S. 1361 (1366); Hutter/Kaulamo/Plepelits, in: Gedächtnisschrift für Gruson, S. 213 (245 f.); Möritz, ZVglRWiss 109 (2010), S. 94 (120); Brouwer, AG 2010, S. 404 (404); Eichner, ZRP 2010, S. 5 (5); Deutsches Aktieninstitut, Stellungnahme zum Diskussionsentwurf eines Gesetzes zur Stärkung des Anlegerschutzes und Verbesserung der Funktionsfähigkeit des Kapitalmarktes, S. 1.

wurde, und dies eine Verringerung der Liquidität an den Börsen sowie Marktverwerfungen hervorrufen konnte.[289] In der Literatur wird der Vorgang des verdeckten Beteiligungsaufbaus ebenfalls als „unbemerktes Anschleichen“[290], verschiedentlich aber auch als "*Creeping-In*"[291], "*Hidden Stakebuilding*"[292] oder als "*Stealth Takeover*"[293] bezeichnet. Abgesehen davon, dass mit diesen Begrifflichkeiten über den reinen Beteiligungsvorgang hinaus teilweise auch die dahinter stehende Zielsetzung einer Unternehmensübernahme beschrieben wird, ergeben sich aus den unterschiedlichen Bezeichnungen keinerlei inhaltliche Unterschiede.[294] Gemeint ist jeweils die Vorbereitung des Aufbaus einer umfangreichen Beteiligung unter gleichzeitiger Vermeidung diesbezüglicher Publizität gegenüber der Kapitalmarktöffentlichkeit. Für ein solches Vorgehen standen in der Vergangenheit verschiedene Handlungsalternativen zur Verfügung.[295] Eine Möglichkeit, auf die der Gesetzgeber im Rahmen der

289 RegBegrE zum AnsFuG, BT-Drucks. 17/3628, S. 1.

290 Anzinger, Gesellschaftsrecht in der Diskussion 2010, S. 187 (188); Anzinger, WM 2011, S. 391 (391); Baums/Sauter, ZHR 173 (2009), S. 454 (456); Bödeker, GWR 2011, S. 278 (279); Brandt, CFL 2012, S. 110 (112); Brandt, BKR 2010, S. 270 (270); Brandt, BKR 2008, S. 441 (442); Cahn, AG 1997, S. 502 (507); Cascante/Topf, AG 2009, S. 53 (53); Eichner, ZRP 2010, S. 5 (5); Eidenmüller, DStR 2007, S. 2116 (2118); Fleischer/Schmolke, NZG 2010, S. 846 (846); Giedinghagen/Leuering, NJW-Spezial 2011, S. 271 (271); Krause, AG 2011, S. 469 (469); Merkner/Sustmann, NZG 2010, S. 681 (681); Noack/Zetsche, in: FS Schwark, S. 569 (569); Renn/Weber/Gotschev, AG 2012, S. 440 (440); Teichmann/Epe, WM 2010, S. 1477 (1477); Wackerbarth, ZIP 2010, S. 1527 (1527); Wansleben, StudZR 2009, S. 465 (465); Weber/Meckbach, BB 2008, S. 2022 (2022).

291 Brand, BKR 2010, S. 270 (270); Götze, BKR 2013, S. 265 (269); ähnlich auch Emmenegger, in: FS Hopt, S. 1763 (1763); vgl. auch Baums, ZIP 2010, S. 2374 (2377); Merkt, NZG 2011, S. 561 (562); Hirte, Der Konzern 2010, S. 599 (601); die drei zuletzt genannten Autoren verwenden diesen Begriff allerdings vornehmlich für ein Vorgehen, das durch den Aufbau einer Stimmrechtsmehrheit unter Vermeidung einer hohen Annahmequote im Rahmen eines öffentlichen Übernahmeangebots oder gar durch Vermeidung eines Pflichtangebots geprägt ist.

292 Fleischer/Schmolke, ZIP 2008, S. 1501 (1501); Brand, BKR 2010, S. 270 (270).

293 Anzinger, Gesellschaftsrecht in der Diskussion 2010, S. 187 (188); Anzinger, WM 2011, S. 391 (391); Fleischer/Schmolke, ZIP 2008, S. 1501 (1501); Seibt, ZGR 2010, S. 795 (813).

294 Während die drei zuerst genannten Begrifflichkeiten lediglich den Aufbau einer Beteiligung im Allgemeinen umschreiben, bezeichnet der Begriff des "*Stealth Takeover*" einen Beteiligungsaufbau, der mit dem Ziel der späteren Übernahme des Unternehmens vorgenommen wird.

295 Instruktiv insofern Anzinger, Gesellschaftsrecht in der Diskussion 2010, S. 187 (198 ff.); teilweise wird bei den verschiedenen Varianten des verdeckten Beteiligungsaufbaus zwischen dem „Equitymodell“ und dem „Servicemodell“ unterschieden, vgl. Noack/Zetsche, in: FS Schwark, S. 569 (570 f.); Zetsche, Challenging Wolf Packs: Thoughts on Efficient Enforcement of Shareholder Transparency Rules, S. 12 ff.

erneuten Überarbeitung der kapitalmarktrechtlichen Beteiligungstransparenz im Rahmen des AnsFuG ein besonderes Augenmerk legte und die daher auch im Zentrum der nachstehenden Ausführungen steht, ist der Abschluss von aktienbasierten Barausgleichsderivaten. Hierbei konnte der Erwerbsinteressent wiederum unter verschiedenen Barausgleichsderivaten auswählen.[296] Beispielshaft sind in diesem Zusammenhang die auch in den nachstehend wiedergegebenen Beispielsfällen zum Einsatz gekommenen *Cash Settled Total Return Equity Swaps* und durch Geldzahlung zu erfüllende Optionen zu nennen.[297]

1. Beispielsfälle für den verdeckten Beteiligungsaufbau im In- und Ausland

In der Vergangenheit fanden sich sowohl auf dem deutschen Kapitalmarkt als auch auf ausländischen Handelsplätzen verschiedene Beispiele für ein solches Vorgehen mehrerer Marktteilnehmer.[298] Im Folgenden werden lediglich ausgewählte Beispiele dargestellt, die die öffentliche Diskussion in besonderem Maße prägten, da sie die diesen Fallgestaltungen zugrunde liegende Problematik sowie die mit dem verdeckten Beteiligungsaufbau einhergehenden Chancen und Risiken besonders plastisch veranschaulichen. Eine erschöpfende Schilderung aller vergleichbaren Vorfälle ist im Rahmen der vorliegenden Bearbeitung hingegen weder möglich noch erforderlich.

a) Die Übernahme der Continental AG durch die Schaeffler KG

Der in der deutschen Öffentlichkeit wohl meist diskutierte Fall in diesem Sinne, der auch in der Fachliteratur[299] eine kontroverse Behandlung erfuhr, war die Übernahme

---

296 Oppenhoff, in: Müller/Rödder, Beck'sches Handbuch der AG, § 27 Rn. 107 ff.; Baums/Sauter, ZHR 173 (2009), S. 454 (456); Ferrarini, in: FS Hopt, S. 1803 (1804); Meyer/Kiesewetter, WM 2009, S. 340 (345); Renn/Weber/Gotschev, AG 2012, S. 440 (441).

297 Erstere kamen beispielsweise bei der Übernahme der Continental AG durch die Schaeffler KG zum Einsatz; letztere fanden hingegen bei der Übernahme der Volkswagen AG durch die Porsche Automobil Holding SE Anwendung, siehe S. 63 und66; vgl. auch Meyer/Kiesewetter, WM 2009, S. 340 (345).

298 Zu solchen Beispielsfällen siehe Anzinger, Gesellschaftsrecht in der Diskussion 2010, S. 187 (192 ff.); Baums/Sauter, ZHR 173 (2009), S. 454 (455 Fn. 2); Brandt, BKR 2008, S. 441 (444 f.); Brandt, BKR 2010, S. 270 (270); Cascante/Topf, AG 2009, S. 53 (67); Emmenegger, in: FS Hopt, S. 1763 (1765 ff.); Ferrarini, in: FS Hopt, S. 1803 (1807 ff.); Fleischer/Schmolke, NZG 2009, S. 401 (404); Fleischer/Schmolke, ZIP 2008, S. 1501 (1501); Fleischer/Schmolke, NZG 2010, S. 846 (847 f.); Noack/Zetsche, in: FS Schwark, S. 569 (571 f.); Möritz, ZVglRWiss 109 (2010), S. 94 (99 ff.); Schanz, DB 2008, S. 1899 (1899); Seibt, ZGR 2010, S. 795 (807 ff., 813); Seibt, CFL 2011, S. 213 (219); Hu/Black, Southern California Law Review, Volume 79, 2006, Nr. 4, S. 811 (836 ff.); Hu/Black, The Business Lawyer, Volume 61, 2006, Nr. 3, S. 1011 (1031 ff.).

299 Anzinger, Gesellschaftsrecht in der Diskussion 2010, S. 187 (192 f.); Baums/Sauter, ZHR 173 (2009), S. 454 (457 f.); Cascante/Bingel, NZG 2011, S. 1086 (1086); Emmen-

der börsennotierten und damals ebenso wie gegenwärtig wieder im DAX gelisteten Continental AG durch die wesentlich kleinere, familiengeführte Schaeffler KG.

Seinen Anfang nahm das Übernahmegeschehen um die Continental AG, als Marktgerüchte vermehrt aufkamen, dass eine Übernahme der Continental AG durch einen Konkurrenten bevorstehe.[300] Da es sich bei der Continental AG um einen für die Schaeffler KG wichtigen Kooperationspartner handelte, beschloss diese, eine strategische Beteiligung an der Continental AG aufzubauen, um auf diese Weise den Aktionärskreis der Continental AG zu stabilisieren und das Risiko einer Übernahme zu verringern.[301] Demgemäß verkündete die Schaeffler KG mit Pressemitteilung vom 15. Juli 2008, zwar nicht notwendigerweise eine Mehrheit, aber zumindest eine strategische Beteiligung von über 30 % an dem Reifenhersteller und Automobilzulieferer Continental AG anzustreben und an die Aktionäre der Continental AG ein freiwilliges, öffentliches Übernahmeangebot abgeben zu wollen.[302]

Der Grund für die daraufhin entstehende, enorme öffentliche Aufmerksamkeit war aber nicht die Verkündung der von der Schaeffler KG beabsichtigten Übernahme der deutlich größeren Continental AG an sich. Aufsehenerregend waren vielmehr erst die im Anschluss an die Verkündung der Übernahmeabsicht getätigten Aussagen der Schaeffler KG. So führte die Schaeffler KG zunächst weiter aus, dass sie bereits über eine unmittelbare Beteiligung von 2,97 % an der Continental AG verfüge und darüber hinaus Finanzinstrumente innehabe, die sie zum Erwerb von weiteren Aktien der Continental AG in Höhe von 4,95 % berechtigten.[303] Schließlich teilte die Schaeffler KG jedoch auch mit, dass sie über

egger, in: FS Hopt, S. 1763 (1768); Ferrarini, in: FS Hopt, S. 1803 (1805); Fleischer/Schmolke, NZG 2010, S. 846 (847); Fleischer/Schmolke, NZG 2009, S. 401 (404); Fleischer/Schmolke, ZIP 2008, S. 1501 (1501); Habersack, AG 2008, S. 817 (817 ff.); Renn/Weber/Gotschev, AG 2012, S. 440 (440 f.); Schanz/Schalast, Schaeffler KG/Continental AG im Lichte der CSX Corp.-Entscheidung des US District Court for the Southern District of New York, S. 6.

300 Schanz/Schalast, Schaeffler KG/Continental AG im Lichte der CSX Corp.-Entscheidung des US District Court for the Southern District of New York, S. 6; Zetsche, EBOR 2009, S. 115 (118).

301 Zetsche, EBOR 2009, S. 115 (118); vgl. auch Christ, Barausgleichsderivate und das Anschleichen an Zielgesellschaften, S. 27.

302 Cascante/Bingel, NZG 2011, S. 1086 (1090 Fn. 35); Habersack, AG 2008, S. 817 (817); Krause, AG 2011, S. 469 (470); Seibt, ZGR 2010, S. 795 (811); Schanz, DB 2008, S. 1899 (1899); Christ, Barausgleichsderivate und das Anschleichen an Zielgesellschaften, S. 27.

303 Bei diesen Finanzinstrumenten handelte es sich um *Swap*-Verträge, die sich tatsächlich nicht im Besitz der Schaeffler KG, sondern im Besitz der INA-Holding Schaeffler KG befanden aber unter bestimmten Umständen auch die Schaeffler KG zum Erwerb berechtigten; vgl. Angebotsunterlage für das Übernahmeangebot der Schaeffler KG an die Aktionäre der Continental AG vom 29. Juli 2008, S. 15, abrufbar unter http://www.bafin.de; vgl. auch Anzinger, Gesellschaftsrecht in der Diskussion 2010, S. 187 (192).

weitere etwa 28 % der Aktien der Continental AG sog. *Cash Settled Total Return Equity Swaps*[304] abgeschlossen habe.[305] Eine Offenlegung dieser *Swap*-Position habe in der Vergangenheit nicht stattgefunden, da die vertraglichen Verpflichtungen aus den *Swap*-Verträgen durch Geldzahlungen und nicht durch Aktienlieferungen zu erfüllen seien und insofern keine Meldepflicht bestünde. Weiterhin enthielt die Pressemitteilung den Hinweis, dass die Schaeffler KG berechtigt sei, die *Swap*-Verträge jederzeit zu kündigen.[306] Mache die Schaeffler KG von diesem Recht während der Annahmefrist oder der erweiterten Annahmefrist des freiwilligen Übernahmeangebots Gebrauch, könnten ihr bis zu 28 % der Aktien der Continental AG auf das Übernahmeangebot angedient werden.[307] Die in der Presseerklärung genannten *Cash Settled Total Return Equity Swaps* hatte die Schaeffler KG zwischen dem 25. März 2008 und dem 23. Mai 2008 mit der Investmentbank Merrill Lynch International Bank Limited abgeschlossen.[308]

---

304 Siehe hierzu S. 74; *Cash Settled Total Return Equity Swaps* werden teilweise auch gleichbedeutend als *Contracts for Difference* (kurz: CfD) bezeichnet, vgl. Anzinger, Gesellschaftsrecht in der Diskussion 2010, S. 187 (202, 216); Baums/Sauter, ZHR 173 (2009), S. 454 (455); Eichner, ZRP 2010, S. 5 (5); Fleischer/Schmolke, ZIP 2008, S. 1501 (1503); Merkner/Sustmann, NZG 2010, S. 681 (685); Meyer/Kiesewetter, WM 2009, S. 340 (345); Wansleben, StudZR 2009, S. 465 (471); Weber/Meckbach, BB 2008, S. 2022 (2022); Zetsche, EBOR 2009, S. 115 (128); Nordholtz, in: Heidel, Aktienrecht und Kapitalmarktrecht, § 25a WpHG Rn. 2; Christ, Barausgleichsderivate und das Anschleichen an Zielgesellschaften, S. 47; andererseits wird aber zwischen beiden Begrifflichkeiten auch anhand verschiedener Kriterien strikt unterschieden, vgl. Opitz, in: Schäfer/Hamann, KMG, § 25a WpHG Rn. 17 f.; Schneider, in: Assmann/Schneider, WpHG, § 25a Rn. 40, 44; wohl auch Brandt, BKR 2010, S. 270 (271); Renn, Einsatz und Offenlegung von Derivaten bei Unternehmensübernahmen, S. 94, 98. In jedem Fall bestehen große inhaltliche Ähnlichkeiten beider Instrumente, sodass sich aus den verschiedenen Bezeichnungen für die folgenden Ausführungen keinerlei Unterschiede in der Sache ergeben. Im Folgenden wird insofern an der Bezeichnung *Cash Settled Total Return Equity Swap* festgehalten.

305 Vgl. Fleischer/Schmolke, NZG 2009, S. 401 (403); Anzinger, Gesellschaftsrecht in der Diskussion 2010, S. 187 (192); Schanz, DB 2008, S. 1899 (1899); Bachmann, in: Fleischer/Kalss/Vogt, Konvergenzen und Divergenzen im deutschen, österreichischen und schweizerischen Gesellschafts- und Kapitalmarktrecht, S. 219.

306 Anzinger, Gesellschaftsrecht in der Diskussion 2010, S. 187 (192).

307 Anzinger, Gesellschaftsrecht in der Diskussion 2010, S. 187 (192 f.); Hutter/Kaulamo/Plepelits, in: Gedächtnisschrift für Gruson, S. 213 (213); Möritz, ZVglRWiss 109 (2010), S. 94 (103 f.); Schanz, DB 2008, S. 1899 (1899 f.); Zetsche, EBOR 2009, S. 115 (120 f.); Schanz/Schalast, Schaeffler KG/Continental AG im Lichte der CSX Corp.-Entscheidung des US District Court for the Southern District of New York, S. 7 f.

308 Angebotsunterlage für das Übernahmeangebot der Schaeffler KG an die Aktionäre der Continental AG vom 29. Juli 2008, S. 15, abrufbar unter http://www.bafin.de; Schanz, DB 2008, S. 1899 (1900); Zetsche, EBOR 2009, S. 115 (120 f.); Emmenegger, in: FS Hopt, S. 1763 (1767 f.).

Wie an späterer Stelle[309] aufzuführen sein wird, hatte die Schaeffler KG durch den Abschluss der *Cash Settled Total Return Equity Swaps* die Erfolgswahrscheinlichkeit ihres nachfolgend abgegebenen Übernahmeangebots erheblich gesteigert und gleichzeitig eine Begrenzung der dabei anfallenden Akquisitionskosten erreicht, ohne dies der Kapitalmarktöffentlichkeit mitzuteilen. Verbreitet wurde in dieser Vorgehensweise der Schaeffler KG eine unangebrachte, wenn nicht sogar unzulässige Überrumpelung der Continental AG gesehen.[310] In diesem Sinne forderte auch das Management der Continental AG, das dem Übernahmeangebot der Schaeffler KG ohnehin auch aus wirtschaftlichen Gründen ablehnend gegenüberstand, die Bundesanstalt für Finanzdienstleistungsaufsicht zum Einschreiten gegen das Übernahmeangebot auf, da die Schaeffler KG im Zusammenhang mit dem Abschluss der *Cash Settled Total Return Equity Swaps* kapitalmarktrechtliche Mitteilungspflichten verletzt habe.[311] Mit Pressemitteilung vom 21. August 2008 erklärte die Bundesanstalt für Finanzdienstleistungsaufsicht jedoch, dass sie bei der Überprüfung des Sachverhalts nicht feststellen konnte, dass die Schaeffler KG im Vorfeld des Übernahmeangebots für die Continental AG nach dem WpÜG oder dem WpHG bestehende Meldepflichten verletzt habe.[312]

Im Ergebnis war die Übernahme der Continental AG durch die Schaeffler KG erfolgreich. Allerdings war die Schaeffler KG aufgrund ihres Übernahmeangebots gezwungen, 90,2 % der Aktien der Continental AG – und damit weit mehr als ursprünglich beabsichtigt – zu übernehmen.[313] Grund hierfür war die während des Angebotszeitraums eingetretene Insolvenz der Investmentbank Lehman Brothers Holding Inc., die einen allgemeinen Kurssturz an den weltweiten Aktienmärkten verursachte, infolgedessen auch der Kurs der Aktien der Continental AG stark nachgab, sodass das von der Schaeffler KG unterbreitete Kaufangebot stark an Attraktivität gewann.[314] Die hohe Annahmequote ihres Übernahmeangebots brachte die Schaeffler KG zwischenzeitlich in nicht unerhebliche finanzielle Schwierigkeiten.

---

309 Siehe hierzu S. 79 ff.

310 M.w.N. Anzinger, Gesellschaftsrecht in der Diskussion 2010, S. 187 (188); Brandt, BKR 2010, S. 270 (270); Eichner, ZRP 2010, S. 5 (6); Fleischer/Schmolke, NZG 2010, S. 846 (848); Emmenegger, in: FS Hopt, S. 1763 (1764, 1769); Habersack, AG 2008, S. 817 (820); Merkner/Sustmann, NZG 2010, S. 681 (681); Seibt, ZGR 2010, S. 795 (821); vgl. auch Friedeborn, Vormitgliedschaftliche Beteiligungstransparenz, S. 81.

311 Schanz/Schalast, Schaeffler KG/Continental AG im Lichte der CSX Corp.-Entscheidung des US District Court for the Southern District of New York, S. 7 f.

312 BaFin, Pressemitteilung vom 21. August 2008, abrufbar unter: http://www.bafin.de; siehe hierzu auch Hutter/Kaulamo/Plepelits, in: Gedächtnisschrift für Gruson, S. 213 (214).

313 Vgl. Habersack, AG 2008, S. 817 (817); Anzinger, Gesellschaftsrecht in der Diskussion 2010, S. 187 (193).

314 Anzinger, Gesellschaftsrecht in der Diskussion 2010, S. 187 (193).

b) *Die Übernahme der Volkswagen AG durch die Porsche Automobil Holding SE*

Ein weiterer, aufsehenerregender Fall, den der Gesetzgeber ebenfalls als Anlass zur Überarbeitung der kapitalmarktrechtlichen Beteiligungstransparenz im Rahmen des AnsFuG nahm, war die Übernahme der Volkswagen AG durch die Porsche Automobil Holding SE.[315]

Im Jahr 2005 beschloss die zum damaligen Zeitpunkt noch als Dr. Ing. h. c. F. Porsche AG firmierende Porsche Automobil Holding SE eine strategische Beteiligung von rund 20 % an der Volkswagen AG zu erwerben, um die in den Jahren zuvor zwischen beiden Unternehmen aufgebaute Zusammenarbeit für die Zukunft abzusichern.[316] Dabei wurde in der Öffentlichkeit explizit kommuniziert, dass diese Beteiligung auf keinen Fall eine Größe erreichen sollte, die die Porsche Automobil Holding SE zu einem öffentlichen Übernahmeangebot verpflichten würde.[317]

Kontinuierlich baute die Porsche Automobil Holding SE in der Folgezeit daher eine Beteiligung an der Volkswagen AG auf. Bis zum 23. Juni 2006 erwarb die Porsche Automobil Holding SE durch etappenweise Erwerbs- und Optionsgeschäfte ca. 21,2 % der Aktien der Volkswagen AG.[318] Nachfolgend kündigte sie an, diese Beteiligung weiter ausbauen zu wollen,[319] und gab am 24. März 2007 eine Beteiligung an der Volkswagen AG von 27,3 % bekannt.[320] Gleichzeitig kündigte sie an, diese Beteiligung an der Volkswagen AG nun doch auf über 30 % erweitern zu wollen, was ihr bis zum 14. März 2007 auch gelang.[321] Im Rahmen des aufgrund dieser Beteiligung durchzuführenden Pflichtangebots erhielt die Porsche Automobil Holding SE lediglich Aktien der Volkswagen AG in nicht nennenswertem Umfang

---

315 Vgl. Fleischer/Schmolke, NZG 2010, S. 846 (847); Anzinger, Gesellschaftsrecht in der Diskussion 2010, S. 187 (193); Anzinger, WM 2011, S. 391 (391); Cascante/Bingel, NZG 2011, S. 1086 (1086).

316 Dr. Ing. h. c. F. Porsche AG, Pressemittelung vom 25. September 2005, abrufbar unter http://www.porsche.com.

317 Dr. Ing. h. c. F. Porsche AG, Pressemittelung vom 25. September 2005, abrufbar unter http://www.porsche.com; Christ, Barausgleichsderivate und das Anschleichen an Zielgesellschaften, S. 31.

318 Dr. Ing. h. c. F. Porsche AG, Pressemittelungen vom 28. September 2005, vom 7. Oktober 2005 sowie vom 23. Juni 2006, jeweils abrufbar unter http://www.porsche.com.

319 Dr. Ing. h. c. F. Porsche AG, Pressemittelung vom 23. Juni 2006, abrufbar unter http://www.porsche.com.

320 Dr. Ing. h. c. F. Porsche AG, Pressemitteilung vom 24. März 2007, abrufbar unter http://www.porsche.com.

321 Dr. Ing. h. c. F. Porsche AG, Pressemittelung vom 4. Juni 2007, abrufbar unter http://www.porsche.com; Porsche Automobil Holding SE, Pressemitteilung vom 14. März 2008, abrufbar unter http://www.porsche-se.com.

angedient.[322] Am 3. März 2008 kündigte die Porsche Automobil Holding SE dennoch an, eine Beteiligung von 50 % an der Volkswagen AG anzustreben und hierfür weitere Aktien der Volkswagen AG erwerben zu wollen.[323] Marktgerüchte, dass die Porsche Automobil Holding SE sogar eine Beteiligung von über 75 % anstrebe, wies sie jedoch explizit zurück.[324]

Mit Presseerklärung vom 26. Oktober 2008 teilte die Porsche Automobil Holding SE dann für die Öffentlichkeit überraschend mit, dass sie nun doch den Abschluss eines Beherrschungsvertrags mit der Volkswagen AG anstrebe und hierfür ihre Beteiligung an der Volkswagen AG in den letzten Monaten des Jahres 2009 auf 75 % aufstocken wolle.[325] Derzeit halte die Porsche Automobil Holding SE bereits 42,6 % der Aktien der Volkswagen AG. Darüber hinaus habe sie zusätzlich durch Geldzahlung zu erfüllenden Optionen auf weitere 31,5 % der Aktien der Volkswagen AG erworben. Bei Auflösung dieser Optionen erhalte die Porsche Automobil Holding SE die Differenz zwischen dem zum Auflösungszeitpunkt geltenden Kurswert und dem vereinbarten Absicherungskurs. Mit diesen Mitteln werde sie Aktien der Volkswagen AG zum jeweils aktuellen Kurs kaufen.[326] Eine Offenlegung dieser durch Geldzahlung zu erfüllenden Optionen gegenüber den übrigen Handelsteilnehmern hatte bis zu diesem Zeitpunkt nicht stattgefunden.

Ähnlich wie die Schaeffler KG bei der Übernahme der Continental AG vorgegangen war, hatte auch die Porsche Automobil Holding SE im Ergebnis den von ihr geplanten Erwerb einer Mehrheitsbeteiligung an der Volkswagen AG in Höhe von insgesamt 74,1 % durch den Einsatz von durch Geldzahlung zu erfüllenden Optionen vorbereitet, ohne die Marktöffentlichkeit hierüber zu informieren.[327] Dieses Vorgehen verursachte auf dem Kapitalmarkt jedoch unerwartete Auswirkungen.[328] Denn seit dem Jahr 2003 war der Kurswert der Aktien der Volkswagen AG nahezu

---

322 Dr. Ing. h. c. F. Porsche AG, Pressemittelungen vom 30. April 2007 und 4. Juni 2007, jeweils abrufbar unter http://www.porsche.com; vgl. auch Möllers, NZG 2014, S. 361 (362); Anzinger, Gesellschaftsrecht in der Diskussion 2010, S. 187 (194). Die geringe Annahmequote war durch den niedrigen Angebotspreis bedingt, der lediglich dem gesetzlichen Mindestpreis entsprach und aufgrund des bewusst gewählten Zeitpunktes für das Übernahmeangebot unterhalb des aktuellen Börsenpreises der Aktien der Volkswagen AG lag; siehe hierzu die Ausführungen zur Funktionsweise des verdeckten Beteiligungsaufbaus auf S. 79 ff.

323 Porsche Automobil Holding SE, Pressemitteilungen vom 3. März 2008 und 16. September 2008, jeweils abrufbar unter http://www.porsche-se.com.

324 Porsche Automobil Holding SE, Pressemitteilungen vom 10. März 2008, abrufbar unter http://www.porsche-se.com.

325 Vgl. Krause, AG 2011, S. 469 (470 f.).

326 Porsche Automobil Holding SE, Pressemitteilung vom 26. Oktober 2008, abrufbar unter http://www.porsche-se.com.

327 Siehe hierzu S. 79 ff.; vgl. auch Möllers, NZG 2014, S. 361 (362); Emmenegger, in: FS Hopt, S. 1763 (1766).

328 Vgl. Anzinger, Gesellschaftsrecht in der Diskussion 2010, S. 187 (194).

durchgängig auf ein Vielfaches seines Ursprungswerts angestiegen.[329] Da sich dieser Preisanstieg aber nicht in den fundamentalen Daten der Volkswagen AG wiederfand, hatten einige Handelsteilnehmer in der Vergangenheit vermehrt Leerverkäufe[330] auf die Aktien der Volkswagen AG abgeschlossen, um auf diese Weise von dem erwarteten Kursrückgang zu profitieren.[331] Als bekannt wurde, dass neben der bereits bekannte Beteiligung des Landes Niedersachsen in Höhe von 20,26 %[332] auch eine Beteiligung der Porsche Automobil Holding SE an der Volkswagen AG in Höhe von 74,1 % bevorstand, erkannten diese Marktteilnehmer, dass als frei handelbares Aktienvolumen von Aktien der Volkswagen AG nunmehr nur noch 5,64 % verblieben.[333] Diese Verknappung des *Freefloats* führte in Verbindung mit der Nachfrage, die aufgrund der aus den Leerverkäufen resultierenden Lieferverpflichtungen bzgl. Aktien der Volkswagen AG entstand, zu einem enormen Kursanstieg, der die Volkswagen AG kurzseitig zu dem Unternehmen mit der weltweit höchsten Marktkapitalisierung machte.[334] Diese durch das Verhalten der Porsche Automobil Holding SE hervorgerufenen Marktverwerfungen wurden vielfach und u. a. von dem Gesetzgeber als riskant und dem Ansehen des deutschen Kapitalmarkts abträglich kritisiert.[335]

Im Ergebnis gelang es der Porsche Automobil Holding SE in der Folgezeit eine Mehrheitsbeteiligung an der Volkswagen AG in Höhe von 50,76 % zu erwerben.[336] In der Folgezeit blieb jedoch entgegen der Erwartungen der Porsche Automobil Holding SE das in § 4 Abs. 3 VW-Gesetz[337] geregelte Mehrheitserfordernis von 80 % der Stimmrechte trotz der europarechtlich indizierten und vom deutschen Gesetz-

---

329 Möllers, NZG 2014, S. 361 (362).

330 Zum Begriff und der Funktionsweise von Leerverkäufen siehe Schäfer, in: Assmann/Schütze, Handbuch des Kapitalanlagerechts, § 21 Rn. 1 ff.; Sorgenfrei, in: Park, Kapitalmarktstrafrecht, § 39 Abs. 2 Nr. 14a, 14b WpHG Rn. 8 ff.; Seibt, ZGR 2010, S. 795 (800 f.); Renn, Einsatz und Offenlegung von Derivaten bei Unternehmensübernahmen, S. 53.

331 Vgl. Fleischer/Schmolke, NZG 2010, S. 846 (852).

332 Tatsächlich verfügt das Land Niedersachsen lediglich über 0,07 % der Aktien der Volkswagen AG direkt. Weitere 20,19 % der Aktien der Volkswagen AG werden von der Hannoverschen Beteiligungsgesellschaft mit beschränkter Haftung gehalten und dem Land Niedersachsen zugerechnet.

333 Vgl. Anzinger, Gesellschaftsrecht in der Diskussion 2010, S. 187 (194).

334 Heusel, WM 2012, S. 291 (293); Möllers, NZG 2014, S. 361 (362); Fleischer/Schmolke, NZG 2010, S. 846 (847); Christ, Barausgleichsderivate und das Anschleichen an Zielgesellschaften, S. 32; Renn, Einsatz und Offenlegung von Derivaten bei Unternehmensübernahmen, S. 54.

335 Vgl. RegBegrE zum AnsFuG, BT-Drucks. 17/3628, S. 1, 17.

336 Porsche Automobil Holding SE, Pressemitteilung vom 5. Januar 2009, abrufbar unter http://www.porsche-se.com.

337 Gesetz über die Überführung der Anteilsrechte an der Volkswagenwerk Gesellschaft mit beschränkter Haftung in private Hand vom 21. Juli 1960, BGBl. I, 27. Juli 1960, S. 585 ff.

geber beschlossenen Änderungen[338] des VW-Gesetzes erhalten.[339] Daher war der Abschluss eines Beherrschungs- und Gewinnabführungsvertrags mit der Volkswagen AG auch trotz der geplanten Beteiligung der Porsche Automobil Holding SE von über 75 % gegen den Willen des Landes Niedersachsen nicht möglich. Hinzu kam, dass die Porsche Automobil Holding SE für die Zukäufe der Aktien sowie für die eingegangenen Optionsgeschäfte erhebliche Fremdfinanzierungsmittel aufnehmen hatte müssen. Ohne die Hilfe der Volkswagen AG war es der Porsche Automobil Holding SE jedoch nicht möglich, die eingegangenen Finanzverbindlichkeiten zu verlängern, geschweige denn zurückzuführen.[340] Im Zuge der durch die Insolvenz der Bank Lehman Brothers Holding Inc. verursachten Finanzkrise musste die Porsche Automobil Holding SE daher von ihrem Plan, eine Mehrheitsbeteiligung von über 75 % an der Volkswagen AG aufzubauen, Abstand nehmen. Vielmehr verbanden sich die Porsche Automobil Holding SE und die Volkswagen AG in einem integrierten Automobilkonzern.[341]

c) *Der Einstieg der SKion GmbH bei der SGL Carbon SE*

Einen ähnlichen, wenn auch in der Öffentlichkeit in weitaus geringerem Umfang beachteten Fall, stellt der Einstieg der SKion GmbH bei der SGL Carbon SE dar.[342]

So verkündigte die SGL Carbon SE am 16. März 2009 per *Ad-hoc*-Mitteilung, dass sie von der SKion GmbH über deren Erwerb einer Beteiligung in Höhe von

---

338 Gesetz zur Änderung des Gesetzes über die Überführung der Anteilsrechte an der Volkswagenwerk Gesellschaft mit beschränkter Haftung in private Hand vom 8. Dezember 2008, BGBl. I, 10. Dezember 2008, S. 2369 ff.

339 Der EuGH hatte mit Urteil vom 23. Oktober 2007, Az. C-112/05, NJW 2007, S. 3481 = EuZW 2007, S. 697 die Europarechtswidrigkeit des bis zum 10.12.2008 in § 4 Abs. 1 VW-Gesetz enthaltenen Entsenderecht für Aufsichtsratsmitglieder zugunsten des Landes Niedersachen und der Bundesrepublik Deutschland sowie die in §§ 2 Abs. 1 i.V.m. 4 Abs. 3 VW-Gesetz enthaltene Stimmrechtsbeschränkung auf höchstens 20 % bei gleichzeitiger Festschreibung eines Mehrheitserfordernisses von 80 % festgestellt. Daher war der Wegfall des VW-Gesetzes erwartet worden. Der deutsche Gesetzgeber ließ jedoch lediglich das Entsenderecht und die Stimmrechtsbeschränkung entfallen, während das Mehrheitserfordernis beibehalten blieb. Damit genügte der deutsche Gesetzgeber dem vorausgegangenen Urteil des EuGH, vgl. diesbezüglich EuGH, Urteil vom 22. Oktober 2013, Az. C-95/12, NJW 2014, S. 290 = EuZW 2013, S. 946; siehe hierzu auch Möllers, NZG 2014, S. 361 (363).

340 Möllers, NZG 2014, S. 361 (362).

341 Volkswagen AG, Pressemitteilung vom 4. Juli 2012, abrufbar unter http://www.volkswagenag.com.

342 Fleischer/Schmolke, NZG 2010, S. 846 (847); Anzinger, Gesellschaftsrecht in der Diskussion 2010, S. 187 (194); Seibt, CFL 2010, S. 502 (502).

7,92 % an der SGL Carbon SE informiert wurde.[343] Über diese Beteiligung hinaus beabsichtige die SKion GmbH den Erwerb weiterer Aktien der SGL Carbon SE, wobei die beabsichtigte Beteiligung die Schwelle von 25 % nicht überschreiten solle.[344] In dieser Größenordnung habe die SKion GmbH bereits über derivative Kapitalmarktinstrumente Positionen aufgebaut.[345] In der Folgezeit vollzog die SKion GmbH den Beteiligungsaufbau an der SGL Carbon SE wie angekündigt. Ähnlich wie in den beiden vorgenannten Beispielsfällen hatte auch die SKion GmbH ihren von vornherein beabsichtigten Beteiligungsaufbau mithilfe von Aktienderivaten vorbereitet und in der anschließenden Erwerbssituation hiervon profitiert.

Unter Verweis auf die bereits beschriebenen, von der Schaeffler KG und der Porsche Automobil Holding SE eingesetzten Marktpraktiken, wurde auch das Vorgehen der SKion GmbH in der Öffentlichkeit kritisch beurteilt.[346] Denn auch die SKion GmbH hatte den Aufbau ihrer beabsichtigten Beteiligung an der SGL Carbon SE in die Wege geleitet, ohne die Marktöffentlichkeit hierüber zu informieren.

d) Vergleichbare Fälle im Ausland

Die Überarbeitung der kapitalmarktrechtlichen Beteiligungstransparenz im Rahmen des AnsFuG durch den deutschen Gesetzgeber war vornehmlich durch die drei dargestellten, sich im Inland ereignenden Transaktionen motiviert. Der Einsatz von Aktienderivaten zur Vermeidung gesetzlicher Meldepflichten für wesentliche Beteiligungen ist jedoch kein rein deutsches Phänomen. Sowohl im inner- als auch im außereuropäischen Ausland traten in der Vergangenheit ähnliche Fälle auf, in denen mithilfe von derivativen Kapitalmarktinstrumenten Übernahmeabsichten oder andere gesellschaftsrechtliche Ziele verfolgt wurden.[347]

Im europäischen Ausland war insofern insbesondere die Schweiz Schauplatz vergleichbarer Vorfälle. Im Jahr 2007 waren gleich zwei schweizerische Unternehmen von einem Beteiligungsaufbau unter Zuhilfenahme von Barausgleichsderivaten betroffen.

Zunächst erwarb die britische Beteiligungsgesellschaft Laxey Partners Limited seit Dezember 2006 Aktien des schweizerischen Bauunternehmens Implenia AG, wobei die gesetzliche Meldeschwelle von 5 % nicht berührt wurde.[348] Auch in der Folgezeit erwarb

343 SGL Carbon SE, Ad-hoc-Mitteilung vom 16. März 2009, abrufbar unter http://www.sglgroup.com; vgl. auch Fleischer/Schmolke, NZG 2010, S. 846 (847); Christ, Barausgleichsderivate und das Anschleichen an Zielgesellschaften, S. 33.

344 SGL Carbon SE, Ad-hoc-Mitteilung vom 16. März 2009, abrufbar unter http://www.sglgroup.com.

345 SGL Carbon SE, Ad-hoc-Mitteilung vom 16. März 2009, abrufbar unter http://www.sglgroup.com.

346 Anzinger, Gesellschaftsrecht in der Diskussion 2010, S. 187 (194).

347 Vgl. Hutter/Kaulamo/Plepelits, in: Gedächtnisschrift für Gruson, S. 213 (214 f.); Anzinger, Gesellschaftsrecht in der Diskussion 2010, S. 187 (194).

348 Emmenegger, in: FS Hopt, S. 1763 (1768).

die Laxey Partners Limited weiterhin Aktien der Implenia AG. Allerdings vereinbarte sie gleichzeitig mit mehreren Banken Barausgleichsderivate, die auf Aktien der Implenia AG basierten.[349] In diesem Zusammenhang übertrug die Laxey Partners Limited die von ihr erworbenen Aktien der Implenia AG in dem Umfang, wie solche Aktien den Barausgleichsderivaten zugrunde lagen, an die als Vertragspartner fungierenden Banken, die diese Aktien wiederum zur Absicherung ihrer aus den Barausgleichsderivaten folgenden Vertragsrisiken nutzten.[350] Ab dem 3. April 2007 löste die Laxey Partners Limited die Barausgleichsderivate auf und erwarb die bei den Banken auf diese Weise „geparkten" Aktien der Implenia AG von den Banken zurück.[351] Innerhalb nur einer Woche war es der Laxey Partners Limited auf diese Weise möglich, eine Beteiligung in Höhe von insgesamt 22,89 % an der Implenia AG aufzubauen, ohne die übrigen Marktakteure über die diesen plötzlichen Beteiligungsaufbau vorbereitenden, in den vergangenen Monaten stufenweise vorgenommenen Erwerbsvorgänge zu informieren.[352]

Ähnlich verkündete die Everest Beteiligungs GmbH ebenfalls im Jahr 2007, dass sie eine Beteiligung von über 31,92 % an dem schweizerischen Industrieunternehmen Sulzer AG erworben habe.[353] Im Einzelnen bestand diese Beteiligung aus Aktien der Sulzer AG in Höhe von knapp 17,5105 % sowie Optionen auf den Erwerb von Aktien der Sulzer AG im Umfang von weiteren ca. 14,4048 %.[354] Zuvor hatte keinerlei Offenlegung einer etwaigen Beteiligung der Everest Beteiligungs GmbH an der Sulzer AG stattgefunden.[355] Grund hierfür war wiederum, dass der Beteiligungsaufbau seitens der Everest Beteiligungs GmbH über längere Zeit mittels durch Geldzahlung zu erfüllenden Optionen vorbereitet worden war.[356] Auf diese Weise war es der

---

349 Bei diesen Barausgleichsderivaten handelte es sich um *Contracts for Difference*, welche inhaltlich *Cash Settled Total Return Equity Swaps* entsprechen. Vgl. auch Schweizerisches Bundesverwaltungsgericht, Urteil vom 18. Dezember 2008, Az. B-2775/2008, S. 4 f.; Emmenegger, in: FS Hopt, S. 1763 (1767 ff.).

350 Emmenegger, in: FS Hopt, S. 1763 (1768 f.); Renn, Einsatz und Offenlegung von Derivaten bei Unternehmensübernahmen, S. 274.

351 Friedeborn, Vormitgliedschaftliche Beteiligungstransparenz, S. 60; Emmenegger, in: FS Hopt, S. 1763 (17689); Schweizerisches Bundesverwaltungsgericht, Urteil vom 18. Dezember 2008, Az. B-2775/2008, S. 4 f.

352 Vgl. Schweizerisches Bundesverwaltungsgericht, Urteil vom 18. Dezember 2008, Az. B-2775/2008, S. 4; Anzinger, Gesellschaftsrecht in der Diskussion 2010, S. 187 (195); zur juristischen Bewertung dieses Vorgangs siehe Emmenegger, in: FS Hopt, S. 1763 (1776 f.).

353 Schweizerisches Bundesverwaltungsgericht, Urteil vom 9. November 2010, Az. B-1215/2009, S. 2.

354 Schweizerisches Bundesverwaltungsgericht, Urteil vom 9. November 2010, Az. B-1215/2009, S. 28.

355 Eidgenössische Finanzmarktaufsicht, Medienmitteilung vom 3. November 2009, abrufbar unter http://www.finma.ch.

356 Emmenegger, in: FS Hopt, S. 1763 (1767); Anzinger, Gesellschaftsrecht in der Diskussion 2010, S. 187 (195); Schweizerisches Bundesverwaltungsgericht, Urteil vom 9. November 2010, Az. B-1215/2009, S. 36.

Everest Beteiligungs GmbH im Anschluss möglich, Aktien der Sulzer AG in der genannten Größenordnung innerhalb eines nur sehr kurzen Zeitraums zu erwerben.[357]

Neben diesen Fällen in der Schweiz kamen auch in Italien in einem ähnlich gelagerten Fall Barausgleichsderivate in Form von *Cash Settled Total Return Equity Swaps* zum Einsatz.

So nutzte die Familie Agnelli, die bereits in der Vergangenheit größte Aktionärin der Fiat S.p.A. war, *Cash Settled Total Return Equity Swaps*, um sich im Vorfeld einer Kapitalerhöhung der Fiat S.p.A., in deren Rahmen sie kein Bezugsrecht besaß, gegen die Verwässerung ihres Anteilsbesitzes und den hiermit einhergehenden Verlust ihrer Kontrollmehrheit bei gleichzeitiger Vermeidung eines Pflichtangebots abzusichern.[358] Hierzu erwarb sie im Vorfeld der Kapitalerhöhung der Fiat S.p.A. zunächst zwar keine weiteren Aktien dieses Unternehmens zu ihrem bereits bestehenden Aktienbestand hinzu. Sie schloss jedoch über eine Tochtergesellschaft zusätzlich zu ihrer direkt gehaltenen Beteiligung in Höhe von 23 % *Cash Settled Total Return Equity Swaps* mit Bezug zu weiteren 7 % der Aktien der Fiat S.p.A ab.[359] Erst nach Abschluss der Kapitalerhöhung erwarb die Familie Agnelli dann die von ihren Vertragspartnern aus den *Swap*-Verträgen zur Absicherung der jeweiligen Vertragsrisiken erworbenen Aktien der Fiat S.p.A. Diese Vorgehensweise erlaubte es der Familie Agnelli, zu keinem Zeitpunkt den ein Pflichtangebot auslösenden Schwellenwert von 30 % zu überschreiten und dennoch keine Nachteile in Form einer Verwässerung ihrer bestehenden Beteiligung aus der Kapitalerhöhung zu erleiden.[360]

Neben diesen Fällen im europäischen Ausland kamen derivative Finanzinstrumente zum Ausbau von Beteiligungen an börsennotierten Unternehmen auch im außereuropäischen Ausland zum Einsatz.

Ein viel besprochener Fall aus den Vereinigten Staaten von Amerika war insofern die Beteiligung u. a. der aktivistischen Hedgefonds TCI[361] und 3G[362] an der amerikani-

---

357 Fleischer/Schmolke, ZIP 2008, S. 1501 (1507); Renn, Einsatz und Offenlegung von Derivaten bei Unternehmensübernahmen, S. 291; zur juristischen Bewertung dieses Vorgangs siehe Emmenegger, in: FS Hopt, S. 1763 (1777 ff.).

358 Ferrarini, in: FS Hopt, S. 1803 (1816 ff.); Friedeborn, Vormitgliedschaftliche Beteiligungstransparenz, S. 66 f.; Hu/Black, The Business Lawyer, Volume 61, 2006, Nr. 3, S. 1011 (1031).

359 Anzinger, Gesellschaftsrecht in der Diskussion 2010, S. 187 (195); Zetsche, EBOR 2009, S. 115 (129); Christ, Barausgleichsderivate und das Anschleichen an Zielgesellschaften, S. 35.

360 Ferrarini, in: FS Hopt, S. 1803 (1817); Anzinger, Gesellschaftsrecht in der Diskussion 2010, S. 187 (195).

361 Es handelt sich hierbei um die untereinander verbundenen Gesellschaften The Children's Investment Fund Management (UK) LLP, The Children's Investment Fund Management (Caymen) Ltd., The Children's Investment Master Fund.

362 Es handelt sich hierbei um die untereinander verbundenen Gesellschaften 3G Capital Partners Ltd., 3G Capital Partners, L.P., 3G Fund, L.P. Darüber hinaus

schen Eisenbahngesellschaft CSX Corporation. Die genannten Hedgefonds waren mit der Unternehmensstrategie des bisherigen Managements der CSX Corporation nicht einverstanden und versprachen sich von einer Änderung der Unternehmensstrategie erhebliche Gewinne.[363] Daher strebten sie einen Austausch einiger Führungspersonen in dem Leitungsgremium der CSX Corporation an.[364] Zu diesem Zweck erwarb TCI während der Jahre 2006 und 2007 zunächst *Cash Settled Total Return Equity Swaps*, denen 14,1 % der Aktien der CSX Corporation zugrunde lagen.[365] In der Folgezeit löste TCI diese *Swap*-Verträge teilweise auf und erwarb im Gegenzug Aktien der CSX Corporation. So erreichte TCI eine unmittelbare Beteiligung an der CSX Corporation von etwa 4 % zzgl. *Cash Settled Total Return Equity Swaps*, denen weitere ca. 11 % der Aktien der CSX Corporation zugrunde lagen.[366] 3G erwarb in demselben Zeitraum 4,1 % der Aktien der CSX Corporation und ging darüber hinaus *Cash Settled Total Return Equity Swaps* ein, denen 0,8 % der Aktien der CSX Corporation zugrunde lagen.[367] Die CSX Corporation und deren Management wurden über die Vorgänge zunächst nicht informiert. Erst im Dezember 2007 legten die beiden Hedgefonds schließlich ihre an der CSX Corporation bestehenden Beteiligungen sowie die abgeschlossenen *Swap*-Verträge offen und kündigten an, auf der nächsten Hauptversammlung auch mithilfe von Stimmrechtsvollmachten ihrer Vertragspartner aus den *Swap*-Verträgen entsprechenden Druck auf das Management der CSX Corporation auszuüben.[368]

Das United States District Court for the Southern District of New York[369], das von der CSX Corporation angerufen wurde, sah in dem Vorgehen von TCI und 3G jedoch eine Verletzung der gesetzlichen Offenlegungspflichten bzgl. bedeutender Beteiligungen und stellte mit Urteil vom 11. Juni 2008 einen Meldeverstoß fest.[370]

---

waren auch die Privatpersonen Christopher Hohn, Snehal Amin sowie Alexandre Behring beteiligt.

363 Ferrarini, in: FS Hopt, S. 1803 (1811); Möritz, ZVglRWiss 109 (2010), S. 94 (99); Renn, Einsatz und Offenlegung von Derivaten bei Unternehmensübernahmen, S. 198.

364 Möritz, ZVglRWiss 109 (2010), S. 94 (99).

365 Seibt, ZGR 2010, S. 795 (810).

366 Hutter/Kaulamo/Plepelits, in: Gedächtnisschrift für Gruson, S. 213 (214 f.).

367 Möritz, ZVglRWiss 109 (2010), S. 94 (99); Seibt, ZGR 2010, S. 795 (810).

368 Hutter/Kaulamo/Plepelits, in: Gedächtnisschrift für Gruson, S. 213 (215); Ferrarini, in: FS Hopt, S. 1803 (1812); Möritz, ZVglRWiss 109 (2010), S. 94 (99 f.).

369 United States District Court for the Southern District of New York, Urteil vom 11. Juni 2008, Az. 08 CV 2764, CSX Corporation vs. The Children's Investment Fund Management (UK) LLP, 2008 WL 2372693.

370 Dabei ließ das United States District Court for the Southern District of New York jedoch offen, ob die Vereinbarung von *Cash Settled Total Return Equity Swaps* bereits Offenlegungspflichten begründet. Hierauf kam es nicht an, da jedenfalls eine anderweitige Verletzung der gesetzlichen Meldepflichten gegeben war. Siehe hierzu Schanz/Schalast, Schaeffler KG/Continental AG im Lichte der CSX Corp.-Entscheidung des US District Court for the Southern District of New York, S. 14 f.; Brandt, BKR 2008, S. 441 (446); Cascante/Topf, AG 2009, S. 53 (69 f.); Hutter/Kaulamo/Plepelits, in: Gedächtnisschrift für Gruson, S. 213 (234); Möritz, ZVglRWiss

Im Verfahren des einstweiligen Rechtsschutzes war der CSX Corporation der Erfolg noch verwehrt geblieben.[371]

Auch in Australien kamen bereits im Jahr 2005 Barausgleichsderivate beim Aufbau einer verdeckten Beteiligung zum Einsatz. Als die Centennial Coal Ltd. am 23. Februar 2005 ihre Absicht verkündete, die australische Minengesellschaft Austral Coal Ltd. zu übernehmen, und diesbezüglich ein Übernahmeangebot abgab, erwarb die mit der Centennial Coal Ltd. in Konkurrenz stehende Glencore International AG über ihre Tochtergesellschaft Fornax Investments Ltd. bis zum 24. März 2005 Aktien der Austral Coal Ltd. in Höhe von 4,99 %.[372] Bis Ende März 2005 vereinbarte sie darüber hinaus mit mehreren Banken *Cash Settled Total Return Equity Swaps* mit Bezug zu weiteren 7,5 % der Aktien der Austral Coal Ltd, ohne dies zunächst offenzulegen.[373] Erst am 4. April 2005 legte die Glencore International AG diese Beteiligung in einer Pressemitteilung offen.[374] Mithilfe der auf diese Weise erworbenen Beteiligung konnte die Glencore International AG längere Zeit den von der Centennial Coal Ltd. angestrebten Squeeze Out der verbleibenden Aktionäre der Austral Coal Ltd. verhindern.[375]

Das Vorgehen der Glencore International AG wurde zunächst von dem australischen Takeovers Panel für rechtswidrig erklärt, später aber vom Federal Court of Australia als gesetzeskonform beurteilt.[376]

2. Die Funktionsweise des verdeckten Beteiligungsaufbaus mittels aktienbasierten Barausgleichsderivaten

Die vorstehend geschilderten, sowohl aus dem Inland als auch aus dem Ausland stammenden Beispielsfälle verdeutlichen die dem verdeckten Beteiligungsaufbau innewohnende Grundproblematik. Zwar verfolgten die beteiligten Personen mit dem jeweils angestrebten Beteiligungsaufbau unterschiedliche Ziele. Allen Fällen ist jedoch

109 (2010), S. 94 (101). Das Urteil des United States District Court for the Southern District of New York hatte auch in der Berufungsinstanz Bestand, vgl. United States Court of Appeals for the Second Circuit, Urteil vom 15. September 2008, Az. 08–2899-cv.

371 Anzinger, Gesellschaftsrecht in der Diskussion 2010, S. 187 (197).

372 Federal Court of Australia, Urteil vom 14. September 2005, Az. [2005] FCA 1290, Glencore International AG & Anor v Takeovers Panel & Ors.

373 Federal Court of Australia, Urteil vom 14. September 2005, Az. [2005] FCA 1290, Glencore International AG & Anor v Takeovers Panel & Ors.

374 Federal Court of Australia, Urteil vom 14. September 2005, Az. [2005] FCA 1290, Glencore International AG & Anor v Takeovers Panel & Ors.

375 Noack/Zetsche, in: FS Schwark, S. 569 (571); Anzinger, Gesellschaftsrecht in der Diskussion 2010, S. 187 (196); Seibt, ZGR 2010, S. 795 (807 f.).

376 Federal Court of Australia, Urteil vom 14. September 2005, Az. [2005] FCA 1290, Glencore International AG & Anor v Takeovers Panel & Ors; Anzinger, Gesellschaftsrecht in der Diskussion 2010, S. 187 (196 f.).

gemeinsam, dass der Aufbau einer bedeutenden Beteiligung an einem börsennotierten Unternehmen durch den Abschluss von Barausgleichsderivaten vorbereitet wurde, die den nachfolgenden Erwerb von Aktien dieses Unternehmens erheblich erleichtert haben. Eine Offenlegung dieser Vorbereitungshandlungen erfolgte trotz dieser Wirkung zunächst nicht. Dies hatte zur Folge, dass nicht nur die Kapitalmarktöffentlichkeit, sondern auch die Zielgesellschaft selbst diese Vorgänge nicht erkennen konnten und der in die Wege geleitete Beteiligungsaufbau daher bis zu dessen endgültigem Vollzug verdeckt blieb. Zugunsten der jeweils aus den Aktienderivaten Berechtigten bestand daher über einen längeren Zeitraum ein Wissensvorsprung, den diese auf verschiedene Weise zu ihrem Vorteil nutzen konnten.[377]

Unabhängig von der konkreten Art der eingesetzten Aktienderivate ist die Funktionsweise des verdeckten Beteiligungsaufbaus mittels Barausgleichsderivaten stets die Gleiche. Im Folgenden soll diese stellvertretend am Beispiel von *Cash Settled Total Return Equity Swaps* dargestellt werden, da diesen Instrumenten auch in der öffentlichen Diskussion die größte Aufmerksamkeit zukam.

a) *Wesen und Regelungsgegenstand von Cash Settled Total Return Equity Swaps*

Bei einem "*Swap*" handelt es sich um eine zweiseitige, vertragliche Vereinbarung i.S.d. § 311 Abs. 1 BGB.[378] Vertragsgegenstand einer solchen Vereinbarung ist die gegenseitige Verpflichtung zum regelmäßigen Austausch bestimmter Zahlungsströme.[379] Diese Zahlungsströme berechnen sich auf Grundlage eines bestimmten Basiswerts, der als Grundlage des *Swap*-Vertrags vereinbart wird.[380]

---

377 Fleischer/Schmolke, NZG 2010, S. 846 (852); Hitzer/Düchting, ZIP 2011, S. 1084 (1084); ähnlich Christ, Barausgleichsderivate und das Anschleichen an Zielgesellschaften, S. 25; Renn, Einsatz und Offenlegung von Derivaten bei Unternehmensübernahmen, S. 49.

378 Klingner/Schmidt, in: Derleder/Knops/Bamberger, Handbuch zum deutschen und europäischen Bankrecht, § 55 Rn. 35; Anzinger, Gesellschaftsrecht in der Diskussion 2010, S. 187 (202); Baums/Sauter, ZHR 173 (2009), S. 454 (457); Fleischer/Schmolke, ZIP 2008, S. 1501 (1503); Schanz, DB 2008, S. 1899 (1901); Wansleben, StudZR 2009, S. 465 (471); Schanz/Schalast, Schaeffler KG/Continental AG im Lichte der CSX Corp.-Entscheidung des US District Court for the Southern District of New York, S. 13.

379 Findeisen, WM 2016, S. 444 (444); Cascante/Bingel, NZG 2011, S. 1086 (1089); Cascante/Topf, AG 2009, S. 53 (60); Baums/Sauter, ZHR 173 (2009), S. 454 (457); Fleischer/Schmolke, ZIP 2008, S. 1501 (1503); Merkner/Sustmann, NZG 2010, S. 681 (681); Sagasser, in: Assmann/Schütze, Handbuch des Kapitalanlagerechts, § 27 Rn. 740 ff.; Jahn, in: Schimansky/Bunte/Lwowski, Bankrechts-Handbuch, § 114 Rn. 2.

380 Aufgrund ihrer Abhängigkeit von dem jeweiligen Basiswert werden *Swap*-Verträge auch in die Gruppe der Derivate eingeordnet; vgl. auch Baums/Sauter, ZHR 173 (2009), S. 454 (457); Friedeborn, Vormitgliedschaftliche Beteiligungstransparenz,

Im Fall eines "*Equity Swaps*" handelt es sich bei diesem Basiswert um Aktien eines bestimmten Unternehmens.[381]

Die Bezeichnung "*Cash Settled*" weist darauf hin, dass die auf Grundlage des Basiswerts zu ermittelnden und zwischen den Vertragsparteien auszutauschenden Zahlungsströme durch Geldzahlung zu erfüllen sind. Hingegen sehen die Vertragsbedingungen keinen Austausch auch des Basiswerts selbst vor.[382] Daher werden im Rahmen der Abwicklung des *Swap*-Vertrags lediglich die fälligen, gegenseitigen Zahlungsverpflichtungen miteinander verrechnet und ein etwaiger Saldo ausgeglichen.[383]

Bei einem "*Total Return Swap*" handelt es sich schließlich um einen Gesamtrisiko-*Swap*. Bei einem solchen Gesamtrisiko-*Swap* kommt es zum Austausch des gesamten Chancen- und Risikoprofils des Basiswerts zwischen den Vertragsparteien.[384] Es werden daher sämtliche künftigen Erträge und Wertzuwächse des Basiswerts einerseits sowie etwaige Kosten und Wertverluste andererseits periodisch oder am Ende der Laufzeit der Vereinbarung ausgetauscht.[385]

Die gegenseitigen Rechte und Pflichten eines *Cash Settled Total Return Equity Swaps* stellen sich daher wie folgt dar: Eine der beiden Vertragsparteien erhält von ihrem Vertragspartner im Fall eines Kursrückgangs der dem *Swap*-Vertrag zugrunde gelegten Referenzaktie die Differenz zwischen dem bei Abschluss des *Swap*-Vertrags festgelegten Aktienkurs und dem aktuellen Kurswert, multipliziert mit der vereinbarten Anzahl der Aktien, erstattet.[386] Diese Vertragspartei profitiert daher von einem sinkenden Kurswert der Referenzaktie und hat dementsprechend eine sog. "*Short Position*" bzgl. der Referenzaktie inne.[387] Für die andere Vertrags-

---

S. 46; Schanz/Schalast, Schaeffler KG/Continental AG im Lichte der CSX Corp.-Entscheidung des US District Court for the Southern District of New York, S. 13.

381 Vgl. Baums/Sauter, ZHR 173 (2009), S. 454 (457); Fleischer/Schmolke, ZIP 2008, S. 1501 (1503); Wansleben, StudZR 2009, S. 465 (471); Weber/Meckbach, BB 2008, S. 2022 (2022 f.); Cahn, in: Spindler/Stilz, AktG, § 71 Rn. 213; Christ, Barausgleichsderivate und das Anschleichen an Zielgesellschaften, S. 46; Renn, Einsatz und Offenlegung von Derivaten bei Unternehmensübernahmen, S. 95.

382 Fleischer/Schmolke, ZIP 2008, S. 1501 (1503); Renn, Einsatz und Offenlegung von Derivaten bei Unternehmensübernahmen, S. 40 f.

383 Hutter/Kaulamo/Plepelits, in: Gedächtnisschrift für Gruson, S. 213 (215 ff.).

384 Achtelik, in: Boos/Fischer/Schulte-Mattler, KWG, § 165 SolvV Rn. 4; Jahn, in: Schimansky/Bunte/Lwowski, Bankrechts-Handbuch, § 114 Rn. 26; Klingner/Schmidt, in: Derleder/Knops/Bamberger, Handbuch zum deutschen und europäischen Bankrecht, § 55 Rn. 33; Köhler, in: Schwintowski, Bankrecht, § 21 Rn. 71.

385 Jahn, in: Schimansky/Bunte/Lwowski, Bankrechts-Handbuch, § 114 Rn. 26.

386 Cascante/Bingel, NZG 2011, S. 1086 (1089); Hutter/Kaulamo/Plepelits, in: Gedächtnisschrift für Gruson, S. 213 (215 ff.); Möritz, ZVglRWiss 109 (2010), S. 94 (98); Zetsche, EBOR 2009, S. 115 (120); Eichner, ZRP 2010, S. 5 (5); Seibt, ZGR 2010, S. 795 (808).

387 Baums/Sauter, ZHR 173 (2009), S. 454 (457); Seibt, ZGR 2010, S. 795 (808); Cascante/Bingel, NZG 2011, S. 1086 (1089); Schanz, DB 2008, S. 1899 (1901); Wansleben, StudZR 2009, S. 465 (471).

partei stellt sich die wirtschaftliche Situation genau umgekehrt dar. Sie erhält von ihrem Vertragspartner als vereinbarungsgemäß auszutauschenden Zahlungsstrom eine etwaige Dividende der Referenzaktie sowie einen etwaigen Wertzuwachs im Vergleich zu dem bei Abschluss des *Swap*-Vertrags festgelegten Kurs der Referenzaktie, wiederum jeweils multipliziert mit der vereinbarten Anzahl der Aktien.[388] Diese Partei partizipiert daher an einem etwaigen Kursanstieg der Referenzaktie und nimmt in dem *Swap*-Vertrag dementsprechend eine sog. "*Long Position*" bzgl. der Referenzaktie ein.[389] Da der Abschluss eines solchen *Swap*-Vertrags üblicherweise auf die Initiative einer der beiden Vertragsparteien zurückgeht und diese Partei mit dem Abschluss des *Swap*-Vertrags bestimmte Ziele verfolgt, erhält diese Partei durch die Einräumung flexibler Kündigungsrechte die Möglichkeit, über das künftige Schicksal des *Swap*-Vertrags einseitig zu verfügen.[390] Der anderen Vertragspartei kommt in dem *Swap*-Vertrag aus diesem Grund lediglich die Rolle eines Stillhalters zu.[391] Als Gegenleistung für die Übernahme dieser Funktion erhält sie von der anderen Vertragspartei während der Laufzeit des *Swap*-Vertrags zusätzlich zu den oben beschriebenen Leistungen eine Gebühr.[392]

Ursprünglich wurden *Cash Settled Total Return Equity Swaps* Anfang der 1990er Jahre aus unterschiedlichen Gründen entwickelt.[393] So eröffnen sie beispielsweise der Vertragspartei, die innerhalb des *Swap*-Vertrags die *Short Position* eingeht, die Möglichkeit, eine bereits bestehende Beteiligung an einem Unternehmen vorübergehend gegen Marktpreisrisiken abzusichern, ohne diese Beteiligung unmittelbar veräußern zu müssen.[394] Denn im Fall eines Kursrückgangs wurden Wertverluste der bestehenden Beteiligung durch die Zahlungspflichten des Vertragspartners

---

388 Schiessl, Der Konzern 2009, S. 291 (292); Baums/Sauter, ZHR 173 (2009), S. 454 (458); Cascante/Bingel, NZG 2011, S. 1086 (1089); Weber/Meckbach, BB 2008, S. 2022 (2023); Merkner/Sustmann, NZG 2010, S. 681 (681).

389 Baums/Sauter, ZHR 173 (2009), S. 454 (457); Cascante/Bingel, NZG 2011, S. 1086 (1089); Eichner, ZRP 2010, S. 5 (5); Seibt, ZGR 2010, S. 795 (808); Schanz, DB 2008, S. 1899 (1901); Wansleben, StudZR 2009, S. 465 (471).

390 Schiessl, Der Konzern 2009, S. 291 (294).

391 Vgl. Habersack, AG 2008, S. 817 (818); Renn/Weber/Gotschev, AG 2012, S. 440 (440).

392 Merkner/Sustmann, NZG 2010, S. 681 (681); Schanz/Schalast, Schaeffler KG/Continental AG im Lichte der CSX Corp.-Entscheidung des US District Court for the Southern District of New York, S. 13; teilweise wird bei dieser Gebühr noch einmal zwischen einer Zinszahlung auf das vom Stillhalter investierte Kapital sowie einer Gebühr für die Erstellung des *Swap*-Vertrags unterschieden, vgl. Zetsche, EBOR 2009, S. 115 (121).

393 Vgl. Friedeborn, Vormitgliedschaftliche Beteiligungstransparenz, S. 45; Anzinger, Gesellschaftsrecht in der Diskussion 2010, S. 187 (202); Schiessl, Der Konzern 2009, S. 291 (292); zu den verschiedenen Einsatzmöglichkeiten von Derivaten im Allgemeinen siehe Renn, Einsatz und Offenlegung von Derivaten bei Unternehmensübernahmen, S. 17 ff.

394 Baums/Sauter, ZHR 173 (2009), S. 454 (459); Hutter/Kaulamo/Plepelits, in: Gedächtnisschrift für Gruson, S. 213 (217); Seibt, ZGR 2010, S. 795 (825); Hu/Black, The

aus dem *Swap*-Vertrag ausgeglichen. Weiterhin können *Cash Settled Total Return Equity Swaps* beispielsweise von *Hedge Fonds* auch zu einer gehebelten Investition in ein bestimmtes Unternehmen genutzt werden.[395] Denn diejenige Vertragspartei, die innerhalb des *Swap*-Vertrags die *Long Position* innehat, profitiert von einer positiven Wertentwicklung des Unternehmens in demselben Umfang, wie dies der tatsächliche Erwerb einer entsprechenden Anzahl von Aktien dieses Unternehmens bewirken würde.[396] *Cash Settled Total Return Equity Swaps* haben für diese Vertragspartei ein identisches Chancen und Risiko Profil wie die ihnen zugrunde liegenden Referenzaktien. Dennoch muss sie bei Abschluss eines *Swap*-Vertrags nur einen Bruchteil des Kapitals aufbringen, welches für den tatsächlichen Erwerb der Referenzaktien erforderlich wäre. Da sie die Referenzaktien selbst nicht erwirbt, muss sie hierfür keinen Kaufpreis zahlen. Üblicherweise wird nur die Hinterlegung einer geringen Sicherheit vereinbart, die die Erfüllung der zukünftig ggf. entstehenden Zahlungspflichten gewährleisten soll. Daher kann die eine *Long Position* einnehmende Vertragspartei bei gleichbleibendem Kapitaleinsatz deutlich mehr *Swap*-Verträge abschließen als sie physisch Aktien erwerben könnte.[397] Durch den Einsatz von *Cash Settled Total Return Equity Swaps* wird auf diese Weise die Renditemöglichkeit des eingesetzten Kapitals im Vergleich zum tatsächlichen Erwerb der Referenzaktien vervielfacht.[398] Aufgrund ihrer exakten Abbildung der Wertentwicklung des Basiswerts können *Cash Settled Total Return Equity Swaps* schließlich auch genutzt werden, um auf synthetischem Wege an der wirtschaftlichen Entwicklung einer Beteiligung zu partizipieren, die beispielsweise aus regulatorischen oder bilanziellen Gründen nicht unmittelbar gehalten werden darf oder soll.[399]

b) *Einsatz von Cash Settled Total Return Equity Swaps zum verdeckten Beteiligungsaufbau*

Daneben konnten *Cash Settled Total Return Equity Swaps* in der Vergangenheit aber auch zum verdeckten Aufbau einer Beteiligung genutzt werden.[400]

Business Lawyer, Volume 61, 2006, Nr. 3, S. 1011 (1026); vgl. Renn, Einsatz und Offenlegung von Derivaten bei Unternehmensübernahmen, S. 19.

395 Eichner, ZRP 2010, S. 5 (5); Fleischer/Schmolke, ZIP 2008, S. 1501 (1503 f.); Hutter/Kaulamo/Plepelits, in: Gedächtnisschrift für Gruson, S. 213 (217); Weber/Meckbach, BB 2008, S. 2022 (2023), vgl. auch Baums/Sauter, ZHR 173 (2009), S. 454 (459); Christ, Barausgleichsderivate und das Anschleichen an Zielgesellschaften, S. 50.

396 Weber/Meckbach, BB 2008, S. 2022 (2023); Eichner, ZRP 2010, S. 5 (5).

397 Hutter/Kaulamo/Plepelits, in: Gedächtnisschrift für Gruson, S. 213 (217); Opitz, in: Schäfer/Hamann, KMG, § 25a WpHG Rn. 18a.

398 In gleichem Umfang potenziert sich jedoch auch das Verlustrisiko, da nicht nur das eingesetzte Kapital aufgezehrt werden kann, sondern auch darüber hinausgehende Zahlungspflichten entstehen können.

399 Hutter/Kaulamo/Plepelits, in: Gedächtnisschrift für Gruson, S. 213 (217).

400 Süßmann, NZG 2011, S. 1281 (1282).

Bei der Verwendung von *Cash Settled Total Return Equity Swaps* in diesem Sinne schloss der Investor, der den Beteiligungsaufbau an einer Zielgesellschaft beabsichtigte, den *Swap*-Vertrag im Regelfall mit einer Investmentbank ab.[401] Als Basiswert des *Swap*-Vertrags wurden hierbei die Aktien der Zielgesellschaft vereinbart.[402] Weiterhin nahm der Investor, der den Beteiligungsaufbau an der Zielgesellschaft beabsichtigte, innerhalb des *Swap*-Vertrags die *Long Position* ein.[403] Er erhielt daher während der Laufzeit des *Swap*-Vertrags von der Investmentbank Zahlungen, die einem etwaigen Wertzuwachs der Aktien der Zielgesellschaft zzgl. einer etwaigen von dieser ausgeschütteten Dividende entsprachen.[404] Zu seinen Gunsten wurden auch flexible, einseitige Kündigungsrechte in dem *Swap*-Vertrag vereinbart.[405] Die Investmentbank als Vertragspartner des Investors übernahm innerhalb des *Swap*-Vertrags die *Short Position*. Sie erhielt daher von dem Investor Zahlungen soweit die Aktien der Zielgesellschaft während der Laufzeit des *Swap*-Vertrags an Wert verloren. Aufgrund der Kündigungsrechte zugunsten des Investors fungierte die Investmentbank in dieser Rolle lediglich als Stillhalter, wofür sie im Gegenzug zusätzlich eine Gebühr seitens des Investors erhielt.

Bei wirtschaftlicher Betrachtung dieser gegenseitigen Rechte und Pflichten wurde der Investor, der die *Long Position* innerhalb der *Cash Settled Total Return Equity Swaps* innehatte, finanziell so gestellt, als hätte er die vereinbarte Anzahl an Aktien bereits erworben und die hierfür erforderlichen Aufwendungen durch ein Darlehen fremdfinanziert.[406] Er partizipierte durch seine Zahlungsansprüche gegenüber der Investmentbank an einem etwaigen Wertzuwachs der Aktien der Zielgesellschaft sowie einer etwaigen Dividendenausschüttung. Im Gegenzug hatte er jedoch eine

---

401 Meyer/Kiesewetter, WM 2009, S. 340 (346); Merkner/Sustmann, NZG 2010, S. 681 (681); Engert, ZIP 2006, S. 2105 (2108); Baums/Sauter, ZHR 173 (2009), S. 454 (457); Eichner, ZRP 2010, S. 5 (5); Fleischer/Schmolke, ZIP 2008, S. 1501 (1503); Seibt, ZGR 2010, S. 795 (808); Zetsche, Challenging Wolf Packs: Thoughts on Efficient Enforcement of Shareholder Transparency Rules, S. 16.

402 Vgl. Baums/Sauter, ZHR 173 (2009), S. 454 (460).

403 Fleischer/Schmolke, ZIP 2008, S. 1501 (1503); Baums/Sauter, ZHR 173 (2009), S. 454 (460).

404 Habersack, AG 2008, S. 817 (818).

405 Fleischer/Schmolke, ZIP 2008, S. 1501 (1503); vgl. auch Anzinger, Gesellschaftsrecht in der Diskussion 2010, S. 187 (192); siehe die Ausführungen zu entsprechenden Kündigungsmöglichkeiten in der Angebotsunterlage für das Übernahmeangebot der Schaeffler KG an die Aktionäre der Continental AG vom 29. Juli 2008, S. 16, abrufbar unter http://www.bafin.de.

406 Anzinger, Gesellschaftsrecht in der Diskussion 2010, S. 187 (202 f.); Eichner, ZRP 2010, S. 5 (5); Hutter/Kaulamo/Plepelits, in: Gedächtnisschrift für Gruson, S. 213 (215 ff.); Schanz, DB 2008, S. 1899 (1901); Renn/Weber/Gotschev, AG 2012, S. 440 (440); Weber/Meckbach, BB 2008, S. 2022 (2023); Schiessl, Der Konzern 2009, S. 291 (292); Schanz/Schalast, Schaeffler KG/Continental AG im Lichte der CSX Corp.-Entscheidung des US District Court for the Southern District of New York, S. 13, Friedeborn, Vormitgliedschaftliche Beteiligungstransparenz, S. 46.

einer Zinszahlung gleichkommende Gebühr an die Investmentbank zu leisten und erfuhr im Fall eines Kursrückgangs der Aktien der Zielgesellschaft aufgrund seiner Zahlungsverpflichtung gegenüber der Investmentbank entsprechende finanzielle Einbußen. Für die Investmentbank ergab sich aus den *Cash Settled Total Return Equity Swaps* hingegen ein genau umgekehrtes finanzielles Risiko. Sie profitierte im Fall eines Wertverlusts der Aktien der Zielgesellschaft und erfuhr eine Vermögenseinbuße bei positiver Entwicklung des Aktienkurses der Zielgesellschaft sowie einer etwaigen Dividendenausschüttung. In jedem Fall erhielt sie die von dem Investor aus dem *Swap*-Vertrag geschuldete Gebühr.

c) Vorteile für den nachfolgenden Beteiligungserwerb

Aus dieser Verteilung der wirtschaftlichen Risiken zwischen dem Investor einerseits und der Investmentbank andererseits resultierten bestimmte Regelmäßigkeiten, die sich der Investor während der Laufzeit des *Swap*-Vertrags und bei dessen Kündigung für einen von ihm beabsichtigten Beteiligungsaufbau zunutze machen konnte.

Entscheidende Grundlage für die weitere Vorgehensweise des Investors beim Erwerb der beabsichtigten Beteiligung war in diesem Zusammenhang der Umstand, dass die Investmentbank – entgegen der in dem *Swap*-Vertrag vereinbarten Risikoverteilung – in aller Regel kein spekulatives Eigeninteresse hinsichtlich der Aktien der Zielgesellschaft verfolgte. Sie war lediglich an der Einnahme der vereinbarten Gebühr interessiert.[407] Aus diesem Grund konnte der Investor davon ausgehen, dass die Investmentbank bemüht war, ihre aus dem *Swap*-Vertrag folgenden, wirtschaftlichen Risiken durch entsprechende Sicherungsgeschäfte auszugleichen.[408] Zwar sahen die jeweiligen *Swap*-Verträge keine solche Verpflichtung der Investmentbank vor.[409] Im Grunde hätte die Investmentbank ihre aus dem *Swap*-Vertrag folgende Risikoposition daher bestehen lassen können.[410] Die wirtschaftliche Absicherung der aus dem *Swap*-Vertrag folgenden Risiken entsprach jedoch zum einen der banküblichen Praxis. Zum anderen wäre die Investmentbank andernfalls bankaufsichtsrechtlich verpflichtet gewesen, die von ihr eingegangene Risikoposition

407 Anzinger, Gesellschaftsrecht in der Diskussion 2010, S. 187 (203); Renn/Weber/Gotschev, AG 2012, S. 440 (440); Zetsche, EBOR 2009, S. 115 (134); Renn, Einsatz und Offenlegung von Derivaten bei Unternehmensübernahmen, S. 76.

408 Baums/Sauter, ZHR 173 (2009), S. 454 (460); Habersack, AG 2008, S. 817 (818); Möritz, ZVglRWiss 109 (2010), S. 94 (98); Renn/Weber/Gotschev, AG 2012, S. 440, (440); Schanz, DB 2008, S. 1899 (1903); Schiessl, Der Konzern 2009, S. 291 (292); Theusinger/Möritz, NZG 2010, S. 607 (607).

409 Merkner/Sustmann, NZG 2010, S. 681 (681); Baums/Sauter, ZHR 173 (2009), S. 454 (461 f.); Anzinger, Gesellschaftsrecht in der Diskussion 2010, S. 187 (203); Fleischer/Schmolke, ZIP 2008, S. 1501 (1503); Hutter/Kaulamo/Plepelits, in: Gedächtnisschrift für Gruson, S. 213 (217).

410 Schiessl, Der Konzern 2009, S. 291 (292); Christ, Barausgleichsderivate und das Anschleichen an Zielgesellschaften, S. 47.

mit entsprechendem Eigenkapital zu unterlegen.[411] Dies hätte wiederum ihre wirtschaftliche Flexibilität im Hinblick auf andere Geschäftstätigkeiten eingeschränkt. In aller Regel nahm die Investmentbank daher entsprechende Sicherungsgeschäfte vor.

Üblicherweise erwarb die Investmentbank zu Sicherungszwecken Aktien der Zielgesellschaft in demselben Umfang, in dem diese auch dem *Swap*-Vertrag zugrunde lagen.[412] Auf diese Weise neutralisierte sie bei saldierender Betrachtung ihre finanziellen Risiken. Im Fall eines Kursanstiegs bzgl. der Aktien der Zielgesellschaft wurden die von ihr aufgrund des *Swap*-Vertrags zu leistenden Zahlungen durch die Wertsteigerung der erworbenen Aktien kompensiert wurden.[413] Im Gegenzug profitierte sie auch nicht von einem fallenden Aktienkurs, da die Zahlungen, die sie aus dem *Swap*-Vertrag erhielt, durch den Wertverlust der erworbenen Aktien aufgezehrt wurden. Im Ergebnis verblieb der Investmentbank keinerlei wirtschaftliches Interesse an der Kursentwicklung der Aktien der Zielgesellschaft.[414] In jedem Fall konnte sie jedoch die vereinbarte Gebühr vereinnahmen.

Als Alternative zum physischen Erwerb der Aktien der Zielgesellschaft kamen zwar auch synthetische Sicherungsgeschäfte in Form verschiedener Termin- oder Optionsgeschäfte in Betracht.[415] So konnte die Investmentbank beispielsweise mit einem oder mehreren Dritten auch weitere *Swap*-Verträge mit gegensätzlicher Risikopositionierung abschließen.[416] In diesem Fall musste die Investmentbank aber zumindest einen Teil der von dem Investor zu zahlenden Gebühr an den oder die Dritten weiterreichen, was diese Alternative weniger wahrscheinlich machte.

---

411 Baums/Sauter, ZHR 173 (2009), S. 454 (460); Habersack, AG 2008, S. 817 (818); Möritz, ZVglRWiss 109 (2010), S. 94 (98); Zetsche, EBOR 2009, S. 115 (121, 134); Christ, Barausgleichsderivate und das Anschleichen an Zielgesellschaften, S. 53; Friedeborn, Vormitgliedschaftliche Beteiligungstransparenz, S. 47.

412 Meyer/Kiesewetter, WM 2009, S. 340 (345); Cascante/Topf, AG 2009, S. 53 (60); Cascante/Bingel, NZG 2011, S. 1086 (1089); Engert, ZIP 2006, S. 2105 (2108); Fleischer/Schmolke, ZIP 2008, S. 1501 (1503); Weber/Meckbach, BB 2008, S. 2022 (2023); Merkner/Sustmann, NZG 2010, S. 681 (681); Möritz, ZVglRWiss 109 (2010), S. 94 (118).

413 Weber/Meckbach, BB 2008, S. 2022 (2023).

414 Christ, Barausgleichsderivate und das Anschleichen an Zielgesellschaften, S. 48 f.; Baums/Sauter, ZHR 173 (2009), S. 454 (458); Weber/Meckbach, BB 2008, S. 2022 (2023); Cascante/Bingel, NZG 2011, S. 1086 (1089); Cascante/Topf, AG 2009, S. 53 (60).

415 Hutter/Kaulamo/Plepelits, in: Gedächtnisschrift für Gruson, S. 213 (215); Weber/Meckbach, BB 2008, S. 2022 (2023); Baums/Sauter, ZHR 173 (2009), S. 454 (458, 460); Renn, Einsatz und Offenlegung von Derivaten bei Unternehmensübernahmen, S. 56 ff.

416 Theusinger/Möritz, NZG 2010, S. 607 (607); Weber/Meckbach, BB 2008, S. 2022 (2023); Meyer/Kiesewetter, WM 2009, S. 340 (345); Renn/Weber/Gotschev, AG 2012, S. 440 (441); Schanz, DB 2008, S. 1899 (1903); Zetsche, EBOR 2009, S. 115 (120); Zetsche, Challenging Wolf Packs: Thoughts on Efficient Enforcement of Shareholder Transparency Rules, S. 17.

Lediglich in Fällen, in denen die Investmentbank durch einen großvolumigen *Swap*-Vertrag veranlasst war, Aktien der Zielgesellschaft in großem Umfang zu erwerben und dies für sie alleine nicht ohne Weiteres möglich war oder sie dies gegenüber der Marktöffentlichkeit hätte offenlegen müssen, übertrug sie ihre Vertragsrisiken mittels Finanzderivaten auf einen oder mehrere Dritte.[417] Selbst in diesem Fall war es jedoch wahrscheinlich, dass die Dritten ihrerseits aus den vorstehend genannten Gründen wiederum Aktien der Zielgesellschaft zu Sicherungszwecken erwarben.[418]

Im Ergebnis war dem Investor daher bewusst, dass die Investmentbank bzw. von dieser eingeschaltete Dritte mit hoher Wahrscheinlichkeit bereits unmittelbar nach Abschluss des *Swap*-Vertrags begannen, Aktien der Zielgesellschaft auf dem Kapitalmarkt aufzukaufen, um ihre finanziellen Risiken abzusichern.[419] Diese Sicherungsgeschäfte hatten neben der bezweckten Absicherung der Vertragsrisiken den dem Investor willkommenen Nebeneffekt, dass Aktien der Zielgesellschaft in demselben Umfang, in dem diese dem *Swap*-Vertrag zugrunde lagen, in den Händen der Investmentbank bzw. der von dieser eingeschalteten Dritten zu einem oder mehreren Paketen gebündelt wurden.[420] Zudem wusste der Investor um den Umstand, dass die Investmentbank bzw. die von dieser eingeschalteten Dritten ihre Aktienpakete während der gesamten Laufzeit des *Swap*-Vertrags halten und erst im Zuge der Abwicklung des *Swap*-Vertrags veräußern würden, um nicht wiederum den aus dem *Swap*-Vertrag folgenden wirtschaftlichen Vertragsrisiken ausgesetzt zu sein.[421]

Von diesem Verhaltensmuster der Investmentbank bzw. der von dieser eingeschalteten Dritten ausgehend, standen dem Investor verschiedene Wege offen, um die ihm in dem *Cash Settled Total Return Equity Swap* zukommende Vertragsposition bei dem von ihm beabsichtigten Beteiligungsaufbaus zu seinem Vorteil zu nutzen.

Zunächst hatte der Investor die Möglichkeit, den *Swap*-Vertrag zu einem von ihm frei gewählten Zeitpunkt zu kündigen.[422] In diesem Fall sahen sich die Investmentbank bzw. die von dieser eingeschalteten Dritten gezwungen, den zur Absicherung ihrer aus dem *Swap*-Vertrag folgenden Risiken erworbenen Bestand an Aktien der Zielgesellschaft aufzulösen, um nicht einem Kursrisiko hinsichtlich der Aktien der Zielgesellschaft ausgesetzt zu sein.[423] Eine solche Risikoexposition wollte die In-

---

417 Vgl. Schiessl, Der Konzern 2009, S. 291 (293); Zetsche, EBOR 2009, S. 115 (122).

418 Möritz, ZVglRWiss 109 (2010), S. 94 (98); Renn/Weber/Gotschev, AG 2012, S. 440 (441); Theusinger/Möritz, NZG 2010, S. 607 (607); Weber/Meckbach, BB 2008, S. 2022 (2023); Cascante/Bingel, NZG 2011, S. 1086 (1089).

419 Anzinger, Gesellschaftsrecht in der Diskussion 2010, S. 187 (203 f.); Fleischer/Schmolke, NZG 2010, S. 846 (847).

420 Schiessl, Der Konzern 2009, S. 291 (294 f.).

421 Fleischer/Schmolke, ZIP 2008, S. 1501 (1505); Möritz, ZVglRWiss 109 (2010), S. 94 (101).

422 So geschehen etwa in den Fällen Laxey Partners Limited/Implenia AG, Everest Beteiligungs GmbH/Sulzer AG und Agnelli/Fiat S.p.A.; siehe bereits S. 69 ff.

423 Renn/Weber/Gotschev, AG 2012, S. 440 (440 f.); Hutter/Kaulamo/Plepelits, in: Gedächtnisschrift für Gruson, S. 213 (215 ff.); Baums/Sauter, ZHR 173 (2009), S. 454

vestmentbank bzw. die von dieser eingeschalteten Dritten in aller Regel vermeiden, da sie – wie vorstehend erwähnt – keine spekulativen Eigeninteressen verfolgen, sondern lediglich die *Swap*-Gebühr einnehmen wollten.

Als Abnehmer für diese Aktien bot sich naturgemäß der Investor an, der ja von vornherein den Erwerb von Aktien der Zielgesellschaft beabsichtigte.[424] Zwar hatte der Investor aus dem *Swap*-Vertrag keinen Anspruch auf die Andienung der als Referenzwert dienenden Aktien der Zielgesellschaft. Die Investmentbank bzw. die von ihr eingeschalteten Dritten konnten ihre Beteiligungen daher auch an andere Erwerbsinteressenten veräußern.[425] Ein größeres Aktienpaket lässt sich aufgrund des bei dessen Veräußerung auf dem Kapitalmarkt verursachten Verkaufsdrucks aber regelmäßig nicht ohne Weiteres bzw. lediglich über einen längeren Zeitraum kursschonend über den allgemeinen Kapitalmarkt veräußern.[426] Im Fall der sofortigen Veräußerung der Aktien über den Kapitalmarkt hätten die Investmentbank bzw. die von ihr eingeschalteten Dritten daher nicht den gegenwärtigen Kurswert realisieren können und dementsprechend finanzielle Verluste erlitten.[427] Eine solche Verluste verhindernde, kursschonende Veräußerung der Aktien über einen längeren Zeitraum, hätte für die Investmentbank bzw. die von ihr eingeschalteten Dritten andererseits das Risiko eines zwischenzeitlichen Kursverfalls der Referenzaktien und hiermit eingehender finanzieller Verluste mit sich gebracht. Die Übertragung des erworbenen Aktienpakets auf den Investor zum aktuellen Kurswert stellte im Vergleich zu diesen Handlungsoptionen daher in aller Regel die schnellere, sicherere und finanziell lukrativere Lösung dar. Demgemäß bestand auch ein Interesse der Investmentbank bzw. der eingeschalteten Dritten dahin gehend, die Aktien der

(458); Möritz, ZVglRWiss 109 (2010), S. 94 (98); Weber/Meckbach, BB 2008, S. 2022 (2023); Schanz/Schalast, Schaeffler KG/Continental AG im Lichte der CSX Corp.-Entscheidung des US District Court for the Southern District of New York, S. 13.

424 Anzinger, Gesellschaftsrecht in der Diskussion 2010, S. 187 (204); Baums/Sauter, ZHR 173 (2009), S. 454 (459); Renn/Weber/Gotschev, AG 2012, S. 440 (441); Schanz, DB 2008, S. 1899 (1901).

425 Schanz, DB 2008, S. 1899 (1902); Schiessl, Der Konzern 2009, S. 291 (294); Meyer/Kiesewetter, WM 2009, S. 340 (345); Anzinger, Gesellschaftsrecht in der Diskussion 2010, S. 187 (204); Weber/Meckbach, BB 2008, S. 2022 (2023); Baums/Sauter, ZHR 173 (2009), S. 454 (461); Cascante/Bingel, NZG 2011, S. 1086 (1089); Fleischer/Schmolke, ZIP 2008, S. 1501 (1503); Hutter/Kaulamo/Plepelits, in: Gedächtnisschrift für Gruson, S. 213 (216); Schanz/Schalast, Schaeffler KG/Continental AG im Lichte der CSX Corp.-Entscheidung des US District Court for the Southern District of New York, S. 13.

426 Renn, Einsatz und Offenlegung von Derivaten bei Unternehmensübernahmen, S. 77.

427 Grund für diese finanziellen Verluste war der Umstand, dass sie gegenüber dem Investor aus dem *Swap*-Vertrag verpflichtet waren, den während der Laufzeit des *Swap*-Vertrags eingetretenen Kursanstieg auszugleichen hatten. Diesen konnten sie selbst aber nur durch den Verkauf der Aktien zum aktuellen Kurswert realisieren.

Zielgesellschaft an den Investor zu veräußern.[428] Hinzu kam der Umstand, dass die Investmentbank im Hinblick auf künftige Geschäftsabschlüsse ein Interesse an der Zufriedenheit und daher auch an dem Erfolg der Beteiligungspläne ihres Geschäftspartners hatte.[429]

Letztlich konnte der Investor daher davon ausgehen, dass die von der Investmentbank bzw. den von dieser eingeschalteten Dritten erworbene Aktien der Zielgesellschaft nach der Kündigung des *Swap*-Vertrags mit hoher Wahrscheinlichkeit für seine Erwerbsabsicht zur Verfügung standen.[430] Im Ergebnis hatte der Investor somit die Möglichkeit, unmittelbar nach Kündigung des *Swap*-Vertrags auf einen Schlag ein größeres Aktienpaket von einem einzelnen Aktionär bzw. mehrere Pakete von wenigen Aktionären zu erwerben und auf diese Weise schnell eine umfangreiche Beteiligung an der Zielgesellschaft aufzubauen. Anders als beim Erwerb einer entsprechenden Anzahl von Aktien über den allgemeinen Kapitalmarkt musste er hierbei nicht das stufenweise Erreichen der in § 21 Abs. 1 Satz 1 WpHG genannten Schwellenwerte melden. Daher verblieb der Zielgesellschaft und deren Management kaum eine Gelegenheit, Abwehrmaßnahmen zu ergreifen. Auch hatten etwaige Konkurrenten in aller Regel keine Möglichkeit, in einen Bieterwettstreit einzutreten.[431] Zudem hatte eine aus Sicht der übrigen Marktteilnehmer plötzlich erworbene Beteiligung für den Investor in der Folgezeit den Vorteil, dass er über einen Startvorteil – sog. *toehold* – gegenüber etwaigen anderen Erwerbskonkurrenten verfügte, der es für diese schwieriger machte, ebenfalls Aktien der Zielgesellschaft in nennenswertem Umfang zu erwerben.[432] Demgemäß erhöhte sich durch die Kündigung des *Swap*-Vertrags auch die Erfolgswahrscheinlichkeit für die an-

---

428 Cascante/Bingel, NZG 2011, S. 1086 (1090); Cascante/Topf, AG 2009, S. 53 (60); Ferrarini, in: FS Hopt, S. 1803 (1822); Fleischer/Schmolke, ZIP 2008, S. 1501 (1505); Merkner/Sustmann, NZG 2010, S. 681 (682); Hu/Black, Southern California Law Review, Volume 79, 2006, Nr. 4, S. 811 (837). In diesem Zusammenhang spielt es auch eine Rolle, dass die Investmentbank vertraglich oftmals verpflichtet war, ihre Beteiligung „wirtschaftlich sinnvoll" aufzulösen; vgl. hierzu Anzinger, Gesellschaftsrecht in der Diskussion 2010, S. 187 (204); Baums/Sauter, ZHR 173 (2009), S. 454 (461); Schiessl, Der Konzern 2009, S. 291 (292); Christ, Barausgleichsderivate und das Anschleichen an Zielgesellschaften, S. 54.

429 Ferrarini, in: FS Hopt, S. 1803 (1815, 1822); Merkner/Sustmann, NZG 2010, S. 681 (682); Möritz, ZVglRWiss 109 (2010), S. 94 (98); Noack/Zetsche, in: FS Schwark, S. 569 (577).

430 Baums/Sauter, ZHR 173 (2009), S. 454 (459).

431 Vgl. Süßmann, NZG 2011, S. 1281 (1281); Baums/Sauter, ZHR 173 (2009), S. 454 (461); vgl. auch Noack/Zetsche, in: FS Schwark, S. 569 (569).

432 Fleischer/Schmolke, ZIP 2008, S. 1501 (1510); Fleischer, ZGR 2008, S. 185 (206 f.); Fleischer/Schmolke, NZG 2009, S. 401 (405); Friedeborn, Vormitgliedschaftliche Beteiligungstransparenz, S. 66; vgl. auch Süßmann, NZG 2011, S. 1281 (1281); Meyer/Kiesewetter, WM 2009, S. 340 (340); Möritz, ZVglRWiss 109 (2010), S. 94 (110); Bulow/Huang/Klemperer, Journal of Political Economy 107 (1999), S. 427 (429); kritisch Eichner, ZRP 2010, S. 5 (7 f.).

gestrebte, ggf. über den Umfang des *Swap*-Vertrags hinausgehende Gesamtbeteiligung nicht unerheblich.[433]

Ein weiterer Vorteil, der im Zusammenhang mit der Kündigung des *Swap*-Vertrags zum Tragen kam, war der Umstand, dass die von der Investmentbank im Rahmen des *Swap*-Vertrags übernommene Zahlungsverpflichtung es dem Investor faktisch ermöglichte, Aktien der Zielgesellschaft zu einem Preis zu erwerben, der von der durch den Beteiligungsaufbau gesteigerten Nachfrage noch unbeeinflusst war und daher in der Regel unterhalb des nach Bekanntwerden der Beteiligungspläne entstehenden Kursniveaus lag.[434] Denn die aus dem *Swap*-Vertrag im Fall eines Kursanstiegs der Aktien der Zielgesellschaft geschuldeten Zahlungen der Investmentbank entsprachen genau einem etwaigen finanziellen Mehraufwand, den der Investor nach Offenlegung seiner Beteiligungsaufsicht für den Erwerb von Aktien der Zielgesellschaft aufzubringen hatte. Bei saldierender Betrachtung sicherte sich der Investor auf diese Weise für die in dem *Swap*-Vertrag vereinbarte Anzahl von Aktien der Zielgesellschaft den bei Abschluss des *Swap*-Vertrags vereinbarten Aktienkurs als Erwerbspreis.[435] Auf diese Weise sparte sich der Investor die üblicherweise bei dem Erwerb einer umfangreichen Beteiligung zu zahlende „Paket- bzw. Kontrollprämie“, die durch den nach Bekanntwerden der Beteiligungsabsicht typischerweise entstehenden Kursanstieg verursacht wird.[436] Der Abschluss des *Swap*-Vertrags im Vorfeld des tatsächlichen Beteiligungsaufbaus hatte somit auch die Wirkung eines Kurssicherungsgeschäfts.[437]

Aus dieser Wirkung von *Cash Settled Total Return Equity Swaps* ergaben sich weitere Vorteile für den Investor, soweit dieser sogar eine Beteiligung an der Ziel-

---

433 Seibt, CFL 2011, S. 213 (218).

434 Seibt, CFL 2011, S. 213 (218); Seibt, ZGR 2010, S. 795 (820); Anzinger, Gesellschaftsrecht in der Diskussion 2010, S. 187 (194); Cascante/Topf, AG 2009, S. 53 (53); Möritz, ZVglRWiss 109 (2010), S. 94 (115 f.), vgl. auch Seibt, CFL 2011, S. 213 (218); Zetsche, Challenging Wolf Packs: Thoughts on Efficient Enforcement of Shareholder Transparency Rules, S. 24.

435 Baums/Sauter, ZHR 173 (2009), S. 454 (460); Merkner/Sustmann, NZG 2010, S. 681 (682); Weber/Meckbach, BB 2008, S. 2022 (2023); Fleischer/Schmolke, NZG 2010, S. 846 (852); Möritz, ZVglRWiss 109 (2010), S. 94 (98); Renn/Weber/Gotschev, AG 2012, S. 440 (446).

436 Fleischer/Schmolke, NZG 2010, S. 846 (852); Möritz, ZVglRWiss 109 (2010), S. 94 (115 f.), vgl. auch Seibt, CFL 2011, S. 213 (218); Habersack, AG 2008, S. 817 (817 f.); Hutter/Kaulamo/Plepelits, in: Gedächtnisschrift für Gruson, S. 213 (218); Merkner/Sustmann, NZG 2010, S. 681 (682); Möritz, ZVglRWiss 109 (2010), S. 94 (98 f.); Schiessl, Der Konzern 2009, S. 291 (295); Nordholtz, in: Heidel, Aktienrecht und Kapitalmarktrecht, § 25a WpHG Rn. 4; Christ, Barausgleichsderivate und das Anschleichen an Zielgesellschaften, S. 52; für Einzelheiten zur Paket- bzw. Kontrollprämie siehe S. 183 ff.

437 Baums/Sauter, ZHR 173 (2009), S. 454 (459 f.); Schiessl, Der Konzern 2009, S. 291 (295); Merkner/Sustmann, NZG 2010, S. 681 (682); vgl. auch Renn, Einsatz und Offenlegung von Derivaten bei Unternehmensübernahmen, S. 19.

gesellschaft von über 30 % anstrebte und im Rahmen dieses Beteiligungsabsicht gemäß § 35 Abs. 1 Satz 1 WpÜG zur Abgabe eines Übernahmeangebots verpflichtet war. Im einem solchen Fall ermöglichten *Cash Settled Total Return Equity Swaps* dem Investor, den Zeitpunkt des Überschreitens der Kontrollschwelle i.S.d. §§ 35 Abs. 1 Satz 1, 29 Abs. 2 WpÜG und somit den Zeitpunkt für die Abgabe des obligatorischen Übernahmeangebots nach seinem Belieben zu bestimmen.[438] Denn mithilfe der in dem *Swap*-Vertrag vereinbarten Zahlungsverpflichtung der Investmentbank hatte sich der Investor auf die zuvor beschriebene Weise bereits den bei Abschluss des *Swap*-Vertrags aktuellen Aktienkurs als Erwerbspreis gesichert. Daher war er fortan unabhängig von den jeweils aktuellen Marktbedingungen und konnte zuwarten bis sich eine für ihn günstige Gelegenheit für die Kündigung des *Swap*-Vertrags sowie den Erwerb der diesen zugrunde liegenden Aktien der Zielgesellschaft ergab.

Mittelbar erlaubte ihm dies auch, den im Rahmen des Pflichtangebots zu offerierenden Angebotspreis zu gestalten. Denn der Angebotspreis eines Pflichtangebots ist gemäß § 31 Abs. 1 Satz 1 WpÜG i.V.m. § 5 Abs. 1 WpÜG-Angebotsverordnung[439] aus dem Durchschnittskurs der letzten drei Monate vor Veröffentlichung des Übernahmeangebots zu ermitteln.[440] Daher konnte der Investor beispielsweise abwarten, bis aufgrund eines anhaltenden Kursanstiegs der aktuelle Aktienkurs über dem Durchschnittskurs der letzten drei Monate lag. Kündigte der Investor zu diesem Zeitpunkt den *Swap*-Vertrag und erwarb er anschließend die von der Investmentbank bzw. den von dieser eingeschalteten Dritten zur Veräußerung angebotenen Aktien, musste er im Rahmen seines Pflichtangebots lediglich den gesetzlichen Mindestpreis anbieten, der aktuell unterhalb des allgemeinen Kursniveaus lag. In der Folge war er keinem erhöhten Risiko ausgesetzt, im Rahmen des Übernahmeangebots Aktien der Zielgesellschaft in größerem Umfang abnehmen zu müssen und hierdurch ggf. finanziell überfordert zu werden.[441] Nach Ablauf der Angebotsfrist stand es dem Investor dann wieder frei, weitere Aktien der Zielgesellschaft über den Markt hinzuzukaufen ohne ein erneutes, öffentliches Angebot abgeben zu müssen.[442] Daher konnte er auf ein erneutes Absinken des Kursniveaus warten und diesen Zeitpunkt als Gelegenheit nutzen, um seine Beteiligung schleichend weiter auszubauen. Im Ergebnis konnte der Investor auf diese Weise die für ihn nachtei-

---

438 Anzinger, Gesellschaftsrecht in der Diskussion 2010, S. 187 (193).

439 Verordnung über den Inhalt der Angebotsunterlage, die Gegenleistung bei Übernahmeangeboten und Pflichtangeboten und die Befreiung von der Verpflichtung zur Veröffentlichung und zur Abgabe eines Angebots (WpÜG-Angebotsverordnung) vom 27. Dezember 2001, BGBl. I, 31. September 2001, S. 4263 ff.

440 Anzinger, Gesellschaftsrecht in der Diskussion 2010, S. 187 (192 f.); vgl. auch Hutter/Kaulamo/Plepelits, in: Gedächtnisschrift für Gruson, S. 213 (227 f.); Baums, ZIP 2010, S. 2374 (2375, 2377, 2382); Merkt, NZG 2011, S. 561 (561).

441 Vgl. zu einem solchen Vorgehen Baums, ZIP 2010, S. 2374 (2375, 2377, 2382); Merkt, NZG 2011, S. 561 (561); Anzinger, Gesellschaftsrecht in der Diskussion 2010, S. 187 (193); Seibt, CFL 2011, S. 213 (217).

442 Hirte, Der Konzern 2010, S. 599 (601); Hitzer/Düchting, ZIP 2011, S. 1084 (1086).

ligen, für die übrigen Aktionäre der Zielgesellschaft aber günstigen Wirkungen eines Pflichtangebots vermeiden.

Alternativ konnte der Investor den *Swap*-Vertrag aber auch zunächst fortführen und hiervon unabhängig ein freiwilliges Übernahmeangebot abgeben bzw. eigenständig Aktien der Zielgesellschaft erwerben bis er sich durch § 35 Abs. 1 Satz 1 WpÜG zur Abgabe eines Übernahmeangebots verpflichtet sah.[443] Auch in einer solchen Übernahmesituation profitierte der Investor von mehreren für ihn günstigen Effekten im Zusammenhang mit der Kündigung des *Swap*-Vertrags.

So erhöhte die Kündigung des *Swap*-Vertrags während der Angebotsphase die Erfolgswahrscheinlichkeit des Übernahmeangebots.[444] Denn regelmäßig liegt bei einem Übernahmeangebot der Angebotspreis über dem aktuellen Marktpreis.[445] Die Investmentbank bzw. die von ihr eingeschalteten Dritten, die durch die Kündigung des *Swap*-Vertrags zur Veräußerung der lediglich zur Absicherung ihrer nun nicht mehr bestehenden Vertragsrisiken benötigten Aktien der Zielgesellschaft veranlasst waren, konnten daher durch die Andienung der Aktien an den Investor im Rahmen des Übernahmeangebots den gegenwärtig höchsten Preis erzielen.[446] Dementsprechend war die Andienung der Aktien im Rahmen des Übernahmeangebots mit hinreichender Wahrscheinlichkeit gewährleistet. Zusätzlich erhöhte sich die Erfolgswahrscheinlichkeit des Übernahmeangebots auch aufgrund der Tatsache, dass wegen der Bündelung der Aktien der Zielgesellschaft in den Händen der in den *Swap*-Vertrag eingebundenen Vertragspartner etwaige Arbitrageure kaum noch erfolgreich auf eine Erhöhung des Angebotspreises hinwirken konnten, indem sie ebenfalls Aktien der Zielgesellschaft erwarben und sich nur im Fall eines höheren Angebotspreises wieder zu deren Verkauf bereit erklärten.[447] Aufgrund der zu erwartenden Annahme des Übernahmeangebots seitens der in den *Swap*-Vertrag eingebundenen Vertragspartner war der Investor kaum mehr darauf angewiesen, dass weitere Inhaber kleinerer Aktienpakete das Übernahmeangebot annahmen. Aber selbst wenn der Investor im Rahmen seines Pflichtangebots i.S.d. § 35 Abs. 1 Satz 1 WpÜG zunächst nicht beabsichtigte, den Großteil der Aktien der Zielgesellschaft zu erwerben,[448] und daher für sein Übernahmeangebot einen

---

443 So geschehen etwa im Fall Schaeffler KG/Continental AG; siehe bereits S. 62 ff.

444 Vgl. Seibt, CFL 2011, S. 213 (218); Seibt, ZGR 2010, S. 795 (820 f.); Teichmann/Epe, WM 2010, S. 1477 (1477).

445 Eichner, ZRP 2010, S. 5 (5); Hutter/Kaulamo/Plepelits, in: Gedächtnisschrift für Gruson, S. 213 (227).

446 Zetsche, EBOR 2009, S. 115 (130); Baums/Sauter, ZHR 173 (2009), S. 454 (461); Eichner, ZRP 2010, S. 5 (5); Hutter/Kaulamo/Plepelits, in: Gedächtnisschrift für Gruson, S. 213 (214); Schiessl, Der Konzern 2009, S. 291 (294); Weber/Meckbach, BB 2008, S. 2022 (2023).

447 Schiessl, Der Konzern 2009, S. 291 (294 f.); vgl. auch Teichmann/Epe, WM 2010, S. 1477 (1477).

448 Eine solche Absicht lag etwa dem Vorgehen der Porsche Automobil Holding SE bei der Übernahme der Volkswagen AG zugrunde; vgl. Seibt, Übernahmerecht: Update

Zeitpunkt wählte, der es ihm erlaubte einen unter dem Marktpreis liegenden Angebotspreis zu offerieren,[449] lag es für die in den *Swap*-Vertrag eingebundene Investmentbank bzw. die von dieser eingeschalteten Dritten noch nahe, die Aktien der Zielgesellschaft an den Investor zu veräußern. Denn auf diese Weise war die Abnahme der nicht mehr benötigten Aktien gesichert. Gleichzeitig war das Risiko ausgeschlossen, dass wegen des eingeleiteten Verkaufs und eines hierdurch verursachten, allgemeinen Verkaufsdrucks der Marktpreis der Aktien unter den Angebotspreis absank und daraus finanzielle Verluste entstanden.[450] Unabhängig von der konkreten Ausgestaltung des Übernahmeangebots, war dessen Erfolg somit hinreichend wahrscheinlich.

Die einzig verbleibende, reelle Gefahr für das Übernahmeangebot des Investors bestand letztlich darin, dass ein Dritter, ein sog. „weißer Ritter"[451], ein konkurrierendes, höheres Angebot abgab.[452] Denn in diesem Fall hätte es für die Investmentbank nahegelegen, die Aktien der Zielgesellschaft auf dieses konkurrierende Angebot einzureichen, um einen möglichst hohen Verkaufspreis zu realisieren.[453] Aber auch diese Gefahr wurde durch im Vorfeld der Übernahmesituation abgeschlossene *Cash Settled Total Return Equity Swaps* verringert, da etwaige Konkurrenten durch verschiedene Hindernisse von einem Konkurrenzangebot abgeschreckt wurden.[454] Zum einen bewirkten die durch den *Swap*-Vertrag verursachten Sicherungsgeschäfte, dass weniger Aktien am Markt vorhanden waren, die frei zum Verkauf standen und von einem Konkurrenten in der Übernahmesituation als Fundament seines konkurrierenden Angebots erworben werden konnten. Zum anderen sah sich ein Konkurrent gezwungen, die Aktien der Zielgesellschaft im Fall eines konkurrierenden Angebots zum aktuellen Kurswert zu erwerben.[455] Ihm kam, anders als dem ursprünglichen Investor der Kurssicherungseffekt des *Swap*-Vertrags, nicht zugute. Aufgrund des in der Regel während des Übernahmegeschehens ansteigenden Aktienkurses wurde

2010/2011, CFL 2011, S. 213 (217); generell zu einer solchen Vorgehensweise siehe Baums, ZIP 2010, S. 2374 (2375, 2377, 2382).

449 Siehe hierzu bereits S. 85 f.

450 Möllers/Wenninger, NJW 2011, S. 1697 (1700); Schiessl, Der Konzern 2009, S. 291 (294 f.); Zetsche, EBOR 2009, S. 115 (130 f.); Baums/Sauter, ZHR 173 (2009), S. 454 (461); vgl. hierzu auch die Angebotsunterlage für das Übernahmeangebot der Schaeffler KG an die Aktionäre der Continental AG vom 29. Juli 2008, S. 16, abrufbar unter http://www.bafin.de.

451 Vgl. hierzu Noack/Zetsche, in: Schwark/Zimmer, Kapitalmarktrechts-Kommentar, § 33 WpÜG Rn. 10 ff.

452 Schiessl, Der Konzern 2009, S. 291 (294); Zetsche, EBOR 2009, S. 115 (130 f.).

453 Baums/Sauter, ZHR 173 (2009), S. 454 (466); Cascante/Bingel, NZG 2011, S. 1086 (1091); Cascante/Topf, AG 2009, S. 53 (68); Eichner, ZRP 2010, S. 5 (7 f.); Schiessl, Der Konzern 2009, S. 291 (294); vgl. auch Habersack, AG 2008, S. 817 (818).

454 Seibt, CFL 2011, S. 213 (218); Seibt, ZGR 2010, S. 795 (820); Baums/Sauter, ZHR 173 (2009), S. 454 (459, 461); Cascante/Topf, AG 2009, S. 53 (53 f.); Schiessl, Der Konzern 2009, S. 291 (294 f.).

455 Möritz, ZVglRWiss 109 (2010), S. 94 (116).

die Transaktion für ihn daher wesentlich teurer als für den Investor.[456] Schließlich zog der Investor selbst im Fall eines Scheiterns seines Übernahmeangebots aufgrund eines erfolgreichen, konkurrierenden Angebots von einem „weißen Ritter“ noch erheblichen Nutzen aus dem *Swap*-Vertrag. In diesem Fall konnte er zwar seine Übernahmeabsicht nicht verwirklichen. Aufgrund der in dem *Swap*-Vertrag zu seinen Gunsten vereinbarten Zahlungsverpflichtungen seitens der Investmentbank partizipierte er jedoch an dem durch das konkurrierende Angebot in aller Regel in die Höhe getriebenen Kurswert der Aktien und konnte insofern zumindest einen erheblichen finanziellen Gewinn erzielen.[457]

Zusammenfassend ist festzuhalten, dass mit der Vorbereitung eines Beteiligungsaufbaus durch *Cash Settled Total Return Equity Swaps* zwar noch kein physischer Erwerb von Aktien der Zielgesellschaft bewirkt wurde. Allerdings kam es unmittelbar nach Abschluss des *Swap*-Vertrags zu einer Bündelung von Aktien in den Händen der in den *Swap*-Vertrag eingebundenen Vertragspartnern. Auf diese Weise wurde bereits im Vorfeld des tatsächlichen Beteiligungsaufbaus ein Teil der Aktien der Zielgesellschaft vorübergehend aus dem Markt genommen.[458] Anschließend konnte der Investor durch die Kündigung des *Swap*-Vertrags die Veräußerungsbereitschaft der Paketinhaber herbeiführen und somit den Zeitpunkt, zu dem die Aktienpakete schlagartig dem Markt wieder für Erwerbsgeschäfte zur Verfügung standen, nach seinem Belieben bestimmen. In dieser Situation besaß der Investor mehrere taktische Vorteile gegenüber etwaigen Erwerbskonkurrenten, sodass teilweise von einer Reservierung der Aktien für den Investor gesprochen wurde.[459] Denn *Cash Settled Total Return Equity Swaps* bilden die wirtschaftliche Entwicklung der ihnen zugrunde liegenden Referenzaktien ab. Daher sicherten sie ihrem Inhaber faktisch den bei Abschluss des *Swap*-Vertrags geltenden Kurswert als späteren Erwerbspreis.[460] Zudem waren die in den *Swap*-Vertrag eingebunden Vertragspartner aufgrund wirtschaftlicher Erwägungen in der Regel veranlasst, die zur Absicherung ihrer Vertragsrisiken erworbenen Aktien bei Kündigung des *Swap*-Vertrags gerade an den Investor zu veräußern.[461] Prinzipiell konnten allerdings auch Dritte auf die von den Vertragspartnern in den Markt zurückfließenden Aktien zugreifen. Auch wenn diese insbesondere in finanzieller Hinsicht eine im Vergleich zur Situation des Investors nachteilige Erwerbsposition besaßen, erscheint es daher zu weit-

---

456 Weber/Meckbach, BB 2008, S. 2022 (2023); Möritz, ZVglRWiss 109 (2010), S. 94 (114 ff.).
457 Schiessl, Der Konzern 2009, S. 291 (294); Cascante/Topf, AG 2009, S. 53 (54); Möritz, ZVglRWiss 109 (2010), S. 94 (104); Seibt, CFL 2011, S. 213 (218); Zetsche, EBOR 2009, S. 115 (131); Zetsche, Challenging Wolf Packs: Thoughts on Efficient Enforcement of Shareholder Transparency Rules, S. 24.
458 Teichmann/Epe, WM 2010, S. 1477 (1481).
459 Teichmann/Epe, WM 2010, S. 1477 (1481).
460 Weber/Meckbach, BB 2008, S. 2022 (2023); Merkner/Sustmann, NZG 2010, S. 681 (685); Schiessl, Der Konzern 2009, S. 291 (296).
461 Merkner/Sustmann, NZG 2010, S. 681 (682).

gehend, wenn teilweise[462] von einem Zugriffsrecht des Investors oder einem Zwang der Investmentbank zur Veräußerung an den Investor gesprochen wurde.[463] Ein schuldrechtlicher Anspruch auf Übertragung der Aktien zugunsten des Investors oder ein anderweitiges Vorrecht gegenüber Dritten bestand gerade nicht. Zu konstatieren ist jedoch, dass der nachfolgende, physische Erwerb der Aktien nicht unerheblich erleichtert wurde.

3. Bis zum Inkrafttreten des AnsFuG bestehende Rechtslage

Grundbedingung für den Einsatz von *Cash Settled Total Return Equity Swaps* zum Zweck eines verdeckten Beteiligungsaufbaus war der Umstand, dass weder die Kapitalmarktöffentlichkeit noch die Zielgesellschaft Kenntnis von dem Abschluss des *Swap*-Vertrags sowie von dem Erwerb der Aktien durch die Investmentbank erhielten.[464] Denn im Fall der frühzeitigen Offenlegung dieser Vorgänge, hätten die übrigen Marktteilnehmer mit hoher Wahrscheinlichkeit die Beteiligungsabsicht des Investors antizipiert und diese Information bei der Preisbildung für die Aktien der Zielgesellschaft mit einem Preisaufschlag berücksichtigt.[465] Ein solcher Kursanstieg hätte für die Investmentbank aufgrund ihrer hierdurch verursachten Zahlungsverpflichtung aus dem *Swap*-Vertrag finanzielle Verluste bedeutet.[466] Abhängig von der Anzahl der Aktien, die in dem *Swap*-Vertrag als Basiswert vereinbart wurden, benötigte die Investmentbank einen gewissen Zeitraum, um die zu ihrer vollständigen Absicherung erforderliche Anzahl von Aktien zu erwerben.[467] Ein während dieses Zeitraums durch die Offenlegung des *Swap*-Vertrags verursachter Kursanstieg hätte sie zu einer Zahlung gegenüber dem Investor verpflichtet. Gleichzeitig hätte sie jedoch

462 Meyer/Kiesewetter, WM 2009, S. 340 (340); Eichner, ZRP 2010, S. 5 (7); Weber/Meckbach, BB 2008, S. 2022 (2023 f.).

463 Schiessl, Der Konzern 2009, S. 291 (294, 296).

464 Baums/Sauter, ZHR 173 (2009), S. 454 (460); Zetsche, Challenging Wolf Packs: Thoughts on Efficient Enforcement of Shareholder Transparency Rules, S. 20.

465 Schäfer/Ott, Lehrbuch der ökonomischen Analyse des Zivilrechts, 25.3, S. 701; Eidenmüller, DStR 2007, S. 2116 (2119); Noack/Zetsche, in: FS Schwark, S. 569 (569, 585), Meyer/Kiesewetter, WM 2009, S. 340 (347); Weber/Meckbach, BB 2008, S. 2022 (2027); Seibt, ZGR 2010, S. 795 (820); Heusel, WM 2012, S. 291 (292); Baums/Sauter, ZHR 173 (2009), S. 454 (460, 473 f.); Fleischer, ZGR 2008, S. 185 (189); Fleischer/Schmolke, NZG 2010, S. 846 (852); Hutter/Kaulamo/Plepelits, in: Gedächtnisschrift für Gruson, S. 213 (218); m.w.N. Zetsche, NZG 2009, S. 692 (696); Anzinger, Gesellschaftsrecht in der Diskussion 2010, S. 187 (194, 212); Cascante/Topf, AG 2009, S. 53 (53, 71); ausführlich Brav/Jiang/Partnoy/Thomas, The Journal of Finance, Volume 63, 2008, Nr. 4, S. 1729 (1760 ff); Becht/Franks/Mayer/Rossi, Returns to Shareholder Activism, S. 25 ff.

466 Vgl. Baums/Sauter, ZHR 173 (2009), S. 454 (460).

467 Zetsche, Challenging Wolf Packs: Thoughts on Efficient Enforcement of Shareholder Transparency Rules, S. 19; vgl. auch Cascante/Topf, AG 2009, S. 53 (69); Seibt, ZGR 2010, S. 795 (808); Schiessl, Der Konzern 2009, S. 291 (293).

nicht in diesem Umfang auch an dem Kursanstieg partizipieren können, da sich die der Absicherung ihrer finanziellen Risiken dienende Beteiligung an der Zielgesellschaft noch im Aufbau befand. Daher ist anzunehmen, dass keine Investmentbank zum Abschluss eines auf ein größeres Aktienvolumen bezogenen *Swap*-Vertrags mit dem jeweils aktuellen Kurswert der Aktien der Zielgesellschaft als Referenzpreis bereit gewesen wäre, wenn eine Verpflichtung zur Offenlegung des *Swap*-Vertrags bestanden hätte. Allenfalls hätte ein *Swap*-Vertrag abgeschlossen werden können, der auf einem das aktuelle Kursniveau deutlich übersteigenden Kurswert basierte. In diesem Fall wäre es dem Investor aber nicht mehr möglich gewesen, sich mit dem Abschluss des *Swap*-Vertrags einen geringen Kurswert als Erwerbspreis zu sichern. Aus dem Einsatz von *Cash Settled Total Return Equity Swaps* wäre ihm daher kein finanzieller Vorteil gegenüber dem unmittelbaren Erwerb der Aktien verblieben. Im Gegenteil hätte er in diesem Fall als zusätzlichen Aufwand die im Rahmen des *Swap*-Vertrags vereinbarte Gebühr aufbringen. Und auch die Übrigen mit dem Abschluss eines *Swap*-Vertrags einhergehenden Vorteile gegenüber dem unmittelbaren Erwerb der beabsichtigten Beteiligung wären im Fall einer Offenlegung nicht mehr zum Tragen gekommen. Denn der Zielgesellschaft wäre ebenso wie etwaigen Konkurrenten durch die Offenlegung des *Swap*-Vertrags ausreichend Gelegenheit gegeben worden, Verteidigungsmaßnahmen zu ergreifen bzw. in Konkurrenz zu dem Investor zu treten, wie dies auch durch Meldungen über den stufenweisen Aufbau einer Beteiligung gemäß § 21 Abs. 1 Satz 1 WpHG geschieht.[468] Im Ergebnis hätten *Cash Settled Total Return Equity Swaps* im Fall ihrer Offenlegung daher nicht mehr sinnvoll zum Zweck eines verdeckten Beteiligungsaufbaus eingesetzt werden können.

War es demnach zwingend erforderlich, dass die Vorbereitung des Beteiligungsaufbaus durch *Cash Settled Total Return Equity Swaps* nicht publik wurde, kam es insbesondere darauf an, dass weder der Abschluss des *Swap*-Vertrags noch die von der Investmentbank vorgenommenen Sicherungsgeschäfte für eine der Vertragsparteien kapitalmarktrechtliche Meldepflichten begründeten. Die rechtliche Erfassung von *Cash Settled Total Return Equity Swaps* und von vergleichbaren Barausgleichsderivaten durch die Mitteilungspflichten der §§ 21 bis 30 WpHG in ihrer bis zum Inkrafttreten des AnsFuG geltenden Fassung wurde jedoch insbesondere unter Berücksichtigung der seitens der Investmentbank vorgenommenen Sicherungsgeschäfte kontrovers diskutiert. Zutreffend wurde eine Offenlegungspflicht hinsichtlich der Stimmrechte, die aus den dem *Swap*-Vertrag zugrunde liegenden bzw. aus den von der Investmentbank zu ihrer Absicherung erworbenen Aktien der Zielgesellschaft folgten, nach den damals geltenden Mitteilungstatbeständen überwiegend aber verneint.[469]

---

468 Vgl. Hitzer/Düchting, ZIP 2011, S. 1084 (1089 f.); Möritz, ZVglRWiss 109 (2010), S. 94 (115); Noack/Zetsche, in: FS Schwark, S. 569 (569); Seibt, ZGR 2010, S. 795 (820); Teichmann/Epe, WM 2010, S. 1477 (1477).

469 Anzinger, Gesellschaftsrecht in der Diskussion 2010, S. 187 (217 ff., 233); Anzinger, WM 2011, S. 391 (392); Baums/Sauter, ZHR 173 (2009), S. 454 (470, 501); Brandt,

a) *Keine Mitteilungspflicht gemäß § 21 Abs. 1 Satz 1 WpHG*

Der bloße Abschluss des *Swap*-Vertrags begründete keine Mitteilungspflicht gemäß § 21 Abs. 1 Satz 1 WpHG für die durch die Referenzaktien vermittelten Stimmrechte. Denn diese Norm setzte gerade den physischen Erwerb von Aktien voraus.[470] Wie dargestellt, war Gegenstand des *Swap*-Vertrags sowie der anderen eingesetzten Barausgleichsderivate jedoch lediglich der Austausch von Zahlungsströmen. Die physische Übertragung der ihnen zugrunde liegenden Referenzaktien ging mit dem Abschluss solcher Aktienderivate nicht einher.[471] Weder für den Investor noch für die Investmentbank war der Abschluss des *Swap*-Vertrags daher mit dem Erwerb von Aktien verbunden, sodass diesbezüglich die Tatbestandsvoraussetzungen des § 21 Abs. 1 Satz 1 WpHG nicht erfüllt waren.[472]

Aufseiten der Investmentbank kam eine aus § 21 Abs. 1 Satz 1 WpHG resultierende Mitteilungspflicht jedoch in Betracht, wenn sie zur Absicherung ihrer aus dem *Swap*-Vertrag folgenden Vertragsrisiken die als Referenzwert dienenden Aktien physisch erwarb. Um eine Offenlegung der Sicherungsgeschäfte und des diesen zugrunde liegenden *Swap*-Vertrags zu vermeiden, achtete die beteiligte Investmentbank daher stets darauf, dass sie Aktien der Zielgesellschaft lediglich unterhalb der Eingangsschwelle des § 21 Abs. 1 Satz 1 WpHG von 3 % erwarb bzw. nicht mehr als 5 % der Aktien der Zielgesellschaft erwarb und diese in ihrem Handelsbestand i.S.d. § 23 Abs. 4 WpHG hielt.[473] Soweit ihre aus dem *Swap*-Vertrag resultierenden Risiken diese Positionen überstiegen, sicherte sie sich im Übrigen auf synthetischem Wege ab. Hierzu schloss sie beispielsweise mit weiteren Investmentbanken wiederum *Swap*-Verträge ab, in denen sie eine zu dem ursprünglichen *Swap*-Vertrag entgegengesetzte Risikoposition einnahm.[474] Die zusätzlich eingeschalteten Investmentban-

---

BKR 2008, S. 441 (445); von Bülow/Stephanblome, ZIP 2008, S. 1797 (1800 f., 1806); Cascante/Bingel, NZG 2011, S. 1086 (1090); Cascante/Topf, AG 2009, S. 53 (69, 72); Fleischer/Schmolke, ZIP 2008, S. 1501 (1506); Fleischer/Schmolke, NZG 2009, S. 401 (404); Gätsch/Schäfer, NZG 2008, S. 846 (849); Krause, AG 2011, S. 469 (470); Merkner/Sustmann, NZG 2010, S. 681 (682); Möllers/Wenninger, NJW 2011, S. 1697 (1701); Renz/Rippel, BKR 2008, S. 309 (312); Renz/Rippel, BKR 2009, S. 265 (270); Schlitt/Schäfer, AG 2007, S. 227 (233); Süßmann, NZG 2011, S. 1281 (1282); Wackerbarth, ZIP 2010, 1527 (1528); vgl. auch BaFin, Pressemitteilung vom 21. August 2008, abrufbar unter http://www.bafin.de.

470 Siehe bereits S. 45 f.

471 Cascante/Bingel, NZG 2011, S. 1086 (1090).

472 Cascante/Bingel, NZG 2011, S. 1086 (1090).

473 Vgl. Baums/Sauter, ZHR 173 (2009), S. 454 (462); Habersack, AG 2008, S. 817 (818); Merkner/Sustmann, NZG 2010, S. 681 (681); Meyer/Kiesewetter, WM 2009, S. 340 (347); Seibt, ZGR 2010, S. 795 (811 f.); Schiessl, Der Konzern 2009, S. 291 (292); Schanz/Schalast, Schaeffler KG/Continental AG im Lichte der CSX Corp.-Entscheidung des US District Court for the Southern District of New York, S. 24.

474 Vgl. zu solchen Gestaltungen Schiessl, Der Konzern 2009, S. 291 (293); Seibt, ZGR 2010, S. 795 (811 f.); Cascante/Bingel, NZG 2011, S. 1086 (1089); Ferrarini, in:

ken gingen wiederum bei der Absicherung ihrer Vertragsrisiken identisch wie die primär eingebundene Investmentbank vor und erwarben Aktien der Zielgesellschaft lediglich in nicht meldepflichtigem Umfang.[475] Auf diese Weise konnten alle beteiligten Investmentbanken vermeiden, einer Verpflichtung zur Offenlegung der *Swap*-Verträge und der in diesem Zusammenhang vorgenommenen Sicherungsgeschäfte gemäß § 21 Abs. 1 Satz 1 WpHG zu unterliegen.[476]

Bei einer solchen Vorgehensweise kam im Ergebnis nach einhelliger Ansicht für keinen der an dem *Swap*-Vertrag Beteiligten eine unmittelbar aus § 21 Abs. 1 Satz 1 WpHG folgende Mitteilungspflicht in Betracht.

b) Keine Zurechnung gemäß § 22 Abs. 1 Satz 1 Nr. 2 WpHG

Unterschiedlich beurteilt wurde hingegen die Frage, ob aufgrund des *Swap*-Vertrags dem jeweiligen Investor die mit den Referenzaktien verbundenen Stimmrechte gemäß § 22 Abs. 1 Satz 1 Nr. 2 WpHG zuzurechnen waren, und der Investor daher im Fall einer Schwellenberührung der Meldepflicht des § 21 Abs. 1 Satz 1 WpHG unterlag. Nach einhelliger Ansicht schied eine solche Zurechnung zwar aus, wenn keine Sicherungsgeschäfte seitens der Investmentbank vorgenommen wurden. In diesem Fall verfügte die Investmentbank schon über keine Stimmrechte, die dem Investor zugerechnet werden konnten. Uneinheitlich wurde die Rechtslage allerdings beurteilt, wenn die Investmentbank bzw. von dieser eingeschaltete Dritte zur Absicherung ihrer Vertragsrisiken die als Referenzaktien dienenden Aktien der Zielgesellschaft erwarben.

Fraglich war insofern, ob die Investmentbank und die von ihr eingeschalteten Dritten die zur Absicherung ihrer in dem jeweiligen *Swap*-Vertrag eingegangenen wirtschaftlichen Risiken erworbenen Aktien der Zielgesellschaft für Rechnung des Investors hielten. Dies setzte zum einen voraus, dass die wirtschaftlichen Chancen und Risiken dieser Aktien vom Investor getragen wurden.[477] Denn § 22 Abs. 1 Satz 1 Nr. 2 WpHG soll gerade Fälle erfassen, in denen die formal-rechtliche

---

FS Hopt, S. 1803 (1805); Baums/Sauter, ZHR 173 (2009), S. 454 (460 f.); Zetsche, EBOR 2009, S. 115 (121 f.); Christ, Barausgleichsderivate und das Anschleichen an Zielgesellschaften, S. 30; Friedeborn, Vormitgliedschaftliche Beteiligungstransparenz, S. 55.

475 Baums/Sauter, ZHR 173 (2009), S. 454 (460 f.).

476 Soweit die Investmentbank zur Absicherung ihrer Vertragsrisiken aus dem mit dem Investor abgeschlossenen *Swap*-Vertrag weitere Barausgleichsderivate mit gegenläufigem Risikoprofil mit anderen Investmentbanken abschloss, unterlag sie ebenso wie der Investor dem Risiko, dass ihr die Stimmrechte aus den Aktien, die die anderen Investmentbanken ihrerseits zur Absicherung der Vertragsrisiken erwarben, zugerechnet wurden. Für die Investmentbank gelten die folgenden Ausführungen zu einer etwaigen Zurechnung von Stimmrechten zum Investor gemäß § 22 WpHG bzw. einer Meldepflicht gemäß § 25 WpHG daher entsprechend.

477 Schwark, in: Schwark/Zimmer, Kapitalmarktrechts-Kommentar, § 22 WpHG Rn. 4; Cascante/Bingel, NZG 2011, S. 1086 (1090); Habersack, AG 2008, S. 817 (818 f.);

und die wirtschaftliche Eigentümerstellung auseinanderfallen.[478] Zum anderen erfordert eine Zurechnung von Stimmrechten gemäß § 22 Abs. 1 Satz 1 Nr. 2 WpHG aber auch einen zumindest faktischen Einfluss auf die Ausübung der durch diese Aktien vermittelten Stimmrechte.[479]

Die erste dieser beiden Voraussetzungen lag vor. Aufgrund der gegenseitigen Zahlungsverpflichtungen aus dem *Swap*-Vertrag gingen die mit den Aktien verbundenen wirtschaftlichen Chancen ebenso wie die Risiken auf den Investor über. Daher ergab sich eine in wirtschaftlicher Hinsicht einer Treuhandgestaltung vergleichbare Sachlage, auf die der Tatbestand des § 22 Abs. 1 Satz 1 Nr. 2 WpHG gerade zugeschnitten ist.[480]

Hinsichtlich der zweiten Voraussetzung wurden jedoch unterschiedliche Meinungen vertreten.

Schiessl, Der Konzern 2009, S. 291 (295); Teichmann/Epe, WM 2010, S. 1477 (1479); Petersen/Wille, NZG 2009, S. 856 (858).

478 Schwark, in: Schwark/Zimmer, Kapitalmarktrechts-Kommentar, § 22 WpHG Rn. 4; von Bülow, in: Kölner Kommentar, WpHG, § 22 Rn. 75; Schneider, in: Assmann/Schneider, WpHG, § 22 Rn. 52; Anzinger, Gesellschaftsrecht in der Diskussion 2010, S. 187 (218); Baums/Sauter, ZHR 173 (2009), S. 454 (464); Eichner, ZRP 2010, S. 5 (6); Fleischer/Bedkowski, DStR 2010, S. 933 (934); Fleischer/Schmolke, ZIP 2008, S. 1501 (1502); Wansleben, StudZR 2009, S. 465 (470); Christ, Barausgleichsderivate und das Anschleichen an Zielgesellschaften, S. 58.

479 Siehe bereits S. 49; BGH, Urteil vom 16. März 2009, Az. II ZR 302/06, NZG 2009, S. 585 (589) = NJW-RR 2009, S. 828 (832); Süßmann, in: Assmann/Schütze, Handbuch des Kapitalanlagerechts, § 14 Rn. 40; BaFin, Emittentenleitfaden, Ziffer VIII.2.5.2.2; Anzinger, Gesellschaftsrecht in der Diskussion 2010, S. 187 (199, 205); Baums/Sauter, ZHR 173 (2009), S. 454 (464); Cascante/Bingel, NZG 2011, S. 1086 (1090); Cascante/Topf, AG 2009, S. 53 (67); Eichner, ZRP 2010, S. 5 (6); Habersack, AG 2008, S. 817 (818 f.); Hutter/Kaulamo/Plepelits, in: Gedächtnisschrift für Gruson, S. 213 (220 f.); Möritz, ZVglRWiss 109 (2010), S. 94 (107); Merkner/Sustmann, NZG 2013, S. 1361 (1364); Noack/Zetsche, in: FS Schwark, S. 569 (575); Petersen/Wille, NZG 2009, S. 856 (859); Seibt, CFL 2011, S. 213 (219); Teichmann/Epe, WM 2010, S. 1477 (1479); von Bülow/Petersen, NZG 2009, S. 1373 (1374); Wansleben, StudZR 2009, S. 465 (470); Widder/Kocher, GWR 2011, S. 461 (462 f.); Zetsche, EBOR 2009, S. 115 (133); Zetsche, Status Recht 2008, S. 276 (277); a.A. Schanz, DB 2008, S. 1899 (1902); Schanz/Schalast, Schaeffler KG/Continental AG im Lichte der CSX Corp.-Entscheidung des US District Court for the Southern District of New York, S. 17; ausführlich Christ, Barausgleichsderivate und das Anschleichen an Zielgesellschaften, S. 61 ff.; Starke, Beteiligungstransparenz im Gesellschafts- und Kapitalmarktrecht, S. 202.

480 Cascante/Bingel, NZG 2011, S. 1086 (1090); Habersack, AG 2008, S. 817 (818); Hutter/Kaulamo/Plepelits, in: Gedächtnisschrift für Gruson, S. 213 (220); Schiessl, S. 291 (295); Teichmann/Epe, WM 2010, S. 1477 (1479); differenzierend Baums/Sauter, ZHR 173 (2009), S. 454 (465); a.A. Cascante/Topf, AG 2009, S. 53 (68); zur wirtschaftlichen Betrachtung der gegenseitigen Zahlungsversprechen eines *Cash Settled Total Return Equity Swaps* siehe bereits S. 78.

Teilweise wurde auch diese als erfüllt angesehen.[481] Der erforderliche Einfluss auf die Stimmrechtsausübung ergebe sich daraus, dass die Investmentbank mangels eigenem wirtschaftlichen Interesse üblicherweise die Stimmrechte der von ihr gehaltenen Aktien nach den Wünschen des Investors ausübe.[482] Zusätzlich resultiere ein entsprechender Einfluss des Investors auch daraus, dass die Investmentbank aufgrund wirtschaftlicher Erwägungen[483] im Grunde keine andere Wahl habe, als die von ihr erworbenen Aktien der Zielgesellschaft während der Laufzeit des *Swap*-Vertrags zu halten und sie anschließend dem Investor anzudienen.[484] Auf diese Weise schalte der Investor zumindest die Stimmrechte der von der Investmentbank erworbenen Aktien aus und erhöhe im Gegenzug das Stimmgewicht etwaiger, bereits selbst gehaltener Aktien.[485]

Überwiegend wurde jedoch darauf hingewiesen, dass die Investmentbank die Stimmrechte aus den von ihr erworbenen Aktien der Zielgesellschaft frei ausüben könne, da sie schon nicht zu deren Erwerb verpflichtet war und dementsprechend auch keinem Weisungsrecht des Investors hinsichtlich der Stimmrechtsausübung unterliegen könne.[486] Darüber hinaus könne auch nicht davon ausgegangen werden, dass sich die Investmentbank bei der Stimmrechtsausübung faktisch an den Wünschen des Investors orientiere, da Banken in solchen Fällen häufig generell von einer Stimmrechtsausübung absehen.[487] Auch seien rein wirtschaftliche Er-

---

481 Engert, ZIP 2006, S. 2105 (2110); Habersack, AG 2008, S. 817 (818); Schanz, DB 2008, S. 1899 (1902), Schanz/Schalast, Schaeffler KG/Continental AG im Lichte der CSX Corp.-Entscheidung des US District Court for the Southern District of New York, S. 17 f.

482 Engert, ZIP 2006, S. 2105 (2108, 2110); Möritz, ZVglRWiss 109 (2010), S. 94 (117); Habersack, AG 2008, S. 817 (818); Schanz, DB 2008, S. 1899 (1902), Schanz/Schalast, Schaeffler KG/Continental AG im Lichte der CSX Corp.-Entscheidung des US District Court for the Southern District of New York, S. 17 f.; Weber/Meckbach, BB 2008, S. 2022 (2028 f.); vgl. auch Hutter/Kaulamo/Plepelits, in: Gedächtnisschrift für Gruson, S. 213 (221 f.); Anzinger, Gesellschaftsrecht in der Diskussion 2010, S. 187 (218); Fleischer/Schmolke, ZIP 2008, S. 1501 (1505); Zetsche, EBOR 2009, S. 115 (140).

483 Siehe bereits S. 81 ff.

484 Habersack, AG 2008, S. 817 (818 f.); Noack/Zetsche, in: FS Schwark, S. 569 (577 f.); vgl. auch Cascante/Topf, AG 2009, S. 53 (67); Fleischer/Schmolke, ZIP 2008, S. 1501 (1505 f.).

485 Noack/Zetsche, in: FS Schwark, S. 569 (577 f.); Zetsche, EBOR 2009, S. 115 (139).

486 Baums/Sauter, ZHR 173 (2009), S. 454 (467); Brouwer, AG 2010, S. 404 (406); Cascante/Bingel, NZG 2011, S. 1086 (1090); Eichner, ZRP 2010, S. 5 (6); Merkner/Sustmann, NZG 2010, S. 681 (682); Meyer/Kiesewetter, WM 2009, S. 340 (345); Schiessl, Der Konzern 2009, S. 291 (295); Teichmann/Epe, WM 2010, S. 1477 (1479); Wackerbarth, ZIP 2010, S. 1527 (1528).

487 Baums/Sauter, ZHR 173 (2009), S. 454 (467); Eichner, ZRP 2010, S. 5 (6); Fleischer/Schmolke, ZIP 2008, S. 1501 (1506); Fleischer/Schmolke, NZG 2010, S. 846 (852); Merkner/Sustmann, NZG 2010, S. 1170 (1174).

wägungen nicht geeignet, um einen Einfluss auf die Stimmrechtsausübung zu begründen, da die Investmentbank trotz der für sie bestehenden, wirtschaftlichen Anreize frei über die Aktien und die daraus folgenden Stimmrechte verfügen könne.[488] Schließlich habe der Investor auch keine Kenntnis, ob die Investmentbank tatsächlich Aktien der Zielgesellschaft erwirbt, sodass eine Zurechnung gemäß § 22 Abs. 1 Satz 1 Nr. 2 WpHG aus Sicht des Investors von Zufälligkeiten abhinge.[489]

Im Ergebnis wurde daher zutreffend von der überwiegenden Meinung auch eine Mitteilungspflicht gemäß §§ 21 Abs. 1 Satz 1 i.V.m. 22 Abs. 1 Satz 1 Nr. 2 WpHG abgelehnt.[490]

c) *Keine Zurechnung gemäß § 22 Abs. 1 Satz 1 Nr. 5 WpHG*

Wiederum einhellig wurde eine aus §§ 21 Abs. 1 Satz 1 i.V.m. 22 Abs. 1 Satz 1 Nr. 5 WpHG folgende Meldepflicht des Investors für die Stimmrechte der dem *Swap*-Vertrag zugrunde liegenden Aktien der Zielgesellschaft abgelehnt. Selbst im Fall von physischen Sicherungsgeschäften der Investmentbank hatte der Investor nicht die Möglichkeit, die von der Investmentbank erworbenen Aktien der Zielgesellschaft mithilfe nur einer Willenserklärung zu erwerben.[491] Der Regelungsinhalt des *Swap*-Vertrags beschränkte sich lediglich auf den Austausch von Zahlungsströmen. Die physische Übertragung von Aktien zwischen den Vertragsparteien war darin gerade nicht angelegt. Unabhängig von der Frage, ob die Investmentbank zur Absicherung ihrer Vertragsrisiken die als Referenzwert dienenden Aktien erwarb, bedurfte eine physische Übertragung von Aktien in jedem Fall noch deren Mitwirken, sodass keine von § 22 Abs. 1 Satz 1 Nr. 5 WpHG vorausgesetzte Erwerbsposition vorlag.

---

488 Fleischer/Schmolke, ZIP 2008, S. 1501 (1506); Cascante/Topf, AG 2009, S. 53 (68); Hutter/Kaulamo/Plepelits, in: Gedächtnisschrift für Gruson, S. 213 (222); Teichmann/Epe, WM 2010, S. 1477 (1479); Cascante/Bingel, NZG 2011, S. 1086 (1090); vgl. auch Wansleben, StudZR 2009, S. 465 (470).

489 Hutter/Kaulamo/Plepelits, in: Gedächtnisschrift für Gruson, S. 213 (222); Cascante/Topf, AG 2009, S. 53 (67 f.); vgl. auch Schanz, DB 2008, S. 1899 (1904).

490 Fleischer/Schmolke, ZIP 2008, S. 1501 (1506); Anzinger, Gesellschaftsrecht in der Diskussion 2010, S. 187 (205); Brandt, BRK 2010, S. 270 (271); Cascante/Bingel, NZG 2011, S. 1086 (1090); Cascante/Topf, AG 2009, S. 53 (67 f.); Hutter/Kaulamo/Plepelits, in: Gedächtnisschrift für Gruson, S. 213 (222); Meyer/Kiesewetter, WM 2009, S. 340 (348); Teichmann/Epe, WM 2010, S. 1477 (1479); Wansleben, StudZR 2009, S. 465 (473); Christ, Barausgleichsderivate und das Anschleichen an Zielgesellschaften, S. 77.

491 Baums/Sauter, ZHR 173 (2009), S. 454 (467 f.); Cascante/Topf, AG 2009, S. 53 (68); Fleischer/Schmolke, ZIP 2008, S. 1501 (1504); Merkner/Sustmann, NZG 2010, S. 681 (682); Teichmann/Epe, WM 2010, S. 1477 (1479); Weber/Meckbach, BB 2008, S. 2022 (2022); Christ, Barausgleichsderivate und das Anschleichen an Zielgesellschaften, S. 80.

d) Keine Zurechnung gemäß § 22 Abs. 2 WpHG

Ebenso wurde eine Meldepflicht des Investors gemäß § 21 Abs. 1 Satz 1 i.V.m. 22 Abs. 2 WpHG verneint. Selbst wenn die Investmentbank zur Absicherung ihrer Vertragsrisiken die als Referenzwert dienenden Aktien erwarb, scheiterte die Zurechnung von Stimmrechten wegen einer Verhaltensabstimmung i.S.d. § 22 Abs. 2 WpHG daran, dass mit dem *Swap*-Vertrag keinerlei Abstimmung der Vertragsparteien über die Ausübung von Stimmrechten bzw. mit dem Ziel einer dauerhaften und erheblichen Änderung der unternehmerischen Ausrichtung der Zielgesellschaft einherging.[492] Der *Swap*-Vertrag enthielt weder Regelungen über die Ausübung etwaiger Stimmrechte noch wurde darin die unternehmerische Ausrichtung der Zielgesellschaft thematisiert.[493] Einziger Bezug des *Swap*-Vertrags zur Zielgesellschaft war die Berechnung der gegenseitigen Zahlungsverpflichtungen anhand der Wertentwicklung ihrer Aktien. Und auch ein etwaiger, abgestimmter Erwerb von Aktien, der im Zusammenhang mit *Cash Settled Total Return Equity Swaps* mangels vertraglicher Verpflichtung der Investmentbank zum Erwerb von Aktien bereits fraglich war, führte jedenfalls aufgrund des aus der Entstehungsgeschichte des Risikobegrenzungsgesetzes abzuleitenden Willen des Gesetzgebers nicht zu einer Zurechnung von Stimmrechten gemäß § 22 Abs. 2 WpHG.[494]

e) Keine Mitteilungspflicht gemäß § 25 Abs. 1 Satz 1 WpHG

Unterschiedlich wurde schließlich die Frage einer von § 25 Abs. 1 Satz 1 WpHG begründeten Mitteilungspflicht des Investors für die dem *Swap*-Vertrag zugrunde liegenden Aktien beurteilt, soweit die Investmentbank zur Absicherung ihrer Vertragsrisiken Aktien in entsprechendem Umfang tatsächlich erwarb.

---

492 Baums/Sauter, ZHR 173 (2009), S. 454 (468); Brouwer, AG 2010, S. 404 (406); Cascante/Topf, AG 2009, S. 53 (53); Noack/Zetsche, in: FS Schwark, S. 569 (573 f.); Schanz, DB 2008, S. 1899 (1904); Schiessl, Der Konzern 2009, S. 291 (296); Weber/Meckbach, BB 2008, S. 2022 (2026); Wackerbarth, ZIP 2010, S. 1527 (1528); Merkner/Sustmann, NZG 2010, S. 681 (682); Meyer/Kiesewetter, WM 2009, S. 340 (348).

493 Vgl. Cascante/Topf, AG 2009, S. 53 (68); Baums/Sauter, ZHR 173 (2009), S. 454 (468); Christ, Barausgleichsderivate und das Anschleichen an Zielgesellschaften, S. 86 f.

494 Während der RegBegrE zum Risikobegrenzungsgesetz, BT-Drucks. 16/7438, S. 5, noch den abgestimmten Parallelerwerb ausdrücklich in den Regelungsbereich des § 22 Abs. 2 WpHG einbezog, wurde dieser Regelungsgegenstand im nachfolgenden Gesetzgebungsverfahren auf Vorschlag des Finanzausschusses, BT-Drucks. 16/9821, S. 5, bewusst entfernt. Dieser Gesetzeshistorie ist klar zu entnehmen, dass der abgestimmte Erwerb von Aktien nicht von § 22 Abs. 2 WpHG erfasst werden soll; vgl. auch Hutter/Kaulamo/Plepelits, in: Gedächtnisschrift für Gruson, S. 213 (223 f.); Gätsch/Schäfer, NZG 2008, S. 846 (848 f.); von Bülow/Stephanblome, ZIP 2008, S. 1797 (1799); Meyer/Kiesewetter, WM 2009, S. 340 (348); Teichmann/Epe, WM 2010, S. 1477 (1479); a.A. Engert, ZIP 2006, S. 2105 (2111).

Vereinzelt wurde insofern eine Mitteilungspflicht des Investors nach dieser Norm bzgl. der mit den Aktien der Zielgesellschaft verbundenen Stimmrechte angenommen.[495] Eine rechtlich bindende Vereinbarung i.S.d. § 25 Abs. 1 Satz 1 WpHG sei auch bei einem sog. "Gentleman's Agreement"[496] anzunehmen, für dessen Vorliegen bei *Cash Settled Total Return Equity Swaps* eine Vermutung spreche.[497] Denn die wirtschaftlichen Anreize, die trotz der auf Geldzahlungen beschränkten, vertraglichen Vereinbarungen bei der Abwicklung des *Swap*-Vertrags zur physischen Übertragung von Aktien führen konnten, seien allen Beteiligten bekannt und würden dem Vertragsabschluss stillschweigend zugrunde gelegt.[498]

Die herrschende Meinung lehnte jedoch auch eine aus § 25 Abs. 1 Satz 1 WpHG folgende Mitteilungspflicht des Investors ab. Der Wortlaut dieser Norm verlange gerade ein einseitiges, aus einer rechtlich bindenden Vereinbarung folgendes Erwerbsrecht. Hiervon könne im Fall lediglich faktischer bzw. wirtschaftlicher Anreize zur Andienung der Aktien der Zielgesellschaft keine Rede sein.[499] Zusätzlich bestimme auch Art. 11 Abs. 1 Satz 1 und 3 der Transparenzrichtlinie-Durchführungsrichtlinie[500]

---

495 Schanz/Schalast, Schaeffler KG/Continental AG im Lichte der CSX Corp.-Entscheidung des US District Court for the Southern District of New York, S. 22; Schneider/Brouwer, AG 2008, S. 557 (563 f.); Schneider/Anzinger, ZIP 2009, S. 1 (7).

496 Schulze, in: Heidel/Hüßtege/Mansel/Noack, BGB, Vorbemerkungen zu §§ 145–157 Rn. 26 ff.; Grüneberg, in: Palandt, BGB, Einl v § 241 Rn. 7; Bork, in: Staudinger, BGB, Vorbem zu §§ 145 ff. Rn. 3; Krebs, in: Dauner-Lieb/Langen, Schuldrecht, § 241 BGB Rn. 12; Eckert, in: Bamberger/Roth, BGB, § 145 Rn. 36; Westermann, in: Erman, BGB, Einl § 241 Rn. 15; Renn, Einsatz und Offenlegung von Derivaten bei Unternehmensübernahmen, S. 247.

497 Schanz/Schalast, Schaeffler KG/Continental AG im Lichte der CSX Corp.-Entscheidung des US District Court for the Southern District of New York, S. 22; Schneider/Brouwer, AG 2008, S. 557 (563 f.); Schneider/Anzinger, ZIP 2009, S. 1 (7).

498 Vgl. Baums/Sauter, ZHR 173 (2009), S. 454 (462).

499 Antwort der Bundesregierung auf eine kleine Anfrage vom 26. August 2008, BT-Drucks. 16/10167, S. 4; Anzinger, Gesellschaftsrecht in der Diskussion 2010, S. 187 (220); Baums/Sauter, ZHR 173 (2009), S. 454 (469); Brouwer, AG 2010, S. 404 (406); von Bülow/Stephanblome, ZIP 2008, S. 1797 (1800 f., 1806); Cascante/Bingel, NZG 2011, S. 1086 (1090); Cascante/Topf, AG 2009, S. 53 (68); Eichner, ZRP 2010, S. 5 (6); Fleischer/Schmolke, ZIP 2008, S. 1501 (1504, 1506); Gätsch/Schäfer, NZG 2008, S. 846 (849); Hutter/Kaulamo/Plepelits, in: Gedächtnisschrift für Gruson, S. 213 (226); Merkner/Sustmann, NZG 2010, S. 681 (682); Meyer/Kiesewetter, WM 2009, S. 340 (345); Noack/Zetsche, in: FS Schwark, S. 569 (579); Schiessl, Der Konzern 2009, S. 291 (296); Teichmann/Epe, WM 2010, S. 1477 (1479); Wansleben, StudZR 2009, S. 465 (477); Weber/Meckbach, BB 2008, S. 2022 (2024); ausführlich Christ, Barausgleichsderivate und das Anschleichen an Zielgesellschaften, S. 87 ff.

500 Richtlinie 2007/14/EG der Kommission vom 8. März 2007 mit Durchführungsbestimmungen zu bestimmten Vorschriften der Richtlinie 2004/109/EG zur Harmonisierung der Transparenzanforderungen in Bezug auf Informationen über Emittenten, deren Wertpapiere zum Handel an einem geregelten Markt zugelassen sind, ABl. EU, L 69, 9. März 2007, S. 27 ff.

hinsichtlich des Anwendungsbereichs von Art. 13 Abs. 1 der zweiten Transparenzrichtlinie explizit, dass nur solche Finanzinstrumente erfasst werden sollen, die entweder ein unbedingtes Recht zum Erwerb von Aktien gewähren oder aber eine Ermessensbefugnis des Inhabers hinsichtlich des Aktienerwerbs vorsehen.[501] Instrumente, die diese Voraussetzungen nicht erfüllen, fallen nicht in den Anwendungsbereich dieser Norm. Daher könne für § 25 Abs. 1 Satz 1 WpHG, mit dessen Einführung im Rahmen des TUG der deutsche Gesetzgeber die inhaltsgleiche Umsetzung dieser europarechtlichen Vorgabe bezweckte,[502] kein anderes Verständnis Anwendung finden.

Im Ergebnis wurde daher auch eine Mitteilungspflicht des Investors gemäß § 25 Abs. 1 Satz 1 WpHG zutreffend verneint.

f) Zusammenfassung und Analyse der bis zum Inkrafttreten des AnsFuG bestehenden Rechtslage

Zusammenfassend ist festzuhalten, dass nach der bis zum Inkrafttreten des AnsFuG bestehenden Rechtlage der Abschluss von *Cash Settled Total Return Equity Swaps* oder von ähnlichen Barausgleichsderivaten nicht offenlegungspflichtig war.[503] Weder wurde eine Mitteilungspflicht durch § 21 Abs. 1 Satz 1 WpHG begründet, noch waren die Voraussetzungen eines der Zurechnungstatbestände des § 22 Abs. 1 Satz 1, Abs. 2 WpHG erfüllt. Auch wurde der Abschluss von Barausgleichsderivaten nicht von dem Mitteilungstatbestand des § 25 Abs. 1 Satz 1 WpHG erfasst.

Die maßgebliche Ursache für diesen Befund lag in der bis zum Inkrafttreten des AnsFuG bestehenden Systematik der kapitalmarktrechtlichen Beteiligungstransparenz begründet. Anknüpfungspunkt der Mitteilungspflichten der §§ 21 bis 30 WpHG in ihrer bis zum Inkrafttreten des AnsFuG geltenden Fassung war ausschließlich gegenwärtiger sowie in eng umgrenzten Fällen auch zukünftiger, durch Aktien vermittelter Stimmrechtseinfluss.[504] So verpflichteten die Mitteilungspflichten der

---

501 Anzinger, Gesellschaftsrecht in der Diskussion 2010, S. 187 (220); Anzinger, WM 2011, S. 391 (393); Fleischer/Schmolke, ZIP 2008, S. 1501 (1504); vgl. auch Schneider/Brouwer, AG 2008, S. 557 (563).

502 RegBegrE zum TUG, BT-Drucks. 16/2498, S. 36 f.

503 So auch RegBegrE zum AnsFuG, BT-Drucks. 17/3628, S. 1.

504 Siehe bereits S. 58; Schneider, in: Assmann/Schneider, WpHG, Vor § 21 Rn. 32; Opitz, in: Schäfer/Hamann, KMG, Vor § 21 WpHG Rn. 5; Dehlinger/Zimmermann, in: Fuchs, WpHG, § 21 Rn. 17; Anzinger, Gesellschaftsrecht in der Diskussion 2010, S. 187 (198, 200, 207 f., 219, 233); Anzinger, WM 2011, S. 391 (396); Brandt, BKR 2008, S. 441 (447); Cahn, AG 1997, S. 502 (503); Fleischer/Schmolke, NZG 2010, S. 846 (853); Krause, AG 2011, S. 469 (470); Noack/Zetsche, in: FS Schwark, S. 569 (575); Seibt, ZGR 2010, S. 795 (805, 813, 822, 835); Teichmann/Epe, WM 2012, S. 1213 (1213); vgl. auch Hirte, Der Konzern 2010, S. 599 (603); Möritz, ZVglRWiss 109 (2010), S. 94 (119); Teichmann/Epe, WM 2012, S. 1213 (1214); Theusinger/Möritz, NZG 2010, S. 607 (610); bzgl. der Transparenzrichtlinie Brinckmann, BB

§§ 21 bis 30 WpHG in ihrer damaligen Fassung lediglich zur Offenlegung von gegenwärtig bereits bestehendem sowie von zukünftigem Stimmrechtseinfluss, der sich mit hinreichender Sicherheit tatsächlich realisiert, da er aufgrund von einseitigen, rechtlich verbindlichen Zugriffsrechten auf mit Stimmrechten verbundene Aktien bereits hinreichend verfestigt war.[505] Etwaige wirtschaftlich oder faktisch vermittelte Einflussmöglichkeiten sowie zukünftiger, aber rechtlich noch ungesicherter Stimmrechtseinfluss wurden hingegen von den einzelnen Mitteilungs- und Zurechnungstatbeständen nicht erfasst.[506]

Gemeinsame Voraussetzung des Mitteilungstatbestands des § 21 Abs. 1 Satz 1 WpHG sowie der Zurechnungstatbestände des § 22 Abs. 1 Satz 1, 2, Abs. 2 WpH G und des Meldetatbestands des § 25 Abs. 1 Satz 1 WpHG war zunächst, dass ein Sachverhalt vorlag, der eine „Sonderverbindung" zu Aktien eines börsennotierten Unternehmens aufwies. Im Fall des § 21 Abs. 1 Satz 1 WpHG besteht diese „Sonderverbindung" beispielsweise im zivilrechtlichen Eigentum an den Aktien. Der Zurechnungstatbestand des § 22 Abs. 1 Satz 1 Nr. 3 WpHG lässt im Fall der Sicherungsübereignung von Aktien als „Sonderverbindung" bereits die dieser Sicherungsübereignung zugrunde liegende Sicherungsabrede ausreichen.

Allein das Vorliegen einer solchen „Sonderverbindung" ließ eine Mitteilungspflicht jedoch noch nicht entstehen. Eine Verpflichtung zur Offenlegung wurde erst dann begründet, wenn die „Sonderverbindung" eine bestimmte Qualität aufwies. Sie musste insofern über ihren Bezug zu Aktien eines börsennotierten Unternehmens hinaus auch eine einseitig durchsetzbare Zugriffsmöglichkeit hinsichtlich der von diesen Aktien vermittelten Stimmrechte gewähren.[507] Im Fall des § 21 Abs. 1 Satz 1 WpHG erlaubt beispielsweise das zivilrechtliche Eigentum an den Aktien auch die Disposition über die hiermit verbundenen Stimmrechte. Bei der Zurechnung von Stimmrechten gemäß § 22 Abs. 1 Satz 1 Nr. 1 WpHG, die aus Aktien eines Tochterunternehmens stammen, kann das Mutterunternehmen aufgrund seines beherrschenden Einflusses auf das Tochterunternehmen mittelbar auch über die Ausübung der Stimmrechte bestimmen. Bei der von dem Zurechnungstatbestand des § 22 Abs. 1 Satz 1 Nr. 3 WpHG erfassten Sicherungsübereignung gewährt das in der Sicherungsabrede begründete Weisungsrecht dem Sicherungsgeber eine Möglichkeit zur bestimmenden Einflussnahme auf die Stimmrechtsausübung.

Voraussetzung für eine Mitteilungspflicht war demnach eine einseitig durchsetzbare Rechtsposition, die sich unmittelbar zunächst auf Aktien eines börsennotierten

---

2012, S. 1370 (1372); Renz/Rippel, BKR 2009, S. 265 (266); Wansleben, StudZR 2009, S. 465 (480); Friedeborn, Vormitgliedschaftliche Beteiligungstransparenz, S. 51.

505 Ähnlich Brandt, WM 2014, S. 543 (544).

506 Vgl. Seibt, ZGR 2010, S. 795 (815).

507 Ähnlich Veil, in: Schmidt/Lutter, AktG, Anh. § 22: § 22 WpHG Rn. 1; Brellochs, ZIP 2011, S. 2225 (2227); diesen Umstand als „Rückbindung" bezeichnend Friedeborn, Vormitgliedschaftliche Beteiligungstransparenz, S. 156.

Unternehmens bezog und über diese Verknüpfung hinaus, in einem zweiten Schritt mittelbar auch den Zugriff auf Stimmrechte ermöglichte.[508]

Einen so gearteten Stimmrechtseinfluss, an den eine Mitteilungspflicht hätte anknüpfen können, gewähren *Cash Settled Total Return Equity Swaps* und ähnliche aktienbasierte Barausgleichsderivate jedoch nicht.[509] Zwar weisen auch aktienbasierte Barausgleichsderivate auf den ersten Blick insofern eine mittelbare Verbindung zu Stimmrechten auf, als sich die darin vereinbarten Zahlungsverpflichtungen in Abhängigkeit von der Wertentwicklung der jeweiligen Referenzaktien bestimmen und diese Referenzaktien wiederum Stimmrechte vermitteln. Allein mit dieser Verknüpfung geht jedoch keine Möglichkeit zur Einflussnahme auf die Ausübung der durch die Referenzaktien vermittelten Stimmrechte einher. Denn der Regelungsinhalt von aktienbasierten Barausgleichsderivaten erschöpft sich in der wirtschaftlichen Abbildung der Kursentwicklung der Referenzaktien.[510] So sind die in einem solchen Derivat vereinbarten Zahlungsverpflichtungen zwar in ihrem Bestehen und in ihrer Höhe von der Wertentwicklung der Referenzaktien abhängig. Für beide Vertragsparteien wird daher eine wirtschaftliche Teilhabe an der Entwicklung der Referenzaktien begründet. Über diese wirtschaftliche Verknüpfung mit den Referenzaktien erzeugen Barausgleichsderivate jedoch keinerlei Rechtswirkungen hinsichtlich der in diesen Aktien zusammengefassten Mitgliedschaftsrechte, zu denen auch die jeweiligen Stimmrechte zählen.[511] Zum einen besteht für eine solche Regelung schon keine Grundlage, da keine der beiden Vertragsparteien überhaupt verpflichtet ist, tatsächlich Referenzaktien physisch zu besitzen bzw. zu erwerben. Zum anderen handelt es sich bei der Verknüpfung zwischen Barausgleichsderivat und Referenzaktie auch um eine rein einseitige Verbindung. Die Wertentwicklung des Derivats ist zwar von derjenigen der Referenzaktie abhängig. Umgekehrt sind die Referenzaktien jedoch vollständig unabhängig von den Derivaten, sodass auch die darin zusammengefassten Mitgliedschaftsrechte von der Entwicklung und dem Schicksal der Barausgleichsderivate völlig unbeeinflusst bleiben.

Bildlich gesprochen beinhalten aktienbasierte Barausgleichsderivate im Ergebnis zwar auf einer ersten Ebene eine „Sonderverbindung“ zu den Referenzaktien. Dieser fehlt es jedoch an der von den Mitteilungs- und Zurechnungstatbeständen der §§ 21 bis 30 WpHG in ihrer bis zum Inkrafttreten des AnsFuG geltenden Fassung vorausgesetzten Qualität einer einseitig durchsetzbaren Zugriffsmöglichkeit auf die von den Aktien vermittelten Stimmrechte. Denn Barausgleichsderivate entfalten

508 Hintergrund dieser auf den ersten Blick recht kompliziert erscheinenden Konstruktion war das in § 8 Abs. 5 AktG normierte aktienrechtliche Abspaltungsverbot, das eine isolierte Verfügung über die aus Aktien stammenden Stimmrechte verbietet; siehe bereits S. 45.

509 Vgl. Anzinger, Gesellschaftsrecht in der Diskussion 2010, S. 187 (200, 203); Baums/Sauter, ZHR 173 (2009), S. 454 (470); Cascante/Topf, AG 2009, S. 53 (71).

510 Seibt, ZGR 2010, S. 795 (813).

511 Ebenso Baums/Sauter, ZHR 173 (2009), S. 454 (462).

keinerlei Wirkung hinsichtlich der Verbindung zwischen den Referenzaktien und den hieraus stammenden Stimmrechten.

Dieser Befund änderte sich auch dann nicht, wenn diejenige Partei, die im Rahmen eines Barausgleichsderivats eine *Short Position* einging, Eigentum an Referenzaktien besaß oder erwarb, wie dies bei dem bereits beschriebenen Einsatz von aktienbasierten Barausgleichsderivaten zum verdeckten Aufbau einer Beteiligung regelmäßig der Fall war. Denn auch in diesem Fall neutralisieren sich bei dieser Vertragspartei lediglich die wirtschaftlichen Chancen und Risiken, die einerseits durch das Barausgleichsderivat neu geschaffen wurden und andererseits aus dem physischen Aktieneigentum resultieren. Bei der anderen Vertragspartei entsteht spiegelbildlich hierzu lediglich eine wirtschaftliche Teilhabe an der Wertentwicklung der Referenzaktien neu. Das durch das Aktieneigentum begründete Stimmrechtspotenzial verbleibt jedoch stets bei seinem ursprünglichen Inhaber und wird von den Vereinbarungen in dem Barausgleichsderivat nicht berührt. Der Vertragspartner erlangt demgemäß keinerlei Stimmrechtseinfluss. Eine andere Beurteilung rechtfertigt auch nicht der Umstand, dass aktienbasierte Barausgleichsderivate den späteren Erwerb der Referenzaktien und somit auch die Erlangung der Stimmrechte erleichtern konnten.[512] Denn die Erleichterung des Aktienerwerbs ermöglicht allenfalls zukünftigen Stimmrechtseinfluss. Ein solcher zukünftiger Stimmrechtseinfluss verpflichtete nach der bis zum Inkrafttreten des AnsFuG bestehenden Systematik der kapitalmarktrechtlichen Beteiligungstransparenz jedoch nur dann zu einer Mitteilung, wenn er in Form eines nicht mehr entziehbaren Erwerbsrechts bereits gegenwärtig verfestigt war. Trotz der durch Barausgleichsderivate geschaffenen, günstigen Erwerbsposition derjenigen Vertragspartei, die darin eine *Long Position* einnimmt, ist der Erwerb der Aktien und der hiermit verbundenen Stimmrechte noch von mehreren Unwägbarkeiten und der Mitwirkung der Gegenpartei abhängig. Eine einseitig durchsetzbare Zugriffsmöglichkeit – wie sie von den Mitteilungs- und Zurechnungstatbeständen der §§ 21 bis 30 WpHG in ihrer bis zum Inkrafttreten des AnsFuG geltenden Fassung vorausgesetzt wurde – besteht hingegen nicht.

Bei saldierender Betrachtung kommt es in Fällen, in denen eine Vertragspartei bereits über Aktieneigentum verfügt oder solches hinzu erwirbt, aufgrund von aktienbasierten Barausgleichsderivaten insofern zu einer Übertragung der wirtschaftlichen Chancen und Risiken hinsichtlich der Referenzaktien von dem Aktieneigentümer auf seinen Vertragspartner, während die durch die Referenzaktien vermittelten Stimmrechte unverändert bei dem Eigentümer der Aktien verbleiben.[513] Insofern lässt sich von einer synthetischen Aufspaltung oder Entkoppelung der wirtschaftlichen Teilhabe an den Referenzaktien einerseits und der hieraus folgenden Stimmrechte andererseits sprechen.[514]

---

512 Siehe bereits S. 79 ff.

513 Vgl. Anzinger, Gesellschaftsrecht in der Diskussion 2010, S. 187 (200, 205).

514 Seibt, ZGR 2010, S. 795 (796); Anzinger, Gesellschaftsrecht in der Diskussion 2010, S. 187 (205 f.); Ferrarini, in: FS Hopt, S. 1803 (1804); Hu/Black, Southern California

Die im Rahmen dieser Aufspaltung aufseiten der einen Vertragspartei begründete Teilhabe an der Wertentwicklung der Referenzaktien wird im Schrifttum als „wirtschaftliches Eigentum“ oder “*Economic Ownership*” bezeichnet.[515] Es handelt sich hierbei um eine rein wirtschaftliche Teilhabe, mit der keinerlei Mitgliedschaftsrechte und insbesondere keine Stimmrechte einhergehen. Als Komplementärelement[516] verbleiben bei der anderen Vertragspartei die aus den Referenzaktien fließenden Stimmrechte, die jedoch um jegliche wirtschaftliche Teilhabe entleert sind. Diese ermöglichen es ihrem Inhaber, die Stimmrechte auszuüben, ohne die hieraus entstehenden wirtschaftlichen Konsequenzen tragen zu müssen, und diese daher ggf. sogar gegen die Interessen des Unternehmens einzusetzen.[517] Diese Möglichkeit wird im Schrifttum als “*Empty Voting*” bezeichnet.[518]

Weder das Entstehen von „wirtschaftlichem Eigentum“ in diesem Sinne noch die Möglichkeit des “*Empty Voting*” konnte von den Mitteilungs- und Zurechnungstatbeständen der kapitalmarktrechtlichen Beteiligungstransparenz in ihrer bis zum Inkrafttreten des AnsFuG geltenden Fassung abgebildet werden. Lediglich diejenige

---

Law Review, Volume 79, 2006, Nr. 4, S. 811 (823 ff.); Hu/Black, Journal of Corporate Finance, Volume 13, 2007, S. 343 (345 ff.); Hu/Black, University of Pennsylvania Law Review, Volume 156, 2008, Nr. 3, S. 625 (632 ff.); Krause, AG 2011, S. 469 (473), Kumpan/Mittermeier, ZIP 2009, S. 404 (405); Merkner/Sustmann, NZG 2010, S. 1170 (1171); Merkner/Sustmann, NZG 2010, S. 681 (682); Wackerbarth, ZIP 2010, 1527 (1528); vgl. auch Noack, in: Die Ökonomie der Aktie, S. 54 (71).

515 Hu/Black, Southern California Law Review, Volume 79, 2006, Nr. 4, S. 811 (824); Hu/Black, The Business Lawyer, Volume 61, 2006, Nr. 3, S. 1011 (1022); Möritz, ZVglRWiss 109 (2010), S. 94 (96); vgl. auch Anzinger, Gesellschaftsrecht in der Diskussion 2010, S. 187 (206); Fleischer/Schmolke, NZG 2010, S. 846 (847), Weber/Meckbach, BB 2008, S. 2022 (2022). Es lässt sich diesbezüglich zwischen positivem und negativem *Economic Ownership* unterscheiden. Die jeweilige Einordnung erfolgt abhängig davon, ob von einem Kursanstieg oder einem Kursverfall profitiert wird, vgl. Hu/Black, Southern California Law Review, Volume 79, 2006, Nr. 4, S. 811 (824); Theusinger/Möritz, NZG 2010, S. 607 (607).

516 Fleischer/Schmolke, NZG 2010, S. 846 (847); vgl. auch Anzinger, Gesellschaftsrecht in der Diskussion 2010, S. 187 (206).

517 Teichmann/Epe, WM 2012, S. 1213 (1214); Anzinger, Gesellschaftsrecht in der Diskussion 2010, S. 187 (206); Engert, ZIP 2006, S. 2105 (2107 f.); Möritz, ZVglRWiss 109 (2010), S. 94 (96 f.); verschiedene Beispiele schildernd Hu/Black, Southern California Law Review, Volume 79, 2006, Nr. 4, S. 811 (828 ff.); Hu/Black, The Business Lawyer, Volume 61, 2006, Nr. 3, S. 1011 (1024 ff.); Theusinger/Möritz, NZG 2010, S. 607 (607 f.); vgl. allgemein hierzu auch Kumpan/Mittermeier, ZIP 2009, S. 404 (409).

518 Hu/Black, Southern California Law Review, Volume 79, 2006, Nr. 4, S. 811 (812); Möritz, ZVglRWiss 109 (2010), S. 94 (96); Theusinger/Möritz, NZG 2010, S. 607 (607); Merkner/Sustmann, NZG 2010, S. 1170 (1170 f.); Fleischer, ZGR 2008, S. 185 (215), Krause, AG 2011, S. 469 (479); Renn/Weber/Gotschev, AG 2012, S. 440 (448); Renn, Einsatz und Offenlegung von Derivaten bei Unternehmensübernahmen, S. 117.

Vertragspartei, die über physisches Aktieneigentum und den hiermit verbundenen Stimmrechtseinfluss verfügte, war zu entsprechenden Mitteilungen gegenüber der Kapitalmarktöffentlichkeit verpflichtet. Für den wirtschaftlichen Eigentümer wurde hingegen keine Mitteilungspflicht begründet. Das aus einer solchen, teilweise auch in anderen Jursidiktionen[519] bestehenden Gesetzeslage folgende Phänomen des Aufbaus einer wirtschaftlicher Teilhabe an einem stimmrechtsvermittelnden Wertpapier, ohne dass es nach den Regelungen im Wertpapierhandels- und im Übernahmerecht zu einer Stimmrechtszurechnung kommt, wird im Schrifttum als "*Hidden Ownership*" bezeichnet.[520]

II. Regelungsziele

Der Gesetzgeber war mit dieser bis zum Inkrafttreten des AnsFuG bestehenden Rechtslage unzufrieden.[521] Die neuerlichen Änderungen der kapitalmarktrechtlichen Beteiligungstransparenz im Rahmen des AnsFuG wurden daher maßgeblich von dem Willen des Gesetzgebers getragen, in der Zukunft zu verhindern, dass größere Beteiligungen an börsennotierten Unternehmen aufgebaut werden konnten, ohne

---

519 Zur Rechtslage in anderen Jurisdiktionen vgl. Schouten/Siems, Journal of Corporate Law Studies 2010, S. 451 (457 ff.); Hutter/Kaulamo/Plepelits, in: Gedächtnisschrift für Gruson, S. 213 (229 ff.); Anzinger, Gesellschaftsrecht in der Diskussion 2010, S. 187 (224 ff.); Anzinger, WM 2011, S. 391 (394); Brandt, BKR 2008, S. 441 (445 f.); Brandt, BKR 2010, S. 270 (271); Cascante/Topf, AG 2009, S. 53 (69 f.); Emmenegger, in: FS Hopt, S. 1763 (1781 ff.); Fleischer/Schmolke, ZIP 2008, S. 1501 (1507 f.); Fleischer/Schmolke, NZG 2009, S. 401 (404 f.); Fleischer/Schmolke, NZG 2010, S. 1241 (1243); Fleischer/Schmolke, EBOR 2011, S. 121 (126); Fleischer/Schmolke, NZG 2010, S. 846 (850 f.); Meyer/Kiesewetter, WM 2009, S. 340 (346); Krause, AG 2011, S. 469 (471 ff.); Merkner/Sustmann, NZG 2010, S. 681 (682 f.); Noack/Zetsche, in: FS Schwark, S. 569 (582 ff.); Veil, WM 2012, S. 53 (58); Zetsche, EBOR 2010, S. 231 (232); Schneider, in: Assmann/Schneider, WpHG, § 25a Rn. 6 ff.; Kunz, in: Fleischer/Kalss/Vogt, Konvergenzen und Divergenzen im deutschen, österreichischen und schweizerischen Gesellschafts- und Kapitalmarktrecht, S. 188 ff.; Christ, Barausgleichsderivate und das Anschleichen an Zielgesellschaften, S. 128 ff.; Friedeborn, Vormitgliedschaftliche Beteiligungstransparenz, S. 69 ff.; Heinrich, Kapitalmarktrechtliche Transparenzbestimmungen und die Offenlegung von Beteiligungsverhältnissen, S. 198 ff.

520 Hu/Black, Southern California Law Review, Volume 79, 2006, Nr. 4, S. 811 (825); Hu/Black, The Business Lawyer, Volume 61, 2006, Nr. 3, S. 1011 (1023); vgl. auch Anzinger, Gesellschaftsrecht in der Diskussion 2010, S. 187 (206); Teichmann/Epe, WM 2012, S. 1213 (1214); Ferrarini, in: FS Hopt, S. 1803 (1804); Heusel, WM 2012, S. 291 (292); Hitzer/Düchting, ZIP 2011, S. 1084 (1085); Möritz, ZVglRWiss 109 (2010), S. 94 (97); nicht zwischen Economic Ownership und Hidden Ownership unterscheidend Fleischer/Schmolke, NZG 2010, S. 846 (847); Merkner/Sustmann, NZG 2010, S. 1170 (1170).

521 RegBegrE zum AnsFuG, BT-Drucks. 17/3628, S. 2, 17.

dass die Marktöffentlichkeit, das Unternehmen selbst oder die Bundesanstalt für Finanzdienstleistungsaufsicht hierüber frühzeitig in Kenntnis gesetzt wurden.[522]

Konkret wollte der Gesetzgeber mit der Überarbeitung der §§ 21 bis 30 WpHG als Regelungsdefizite dieser Regelungen erkannte Transparenzlücken schließen, um auf diese Weise Verhaltensweisen der Marktteilnehmer entgegenzuwirken, die einer Umgehung der bislang bestehenden Mitteilungspflichten gleichkamen.[523] Insofern stellen die im Rahmen des AnsFuG vorgenommenen Änderungen der kapitalmarktrechtlichen Transparenzbestimmungen unmittelbare Reaktionen auf die in der Rechtspraxis aufgetretenen Fälle[524] dar, die den verdeckten Aufbau einer Beteiligung zum Gegenstand hatten.[525] Anders als in der Vergangenheit sollte die Kapitalmarktöffentlichkeit künftig rechtzeitig auf die Möglichkeit einer Übernahme und Konzernierung der Zielgesellschaft sowie die hiermit verbundenen Gefahren hingewiesen werden.[526] Mittelbar beabsichtigte der Gesetzgeber mit den ergriffenen Maßnahmen, auch den öffentlichen Anlegerschutz zu stärken und die Funktionsfähigkeit der Kapitalmärkte zu verbessern.[527]

III. Änderungen der §§ 21 bis 30 WpHG

Ausgehend von dieser Zielsetzung dehnte der Gesetzgeber die bestehenden, der Offenlegung von zukünftigem Stimmrechtseinfluss dienenden Transparenzbestimmungen aus und ergänzte sie zudem um einen neuen Meldetatbestand.[528] Materielle Änderungen der bisherigen Regelungen ergaben sich hierdurch in § 25 WpHG. Zudem wurde ein neuer § 25a WpHG hinzugefügt.

---

522 RegBegrE zum AnsFuG, BT-Drucks. 17/3628, S. 2, 17; vgl. auch Weber, NJW 2013, S. 275 (279).

523 Schneider, in: Assmann/Schneider, WpHG, § 25a Rn. 1; Opitz, in: Schäfer/Hamann, KMG, § 25a WpHG Rn. 1; Süßmann, in: Assmann/Schütze, Handbuch des Kapitalanlagerechts, § 14 Rn. 64; Cascante/Bingel, NZG 2011, S. 1086 (1086); Heusel, WM 2012, S. 291 (292); Brandt, CFL 2012, S. 110 (113).

524 Becker, in: Bürgers/Körber, AktG, Anh § 22/§ 25a WpHG Rn. 1; siehe bereits S. 61.

525 Giedinghagen/Leuering, NJW-Spezial 2011, S. 271 (271); Opitz, in: Schäfer/Hamann, KMG, § 25a WpHG Rn. 1; vgl. Cascante/Bingel, NZG 2011, S. 1086 (1086); Brandt, CFL 2012, S. 110 (110); Fleischer/Schmolke, NZG 2010, S. 846 (846); Veil, ZHR 177 (2013), S. 427 (429).

526 Vgl. Schneider, in: Assmann/Schneider, WpHG, § 25a Rn. 2.

527 RegBegrE zum AnsFuG, BT-Drucks. 17/3628, S. 17.

528 RegBegrE zum AnsFuG, BT-Drucks. 17/3628, S. 2; Renz/Rippel, BKR 2011, S. 235 (236); Heinrich/Krämer, CFL 2013, S. 225 (225); Brandt, WM 2014, S. 543 (543 f., 552); Nordholtz, in: Heidel, Aktienrecht und Kapitalmarktrecht, § 25a WpHG Rn. 1; Anzinger, Gesellschaftsrecht in der Diskussion 2010, S. 187 (189 f.); Brandt, CFL 2012, S. 110 (110); Brouwer, AG 2012, S. 78 (78); Fleischer/Schmolke, NZG 2010, S. 846 (848); Giedinghagen/Leuering, NJW-Spezial 2011, S. 271 (271); Krause, AG 2011, S. 469 (469).

1. Erweiterung des Mitteilungstatbestands des § 25 Abs. 1 Satz 1 WpHG

In einem ersten Schritt nahm der Gesetzgeber eine Ausdehnung des Anwendungsbereichs von § 25 Abs. 1 Satz 1 WpHG a. F. vor.

a) Ausdehnung auf sonstige Instrumente

So ergänzte er diesen Meldetatbestand dahin gehend, dass seit dem Inkrafttreten des AnsFuG nicht mehr lediglich Finanzinstrumente i.S.d. § 2 Abs. 2b WpHG, sondern auch „sonstige Instrumente" erfasst wurden, die ihrem Inhaber das Recht verliehen, einseitig im Rahmen einer rechtlich bindenden Vereinbarung mit Stimmrechten verbundene und bereits ausgegebene Aktien zu erwerben.[529] Als solche Instrumente galten alle Vereinbarungen, die ein Recht auf den Erwerb von mit Stimmrechten verbundenen Aktien gewährten, aber keine Finanzinstrumente i.S.d. § 2 Abs. 2b WpHG waren.[530] Der Gesetzgeber wollte durch diese Maßnahme z. B. Rückforderungsansprüche i.S.d. § 607 Abs. 1 Satz 2 BGB aus Wertpapierdarlehen[531] und Rückkaufsvereinbarungen von echten Wertpapierpensionsgeschäften[532] i.S.d. § 340b Abs. 2 HGB offenlegen.[533] Diese Rechtsinstitute lassen sich nicht als Finanzinstrumente i.S.d. § 2 Abs. 2b WpHG qualifizieren und wurden bis zum Inkrafttreten des AnsFuG daher nicht von der Meldepflicht des § 25 Abs. 1 Satz 1 WpHG a. F. erfasst.[534] Auch

529 BaFin, Emittentenleitfaden, Ziffer VIII.1; Bödeker, GWR 2011, S. 278 (279).

530 RegBegrE zum AnsFuG, BT-Drucks. 17/3628, S. 19.

531 Allgemein zu Wertpapierdarlehen siehe Böhm/Bergfort, in: Assies/Beule/Heise/Strube, Handbuch des Fachanwalts Bank- und Kapitalmarktrecht, Kapitel 7 Rn. 616 ff.; Kienle, in: Schimanski/Bunte/Lwowski, Bankrechts-Handbuch, § 105 Rn. 1 ff.; Götze, BKR 2013, S. 265 (267); Krause, AG 2011, S. 469 (475); Kumpan/Mittermeier, ZIP 2009, S. 404 (405); Bachmann, ZHR 173 (2009), S. 596 (600 ff.); Merkner/Sustmann, NZG 2010, S. 1170 (1171); Teichmann/Epe, WM 2012, S. 1213 (1216).

532 Wertpapierpensionsgeschäfte werden im internationalen Umfeld häufig auch als Repurchase-Agreement oder hiervon abgeleitet als RePo-Geschäft bezeichnet, vgl. Schneider, in: Assmann/Schneider, WpHG, § 22 Rn 80; Kienle, in: Schimanski/Bunte/Lwowski, Bankrechts-Handbuch, § 105 Rn. 16 f.; zu Wesen und Ausgestaltung solcher Vereinbarungen siehe Kienle, in: Schimanski/Bunte/Lwowski, Bankrechts-Handbuch, § 105 Rn. 12 ff.; Krause, AG 2011, S. 469 (475); Seibt, ZGR 2010, S. 795 (799 f.); Teichmann/Epe, WM 2012, S. 1213 (1216).

533 RegBegrE zum AnsFuG, BT-Drucks. 17/3628, S. 2, 17, 19; vgl. auch Cascante/Bingel, NZG 2011, S. 1086 (1086); Renz/Rippel, BKR 2011, S. 235 (237); Bödeker, GWR 2011, S. 278 (279); Brandt, CFL 2012, S. 110 (110); Merkner/Sustmann, NZG 2013, S. 1361 (1364); Merkner/Sustmann, NZG 2010, S. 681 (687); Heinrich/Krämer, CFL 2013, S. 225 (226); Krämer/Kiesewetter, BB 2012, S. 1679 (1682); kritisch Brandt, BKR 2010, S. 270 (273); Giedinghagen/Leuering, NJW-Spezial 2011, S. 271 (271).

534 von Bülow/Stephanblome, ZIP 2008, S. 1797 (1800); Merkner/Sustmann, NZG 2009, S. 813 (817); Merkner/Sustmann, NZG 2010, S. 1170 (1172); Merkner/Sustmann, NZG 2013, S. 1361 (1364); Anzinger, Gesellschaftsrecht in der Diskussion 2010,

Wertpapierdarlehen und Rückkaufsvereinbarungen konnten in der Vergangenheit jedoch zum verdeckten Aufbau einer Beteiligung an einem börsennotierten Unternehmen genutzt werden.[535] So konnte beispielsweise durch wiederholte Käufe von Aktienpaketen unterhalb der Meldeschwellen des § 21 Abs. 1 Satz 1 WpHG der Zugriff auf umfangreiche Aktienpositionen geschaffen werden, ohne dass eine Offenlegungspflicht bestand, wenn die jeweils erworbenen Aktien unmittelbar nach ihrem Erwerb im Rahmen von Wertpapierdarlehen bei Dritten „geparkt" wurden.[536] Denn nach Kündigung der Wertpapierdarlehen bestand ein Anspruch auf Rückübertragung der „geparkten" Aktien.

b) Streichung des § 25 Abs. 1 Satz 4 WpHG

Eine weitere Änderung[537] des § 25 Abs. 1 WpHG a.F. war die ersatzlose Streichung des § 25 Abs. 1 Satz 4 WpHG a.F. Diese Regelung war erst drei Jahre zuvor zum 1. März 2009 durch das Risikobegrenzungsgesetz eingeführt worden.[538] Sie sollte irrelevanten Doppelmeldungen im Zusammenhang mit der von § 25 Abs. 1 Satz 3 WpHG vorgeschriebenen Zusammenrechnung vorbeugen.[539] Die in § 25 Abs. 1 Satz 3 WpHG angeordnete Zusammenrechnung von gegenwärtigem Stimmrechtseinfluss i.S.d. §§ 21 Abs. 1 Satz 1, 22 Abs. 1, 2 WpHG und künftigem Stimmrechtseinfluss i.S.d. § 25 Abs. 1 Satz 1 WpHG machte dann gemäß § 25 Abs. 1 Satz 4 WpHG a.F. keine zusätzliche Mitteilung erforderlich, wenn bereits eine Mitteilung gemäß §§ 21 Abs. 1 Satz 1, 22 Abs. 1, 2 WpHG erfolgt war und keine weitere der in § 21 Abs. 1 Satz 1 WpHG genannten Schwellenwerte durch die Aggregation der beiden unterschiedlichen Stimmrechtsanteile überschritten wurde. Hatte der Meldepflichtige beispielsweise bereits eine unmittelbare Beteiligung in Höhe von 5,1 % gemäß § 21 Abs. 1 Satz 1 WpHG gemeldet,

---

S. 187 (200); Cascante/Bingel, NZG 2011, S. 1086 (1092); Renz/Rippel, BKR 2008, S. 309 (313); a.A. Opitz, in: Schäfer/Hamann, KMG, § 25 WpHG Rn. 6, 9, 12.

535 Anzinger, Gesellschaftsrecht in der Diskussion 2010, S. 187 (200); Brouwer, AG 2010, S. 404 (406); Cascante/Bingel, NZG 2011, S. 1086 (1091); Bachmann, ZHR 173 (2009), S. 596 (625); Seibt, Stellungnahme zum AnsFuG, S. 3. Ein Beispiel für ein solches Vorgehen stellt der Fall Laxey Partners Limited/Implenia AG dar; siehe bereits S. 69.

536 Brouwer, AG 2010, S. 404 (406); Cascante/Topf, AG 2009, S. 53 (65 f.); Cascante/Bingel, NZG 2011, S. 1086 (1091); Deutsches Aktieninstitut, Stellungnahme zum Diskussionsentwurf eines Gesetzes zur Stärkung des Anlegerschutzes und Verbesserung der Funktionsfähigkeit des Kapitalmarktes, S. 3.

537 Sonstige Änderungen des § 25 WpHG erschöpfen sich in redaktionellen Anpassungen sowie der Einführung des § 25 Abs. 2a WpHG, der aber für die vorliegende Bearbeitung ohne Relevanz ist.

538 Siehe bereits S. 41 f.; Bödeker, GWR 2011, S. 278 (279); Giedinghagen/Leuering, NJW-Spezial 2011, S. 271 (271).

539 Schwark, in: Schwark/Zimmer, Kapitalmarktrechts-Kommentar, § 25 WpHG Rn. 13.

konnte er bis zum Inkrafttreten des AnsFuG zusätzlich mit Zugriffsrechten verbundene Finanzinstrumente i.S.d. § 25 Abs. 1 Satz 1 WpHG in Höhe von weiteren 4,8 % der Stimmrechte hinzuerwerben, ohne zu einer erneuten Meldung verpflichtet zu sein. Denn außer der bereits gemäß § 21 Abs. 1 Satz 1 WpHG mitgeteilten Überschreitung der Schwelle von 5 % wurde hierdurch keine weitere Meldeschwelle berührt. Nach Ansicht des Gesetzgebers, erlaubte dies die Verschleierung der tatsächlich gehaltenen Bestände von durch Finanzinstrumente vermittelten Einflusspotenzialen.[540] In dem gebildeten Beispielsfall war der Meldepflichtige daher seit Inkrafttreten des AnsFuG verpflichtet, neben der Meldung gemäß § 21 Abs. 1 Satz 1 WpHG bzgl. der unmittelbaren Beteiligung in Höhe von 5,1 %, eine weitere Meldung gemäß § 25 Abs. 1 Satz 1, 3 WpHG über zusammengerechnet 9,9 % der Stimmrechte abzugeben. Aufgrund der Aggregation der Stimmrechtsanteile i.S.d. § 21 Abs. 1 Satz 1 WpHG und der Stimmrechtsanteile i.S.d. § 25 Abs. 1 Satz 1 WpHG wurde erneut die Meldeschwelle von 5 % überschritten.

2. Einführung eines neuen § 25a WpHG

Herzstück der mit dem AnsFuG einhergehenden Reform der kapitalmarktrechtlichen Beteiligungstransparenz war die Einführung eines gänzlich neuen Mitteilungstatbestands in § 25a WpHG. Diese Norm sah „Mitteilungspflichten beim Halten von weiteren Finanzinstrumenten und sonstigen Instrumenten"[541] vor, soweit diese nicht bereits von §§ 21 Abs. 1 Satz 1, 22 Abs. 1, 2 WpHG oder § 25 Abs. 1 Satz 1 WpHG erfasst wurden.[542]

Nach § 25a Abs. 1 Satz 1 WpHG war derjenige, der unmittelbar oder mittelbar Finanzinstrumente oder sonstige Instrumente hielt, welche nicht bereits von § 25 Abs. 1 Satz 1 WpHG erfasst wurden und es ihrem Inhaber oder einem Dritten aufgrund ihrer Ausgestaltung ermöglichten, mit Stimmrechten verbundene und bereits ausgegebene Aktien eines Unternehmens zu erwerben, verpflichtet, dies bei Berührung der in § 21 Abs. 1 Satz 1 WpHG genannten Schwellen mit Ausnahme der Schwelle von 3 % mitzuteilen.

540 RegBegrE zum AnsFuG, BT-Drucks 17/3628, S. 19; zustimmend Brombach, Kapitalmarktrechtliche und aufsichtsrechtliche Pflichten bei der Berührung von Schwellenwerten, S. 45, 46.

541 Siehe die amtliche Überschrift des § 25a WpHG.

542 Fleischer/Schmolke, NZG 2010, S. 846 (848); Krause, AG 2011, S. 469 (477); Möllers/Wenninger, NJW 2011, S. 1697 (1697); Krause, in: Kämmerer/Veil, Übernahme- und Kapitalmarktrecht in der Reformdiskussion, S. 163 (168); Bachmann, in: Fleischer/Kalss/Vogt, Konvergenzen und Divergenzen im deutschen, österreichischen und schweizerischen Gesellschafts- und Kapitalmarktrecht, S. 225.

a) Regelungsadressaten

Mitteilungspflichtiger i.S.d. § 25a Abs. 1 Satz 1 WpHG war ebenso wie in § 25 Abs. 1 Satz 1 WpHG derjenige, der die von dieser Norm erfassten Finanzinstrumente oder sonstigen Instrumente unmittelbar oder mittelbar hält.

Ein „unmittelbares Halten" in diesem Sinne war lediglich in der Person des Inhabers des jeweiligen Finanzinstruments oder sonstigen Instruments gegeben, in dessen Eigentum sich das Instrument befand.[543]

Was hingegen mit der Umschreibung eines „mittelbaren Haltens" gemeint war, war weit weniger klar. Der Gesetzgeber führte zum insoweit wortgleichen § 25 Abs. 1 Satz 1 WpHG lediglich aus, dass hiervon das Halten entsprechender Instrumente über Tochterunternehmen oder Verwaltungstreuhänder erfasst sein sollte.[544] Überwiegend wurde diese Aufzählung aber nicht als abschließend verstanden, sondern lediglich als Hinweis auf die Zurechnungstatbestände der §§ 22 Abs. 1 Satz 1 Nr. 1, 2 WpHG gewertet.[545] Insofern wurden auch Fallgestaltungen unter das Tatbestandsmerkmal des „mittelbaren Haltens" subsumiert, die Ähnlichkeiten zu den Übrigen, in § 22 Abs. 1, 2 WpHG aufgeführten Zurechnungstatbeständen aufwiesen.[546]

b) Regelungsobjekte

Weiterhin setzte § 25a Abs. 1 Satz 1 WpHG das Vorliegen von Finanzinstrumenten oder sonstigen Instrumenten voraus, welche nicht bereits von § 25 Abs. 1 Satz 1 WpHG erfasst wurden und es ihrem Inhaber oder einem Dritten aufgrund ihrer Ausgestaltung ermöglichten, mit Stimmrechten verbundene Aktien eines Unternehmens zu erwerben.

aa) Finanzinstrumente oder sonstige Instrumente

Finanzinstrumente in diesem Sinne waren solche, die die Voraussetzungen der Legaldefinition des § 2 Abs. 2b WpHG erfüllten.[547] Hierzu zählten Wertpapiere

---

543 BaFin, Emittentenleitfaden, Ziffer VIII.2.9.1.2, VIII.2.8.1.2; Schneider, in: Assmann/Schneider, WpHG, § 25a Rn. 20; Brandt, WM 2014, S. 543 (547); für ein weiteres Verständnis Opitz, in: Schäfer/Hamann, KMG, § 25 WpHG Rn. 3.

544 RegBegrE zum TUG, BT-Drucks. 16/2498, S. 37.

545 Schneider, in: Assmann/Schneider, WpHG, § 25a Rn. 20; Opitz, in: Schäfer/Hamann, KMG, § 25 WpHG Rn. 4; ebenso wohl Bayer, in: MüKo, AktG, Band 1, § 22 Anh. § 25 WpHG Rn. 5; a.A. Schwark, in: Schwark/Zimmer, Kapitalmarktrechts-Kommentar, § 25 WpHG Rn. 5; Fuchs, in: Dehlinger/Zimmermann, WpHG, § 25 Rn. 12; Brandt, WM 2014, S. 543 (547).

546 Schneider, in: Assmann/Schneider, WpHG, § 25a Rn. 20; Opitz, in: Schäfer/Hamann, KMG, § 25 WpHG Rn. 4a; Krause, AG 2011, S. 469 (474).

547 Nordholtz, in: Heidel, Aktienrecht und Kapitalmarktrecht, § 25a WpHG Rn. 10; für ein darüber hinausgehendes Verständnis Opitz, in: Schäfer/Hamann, KMG, § 25 WpHG Rn. 9.

i.S.d. § 2 Abs. 1 WpHG, Anteile an Investmentvermögen i.S.d. § 1 Abs. 1 KAGB, Geldmarktinstrumente i.S.d. § 2 Abs. 1a WpHG, Derivate i.S.d. § 2 Abs. 1 WpHG, bestimmte Rechte auf Zeichnung von Wertpapieren und Vermögensanlagen sowie bestimmte Namensschuldverschreibungen.

Der Begriff der „sonstigen Instrumente" war hingegen nicht gesetzlich definiert.[548] Ein weites Verständnis zugrunde legend, wurden unter diesen unbestimmten Rechtsbegriff alle Vereinbarungen, Rechte und Zugriffsmöglichkeiten eingeordnet, die zwar keine Finanzinstrumente i.S.d. § 2 Abs. 2b WpHG waren, jedoch die übrigen Voraussetzungen des § 25a Abs. 1 Satz 1 WpHG erfüllten.[549] Hierzu zählten zunächst insbesondere schuldrechtliche Vereinbarungen i.S.d. § 311 Abs. 1 BGB. Darüber hinaus wurden aber auch weitere Rechtspositionen erfasst, die aus anderen Rechtsgründen folgten. Ein Beispiel hierfür waren in Gerichtsverfahren erstrittene Titel.[550]

bb) Keine Erfassung durch § 25 Abs. 1 Satz 1 WpHG

Als weiteres, negatives Tatbestandsmerkmal erforderte § 25a Abs. 1 Satz 1 WpHG, dass die Instrumente[551] nicht bereits von § 25 Abs. 1 Satz 1 WpHG erfasst wurden.[552] Grund für dieses Tatbestandsmerkmal war die Funktion des neu eingeführten Meldetatbestands als Auffangtatbestand, der lediglich dann zu einer Mitteilung verpflichten sollte, wenn eine solche nicht bereits durch die übrigen Meldepflichten begründet wurde.[553] Die Mitteilungspflichten des § 25 Abs. 1 Satz 1 WpHG einerseits und des § 25a Abs. 1 Satz1 WpHG standen daher in einem Exklusivitätsverhältnis.[554]

§ 25a Abs. 1 Satz 1 WpHG erforderte insofern, dass durch die fraglichen Instrumente nicht bereits einseitig im Rahmen einer rechtlich bindenden Vereinbarung

548 Brandt, CFL 2012, S. 110 (110, 112); Brandt, WM 2014, S. 543 (545); Renz/Rippel, BKR 2011, S. 235 (237); Teichmann/Epe, WM 2012, S. 1213 (1213); Schneider, in: Assmann/Schneider, WpHG, § 25a Rn. 16.

549 RegBegrE zum AnsFuG, BT-Drucks. 17/3628, S. 19; Schneider, in: Assmann/Schneider, WpHG, § 25a Rn. 17; vgl. auch Opitz, in: Schäfer/Hamann, KMG, § 25 WpHG Rn. 10 ff.; Renz/Rippel, BKR 2011, S. 235 (237); Brandt, WM 2014, S. 543 (545); Cascante/Bingel, NZG 2011, S. 1086 (1086).

550 Opitz, in: Schäfer/Hamann, KMG, § 25a WpHG Rn. 46.

551 Die Bezeichnung „Instrumente" wird im Folgenden zur Bezeichnung sowohl von Finanzinstrumenten als auch von sonstigen Instrumenten i.S.d. § 25a Abs. 1 Satz 1 WpHG verwandt.

552 Nordholtz, in: Heidel, Aktienrecht und Kapitalmarktrecht, § 25a WpHG Rn. 10; Opitz, in: Schäfer/Hamann, KMG, § 25a WpHG Rn. 3; Cascante/Bingel, NZG 2011, S. 1086 (1086).

553 Vgl. Schneider, in: Assmann/Schneider, WpHG, § 25a Rn. 14; Opitz, in: Schäfer/Hamann, KMG, § 25a WpHG Rn. 5; Schneider, AG 2011, S. 645 (647); Heinrich, in: Kölner Kommentar, WpHG, § 25a Rn. 2.

554 Heinrich/Krämer, CFL 2013, S. 225 (229) sprechen insofern von einer Subsidiarität des § 25a Abs. 1 Satz 1 WpHG gegenüber § 25 Abs. 1 Satz 1 WpHG; ebenso Heinrich, in: Kölner Kommentar, WpHG, § 25 Rn. 15.

ein Recht zum Erwerb von mit Stimmrechten verbundenen, bereits ausgegebenen Aktien eines Unternehmens begründet wurde. Denn in diesem Fall bestand bereits eine Mitteilungspflicht gemäß § 25 Abs. 1 Satz 1 WpHG.

cc) Gewährung einer Erwerbsmöglichkeit

Als zentrale Tatbestandsvoraussetzung erforderte der neu eingeführte § 25a Abs. 1 Satz 1 WpHG schließlich, dass die Instrumente es ihrem Inhaber oder einem Dritten aufgrund ihrer Ausgestaltung ermöglichten, mit Stimmrechten verbundene und bereits ausgegebene Aktien eines Unternehmens zu erwerben.[555]

Zunächst ließ sich insofern festhalten, dass Bezugspunkt der Erwerbsmöglichkeit – ebenso wie innerhalb der übrigen Meldepflichten der kapitalmarktrechtlichen Beteiligungstransparenz[556] – bereits ausgegebene Aktien waren. Daher unterlagen beispielsweise Wandelanleihen, die im Ausübungsfall ausschließlich mit neuen Aktien zu bedienen waren, weiterhin keiner Mitteilungspflicht.[557]

Darüber hinaus wurden jedoch anders als innerhalb der übrigen Mitteilungstatbestände der §§ 21 bis 30 WpHG, die lediglich auf Rechtspositionen des Meldepflichtigen selbst Bezug nahmen, über Erwerbsmöglichkeiten zugunsten des Inhabers der Instrumente hinaus auch solche Erwerbsmöglichkeiten erfasst, die zugunsten eines Dritten bestanden.[558] Aus dieser Ausweitung der erfassten Erwerbstatbestände ergaben sich Abgrenzungsschwierigkeiten.[559] Denn Instrumente, die der einen Vertragspartei den Erwerb von Aktien ermöglichen, können ausgehend von einem formal an dem damaligen Wortlaut des § 25a Abs. 1 Satz 1 WpHG orientierten Verständnis gleichfalls als Instrumente aufgefasst werden, die aus Sicht des veräußernden Vertragspartners einem Dritten – nämlich dem zum Erwerb berechtigten Vertragspartner – den Erwerb dieser Aktien ermöglichen.[560] Ein solches Verständnis hatte zur Konsequenz, dass ein und dieselbe Erwerbsposition sowohl durch den Erwerber

---

555 Anzinger, Gesellschaftsrecht in der Diskussion 2010, S. 187 (227); Heusel, WM 2012, S. 291 (293); Merkner/Sustmann, NZG 2010, S. 681 (682); Seibt, Stellungnahme zum AnsFuG, S. 4.

556 Zur diesbezüglichen Grundkonzeption des WpHG siehe Brandt, WM 2014, S. 543 (545).

557 BaFin, Emittentenleitfaden, Ziffer VIII.2.9.1.1; Labudda, in: Just/Voß/Ritz/Becker, WpHG, § 25a Rn. 29; Nordholtz, in: Heidel, Aktienrecht und Kapitalmarktrecht, § 25a WpHG Rn. 18; Merkner/Sustmann, NZG 2013, S. 1361 (1368); Heinrich/Krämer, CFL 2013, S. 225 (232); Brandt, WM 2014, S. 543 (552).

558 RegBegrE zum AnsFuG, BT-Drucks. 17/3628, S. 19; BaFin, Emittentenleitfaden, Ziffer VIII.2.9.1; Brandt, WM 2014, S. 543 (546); Möllers/Wenninger, NJW 2011, S. 1697 (1699).

559 Vgl. Becker, in: Bürgers/Körber, AktG, Anh § 22/§ 25a WpHG Rn. 2.

560 So ist beispielsweise der Stillhalter einer Verkaufsoption gemäß § 25a Abs. 1 Satz 2 Nr. 2 Alt. 2 WpHG zu einer Mitteilung verpflichtet. Gleichzeitig könnte man annehmen, dass auch der Optionsberechtigte zu einer Mitteilung i.S.d. § 25a Abs. 1 Satz 1 WpHG verpflichtet ist, da er mit der Verkaufsoption ein Instrument hält,

als auch durch den Veräußerer und somit doppelt gemeldet worden wäre. Hierfür bestand unter Transparenzgesichtspunkten keinerlei Bedürfnis. Im Gegenteil hätte ein solcher Vorgang eher zu Missverständnissen geführt. Dementsprechend konnte nicht davon ausgegangen werden, dass der Gesetzgeber § 25a Abs. 1 Satz 1 WpHG auf diese Weise verstanden wissen wollte. Eine sachgerechte Auslegung ergab vielmehr, dass Dritter i.S.d. § 25a Abs. 1 Satz 1 WpHG dem eigentlichen Wortsinn entsprechend, ausschließlich eine von beiden Vertragsparteien des Erwerbsgeschäfts verschiedene, dritte Person sein konnte.[561]

Als weitere, den Regelungskern des § 25a Abs. 1 Satz 1 WpHG bildende Voraussetzung, erforderte der Wortlaut dieser Norm, dass die jeweiligen Instrumente, aufgrund ihrer Ausgestaltung den Erwerb von Aktien ermöglichten.[562] Diese Anforderung enthielt das entscheidende Regulativ hinsichtlich der vom Gesetzgeber bezweckten Offenlegung von Vorfeldtatbeständen des Beteiligungsaufbaus und der Verhinderung von Umgehungsgestaltungen.[563] Trotz bzw. gerade wegen dieser Bedeutung wurden die diesbezüglich in Betracht kommenden Anwendungsfälle vom Wortlaut wenig konkret umrissen.[564] Es handelte sich bei diesem Merkmal um einen unbestimmten Rechtsbegriff, dessen konkreter Inhalt mangels gesetzlicher Definition im Wege der Auslegung zu ermitteln war.[565]

Eine rudimentäre Annäherung an den Sinngehalt der in § 25a Abs. 1 Satz 1 WpHG genannten Erwerbsmöglichkeit war zunächst insofern möglich, als lediglich dann von einer Erwerbsmöglichkeit gesprochen werden kann, wenn überhaupt eine Situation geschaffen wird, aus der ein Aktienerwerb hervorgehen kann. Gemäß dem weiteren Wortlaut des § 25a Abs. 1 Satz 1 WpHG musste dieser potenzielle Aktienerwerb gerade aufgrund der Ausgestaltung der jeweiligen Instrumente erfolgen können. Erforderlich war insofern, dass die Instrumente kausal für das Entstehen einer Erwerbsmöglichkeit waren.[566] Dies wurde auch durch den Wortlaut

---

dass es einem Dritten – nämlich dem Stillhalter – ermöglicht, die der Optionsvereinbarung zugrunde liegenden Aktien zu erwerben.

561 Dritter i.S.d. § 22 Abs. 1 Nr. 2 und 3 WpHG kann hingegen zum Beispiel jede von dem Meldepflichtigen verschiedene Person und somit auch ein Vertragspartner sein; vgl. BaFin, Emittentenleitfaden, Ziffer VIII.2.9.1.

562 Anzinger, Gesellschaftsrecht in der Diskussion 2010, S. 187 (227); Brandt, WM 2014, S. 543 (546).

563 Zu den Regelungszielen des AnsFuG siehe bereits S. 103.

564 Vgl. Brandt, CFL 2012, S. 110 (112 f.); Brandt, WM 2014, S. 543 (544); Brouwer, AG 2012, S. 78 (81); Cascante/Bingel, NZG 2011, S. 1086 (1096); Giedinghagen/Leuering, NJW-Spezial 2011, S. 271 (272); Krause, AG 2011, S. 469 (477).

565 Brandt, CFL 2012, S. 110 (112 f.); Nordholtz, in: Heidel, Aktienrecht und Kapitalmarktrecht, § 25a WpHG Rn. 12 f.; Schneider, in: Assmann/Schneider, WpHG, § 25a Rn. 25; vgl. auch Merkner/Sustmann, NZG 2013, S. 1361 (1366); von Werder/Petersen, CFL 2012, S. 178 (181); Teichmann/Epe, WM 2010, S. 1477 (1482).

566 Brandt, CFL 2012, S. 110 (113); Schneider, in: Assmann/Schneider, WpHG, § 25a Rn. 23, 27; Schneider, AG 2011, S. 645 (648).

des § 25a Abs. 2 Satz 1 WpHG belegt, soweit dort von Aktien die Rede war, deren Erwerb „aufgrund" des Instruments ermöglicht wurde. Dieses Kausalitätserfordernis allein war jedoch kein ausreichendes Regulativ. Kausal für eine Erwerbsmöglichkeit kann beispielsweise auch ein aus einem Darlehensvertrag folgender Anspruch auf Auszahlung der Darlehensvaluta sein, aufgrund dessen dem Investor die für den Erwerb benötigten finanziellen Mittel zufließen. Wie sich aus den vorstehend dargestellten, vom Gesetzgeber bei Erlass des AnsFuG verfolgten Regelungszielen[567] ergab, entsprach ein solch weiter Anwendungsbereich aber nicht dem Willen des Gesetzgebers. Der Wortlaut des § 25a Abs. 1 Satz 1 WpHG war daher auch nicht auf das Erfordernis beschränkt, dass der Aktienerwerb aufgrund des Instruments ermöglicht wurde. Vielmehr war erforderlich, dass die jeweiligen Instrumente den Erwerb von Aktien „aufgrund ihrer Ausgestaltung" ermöglichten. Hiermit wollte der Gesetzgeber ausdrücken, dass das Instrument bereits einen Bezug zu bestimmten Aktien aufweisen musste.[568] Ein solcher konnte in der Abhängigkeit des Instruments von der Kursentwicklung bestimmter Aktien im Hinblick auf sein Bestehen oder seine Renditechancen liegen.[569] Allgemein wurde eine Sonderbeziehung des Instruments zu von vornherein bestimmbaren Aktien in Form einer erkennbaren Ausrichtung des Instruments auf diese Aktie verlangt.[570] Eine praktikable Einschränkung des Anwendungsbereichs erlaubte dieses allein am Wortlaut des § 25a Abs. 1 Satz 1 WpHG orientierte Auslegungsergebnis jedoch noch nicht.

Im Rahmen der daher zu untersuchenden Systematik ließ sich einem Vergleich des § 25a Abs. 1 Satz WpHG mit § 25 Abs. 1 Satz 1 WpHG zunächst entnehmen, dass ein Ermöglichen des Erwerbs von Aktien i.S.d. § 25a Abs. 1 Satz 1 WpHG weniger als die Gewährung eines Rechts oder eines Anspruchs auf den Erwerb von Aktien erforderte.[571] Andernfalls wäre für diese Norm neben § 25 Abs. 1 Satz 1 WpHG kein Anwendungsbereich verblieben. Insofern war es im Rahmen des § 25a Abs. 1 Satz 1 WpHG ausreichend, wenn die jeweiligen Instrumente ihrem Inhaber eine mittelbare oder faktische Erwerbsmöglichkeit boten, die beispielsweise aus lediglich wirtschaftlich motivierten Verhaltensmustern oder noch mehrere Zwischenschritte erfordernden Mechanismen folgen konnte.[572] Eine solche Möglichkeit zum Erwerb von Aktien war auch bei Kettenerwerbsmöglichkeiten gegeben. Hiermit werden Fallgestaltungen

---

567 Siehe bereits S. 103.

568 RegBegrE zum AnsFuG, BT-Drucks. 17/3628, S. 20.

569 RegBegrE zum AnsFuG, BT-Drucks. 17/3628, S. 20.

570 Opitz, in: Schäfer/Hamann, KMG, § 25a WpHG Rn. 7b, 7c.

571 RegBegrE zum AnsFuG, BT-Drucks. 17/3628, S. 20; Schneider, AG 2011, S. 645 (648); Brouwer, AG 2010, S. 404 (406); von Werder/Petersen, CFL 2012, S. 178 (181); Brandt, WM 2014, S. 543 (546); Nordholtz, in: Heidel, Aktienrecht und Kapitalmarktrecht, § 25a WpHG Rn. 13; Schneider, in: Assmann/Schneider, WpHG, § 25a Rn. 26 f.; Opitz, in: Schäfer/Hamann, KMG, § 25a WpHG Rn. 6.

572 RegBegrE zum AnsFuG, BT-Drucks. 17/3628, S. 19; Möllers/Wenninger, NJW 2011, S. 1697 (1700); Brandt, CFL 2012, S. 110 (114); Brandt, WM 2014, S. 543 (545 f.); Schneider, in: Assmann/Schneider, WpHG, § 25a Rn. 25; Labudda, in: Just/Voß/

bezeichnet, in denen Instrumente zum Erwerb weiterer Instrumente berechtigten, die ihrerseits zum Erwerb von Aktien berechtigen.[573] Andererseits durfte sich der Erwerb der Aktien aber auch nicht als bloße Zufälligkeit darstellen.[574] Eine bloße Auslobung i.S.d. § 657 BGB oder eine *Invitatio ad Offerendum* begründeten daher keine Erwerbsmöglichkeit i.S.d. § 25a Abs. 1 Satz 1 WpHG.[575] Denn eine *Invitatio ad Offerendum* erschöpft sich in der bloßen Kundgabe der generellen Vertragsbereitschaft, ohne weitergehende Rechte und Pflichten zu begründen.[576] Auch eine Auslobung ist für den Auslobenden gemäß § 658 Abs. 1 Satz 1 BGB noch jederzeit widerruflich, sodass ein etwaiger, hierauf zurückgehender Aktienerwerb im Vorhinein noch ungewiss ist. Im Ergebnis erzeugen beide Rechtsinstitute keine erhöhte Wahrscheinlichkeit für einen künftigen Aktienerwerb, sodass nicht bereits von einer Erwerbsmöglichkeit gesprochen werden konnte. Eine bloße Zufälligkeit war aber wiederum nicht lediglich aufgrund der Tatsache anzunehmen, dass der Aktienerwerb ggf. durch weitere Voraussetzungen bedingt war, die von dem Inhaber des Instruments nicht beeinflusst werden konnten und daher den Erwerb für ihn noch nicht als gewiss erscheinen ließen.[577] Ausreichend war insofern bereits die hypothetische Möglichkeit des Aktienerwerbs.[578] Entsprechend der gesamten Systematik der §§ 21 bis 30 WpHG war auch im Rahmen des § 25a Abs. 1 Satz 1 WpHG eine abstrakte Betrachtung der aus dem Instrument folgenden Interessenlage anzuwenden.[579] Das Vorliegen einer Erwerbsmöglichkeit war daher unabhängig von subjektiven Elementen ausschließlich nach objektiven Gesichtspunkten zu beurteilen.[580] Erforderlich aber auch ausreichend war daher ein mit den jeweiligen Instrumenten einhergehendes Erwerbspotenzial, welches die abstrakte Möglichkeit begründete,

---

Ritz/Becker, WpHG, § 25a Rn. 16; Weber-Rey/Benzler, in: Habersack/Mülbert/Schlitt, Handbuch der Kapitalmarktinformation, § 20 Rn. 143.

573 RegBegrE zum AnsFuG, BT-Drucks. 17/3628, S. 19; BaFin, Emittentenleitfaden, Ziffer VIII.2.9.1.1; Renz/Rippel, BKR 2011, S. 235 (238).

574 Schneider, in: Assmann/Schneider, WpHG, § 25a Rn. 26; von Werder/Petersen, CFL 2012, S. 178 (181); Teichmann/Epe, WM 2012, S. 1213 (1215).

575 RegBegrE zum AnsFuG, BT-Drucks. 17/3628, S. 20; BaFin, Emittentenleitfaden, Ziffer 2.9.1.1; Opitz, in: Schäfer/Hamann, KMG, § 25a WpHG Rn. 59; Schneider, in: Assmann/Schneider, WpHG, § 25a Rn. 19; Fleischer/Schmolke, NZG 2010, S. 846 (849); Voß, BB 2010, S. 3099 (3102).

576 Busche, in: MüKo, BGB, Band 1, § 145 Rn. 10; vgl. auch Ellenberger, in: Palandt, BGB, § 145 Rn. 2.

577 von Werder/Petersen, CFL 2012, S. 178 (180).

578 Opitz, in: Schäfer/Hamann, KMG, § 25a WpHG Rn. 7a, 8a; RegBegrE zum AnsFuG, BT-Drucks. 17/3628, S. 20; Schneider, in: Assmann/Schneider, WpHG, § 25a Rn. 27.

579 Siehe bereits S. 44; vgl. auch Nordholtz, in: Heidel, Aktienrecht und Kapitalmarktrecht, § 25a WpHG Rn. 12; Schneider, AG 2011, S. 645 (648).

580 Heusel, WM 2012, S. 291 (293); Schneider, in: Assmann/Schneider, WpHG, § 25a Rn. 30.

Aktien zu erwerben.[581] Ein solches lag bereits vor, wenn der Aktienerwerb aufgrund der Ausgestaltung der jeweiligen Instrumente wahrscheinlicher war als ohne diese.[582] Die Instrumente mussten den Erwerb der Aktien also lediglich erleichtern.[583] Irrelevant war dagegen, ob der Erwerb der Aktien vom Willen des Erwerbers abhängig war.[584] Zum einen setzte § 25a Abs. 1 Satz 1 WpHG insofern nicht voraus, dass der Erwerb der Aktien tatsächlich beabsichtigt war.[585] Zum anderen war es aber auch unschädlich, wenn der Inhaber der Instrumente lediglich als Stillhalter fungierte und zum Erwerb auch gegen seinen Willen verpflichtet war.[586]

Aus der Entstehungsgeschichte des § 25a Abs. 1 Satz 1 WpHG und den vom Gesetzgeber bei Einführung dieser Vorschrift verfolgten Zielen ergab sich schließlich, dass bei der Auslegung der einzelnen Tatbestandsmerkmale ein weites Verständnis zugrunde zu legen war.[587] Der Gesetzgeber wollte nach dem Auftreten von Fallgestaltungen, in denen trotz der in der Vergangenheit von ihm mehrfach vorgenommenen Überarbeitung der Mitteilungstatbestände ein verdeckter Beteiligungsaufbau möglich war, Vermeidungs- und Umgehungsstrategien entgegenwirken und bislang bestehende Informationslücken schließen.[588] Zur Erreichung dieses Ziels nutzte er bewusst unbestimmte Rechtsbegriffe und schuf mit § 25a Abs. 1 Satz 1 WpHG eine Generalklausel, die eine umfassende Auffangposition für verschiedenste Vorfeldtatbestände des Beteiligungsaufbaus bildete und deutlich über die bisherigen Mitteilungstatbestände hinausgehen sollte.[589]

---

581 von Werder/Petersen, CFL 2012, S. 178 (180); Schneider, in: Assmann/Schneider, WpHG, § 25a Rn. 27; Opitz, in: Schäfer/Hamann, KMG, § 25a WpHG Rn. 8c.

582 von Werder/Petersen, CFL 2012, S. 178 (180).

583 Wehowsky, in: Erbs/Kohlhaas, Strafrechtliche Nebengesetze, § 25a WpHG Rn. 3.

584 Nordholtz, in: Heidel, Aktienrecht und Kapitalmarktrecht, § 25a WpHG Rn. 14; Weber-Rey/Benzler, in: Habersack/Mülbert/Schlitt, Handbuch der Kapitalmarktinformation, § 20 Rn. 152.

585 Süßmann, in: Assmann/Schütze, Handbuch des Kapitalanlagerechts, § 14 Rn. 64; von Werder/Petersen, CFL 2012, S. 178 (181); Heinrich/Krämer, CFL 2013, S. 225 (232); Schneider, in: Assmann/Schneider, WpHG, § 25a Rn. 30; Opitz, in: Schäfer/Hamann, KMG, § 25a WpHG Rn. 8b.

586 RegBegrE zum AnsFuG, BT-Drucks. 17/3628, S. 17, 19 f.; Opitz, in: Schäfer/Hamann, KMG, § 25a WpHG Rn. 7a.

587 Vgl. Merkner/Sustmann, NZG 2013, S. 1361 (1366); von Werder/Petersen, CFL 2012, S. 178 (179); Fleischer/Schmolke, NZG 2010, S. 846 (853); Götze, BKR 2013, S. 265 (269).

588 Nordholtz, in: Heidel, Aktienrecht und Kapitalmarktrecht, § 25a WpHG Rn. 6, 13; Schneider, in: Assmann/Schneider, WpHG, § 25a Rn. 13; Opitz, in: Schäfer/Hamann, KMG, § 25a WpHG Rn. 7; Süßmann, in: Assmann/Schütze, Handbuch des Kapitalanlagerechts, § 14 Rn. 56, 64; Heinrich/Krämer, CFL 2013, S. 225 (225); Brandt, BKR 2010, S. 270 (273); Fleischer/Schmolke, NZG 2010, S. 846 (848); Merkner/Sustmann, NZG 2013, S. 1361 (1366); Krause, AG 2011, S. 469 (477).

589 Opitz, in: Schäfer/Hamann, KMG, § 25a WpHG Rn. 1, 7; Schneider, in: Assmann/Schneider, WpHG, § 25a Rn. 13.

Um dennoch die Praktikabilität des § 25a Abs. 1 Satz 1 WpHG zu gewährleisten und dem Rechtsanwender die Anwendung dieser weit gefassten Norm auf den Einzelfall zu erleichtern, nannte § 25a Abs. 1 Satz 2 Nr. 1 und 2 WpHG zwei Regelbeispiele von Erwerbsmöglichkeiten i.S.d. § 25a Abs. 1 Satz 1 WpHG.[590] Hierbei handelte es sich um eine beispielhafte Aufzählung ohne abschließenden Charakter.[591] Eine Erwerbsmöglichkeit i.S.d. § 25a Abs. 1 Satz 1 WpHG war gemäß § 25a Abs. 1 Satz 2 Nr. 1 WpHG insbesondere dann anzunehmen, wenn die Gegenseite des Inhabers ihre Risiken aus diesen Instrumenten durch das Halten von Aktien ausschließen oder vermindern konnte. Gleiches galt gemäß § 25a Abs. 1 Satz 2 Nr. 2 WpHG, wenn die Finanzinstrumente oder sonstigen Instrumente ein Recht zum Erwerb von Aktien einräumten oder eine Erwerbspflicht in Bezug auf solche Aktien begründeten. Da insbesondere die in § 25a Abs. 1 Satz 2 Nr. 2 Alt. 2 WpHG genannte „Erwerbspflicht" ohne das vom Gesetzgeber geschaffene Regelbeispiel nicht ohne Weiteres als „Erwerbsmöglichkeit" i.S.d. § 25a Abs. 1 Satz 1 WpHG aufgefasst werden konnte,[592] ließ sich § 25a Abs. 1 Satz 2 WpHG auch als gesetzlicher Auslegungshinweis bzw. als nicht abschließende Legaldefinition verstehen.[593]

Aufgrund der Konkretisierung der Generalklausel des § 25a Abs. 1 Satz 1 WpHG durch die Regelbeispiele des § 25a Abs. 1 Satz 2 WpHG ließen sich Instrumente, die aufgrund ihrer Ausgestaltung den Erwerb von Aktien i.S.d. § 25a Abs. 1 Satz 1 WpHG ermöglichten, in drei Gruppen einteilen.[594] Diese dreigliedrige Einteilung widersprach auf den ersten Blick der zwei Ziffern umfassenden Aufzählung des § 25a Abs. 1 Satz 2 WpHG, war jedoch aufgrund der zwei Alternativen, die wiederum in § 25a Abs. 1 Satz 2 Nr. 2 WpHG aufgeführt waren, bereits im Gesetz angelegt. Neben diesen drei Gruppen von Instrumenten, die im Rahmen des § 25a Abs. 1 Satz 1 WpHG bewusst eine Regelung erfahren hatten und insofern als idealtypische Phänotypen[595] dieser Norm bezeichnet werden konnten, wurden von der Generalklausel des § 25a Abs. 1 Satz 1 WpHG auch zahlreiche weitere Instrumente erfasst. Aufgrund der Vielgestaltigkeit der in der Rechtspraxis vorkommenden Instrumente konnten bei Einführung des § 25a WpHG naturgemäß nicht alle

590 Cascante/Bingel, NZG 2011, S. 1086 (1086); Heusel, WM 2012, S. 291 (293); von Werder/Petersen, CFL 2012, S. 178 (180); Fleischer/Schmolke, NZG 2010, S. 846 (848); Renz/Rippel, BKR 2011, S. 235 (237); Bödeker, GWR 2011, S. 278 (279); Brandt, CFL 2012, S. 110 (110); Opitz, in: Schäfer/Hamann, KMG, § 25a WpHG Rn. 7a, 10; Heinrich, in: Kölner Kommentar, WpHG, § 25a Rn. 37.

591 Krause, AG 2011, S. 469 (477); Heinrich/Krämer, CFL 2013, S. 225 (230); Nordholtz, in: Heidel, Aktienrecht und Kapitalmarktrecht, § 25a WpHG Rn. 15; Schneider, in: Assmann/Schneider, WpHG, § 25a Rn. 31; Opitz, in: Schäfer/Hamann, KMG, § 25a WpHG Rn. 10; Cascante/Bingel, NZG 2011, S. 1086 (1087); Merkner/Sustmann, NZG 2012, S. 241 (241); Schneider, AG 2011, S. 645 (649).

592 Teichmann/Epe, WM 2012, S. 1213 (1215).

593 Opitz, in: Schäfer/Hamann, KMG, § 25a WpHG Rn. 7a, 10.

594 Süßmann, in: Assmann/Schütze, Handbuch des Kapitalanlagerechts, § 14 Rn. 65.

595 Opitz, in: Schäfer/Hamann, KMG, § 25a WpHG Rn. 13 ff.

dieser Instrumente im Fokus des Gesetzgebers stehen. In der Folge war in einigen Fällen fraglich, ob eine Offenlegung dieser Instrumente tatsächlich gerechtfertigt ist.

(1) Idealtypische Instrumente i.S.d. § 25a Abs. 1 Satz 2 Nr. 1 WpHG

Die erste der genannten drei Gruppen idealtypischer Phänotypen bildeten Instrumente i.S.d. § 25a Abs. 1 Satz 2 Nr. 1 WpHG. Gemeinsames Charakteristikum dieser Instrumente war die für die Gegenseite des Inhabers bestehende Möglichkeit, ihre Risiken aus diesen Instrumenten durch das Halten von Aktien auszuschließen oder zu vermindern. Diese Voraussetzung war in erster Linie bei aktienbasierten Derivaten erfüllt, die einen Barausgleich vorsahen und die Gegenseite des Inhabers im Fall eines Kursanstiegs der als Basiswert dienenden Referenzaktien zu einer Geldzahlung verpflichteten.[596] Das Vertragsrisiko der Gegenpartei besteht bei diesen Instrumenten in der durch einen Kursanstieg der Referenzaktien verursachten Zahlungsverpflichtung. Erwirbt die Gegenpartei Referenzaktien, ist sie im Fall eines eintretenden Kursanstiegs zwar weiterhin gegenüber ihrem Vertragspartner zu einer Geldzahlung verpflichtet. Gleichzeitig partizipiert sie allerdings aufgrund des hinzuerworbenen Aktieneigentums in gleichem Umfang an diesem Kursanstieg. In wirtschaftlicher Hinsicht hat die Gegenpartei daher die Möglichkeit, ihr Vertragsrisiko durch den Erwerb der Referenzaktien – sowie ggf. weiterer, auch etwaige Kursverluste der Referenzaktien ausgleichender Finanzderivate[597] – auszuschließen bzw. zu vermindern.[598]

Instrumente, die für die Gegenseite des Inhabers eine physische Lieferverpflichtung vorsahen, waren hingegen nicht unter § 25a Abs. 1 Satz 2 Nr. 1 WpHG zu subsumieren. Zwar ließ sich auch bzgl. solcher Instrumente argumentieren, dass diejenige Vertragspartei, die zur physischen Lieferung von Aktien verpflichtet war, ihre aus dem Instrument folgenden Risiken durch den Erwerb entsprechender Aktien ausschließen konnte. Denn z.B. bei bedingten und daher nicht von § 25 Abs. 1 Satz 1 WpHG, sondern lediglich von § 25a Abs. 1 Satz 1 WpHG erfassten

596 Vgl. Opitz, in: Schäfer/Hamann, KMG, § 25a WpHG Rn. 11a; Süßmann, in: Assmann/Schütze, Handbuch des Kapitalanlagerechts, § 14 Rn. 65; Heinrich/Krämer, CFL 2013, S. 225 (230); Cascante/Bingel, NZG 2011, S. 1086 (1087, 1090); Bachmann, in: Fleischer/Kalss/Vogt, Konvergenzen und Divergenzen im deutschen, österreichischen und schweizerischen Gesellschafts- und Kapitalmarktrecht, S. 225 f.

597 Der zusätzliche Erwerb von Finanzderivaten, die auch etwaige Kursverluste der Referenzaktien ausgleichen, wird erforderlich, wenn anders als bei den auf S. 74 dargestellten *Cash Settled Total Return Equity Swaps* das jeweilige Barausgleichsinstrument zwar bei positiver Wertentwicklung der Referenzaktie eine Zahlungspflicht begründet, aber bei negativer Wertentwicklung keinen Zahlungsanspruch gegenüber der anderen Vertragspartei entstehen lässt (z.B. Kaufoption mit Barausgleich). Für die zusätzliche Absicherung in diesen Fällen kommen etwa Verkaufsoptionen in Betracht, vgl. Opitz, in: Schäfer/Hamann, KMG, § 25a WpHG Rn. 11a, 15.

598 Vgl. BaFin, Emittentenleitfaden, Ziffer VIII.2.9.1.1; Heinrich/Krämer, CFL 2013, S. 225 (230); Opitz, in: Schäfer/Hamann, KMG, § 25a WpHG Rn. 11a.

Kaufoptionen mit physischer Lieferverpflichtung bestehen diese Risiken in wirtschaftlicher Hinsicht wiederum darin, dass die Aktien, auf die sich die Lieferverpflichtung bezieht, in dem Zeitraum zwischen Vertragsschluss und Eintreten der Lieferverpflichtung einen Kursanstieg verzeichnen und ihr Wert daher über den Ausübungspreis steigt. Ebenso wie im Fall von lediglich durch Geldzahlung abzuwickelnden Aktienderivaten, würde dieses Risiko durch den Erwerb der Aktien unmittelbar im Anschluss an den Abschluss des Instruments und die hiermit einhergehende Teilhabe an einem etwaigen Kursgewinn neutralisiert. Allerdings folgt die mit diesen Fällen einhergehende Erwerbsmöglichkeit für die betroffenen Aktien nicht primär daraus, dass die Gegenseite des Inhabers solche Aktien zur Absicherung ihrer Vertragsrisiken erwerben und anschließend auf den Inhaber des Instruments übertragen könnte, sondern schlicht daraus, dass die Gegenseite des Inhabers zur physischen Lieferung der jeweiligen Aktien verpflichtet ist. Charakteristisch für Instrumente i.S.d. § 25a Abs. 1 Satz 2 Nr. 1 WpHG war jedoch gerade, dass ein Aktienerwerb nicht aus rechtlichen Gründen folgte, sondern lediglich durch wirtschaftlich motivierte Verhaltensweisen ermöglicht wurde.

Zu den idealtypischen Instrumenten i.S.d. § 25a Abs. 1 Satz 2 Nr. 1 WpHG zählten demnach beispielsweise Kaufoptionen, die lediglich einen Barausgleich vorsahen.[599] Der aus der Kaufoption Verpflichtete kann seine vertragliche Verpflichtung zum Ausgleich einer etwaigen Differenz zwischen dem aktuellen Kurswert der Referenzaktien und dem vereinbarten Ausübungspreis durch den physischen Erwerb dieser Aktien in Kombination mit entsprechenden Verkaufsoptionen absichern.[600] Steigt der Kurswert der den Kaufoptionen zugrunde liegenden Aktien, wird die in diesem Fall aus der Kaufoption entstehende Zahlungspflicht durch den Wertzuwachs der zur Absicherung erworbenen Aktien ausgeglichen. Aufgrund derselben Erwägung fielen weiterhin auch Termingeschäfte mit Barausgleich in diese Fallgruppe.[601] Ebenso zählten die in der vorliegenden Bearbeitung schwerpunktmäßig behandelten *Cash Settled Total Return Equity Swaps* zu den erfassten Instrumenten.[602] Gleiches galt für Differenzgeschäfte mit vergleichbarem Vertragsinhalt.[603]

---

599 RegBegrE zum AnsFuG, BT-Drucks. 17/3628, S. 19; Süßmann, in: Assmann/Schütze, Handbuch des Kapitalanlagerechts, § 14 Rn. 66.

600 Opitz, in: Schäfer/Hamann, KMG, § 25a WpHG Rn. 15.

601 BaFin, Emittentenleitfaden, Ziffer VIII.2.9.1.1; Süßmann, in: Assmann/Schütze, Handbuch des Kapitalanlagerechts, § 14 Rn. 66; Opitz, in: Schäfer/Hamann, KMG, § 25a WpHG Rn. 16; ebenso Schneider, in: Assmann/Schneider, WpHG, § 25a Rn. 40, der diese Fallgestaltung unter der Bezeichnung einfaches Differenzgeschäft behandelt.

602 RegBegrE zum AnsFuG, BT-Drucks. 17/3628, S. 19; Schneider, in: Assmann/Schneider, WpHG, § 25a Rn. 44; Opitz, in: Schäfer/Hamann, KMG, § 25a WpHG Rn. 17; Süßmann, in: Assmann/Schütze, Handbuch des Kapitalanlagerechts, § 14 Rn. 66; Bödeker, GWR 2011, S. 278 (279); Krause, AG 2011, S. 469 (477).

603 RegBegrE zum AnsFuG, BT-Drucks. 17/3628, S. 19; Süßmann, in: Assmann/Schütze, Handbuch des Kapitalanlagerechts, § 14 Rn. 66; Schneider, in: Assmann/

Aber auch bei durch Geldzahlung zu erfüllenden, an Aktienkörben und Indizes orientierten Zertifikaten bestand für die Gegenpartei des Inhabers die Möglichkeit der Absicherung ihrer Vertragsrisiken durch den physischen Erwerb entsprechender Aktien.[604] Daher begründeten auch Zertifikate mit Bezug zu Aktienkörben oder Indizes eine Erwerbsmöglichkeit i.S.d. § 25a Abs. 1 Satz 2 Nr . 1 WpHG.[605] Allerdings wurde für solche Instrumente mit § 17a Nr. 2 WpAIV[606] eine Sonderregelung geschaffen. Diese Norm enthielt eine gesetzliche Ausnahmebestimmung, wonach eine im Grunde gemäß § 25a Abs. 1 Satz 1 WpHG bestehende Mitteilungspflicht entfiel, wenn die betroffenen Aktien zum Erwerbszeitpunkt bei der Preisberechnung der jeweiligen Aktienkörbe und Indizes höchstens mit 20 % Berücksichtigung fanden.[607]

(2) Idealtypische Instrumente i.S.d. § 25a Abs. 1 Satz 2 Nr. 2 Alt. 1 WpHG

Die zweite Gruppe von idealtypischen Instrumenten i.S.d. § 25a Abs. 1 Satz 1 WpHG, die aufgrund ihrer Ausgestaltung typischerweise den Erwerb von Aktien ermöglichten, entsprach den in § 25a Abs. 1 Satz 2 Nr. 2 Alt. 1 WpHG umschriebenen Instrumenten. Es handelte sich hierbei um Instrumente, die ihrem Inhaber oder einem Dritten ein Recht zum Erwerb von Aktien einräumten. In Abgrenzung zu § 25a Abs. 1 Satz 2 Nr. 1 WpHG waren diese Instrumente nicht lediglich auf einen Ausgleich durch Geldzahlung, sondern auf die physische Übertragung von Aktien gerichtet.[608] Die Darstellung dieser Instrumente unter einer gemeinsamen Gliederungsziffer mit Instrumenten im Sinne der zweiten Alternative des § 25a Abs. 1 Satz 2 Nr. 2 WpHG lag darin begründet, dass beiden Alternativen des § 25a Abs. 1 Satz 2 Nr. 2 WpHG die physische Abwicklung gemeinsam war. Der wesentliche Unterschied von Instrumenten i.S.d. § 25a Abs. 1 Satz 2 Nr. 2 Alt. 1 WpHG gegenüber solchen i.S.d. § 25a Abs. 1 Satz 2 Nr. 2 Alt. 2 WpHG war lediglich der,

---

Schneider, WpHG, § 25a Rn. 39 ff.; Opitz, in: Schäfer/Hamann, KMG, § 25a WpHG Rn. 18.

604 Opitz, in: Schäfer/Hamann, KMG, § 25a WpHG Rn. 23c; vgl. auch Süßmann, in: Assmann/Schütze, Handbuch des Kapitalanlagerechts, § 14 Rn. 69; Brandt, BKR 2010, S. 270 (274); Merkner/Sustmann, NZG 2010, S. 681 (684); Teichmann/Epe, WM 2012, S. 1213 (1218).

605 RegBegrE zum AnsFuG, BT-Drucks. 17/3628, S. 19; Schneider, in: Assmann/Schneider, WpHG, § 25a Rn. 48 ff.; Cascante/Bingel, NZG 2011, S. 1086 (1095); kritisch hierzu Krause, AG 2011, S. 469 (478).

606 Verordnung zur Konkretisierung von Anzeige-, Mitteilungs- und Veröffentlichungspflichten sowie der Pflicht zur Führung von Insiderverzeichnissen nach dem Wertpapierhandelsgesetz (Wertpapierhandelsanzeige- und Insiderverzeichnisverordnung – WpAIV) vom 13. Dezember 2004, BGBl. I, 17. Dezember 2004, S. 3376 ff.

607 BaFin, Emittentenleitfaden, Ziffer VIII.2.9.1.1; Merkner/Sustmann, NZG 2012, S. 241 (242).

608 Heinrich/Krämer, CFL 2013, S. 225 (230).

dass die Initiative zum Aktienerwerb im erstgenannten Fall vom Erwerber ausging, während dieser im zweitgenannten Fall lediglich eine passive Rolle einnahm.

Instrumente, die ein Recht zum Erwerb von Aktien i.S.d. § 25a Abs. 1 Satz 2 Nr. 2 Alt. 1 WpHG einräumten, begründeten überwiegend bereits ein Recht, einseitig im Rahmen einer bindenden Vereinbarung Aktien zu erwerben.[609] In diesem Fall bestand bereits eine Mitteilungspflicht gemäß § 25 Abs. 1 Satz 1 WpHG, sodass auf den ersten Blick eine Überschneidung beider Mitteilungstatbestände vorzuliegen schien.[610] Da aber eine Tatbestandsvoraussetzung des § 25a Abs. 1 Satz 1 WpHG war, dass die zu meldenden Instrumente gerade nicht von § 25 Abs. 1 Satz 1 WpHG erfasst wurden, verblieben im Anwendungsbereich des § 25a Abs. 1 Satz 2 Nr. 2 Alt. 1 WpHG lediglich solche Instrumente, die zwar ein Erwerbsrecht begründeten, dieses aber – anders als von § 25 Abs. 1 Satz 1 WpHG vorausgesetzt – kein einseitiges, im Rahmen einer bindenden Vereinbarung auszuübendes Recht darstellte. Im Ergebnis waren dies solche Instrumente, die zwar ein Erwerbsrecht begründeten, welches aber z.B. aufgrund einer Bedingung keinen Anspruch auf die Übertragung von Aktien im Rahmen einer bindenden Vereinbarung gewährte oder nicht einseitig vom Inhaber des Instruments ausgeübt werden konnte.[611]

Instrumente in diesem Sinne, deren Ausübung von dem Eintritt einer Bedingung abhängig war, waren beispielsweise Aktienkaufverträge, deren Wirksamkeit bzw. Vollzug von dem Erreichen eines bestimmten Kursniveaus oder noch ausstehenden Genehmigungen abhing.[612] Auch Erwerbsansprüche bzgl. vinkulierter Namensaktien begründeten eine Mitteilungspflicht i.S.d. § 25a Abs. 1 Satz 1 WpHG, sofern gemäß § 68 Abs. 2 AktG für ihre Übertragung die Zustimmung der Gesellschaft erforderlich war und sie daher nicht bereits von § 25 Abs. 1 Satz 1 WpHG erfasst wurden.[613]

Beispiele für zwar unbedingte aber nicht einseitig durch den Inhaber auszuübende Instrumente waren solche, bei deren Abwicklung der Gegenpartei freigestellt war, ob sie ihre aus dem Instrument folgende Verpflichtung durch Geldzahlung oder durch die physische Andienung von Aktien erfüllen wollte, und daher das Recht zum Erwerb

---

609 Zu denken ist beispielsweise an physisch zu erfüllenden Kaufoptionen.

610 Vgl. Opitz, in: Schäfer/Hamann, KMG, § 25a WpHG Rn. 25; Bödeker, GWR 2011, S. 278 (279).

611 RegBegrE zum AnsFuG, BT-Drucks. 17/3628, S. 20; Opitz, in: Schäfer/Hamann, KMG, § 25a WpHG Rn. 26; Süßmann, in: Assmann/Schütze, Handbuch des Kapitalanlagerechts, § 14 Rn. 68; Renz/Rippel, BKR 2011, S. 235 (237); Cascante/Bingel, NZG 2011, S. 1086 (1087).

612 Weber-Rey/Benzler, in: Habersack/Mülbert/Schlitt, Handbuch der Kapitalmarktinformation, § 20 Rn. 147; Schneider, in: Assmann/Schneider, WpHG, § 25a Rn. 41; Opitz, in: Schäfer/Hamann, KMG, § 25a WpHG Rn. 26; Cascante/Bingel, NZG 2011, S. 1086 (1093 f.); Krause, AG 2011, S. 469 (478); Merkner/Sustmann, NZG 2010, S. 681 (685).

613 Opitz, in: Schäfer/Hamann, KMG, § 25a WpHG Rn. 26a; vgl. auch Süßmann, in: Assmann/Schütze, Handbuch des Kapitalanlagerechts, § 14 Rn. 14.

von Aktien vom Willen des Vertragspartners abhing.[614] Ähnlich waren auch Wandelschuldverschreibungen unter § 25a Abs. 1 Satz 2 Nr. 2 Alt. 1 WpHG zu subsumieren, die dem Emittenten bei Ausübung des Wandlungsrechts ein Wahlrecht einräumten, ob er neue oder eigene – und somit bereits ausgegebene – Aktien i.S.d. § 71 Abs. 1 AktG liefern wollte.[615] Denn auch bei solchen Wandelschuldverschreibungen stand es allein im Ermessen des Vertragspartners, einen von § 25a Abs. 1 Satz 2 Nr. 2 Alt. 1 WpHG erfassten Aktienerwerb herbeizuführen.

(3) Idealtypische Instrumente i.S.d. § 25a Abs. 1 Satz 2 Nr. 2 Alt. 2 WpHG

Die dritte Gruppe idealtypischer Instrumente i.S.d. § 25a Abs. 1 Satz 1 WpHG wurde schließlich durch Instrumente i.S.d. § 25a Abs. 1 Satz 2 Nr. 2 Alt. 2 WpHG gebildet. Diese Instrumente gewährten insofern eine Möglichkeit zum Erwerb von Aktien, als sie für den Inhaber zwar kein Erwerbsrecht begründeten, ihn aber einer Pflicht zum Erwerb von Aktien unterwarfen. Mit dieser Tatbestandsvariante wurde ein völlig neues Element in das System der kapitalmarktrechtlichen Beteiligungstransparenz eingeführt.[616] Erfasste das vorherige Regelungsregime lediglich Rechte zum Erwerb von mit Stimmrechten verbundenen Aktien, wurde durch § 25a Abs. 1 Satz 2 Nr. 2 Alt. 2 WpHG nun erstmals auch eine Mitteilungspflicht für Erwerbspflichten begründet. Hintergrund dieser Neuerung war die Überlegung des Gesetzgebers, dass trotz einer Ausgestaltung als Erwerbspflicht, tatsächlich gerade der Erwerb der Aktien beabsichtigt sein konnte.[617]

In diesem Zusammenhang erschien zunächst fraglich, ob die Erweiterung der Mitteilungstatbestände der §§ 21 bis 30 WpHG auch auf Erwerbspflichten erforderlich war. Denn mit vielen Erwerbspflichten geht ein komplementäres Erwerbsrecht einher, welches bereits aufgrund der übrigen Meldetatbestände mitteilungspflichtig war und daher keiner weiteren Offenlegung bedurfte.[618] So trifft beispielsweise den Käufer eines auf Aktien bezogenen Termingeschäfts nicht lediglich eine Abnahmeverpflichtung zum Ende der vereinbarten Laufzeit, welche unter § 25a Abs. 1 Satz 2 Nr. 2 Alt. 2 WpHG eingeordnet werden konnte. Ihm steht vielmehr auch ein bereits gemäß § 25 Abs. 1 Satz 1 WpHG mitzuteilendes Erwerbsrecht zu, da er zum Ende der Laufzeit gegenüber seinem Vertragspartner auch einen Anspruch auf Lieferung der Aktien besitzt. Wie dieses Beispiel verdeutlicht, kommt der Mitteilung einer Er-

---

614 Opitz, in: Schäfer/Hamann, KMG, § 25a WpHG Rn. 26.

615 BaFin, Emittentenleitfaden, Ziffer 2.8.1.1; Merkner/Sustmann, NZG 2013, S. 1361 (1368); Brandt, WM 2014, S. 543 (552); kritisch hierzu Süßmann, in: Assmann/Schütze, Handbuch des Kapitalanlagerechts, § 14 Rn. 70; Handelsrechtsausschuss des Deutschen Anwaltvereins, NZG 2013, S. 658 (661); a.A. Heinrich/Krämer, CFL 2013, S. 225 (233); Götze, BKR 2013, S. 265 (270).

616 Opitz, in: Schäfer/Hamann, KMG, § 25a WpHG Rn. 29.

617 Süßmann, in: Assmann/Schütze, Handbuch des Kapitalanlagerechts, § 14 Rn. 68.

618 Zum Zusammentreffen von Erwerbsrecht und Erwerbspflicht siehe auch Opitz, in: Schäfer/Hamann, KMG, § 25a WpHG Rn. 24c, 26, 28.

werbspflicht in Fällen, in denen zugleich ein Erwerbsrecht und eine Erwerbspflicht bestehen, kein eigenständiger Informationsgehalt zu. Daher besteht für die Offenlegung auch der Erwerbspflicht oftmals keinerlei Bedürfnis. Eine eigenständige Bedeutung kam der Offenlegung einer Erwerbspflicht i.S.d. § 25a Abs. 1 Satz 2 Nr. 2 Alt. 2 WpHG jedoch in Fällen einer isolierten Abnahmeverpflichtung zu. Eine solche isolierte Pflicht liegt vor, wenn zwischen den Vertragsparteien ein einseitiges Andienungsrecht ohne gleichzeitige Begründung eines korrespondierenden Anspruchs zugunsten des Abnahmeverpflichteten vereinbart wird und dieser daher lediglich als Stillhalter fungiert. In diesen Fällen konnte es zu einem Erwerb von Aktien kommen, welcher nicht bereits von den übrigen auf ein Erwerbsrecht abstellenden Mitteilungspflichten abgebildet wurde. Als Beispiel für eine solche isolierte Erwerbspflicht kann die auch in der Gesetzesbegründung zum AnsFuG genannte, aus einer Verkaufsoption mit physischer Abwicklung folgende Abnahmepflicht des Stillhalters angeführt werden.[619] Der Stillhalter einer solchen Option besaß zwar kein Erwerbsrecht, da er keinen Anspruch auf Andienung der Aktien besaß. Dementsprechend war er insoweit zu keiner Mitteilung verpflichtet. Dennoch war er im Fall der Optionsausübung zum Erwerb der Aktien verpflichtet und unterlag daher einer Erwerbspflicht i.S.d. § 25a Abs. 1 Satz 2 Nr. 2 Alt. 2 WpHG.

Allein aus dem Wortlaut des § 25a Abs. 1 Satz 2 Nr. 2 Alt. 2 WpHG ergab sich darüber hinaus nicht, ob eine Erwerbspflicht verbindlich ausgestaltet sein musste, um eine Erwerbsmöglichkeit i.S.d. § 25a Abs. 1 Satz 2 Nr. 2 Alt. 2 WpHG begründen zu können. Ein systematischer Vergleich des Wortlauts des § 25a Abs. 1 Satz 2 Nr. 2 Alt. 2 WpHG mit § 25 Abs. 1 Satz 1 WpHG ergab jedoch, dass eine Erwerbsmöglichkeit unabhängig von der Frage anzunehmen war, ob die jeweilige Erwerbspflicht bereits verbindlich begründet wurde oder, ob deren Entstehen noch von Bedingungen abhängig war. Denn während die zweitgenannte Norm gerade den Erwerb im Rahmen einer bindenden Vereinbarung verlangte, enthielt die zuerst genannte Vorschrift keinen solchen, qualifizierenden Zusatz, sondern ließ schlicht eine Erwerbspflicht ausreichen. Dieses Auslegungsergebnis wurde auch durch den Gesetzgeber bestätigt, der – wie bereits dargestellt – als Instrument i.S.d. § 25a Abs. 1 Satz 2 Nr. 2 Alt. 2 WpHG explizit die Verpflichtung eines Stillhalters einer Verkaufsoption anführte, dessen Erwerbspflicht gerade noch durch einen entsprechenden Willensentschluss des Optionsberechtigten bedingt ist.[620]

Als weitere Beispielsfälle, die eine Erwerbspflicht i.S.d. § 25a Abs. 1 Satz 2 Nr. 2 Alt. 2 WpHG begründeten, konnten unechte Pensionsgeschäfte i.S.d. § 340b Abs. 3 HGB genannt werden. Sie gewähren dem Pensionsgeber zwar kein Erwerbsrecht. Aller-

---

619 Vgl. RegBegrE zum AnsFuG, BT-Drucks. 17/3628, S. 17, 19 f.; Süßmann, in: Assmann/Schütze, Handbuch des Kapitalanlagerechts, § 14 Rn. 68; Wehowsky, in: Erbs/Kohlhaas, Strafrechtliche Nebengesetze, § 25a WpHG Rn. 3; Schneider, in: Assmann/Schneider, WpHG, § 25a Rn. 45 f.; Heinrich/Krämer, CFL 2013, S. 225 (230); Bödeker, GWR 2011, S. 278 (279); Cascante/Bingel, NZG 2011, S. 1086 (1089).

620 RegBegrE zum AnsFuG, BT-Drucks. 17/3628, S. 17, 19 f.

dings begründen sie eine Erwerbspflicht für den Pensionsgeber, sofern der Pensionsnehmer die Rückübertragung der in Pension genommenen Aktien wünscht, und waren daher unter § 25a Abs. 1 Satz 2 Nr. 2 Alt. 2 WpHG zu subsumieren.[621] Gleiches galt für auf Aktien bezogene, unwiderrufliche Kaufangebote.[622] Zwar entspringt aus der bloßen Abgabe eines solchen Angebots bis zu einer korrespondierenden Annahme unmittelbar weder ein Erwerbsrecht noch eine Erwerbspflicht. Der Anbietende kann sich allerdings nicht mehr einseitig von seinem Angebot lösen. Dementsprechend steht es im Belieben des Angebotsadressaten, den Vertragsschluss und somit auch die Abnahmeverpflichtung des Anbietenden durch seine Annahme des Angebots zu bewirken. In dieser Hinsicht befindet sich der Anbietende daher in derselben Situation, in der er sich auch im Fall des Verkaufs einer Verkaufsoption befinden würde.[623]

Eine Erwerbspflicht i.S.d. § 25a Abs. 1 Satz 2 Nr. 2 Alt. 2 WpHG sollte schließlich auch im Fall einer Aktienanleihe[624] anzunehmen sein, die statt der Rückzahlung des Anleihebetrags eine physische Lieferung von Aktien für den Fall vorsah, dass der Aktienkurs zum Zeitpunkt der Fälligkeit der Anleihe ein bestimmtes Kursniveau unterschreitet.[625] Ebenso wurden auch Discountzertifikate[626], bei denen zum Laufzeitende eine von der Wertentwicklung der in Bezug genommenen Aktien abhängige Erwerbspflicht für den Zertifikatsinhaber entstehen konnte, als Instrumente, die eine Erwerbspflicht begründeten, genannt.[627] Bei diesen beiden Instrumenten war jedoch zu beachten, dass sie für den jeweils Abnahmeverpflichteten keine isolierte Erwerbspflicht begründen. Vielmehr besitzt der Käufer in diesem Fall neben seiner Abnahmeverpflichtung auch einen Anspruch auf entweder die Übertragung von Aktien oder eine Geldzahlung. Er besitzt insofern auch ein durch eine entsprechende Entscheidung seines Vertragspartners bedingtes Erwerbsrecht, welches er lediglich nicht einseitig ausüben kann. Richtigerweise waren diese beiden Fälle daher unter § 25a Abs. 1 Satz 2 Nr. 2 Alt. 1 WpHG zu subsumieren.

(4) Atypische Instrumente i.S.d. § 25a WpHG

Während diese drei Gruppen idealtypischer Instrumente im Rahmen des AnsFuG bewusst einer Regelung zugeführt wurden, erfasste § 25a Abs. 1 Satz 1 WpHG eine Vielzahl weiterer Instrumente, die allerdings weit weniger im Fokus der gesetz-

---

621 BaFin, Emittentenleitfaden, Ziffer VIII.2.9.1.1; Süßmann, in: Assmann/Schütze, Handbuch des Kapitalanlagerechts, § 14 Rn. 69; Cascante/Bingel, NZG 2011, S. 1086 (1092).

622 Opitz, in: Schäfer/Hamann, KMG, § 25a WpHG, Rn. 27; a.A. Heinrich/Krämer, CFL 2013, S. 225 (231).

623 Vgl. Heinrich/Krämer, CFL 2013, S. 225 (231).

624 Zum Gegenstand von Aktienanleihen siehe Lenenbach, NZG 2001, S. 481 (482).

625 Opitz, in: Schäfer/Hamann, KMG, § 25a WpHG Rn. 33 ff.

626 Zum Gegenstand von Discountzertifikaten siehe Salewski, BKR 2012, S. 100 (101).

627 Opitz, in: Schäfer/Hamann, KMG, § 25a WpHG Rn. 37.

geberischen Bemühungen bei Schaffung des § 25a WpHG standen.[628] Diese ließen sich daher als atypische Instrumente des § 25a WpHG bezeichnen.

(a) Durch Geldzahlung zu erfüllende Verkaufsoptionen

In diesem Zusammenhang ist zunächst die Subsumtion von durch Geldzahlung zu erfüllenden Verkaufsoptionen unter den damaligen Tatbestand des § 25a Abs. 1 Satz 1 WpHG zu nennen. Denn auch in der Person des Stillhalters einer solchen Verkaufsoption sollte eine Erwerbsmöglichkeit i.S.d. § 25a Abs. 1 Satz 1 WpHG gegeben sein.[629] Begründet wurde diese Ansicht mit dem Argument, dass der Stillhalter mit dem Abschluss einer solchen Verkaufsoption seinen Vertragspartner veranlassen könne, die der Optionsvereinbarung zugrunde liegenden Aktien zu erwerben, auf die der Stillhalter wiederum später zugreifen könne.[630]

Gegen die Annahme einer Erwerbsmöglichkeit im Zusammenhang mit bar auszugleichenden Verkaufsoptionen sprach nicht bereits der Umstand, dass der Stillhalter in diesen Fällen aufgrund der vereinbarten Geldzahlung gerade nicht zur physischen Abnahme entsprechender Aktien verpflichtet war. Auch bei den in der Vergangenheit aufgetretenen Fällen des verdeckten Beteiligungsaufbaus z. B. unter Einsatz von *Cash Settled Total Return Equity Swaps* sahen die Vertragsbeziehungen keine physische Übertragung von Aktien vor. Dennoch waren diese Instrumente geeignet, den Zugriff auf größere Beteiligungspositionen zu sichern.[631] Im Rahmen des § 25a Abs. 1 Satz 1 WpHG wurde daher gerade kein Erwerbsrecht, sondern lediglich eine Erwerbsmöglichkeit vorausgesetzt.

Zweifelhaft erschien die Annahme einer Erwerbsmöglichkeit in diesen Fällen aber aus einem anderen Grund. Der Gesetzgeber wollte mit der Einführung des § 25a WpHG gerade das Phänomen des verdeckten Beteiligungsaufbaus eindämmen.[632] Ein Einsatz von Verkaufsoptionen mit Barausgleich zu diesem Zweck war jedoch – anders als von den Befürwortern einer Mitteilungspflicht angeführt – äußerst unwahrscheinlich.[633] Denn anders als bei tatsächlich zum Zweck des verdeckten Beteiligungsaufbaus eingesetzten Barausgleichsderivaten nimmt der Stillhalter der Optionsvereinbarung, bei dem es letztlich zu einem Aktienerwerb kommen

628 Brandt, CFL 2012, S. 110 (111); Brandt, WM 2014, S. 543 (544, 552); vgl. auch Anzinger, Gesellschaftsrecht in der Diskussion 2010, S. 187 (227).

629 BaFin, Emittentenleitfaden, Ziffer VIII.2.9.1.1; Nordholtz, in: Heidel, Aktienrecht und Kapitalmarktrecht, § 25a WpHG Rn. 56; im Ergebnis ebenso Opitz, in: Schäfer/Hamann, KMG, § 25a WpHG Rn. 31; vgl. auch Deutsches Aktieninstitut, NZG 2010, S. 778 (779).

630 BaFin, Emittentenleitfaden, Ziffer VIII.2.9.1.1; Nordholtz, in: Heidel, Aktienrecht und Kapitalmarktrecht, § 25a WpHG Rn. 56.

631 Siehe bereits S. 79 ff.

632 RegBegrE zum AnsFuG, BT-Drucks. 17/3628, S. 2, 17.

633 Heinrich/Krämer, CFL 2013, S. 225 (230); Merkner/Sustmann, Stellungnahme im Rahmen des Konsultationsverfahrens 04/2013 zur Überarbeitung des Emittentenleitfadens, S. 5.

soll, keine *Long Position*, sondern eine *Short Position* ein. Er profitiert nicht von einem Kursanstieg der Referenzaktien, sondern von einem Kursrückgang. Komplementär hierzu kommt die aus der Optionsvereinbarung folgende *Long Position* dem Optionsberechtigten als Vertragspartner des Stillhalters zu. Dieser profitiert daher von einem Kursanstieg der Referenzaktien. Aufgrund dieser Ausgangslage besteht für den Optionsberechtigten jedoch kaum Anlass, Aktien in einem den vereinbarten Optionen entsprechenden Umfang zu erwerben.[634] Zum einen würde der zusätzliche Erwerb von Aktien aufgrund der bereits bestehenden *Long Position* seine wirtschaftlichen Risiken nicht reduzieren, sondern noch vergrößern.[635] Insofern eignet sich für ihn der Erwerb von Aktien ohnehin nicht zur Absicherung seiner vertraglichen Risiken i.S.d. § 25a Abs. 1 Satz 2 Nr. 1 WpHG. Zum anderen benötigt der Optionsberechtigte aber auch keine Absicherung, da er über die Ausübung der Option frei entscheiden kann und von einer Ausübung schlicht absehen kann, wenn diese für ihn finanziell nachteilig wäre.[636] Im Ergebnis ist daher nicht ersichtlich, aus welchem Grund der Optionsberechtigte sich zum Erwerb von Aktien veranlasst sehen sollte.[637] Kommt es aber nicht zum Erwerb von Aktien seitens des Optionsberechtigten, besteht auch für den Stillhalter keine Möglichkeit auf etwaige Aktien im Rahmen der Abrechnung zuzugreifen.[638]

Theoretisch denkbar ist insofern allenfalls, dass bar auszugleichende Verkaufsoptionen genutzt werden, um die Übertragung eines bereits bestehenden Aktienpakets vom Optionsberechtigten zum Stillhalter in die Wege zu leiten, ohne diesbezüglich einer Mitteilungspflicht zu unterliegen. Hierzu könnte zwischen den Vertragsparteien z. B. ein besonders hoher Ausübungspreis vereinbart werden. Dann wäre die Ausübung der Option für den Berechtigten wirtschaftlich außerordentlich attraktiv und daher entsprechend wahrscheinlich.[639] In diesem Fall wäre zudem nicht auszuschließen, dass es trotz des vereinbarten Barausgleichs auch zu einem physischen Austausch der Aktien kommt, wenn sich die Parteien bei der Abwicklung der Option trotz des vereinbarten Barausgleichs auf die physische Übertragung der Aktien einigen.[640] Allerdings ist ein solcher Verlauf äußerst unwahrscheinlich, da insbesondere – anders als bei den üblicherweise für den verdeckten Aufbau einer Beteiligung verwandten Transaktionsstrukturen – kein Verkaufsdruck erzeugt wird, der die physische Übertragung der Aktien bei Abwicklung des Derivats besonders wahrscheinlich macht. Dementsprechend erscheint die Übertragung der Aktien im Rahmen der Abrechnung einer Verkaufsoption mit Barausgleich kaum wahr-

634 Merkner/Sustmann, Stellungnahme im Rahmen des Konsultationsverfahrens 04/2013 zur Überarbeitung des Emittentenleitfadens, S. 5.
635 Vgl. Opitz, in: Schäfer/Hamann, KMG, § 25a WpHG Rn. 85.
636 Vgl. Opitz, in: Schäfer/Hamann, KMG, § 25a WpHG Rn. 31.
637 Götze, BKR 2013, S. 265 (269).
638 Vgl. Heinrich/Krämer, CFL 2013, S. 225 (230).
639 Vgl. Opitz, in: Schäfer/Hamann, KMG, § 25a WpHG Rn. 29; ähnlich auch zu Verkaufsoptionen mit physischem Settlement Brouwer, AG 2010, S. 404 (406).
640 Opitz, in: Schäfer/Hamann, KMG, § 25a WpHG Rn. 31.

scheinlicher als die Übertragung der Aktien an einen Dritten in einem beliebigen anderen Zusammenhang. Davon zu sprechen, dass ein solcher Geschehensablauf der einer Optionsvereinbarung mit Barausgleich innewohnenden wirtschaftlichen Logik entspricht, wie dies der Gesetzgeber verlangte,[641] erscheint insofern deutlich zu weit gegriffen.[642] Da schließlich mit einer solchen Gestaltung viele Vorteile[643] eines verdeckten Beteiligungsaufbaus nicht zu realisieren sind und insbesondere ein über dem aktuellen Kursniveau liegender Kaufpreis gezahlt werden müsste, ist der verdeckte Aufbau einer Beteiligung mittels durch Geldzahlung zu erfüllenden Optionen ein lediglich theoretischer Fall.[644]

Im Ergebnis folgte aus einer Verkaufsoption mit Barausgleich keine Erwerbsmöglichkeit i.S.d. § 25a Abs. 1 Satz 1 WpHG zugunsten des Stillhalters.[645] Eine entsprechende Mitteilungspflicht kam daher nicht in Betracht.

(b) Gewerbliche Pfandrechte mit Verfallvereinbarung

Einen weiteren Grenzfall im Anwendungsbereich des § 25a Abs. 1 Satz 1 WpHG bildete die Verpfändung von Aktien im Rahmen gewerblicher Pfandrechte, die eine Verfallvereinbarung i.S.d. § 1259 Satz 1 Alt. 2 BGB beinhalteten.[646]

Diesbezüglich ist zunächst festzuhalten, dass ein dem gesetzlichen Leitbild der §§ 1204 ff. BGB entsprechendes Pfandrecht an Aktien keine Erwerbsmöglichkeit des Pfandgläubigers i.S.d. § 25a Abs. 1 Satz 1 WpHG begründete.[647] Die Befriedigung aus dem Pfandgut erfolgt bei Eintritt der Pfandreife gemäß §§ 1228 Abs. 1, 1233 Abs. 1, 1235 Abs. 1, Abs. 2, 1221 BGB durch Versteigerung oder freihändigen Verkauf der verpfändeten Aktien. Der Pfandgläubiger wird hierbei in aller Regel aus dem Verkaufserlös befriedigt. Er erhält jedoch nicht das Eigentum an dem Pfandgut. Eine Erwerbsmöglichkeit i.S.d. § 25a Abs. 1 Satz 1 WpHG zugunsten des Pfandgläubigers bestand daher nicht. Wurde zwischen Pfandgläubiger und Aktieninhaber jedoch gemäß § 1259 Satz 1 Alt. 2 BGB vereinbart, dass das Eigentum an den verpfändeten Aktien bei Eintritt der Pfandreife dem Pfandgläubiger zufallen soll, wurde bereits mit Abschluss der Verpfändungsvereinbarung für den Pfandgläubiger eine Erwerbsmöglichkeit i.S.d. § 25a Abs. 1 Satz 1 WpHG begründet.[648] Denn unabhängig von

641 RegBegrE zum AnsFuG, BT-Drucks. 17/3628, S. 19.

642 Heinrich/Krämer, CFL 2013, S. 225 (230); Heinrich, in: Kölner Kommentar, WpHG, § 25a Rn. 45.

643 Siehe bereits S. 79 ff.

644 Merkner/Sustmann, Stellungnahme im Rahmen des Konsultationsverfahrens 04/2013 zur Überarbeitung des Emittentenleitfadens, S. 5; Heinrich/Krämer, CFL 2013, S. 225 (230).

645 Vgl. Merkner/Sustmann, NZG 2013, S. 1361 (1370).

646 Zum Inhalt solcher Verfallvereinbarungen siehe Brandt, CFL 2012, S. 110 (111).

647 Opitz, in: Schäfer/Hamann, KMG, § 25a WpHG Rn. 43; Brandt, CFL 2012, S. 110 (111).

648 Vgl. Nordholtz, in: Heidel, Aktienrecht und Kapitalmarktrecht, § 25a WpHG Rn. 53; Süßmann, in: Assmann/Schütze, Handbuch des Kapitalanlagerechts, § 14 Rn. 69; Brandt, WM 2014, S. 543 (546).

der konkreten Ausgestaltung der Verfallvereinbarung als aufschiebend bedingte Übereignung, bindendes Übereignungsangebot oder bedingter Anspruch auf Eigentumsübertragung, stand dem Pfandgläubiger aus der Verpfändungsvereinbarung zumindest ein Erwerbsrecht i.S.d. § 25a Abs. 1 Satz 2 Nr. 2 Alt. 1 WpHG hinsichtlich der verpfändeten Aktien zu.[649]

Dieser Befund erschien jedoch insofern problematisch, als die Verpfändung von Aktien in aller Regel nicht von der Absicht getragen wird, die Aktien tatsächlich zu erwerben. Vielmehr geht es den Pfandgläubigern lediglich um eine Absicherung ihrer Zahlungsansprüche für den Fall eines Zahlungsausfalls. Im Grundsatz ist ihnen ebenso wie dem Pfandschuldner aber daran gelegen, den Verwertungsfall und die hiermit einhergehende Übertragung der Aktien möglichst zu vermeiden.[650] Vor dem Hintergrund der Tatsache, dass der Gesetzgeber mit der Einführung der Meldepflicht des § 25a Abs. 1 Satz 1 WpHG Strategien vermeiden wollte, die in der Vergangenheit einen verdeckten Beteiligungsaufbau ermöglicht hatten und daher gerade von der planmäßigen Absicht eines Beteiligungserwerbs geprägt waren, erschien die Erfassung auch von an Aktien bestellten Pfandrechten, denen eine ganz andere Interessenlage zugrunde lag, geradezu als fernliegendes Ergebnis.[651]

Hinzu kam, dass im Rahmen einer Vielzahl von Unternehmens- und Akquisitionsfinanzierungen üblicherweise Pfandrechte an Aktien als Sicherheiten bestellt werden.[652] Dementsprechend viele Mitteilungen i.S.d. § 25a Abs. 1 Satz 1 WpHG wurden veröffentlicht, die sich mitunter auf erhebliche Stimmrechtsanteile bezogen.[653] Im Gegensatz hierzu treten tatsächliche Verwertungsfälle in der Praxis jedoch selten auf.[654] Dies führte dazu, dass der großen Mehrheit der durch Pfandrechte ausgelösten Mitteilungen i.S.d. § 25a Abs. 1 Satz 1 WpHG im Nachhinein kein tatsächlicher Beteiligungsaufbau nachfolgte. Vor dem Hintergrund der Tatsache, dass aus dem durch § 17 Abs. 4 WpAIV vorgeschriebenen Inhalt entsprechender Mitteilungen nicht zwingend die Pfandrechte als Grund der Mitteilung erkenn-

649 Zu den unterschiedlichen Ausgestaltungsvarianten siehe Damrau, in: MüKo, BGB, Band 6, § 1259 Rn. 20; Bassenge, in: Palandt, BGB, § 1259 Rn. 2.

650 Handelsrechtsausschuss des Deutschen Anwaltvereins, NZG 2013, S. 658 (661); Brandt, CFL 2012, S. 110 (114).

651 Brandt, CFL 2012, S. 110 (113 f.), vgl. auch Handelsrechtsausschuss des Deutschen Anwaltvereins, NZG 2013, S. 658 (661); Nordholtz, in: Heidel, Aktienrecht und Kapitalmarktrecht, § 25a WpHG Rn. 54.

652 Handelsrechtsausschuss des Deutschen Anwaltvereins, NZG 2013, S. 658 (661); Brandt, CFL 2012, S. 110 (111 f.); Nordholtz, in: Heidel, Aktienrecht und Kapitalmarktrecht, § 25a WpHG Rn. 54; vgl. auch Meyer/Bundschuh, WM 2003, S. 960 (961).

653 Einige Beispielsfälle mit Meldungen i.S.d. § 25a Abs. 1 Satz 1 WpHG im Hinblick auf Beteiligungen in Höhe von bis zu über 88 % schildert Brandt, CFL 2012, S. 110 (111 Fn. 7, 8), vgl. auch Nordholtz, in: Heidel, Aktienrecht und Kapitalmarktrecht, § 25a WpHG Rn. 54; Seibt/Wollenschläger, ZIP 2014, S. 545 (550 Fn. 72).

654 Opitz, in: Schäfer/Hamann, KMG, § 25a WpHG Rn. 42.

bar waren, war aufgrund des vermehrten Auftretens solcher letztlich folgenloser Meldungen zu befürchten, dass die übrigen Marktteilnehmer Mitteilungen i.S.d. § 25a Abs. 1 Satz 1 WpHG weniger Relevanz beimessen und sie daher weniger beachten würden.[655] Zusätzlich bestand sogar die Gefahr, dass Marktteilnehmer die aufgrund von Pfandrechten erfolgten Mitteilungen als ein Zeichen für einen bevorstehenden Beteiligungsaufbau missverstehen konnten.[656] Dieser Effekt wurde noch dadurch verstärkt, dass weitere, sicherlich nicht zur Übersichtlichkeit der jeweiligen Beteiligungsverhältnisse beitragende Meldungen erforderlich wurden, wenn aufgrund der teilweisen Rückführung der gesicherten Forderungen Teile der verpfändeten Aktien wieder freigegeben wurden und daher im Rahmen des § 25a Abs. 1 Satz 1 WpHG auch entsprechende Schwellenunterschreitungen mitzuteilen waren.[657] Aufgrund dieser nachteiligen Auswirkungen war die Einbeziehung von Pfandrechten in den Anwendungsbereich des § 25a WpHG dem Anliegen des Gesetzgebers, mit der Mitteilungspflicht des § 25a Abs. 1 Satz 1 WpHG die Transparenz von Vorfeldtatbeständen des Beteiligungsaufbaus zu erhöhen, sogar eher abträglich.[658]

Weiterhin führte die Einbeziehung von Pfandrechten, die eine Verfallvereinbarung beinhalteten, in den Anwendungsbereich des § 25a WpHG auch zu Friktionen im Vergleich zum Zurechnungstatbestand des § 22 Abs. 1 Satz 1 Nr. 3 WpHG.[659] Denn diesem Zurechnungstatbestand lag die anerkannte Wertung zugrunde, dass im Fall einer Sicherungsübereignung von Aktien, die hiermit verbundenen Stimmrechte im Regelfall weiterhin dem Sicherungsgeber und nicht dem Sicherungsnehmer zuzurechnen sind. Letzterer war daher zu keiner Mitteilung gemäß § 21 Abs. 1 Satz 1 WpHG verpflichtet, obwohl sich die den Stimmrechten zugrunde liegenden Aktien in seinem Eigentum befinden.[660] Hintergrund dieses Ergebnisses war die Überlegung, dass das Sicherungseigentum an den Aktien lediglich eine Verwertungsmöglichkeit gewähren soll. Bei Wegfall des Sicherungszwecks fällt das Eigentum an den Aktien jedoch wieder an den Sicherungsgeber zurück. Daher bestimmt der Sicherungsgeber in aller Regel trotz des vorübergehenden Verlusts der Eigentümerstellung weiterhin die Ausübung der aus den Aktien fließenden

655 Vgl. Brandt, CFL 2012, S. 110 (114).

656 Nordholtz, in: Heidel, Aktienrecht und Kapitalmarktrecht, § 25a WpHG Rn. 54; Opitz, in: Schäfer/Hamann, KMG, § 25a WpHG Rn. 42; Brandt, CFL 2012, S. 110 (114).

657 Brandt, CFL 2012, S. 110 (115).

658 Brandt, CFL 2012, S. 110 (114).

659 Opitz, in: Schäfer/Hamann, KMG, § 25a WpHG Rn. 44; Brandt, CFL 2012, S. 110 (115).

660 Siehe bereits S. 52; vgl. auch Dehlinger/Zimmermann, in: Fuchs, WpHG, § 22 Rn. 59; Schneider, in: Assmann/Schneider, WpHG, § 22 Rn. 93; Bayer, in: MüKo, AktG, Band 1, § 22 Anh. § 22 WpHG Rn. 24; von Bülow, in: Kölner Kommentar, WpHG, § 22 Rn. 132; Meyer/Bundschuh, WM 2003, S. 960 (961).

Mitgliedschaftsrechte.[661] Wenn aber die im Rahmen einer Sicherungsübereignung stattfindende Vollrechtsübertragung zu keiner Mitteilungspflicht für den Sicherungsnehmer führte, konnte für den Pfandgläubiger, für den im Rahmen der Verpfändung lediglich eine Möglichkeit zum Erwerb von Aktien begründet wird, aufgrund eines Erst-Recht-Schlusses nichts anderes gelten.[662] Denn die Verpfändung gewährt ihm lediglich eine im Vergleich zu einem Sicherungseigentümer schwächere Rechtsposition.[663]

Schließlich sprach auch die Vertraulichkeit von Kreditbeziehungen, in deren Rahmen die fraglichen Verpfändungen meist erfolgen, gegen eine Mitteilungspflicht.[664]

Aufgrund dieser Erwägungen wurde mit verschiedenen Argumenten eine einschränkende Auslegung des § 25a Abs. 1 Satz 1 WpHG im Hinblick auf Pfandrechte befürwortet.[665] Teilweise wurde ein ungeschriebenes, subjektiv geprägtes Tatbestandsmerkmal in § 25a Abs. 1 Satz 1 WpHG hineingelesen, nach dem das Fehlen einer Erwerbsabsicht den Tatbestand ausschließen sollte.[666] Ebenfalls wurde vorgeschlagen, § 22 Abs. 1 Satz 1 Nr. 3 WpHG als eine den § 25a Abs. 1 Satz 1 WpHG im Hinblick auf Pfandrechte verdrängende Spezialregelung zu begreifen.[667] Da § 22 Abs. 1 Satz 1 Nr. 3 WpHG unmittelbar lediglich auf zur Sicherheit übereignete Aktien Anwendung findet, wurde in diesem Zusammenhang auch eine analoge Erstreckung dieser Vorschrift auf verpfändete Aktien befürwortet.[668]

Beiden Vorschlägen einer einschränkenden Auslegung standen jedoch durchgreifende Bedenken gegenüber. Der Gesetzgeber hatte mit der Verordnungsermächtigung des § 25a Abs. 4 Satz 1 Nr. 2 WpHG bewusst eine Möglichkeit vorgesehen, nach der das Bundesministerium der Finanzen bzw. im Fall des § 25a Abs. 4 Satz 2 WpHG auch die Bundesanstalt für Finanzdienstleistungsaufsicht einzelne Instrumente von der Mitteilungspflicht ausnehmen konnte, sofern diese unter Transparenzgesichtspunkten nur von geringer Bedeutung oder in dieser Hinsicht möglicherweise sogar schädlich waren, da sie ein unzutreffendes Bild über den Bestand relevanter Positionen vermittelten.[669] Wie diese Vorkehrung des Gesetzgebers belegt, war ihm von vornherein bewusst, dass von § 25a Abs. 1 Satz 1 WpHG teilweise Fallgestaltungen erfasst wurden, deren Offenlegung weder erforderlich noch gerechtfertigt war. Dennoch hatte sich der Gesetz-

---

661 Bayer, in: MüKo, AktG, Band 1, § 22 Anh. § 22 WpHG Rn. 24; Brandt, CFL 2012, S. 110 (115), Schwark, in: Schwark/Zimmer, Kapitalmarktrechts-Kommentar, § 22 WpHG Rn. 7.

662 Brandt, CFL 2012, S. 110 (115).

663 Opitz, in: Schäfer/Hamann, KMG, § 25a WpHG Rn. 44.

664 Opitz, in: Schäfer/Hamann, KMG, § 25a WpHG Rn. 42.

665 Handelsrechtsausschuss des Deutschen Anwaltvereins, NZG 2013, S. 658 (661); Brandt, CFL 2012, S. 110 (115); Opitz, in: Schäfer/Hamann, KMG, § 25a WpHG Rn. 44a.

666 Brandt, CFL 2012, S. 110 (115).

667 Opitz, in: Schäfer/Hamann, KMG, § 25a WpHG Rn. 44a.

668 Opitz, in: Schäfer/Hamann, KMG, § 22 WpHG Rn. 50; Süßmann, in: Assmann/Schütze, Handbuch des Kapitalanlagerechts, § 14 Rn. 45.

669 Vgl. RegBegrE zum AnsFuG, BT-Drucks. 17/3628, S. 21.

geber darauf beschränkt, gerade für eine solche Konstellation, wie sie bei Pfandrechten mit Verfallvereinbarung vorlag, die Entscheidung über eine etwaige Befreiung auf die Exekutive zu delegieren. Im Hinblick auf das in Art. 20 Abs. 3 GG verankerte Prinzip der Gewaltenteilung verblieb neben dieser Möglichkeit kein Raum für eine einschränkende, am *Telos* des § 25a Abs. 1 Satz 1 WpHG orientierte Auslegung durch die Judikative.[670] Denn andernfalls hätte die Gefahr bestanden, dass die vom Gesetzgeber vorgesehene Möglichkeit zur Schaffung von Ausnahmetatbeständen durch die Exekutive nicht genutzt wird, während seitens der Judikative eine einschränkende Auslegung praktiziert wird, die die vom Gesetzgeber beabsichtigte Vermeidung von Umgehungsstrategien konterkarieren könnte. Da von dem Bundesministerium der Finanzen bzw. von der Bundesanstalt für Finanzdienstleistungsaufsicht keine Ausnahmebestimmung erlassen wurde, war davon auszugehen, dass durch die Verpfändung von Aktien bei gleichzeitiger Vereinbarung einer Verfallregelung ein Erwerbsrecht i.S.d. § 25a Abs. 1 Satz 2 Nr. 2 Alt. 1 WpHG begründet wurde. Im Fall einer Schwellenberührung war daher eine entsprechende Mitteilung gemäß § 25a Abs. 1 Satz 1 WpHG erforderlich.[671] Hieran änderte auch der Umstand nichts, dass die Schaffung einer entsprechenden Ausnahmebestimmung durch die Exekutive angezeigt war.[672]

(c) Emissionstätigkeit von Banken

Ähnliche Bedenken bei der Anwendung des § 25a Abs. 1 Satz 1 WpHG bestanden auch im Zusammenhang mit der Emissionstätigkeit von Banken.

Aufgrund der Vielgestaltigkeit von Emissionsgeschäften kamen je nach der konkreten Ausgestaltung[673] der vertraglichen Vereinbarungen zwischen Emittent und Emissionsbank hierbei verschiedene, mitteilungspflichtige Möglichkeiten zum Erwerb von Aktien in Betracht.[674] Zunächst war insofern zwar zu beachten, dass eine von § 25a Abs. 1 Satz 1 WpHG erfasste Erwerbsmöglichkeit bereits ausgegebene Aktien voraussetzte. Soweit Gegenstand der Emissionstätigkeit daher lediglich die Begebung und Platzierung neuer Aktien war, schied eine Erwerbsmöglichkeit i.S.d. § 25a Abs. 1 Satz 1 WpHG aus. Allerdings wurden in Emissionsgeschäfte in manchen Fällen auch bereits ausgegebene Aktien miteinbezogen.[675] War dies der

---

670 Wohl ähnlich Merkner/Sustmann, NZG 2013, S. 1361 (1366); Heinrich/Krämer, CFL 2013, S. 225 (227).

671 BaFin, Emittentenleitfaden, Ziffer VIII.2.9.1.1; Brandt, WM 2014, S. 543 (546).

672 Merkner/Sustmann, NZG 2013, S. 1361 (1369); vgl. auch Brandt, WM 2014, S. 543 (552).

673 Zu den verschiedenen Emissionsformen siehe beispielsweise Singhof, in: MüKo, HGB, Band 6, Bankvertragsrecht, Emissionsgeschäft Rn. 10 ff.; Brandt, WM 2014, S. 543 (545 f.).

674 BaFin, Emittentenleitfaden, Ziffer VIII.2.9.1.1; Merkner/Sustmann, NZG 2013, S. 1361 (1369 f.).

675 Vgl. BaFin, Emittentenleitfaden, Ziffer VIII.2.9.1.1; Brandt, CFL 2012, S. 110 (112); Brandt, WM 2014, S. 543 (549); Nordholtz, in: Heidel, Aktienrecht und Kapitalmarktrecht, § 25a WpHG Rn. 34.

Fall, wurden diesbezügliche Erwerbsmöglichkeiten von § 25a Abs. 1 Satz 1 WpHG erfasst. Übernimmt beispielsweise eine Bank im Rahmen ihrer Platzierungstätigkeit eine Abnahmegarantie i.S.d. § 2 Abs. 3 Satz 1 Nr. 5 WpHG, ist sie hieraus zur Übernahme derjenigen Aktien verpflichtet, die sie im Rahmen ihrer Tätigkeit nicht platzieren konnte. Die vereinbarte Abnahmegarantie begründete für die Emissionsbank daher eine bedingte Erwerbspflicht i.S.d. § 25a Abs. 1 Satz 2 Nr. 2 Alt. 2 WpHG , die im Fall einer entsprechenden Schwellenberührung zu einer Mitteilung gemäß § 25a Abs. 1 Satz 1 WpHG verpflichtete.[676]

Ebenso wie bei an Aktien bestellten Pfandrechten, ist den Beteiligten trotz solcher in den vertraglichen Vereinbarungen angelegter Erwerbsvorgänge aber daran gelegen, dass es gerade nicht zu einer Übertragung von Aktien kommt.[677] Vielmehr sollen die Aktien primär bei Dritten platziert werden und die Abnahmegarantie nur zur Anwendung kommen, soweit dies nicht gelingt. Dementsprechend unterscheidet sich die Interessenlage der beteiligten Vertragsparteien wiederum maßgeblich von den bei Einführung des § 25a Abs. 1 Satz 1 WpHG im Fokus des Gesetzgebers stehenden Fällen des verdeckten Beteiligungsaufbaus, die gerade von der Absicht eines Beteiligungserwerbs geprägt waren. Vor diesem Hintergrund war fraglich, ob die Erfassung von Erwerbsmöglichkeiten zugunsten der Emissionsbanken durch § 25a Abs. 1 Satz 1 WpHG dennoch sinnvoll sein konnte.[678] Darüber hinaus bestand in diesem Zusammenhang wiederum die Gefahr, dass vermehrt Mitteilungen i.S.d. § 25a Abs. 1 Satz 1 WpHG auftreten würden, die mangels tatsächlich vorliegender Beteiligungsabsicht des Meldepflichtigen nicht den vom Gesetzgeber vorausgesetzten Informationsgehalt aufwiesen. Der beabsichtigten Verbesserung der Transparenz im Hinblick auf Vorfeldtatbestände von Beteiligungen schien mit der Anwendung des § 25a WpHG auf die Emissionstätigkeit von Banken daher ebenfalls nicht zwingend gedient.[679]

Eine dementsprechend angezeigte, einschränkende Auslegung[680] des § 25a Abs. 1 Satz 1 WpHG schied jedoch wiederum aus den bereits genannten Gründen aus.[681] Eine von den Exekutivbehörden gemäß § 25a Abs. 4 Satz 1, 2 WpHG zu erlassende Ausnahmebestimmung blieb jedoch ebenfalls aus.[682]

---

676 Meyer, in: Handbuch börsennotierte AG, § 8 Rn. 60g; Brandt, CFL 2012, S. 110 (112); zu weiteren Konstellationen, aus denen im Rahmen der Emissionstätigkeit Erwerbsmöglichkeiten resultieren können siehe Brandt, WM 2014, S. 543 (545 ff.).

677 Brandt, CFL 2012, S. 110 (112); vgl. auch Brandt, WM 2014, S. 543 (552).

678 Vgl. Meyer, in: Handbuch börsennotierte AG, § 8 Rn. 60i; Brandt, CFL 2012, S. 110 (112).

679 Zu den der Transparenz abträglichen Folgen vgl. Brandt, WM 2014, S. 543 (553).

680 Eine solche Auslegung befürwortet Brandt, WM 2014, S. 543 (544).

681 Siehe bereits S. 128.

682 Nordholtz, in: Heidel, Aktienrecht und Kapitalmarktrecht, § 25a WpHG Rn. 34; Heinrich/Krämer, CFL 2013, S. 225 (233); Brandt, WM 2014, S. 543 (552 f.); Handelsrechtsausschuss des Deutschen Anwaltvereins, NZG 2013, S. 658 (662).

(d) Vorrechte in Gesellschaftervereinbarungen und Gesellschaftsverträgen sowie Anwachsung von Gesellschaftsanteilen

Einen weiteren Anwendungsbereich des § 25a Abs. 1 Satz 1 WpHG bildeten Aktienerwerbsmöglichkeiten, die aus zwischen mehreren Aktionären getroffenen Gesellschaftervereinbarungen resultierten. Solche Vereinbarungen werden häufig zwischen Großaktionären auch börsennotierter Unternehmen abgeschlossen.[683] Sie sehen für den Fall, dass sich einer der Vertragspartner zur Veräußerung seiner Beteiligung entschließt, bestimmte Vorrechte der übrigen Vertragspartner im Hinblick auf den Erwerb der zur Veräußerung stehenden Beteiligung vor. Hierbei kommen verschiedene Ausgestaltungen solcher Vorrechte in Betracht, die aufgrund ihrer Vielgestaltigkeit in jedem Einzelfall unterschiedlich zu beurteilen sein konnten.[684] Beispielhaft können insofern jedoch Vorerwerbsrechte, Andienungspflichten, als sog. *Tag-along*-Klauseln bezeichnete Mitveräußerungsrechte oder unter der Bezeichnung *Drag-along*-Klauseln verbreitete Mitveräußerungspflichten genannt werden.[685]

Vorkaufsrechte i.S.d. §§ 463 ff. BGB beispielsweise begründeten eine Erwerbsmöglichkeit i.S.d. § 25a Abs. 1 Satz 2 Nr. 2 Alt. 1 WpHG für den jeweils Berechtigten und verpflichteten daher im Fall einer Schwellenberührung zu einer Mitteilung gemäß § 25a Abs. 1 Satz 1 WpHG.[686] Ein Vorkaufsrecht gewährt dem Berechtigten für den Fall des Aktienverkaufs durch Aktieninhaber das Recht, gemäß §§ 463, 464 Abs. 2 WpHG in den Kaufvertrag zwischen dem Aktieninhaber und einem Dritten einzutreten. Durch Vollzug des auf diese Weise zustande gekommenen Kaufvertrags erwirbt der Vorkaufsberechtigte die zum Verkauf stehenden Aktien zu denjenigen Konditionen, die mit dem Dritten vereinbart wurden. Der aus dem Vorkaufsrecht Berechtigte erhielt daher bereits mit der Vereinbarung des Vorkaufsrechts eine Erwerbsmöglichkeit i.S.d. § 25a Abs. 1 Satz 1 WpHG. Gegen dieses Ergebnis wurde teilweise eingewandt, dass der tatsächliche Erwerb der Aktien noch von weiteren Zwischenschritten wie insbesondere einem Verkaufsentschluss des Aktieninhabers abhängig war und der Vorkaufsberechtigte letztlich nicht besser stand als ein beliebiger Dritter.[687] Im Rahmen des § 25a Abs. 1 Satz 2 Nr. 2 Alt. 1 WpHG kam es jedoch gerade nicht darauf an, ob

---

683 Wehowsky, in: Erbs/Kohlhaas, Strafrechtliche Nebengesetze, § 25a WpHG Rn. 3; Nordholtz, in: Heidel, Aktienrecht und Kapitalmarktrecht, § 25a WpHG Rn. 60; Opitz, in: Schäfer/Hamann, KMG, § 25a WpHG Rn. 55; von Werder/Petersen, CFL 2012, S. 178 (178).

684 Merkner/Sustmann, NZG 2013, S. 1361 (1367 f.).

685 Heinrich/Krämer, CFL 2013, S. 225 (231); von Werder/Petersen, CFL 2012, S. 178 (178).

686 BaFin, Emittentenleitfaden, Ziffer VIII.2.9.1.1; Heinrich/Krämer, CFL 2013, S. 225 (231); Merkner/Sustmann, NZG 2013, S. 1361 (1367); Opitz, in: Schäfer/Hamann, KMG, § 25a WpHG Rn. 57; Süßmann, in: Assmann/Schütze, Handbuch des Kapitalanlagerechts, § 14 Rn. 69; a.A. von Werder/Petersen, CFL 2012, S. 178 (181).

687 von Werder/Petersen, CFL 2012, S. 178 (181); Nordholtz, in: Heidel, Aktienrecht und Kapitalmarktrecht, § 25a WpHG Rn. 60.

das Erwerbsrecht noch von Bedingungen und Zwischenschritten abhängig war. Dass insbesondere ein ggf. noch ausstehender Verkaufsentschluss des Aktieninhabers eine Erwerbsmöglichkeit i.S.d. § 25a Abs. 1 Satz 1 WpHG nicht ausschließen konnte, zeigte bereits die vom Gesetzgeber explizit genannte Einbeziehung von lediglich bar auszugleichenden Kaufoptionen.[688] Auch bei solchen Kaufoptionen ist die physische Übertragung von Aktien noch durch einen Entschluss des Aktieninhabers bedingt, statt der vereinbarten Abwicklung durch Geldzahlungen in die Übertragung seiner Aktien einzuwilligen.[689] Darüber hinaus traf auch der Vergleich mit der Rechtsstellung eines beliebigen Dritten nicht zu. In der Person des aus dem Vorkaufsrecht Berechtigten ist im Vergleich zu einem beliebigen Dritten insofern eine Besserstellung gegeben, als dieser in jedem Verkaufsfall ein Zugriffsrecht besitzt, während ein beliebiger Dritter noch darauf angewiesen ist, dass der Aktieninhaber sich auch gerade zu einem Verkauf an ihn entschloss. Anders als für einen beliebigen Dritten besteht für den Aktieninhaber zugunsten des aus dem Vorkaufsrecht Berechtigten somit ein Kontrahierungszwang. Dieser kann nicht mehr frei über die Aktien verfügen, sodass zugunsten des Vorkaufsberechtigten eine Art Verstrickung der Aktien eintritt.[690] Vor diesem Hintergrund begründete die Einräumung eines Vorkaufsrechts eine Möglichkeit zum Erwerb von Aktien i.S.d. § 25a Abs. 1 Satz 2 Nr. 2 Alt. 1 WpHG.

Soweit spiegelbildlich hierzu in Gesellschaftervereinbarungen ein- oder gegenseitige Andienungsrechte vereinbart werden, handelt es sich hierbei um Verkaufsoptionen. Als solche begründeten Andienungsrechte eine Erwerbspflicht i.S.d. § 25a Abs. 1 Satz 2 Nr. 2 Alt. 2 WpHG, sodass diesbezüglich im Fall einer Schwellenberührung ebenfalls eine Mitteilungspflicht gemäß § 25a Abs. 1 Satz 1 WpHG bestand.[691]

Im Einzelfall und abhängig von ihrer konkreten Ausgestaltung konnten auch im Zusammenhang mit Mitveräußerungsrechten und Mitveräußerungspflichten Erwerbsmöglichkeiten i.S.d. § 25a Abs. 1 Satz 1 WpHG entstehen.[692] Für die Berechtigten bzw. die Verpflichteten solcher Vereinbarungen schied eine Erwerbsmöglichkeit zwar aus.[693] Diese sind lediglich zur Veräußerung ihrer Aktien berechtigt bzw. verpflichtet. Zum Erwerb von Aktien berechtigt sie hingegen weder ein Mitveräußerungsrecht noch eine Mitveräußerungspflicht.[694] Im Verkaufsfall konnte jedoch eine Mitteilung des Aktionärs erforderlich werden, der mit seiner Verkaufsabsicht das

688 Siehe bereits S. 117.

689 Vgl. Opitz, in: Schäfer/Hamann, KMG, § 25a WpHG Rn. 56.

690 Opitz, in: Schäfer/Hamann, KMG, § 25a WpHG Rn. 56.

691 von Werder/Petersen, CFL 2012, S. 178 (182); Heinrich/Krämer, CFL 2013, S. 225 (232); siehe bereits S. 120.

692 BaFin, Emittentenleitfaden, Ziffer VIII.2.9.1.1.

693 BaFin, Emittentenleitfaden, Ziffer VIII.2.9.1.1.

694 Allenfalls könnte eine Erwerbsmöglichkeit zugunsten eines Dritten in Betracht zu ziehen sein. Dritter in diesem Sinne kann nach richtigem, auf S. 110 bereits dargestelltem Verständnis jedoch nicht die Gegenpartei des Erwerbsgeschäfts sein, sodass eine Erwerbsmöglichkeit zugunsten eines Dritten hier im Ergebnis ausscheidet.

Mitveräußerungsrecht bzw. die Mitveräußerungspflicht zur Entstehung brachte. Die vereinbarte Mitveräußerung des anderen Aktionärs stellte aus seiner Perspektive eine zugunsten seines Käufers bestehende Erwerbsmöglichkeit bzgl. der der Mitveräußerungspflicht bzw. dem Mitveräußerungsrecht unterliegenden Aktien dar, welche von § 25a Abs. 1 Satz 1 WpHG erfasst wurde.[695] Im Regelfall unterfielen reine Mitveräußerungspflichten und Mitveräußerungsrechte aber keiner Mitteilungspflicht i.S.d. § 25a Abs. 1 Satz 1 WpHG, soweit und solange die Person des Dritten nicht bestimmt war.[696] Denn in diesem Fall schied eine entsprechende Mitteilung mangels Identifizierbarkeit des Dritten bereits aus praktischen Gründen aus.[697]

Eng mit den dargestellten Erwerbsmöglichkeiten im Zusammenhang mit Gesellschaftervereinbarungen verwandt sind auch Erwerbsmöglichkeiten, die aus *Holding*-Strukturen für Beteiligungen an börsennotierten Unternehmen folgen können. Kennzeichnend für diese Fälle ist der Umstand, dass Inhaber der Aktien nicht die einzelnen Gesellschafter der *Holding*-Gesellschaft sind, sondern die Aktien Bestandteil des Gesellschaftsvermögens sind und sich daher im Eigentum der Gesellschaft selbst befinden. Selbst wenn also eine Veränderung in den Beteiligungsverhältnissen der *Holding*-Gesellschaft stattfindet, kommt es grundsätzlich nicht zu einem Eigentumswechsel an den von der *Holding*-Gesellschaft gehaltenen Aktien. Eigentümer der Aktien bleibt stets die *Holding*-Gesellschaft. Eine von § 25a Abs. 1 Satz 1 WpHG erfasste Erwerbsmöglichkeit hinsichtlich der im Gesellschaftsvermögen verbleibenden Aktien war daher auf den ersten Blick nicht ersichtlich.

Auch die Gesellschaftsverträge solcher *Holding*-Gesellschaften sehen jedoch regelmäßig bestimmte Vorrechte der Gesellschafter für den Fall vor, dass einer der Gesellschafter seine Beteiligung an der *Holding*-Gesellschaft veräußern möchte. In diesem Zusammenhang stellte sich die Frage, ob beispielsweise die Vereinbarung gegenseitiger Vorkaufsrechte hinsichtlich der Beteiligungen an der *Holding*-Gesellschaft im Gesellschaftsvertrag eine Mitteilungspflicht gemäß § 25a Abs. 1 Satz 1 WpHG hinsichtlich der mit den von der *Holding*-Gesellschaft gehaltenen Aktien verbundenen Stimmrechte begründen konnte. Wie bereits dargestellt war bei der Beantwortung dieser Frage zunächst davon auszugehen, dass der Erwerb von Anteilen an einer solchen *Holding*-Gesellschaft im Grundsatz nicht mit dem Erwerb der von ihr gehaltenen Aktien einhergeht. Diese verbleiben im Eigentum der Gesellschaft selbst. Eine Erwerbsmöglichkeit bzgl. der Aktien, die von § 25a Abs. 1 Satz 1 WpHG erfasst werden konnte, liegt daher nicht ohne Weiteres vor.[698]

---

695 Opitz, in: Schäfer/Hamann, KMG, § 25a WpHG Rn. 61; BaFin, Emittentenleitfaden, Ziffer VIII.2.9.1.1; zur Erstreckung der Mitteilungspflicht des § 25a WpHG auch auf Erwerbsmöglichkeiten für Dritte siehe bereits S. 110.

696 Heinrich/Krämer, CFL 2013, S. 225 (232); von Werder/Petersen, CFL 2012, S. 178 (182); Opitz, in: Schäfer/Hamann, KMG, § 25a WpHG Rn. 61.

697 Vgl. von Werder/Petersen, CFL 2012, S. 178 (182).

698 BaFin, Emittentenleitfaden, Ziffer VIII.2.9.1.1; im Ergebnis ebenso Opitz, in: Schäfer/Hamann, KMG, § 25a WpHG Rn. 63.

Etwas anderes gilt jedoch dann, wenn nach Ausübung des Vorkaufsrechts der hieraus Berechtigte die Möglichkeit hat, sich das Eigentum an den im Gesellschaftsvermögen der *Holding*-Gesellschaft befindlichen Aktien zu verschaffen.[699] Ein solcher Fall ist etwa gegeben, wenn der Vorkaufsberechtigte nach Ausübung und Vollzug seines Vorkaufsrechts Allein- oder Mehrheitsgesellschafter der *Holding*-Gesellschaft wird und als solcher die Möglichkeit hat, über das Vermögen der Gesellschaft und damit auch über die darin befindlichen Aktien zu verfügen.[700] Lagen diese Voraussetzungen vor, war eine Erwerbsmöglichkeit i.S.d. § 25a Abs. 1 Satz 1 WpHG gegeben und dementsprechend im Fall einer Schwellenberührung auch eine dies wiedergebende Mitteilung erforderlich.[701]

Eine ganz ähnliche Problematik ergab sich aufgrund der von § 738 Abs. 1 Satz 1 BGB für den Fall des Ausscheidens einzelner Gesellschafter aus der Gesellschaft bestimmten Anwachsung von Gesellschaftsanteilen bei *Holding*-Gesellschaften, die als Personengesellschaft strukturiert sind.

Zunächst ist auch im Rahmen der Anwachsung festzuhalten, dass im Fall des Ausscheidens eines Gesellschafters den verbleibenden Gesellschaftern gemäß der Regelung des § 738 Abs. 1 Satz 1 WpHG lediglich dessen Anteil am Gesellschaftsvermögen anwächst. Zu einer unmittelbaren Übertragung auch der im Gesellschaftsvermögen der *Holding*-Gesellschaft befindlichen Gegenstände kommt es hingegen nicht, da im Rahmen der Anwachsung keine Eigentumsübertragung an einzelnen Gegenständen stattfinden.[702] Dementsprechend findet auch kein Erwerbsvorgang hinsichtlich etwaiger im Gesellschaftsvermögen befindlicher Aktien statt. Ebenso wie bei einem für den Fall der Veräußerung von Anteilen an einer *Holding*-Gesellschaft eingeräumten Vorkaufsrecht schied daher auch in diesem Fall eine Mitteilungspflicht i.S.d. § 25a Abs. 1 Satz 1 WpHG zunächst aus.[703]

Fraglich war jedoch, ob in besonders gelagerten Ausnahmefällen etwas anderes gelten konnte. Denn im Grundsatz besteht für jeden Gesellschafter einer Personengesellschaft die Möglichkeit, dass er im Fall des Ausscheidens aller Mitgesellschafter durch Anwachsung das Alleineigentum an allen im Vermögen der Gesellschaft befindlichen Gegenständen und somit auch das Eigentum an von der Gesellschaft gehaltenen Aktien erwirbt.[704] Im Ausgangspunkt ist diese Situation insofern wiederum der Erwerbsposition eines hinsichtlich der Anteile einer *Holding*-Gesellschaft Vorkaufsberechtigten ähnlich, der aufgrund seines Vorkaufsrechts die Möglichkeit

---

699 von Werder/Petersen, CFL 2012, S. 178 (180).

700 Nordholtz, in: Heidel, Aktienrecht und Kapitalmarktrecht, § 25a WpHG Rn. 62; BaFin, Emittentenleitfaden, Ziffer VIII.2.9.1.1; von Werder/Petersen, CFL 2012, S. 178 (180).

701 BaFin, Emittentenleitfaden, Ziffer VIII.2.9.1.1; für eine teilweise teleologische Reduktion von Werder/Petersen, CFL 2012, S. 178 (180).

702 Sprau, in: Palandt, BGB, § 738 Rn. 1; Schäfer, in: MüKo, BGB, Band 5, § 738 Rn. 8; Saenger, in: Schulze, BGB, § 738 Rn. 3.

703 Opitz, in: Schäfer/Hamann, KMG, § 25a WpHG Rn. 51 f.

704 Opitz, in: Schäfer/Hamann, KMG, § 25a WpHG Rn. 51.

hat Allein- oder Mehrheitsgesellschafter zu werden und sich dann das Eigentum an den Aktien verschaffen kann. Daher konnte man eine Mitteilungspflicht auch für den Fall der Anwachsung bejahen. Dennoch unterscheiden sich beide Fallgestaltungen in zweifacher Hinsicht. Zum einen bewirkt ein Anwachsungsrecht anders als ein Vorkaufsrecht keine Einschränkung der Dispositionsfreiheit der Gesellschafter hinsichtlich ihrer Gesellschaftsanteile. Sie können ihre Beteiligung an der *Holding*-Gesellschaft nach wie vor auch durch Veräußerung an Dritte verwerten, ohne dass die übrigen Gesellschafter in diesem Fall ein Zugriffsrecht besitzen. Insofern ist es bereits ungewiss, ob überhaupt jemals der Anwachsungsfall eintritt. Zum anderen beruht ein etwaiger Aktienerwerb im Wege der Anwachsung nicht auf einer Aktivität des Erwerbenden, wie dies bei der Ausübung eines Vorkaufsrechts durch den Vorkaufsberechtigten der Fall ist. Vielmehr wird die Anwachsung durch ein Ereignis wie beispielsweise eine Kündigung, das seinen Ursprung ausschließlich in der Sphäre der anderen Gesellschafter hat, ausgelöst. Insofern stellt sich die Anwachsung für den hiervon Begünstigten als nicht beeinflussbares Ereignis und somit lediglich als bloße Zufälligkeit dar, die von § 25a Abs. 1 Satz 1 WpHG nicht erfasst wurde.[705] Lediglich in eher theoretischen Ausnahmefällen, in denen die aus einer Anwachsung folgende Erwerbsposition eines Gesellschafters durch zusätzliche Vorkehrungen abweichend gestaltet wurde, mag dies anders und dementsprechend eine Möglichkeit zum Erwerb von Aktien i.S.d. § 25a Abs. 1 Satz 1 WpHG begründet gewesen sein.[706]

Als Zwischenergebnis ist insofern festhalten, dass auch in Gesellschaftervereinbarungen und Gesellschaftsverträgen von *Holding*-Gesellschaften enthaltene Vorrechte, eine Erwerbsmöglichkeit i.S.d. § 25a Abs. 1 Satz 1 WpHG enthalten konnten, sofern diese den Zugriff auf von dem Vertragspartner oder der betroffenen *Holding*-Gesellschaft gehaltenen Aktien ermöglichten.

Die Erstreckung des Anwendungsbereichs des § 25a Abs. 1 Satz 1 WpHG auf solche Fallkonstellationen erschien jedoch nicht unproblematisch. Denn gemeinsames Charakteristikum der genannten Vorrechte ist, dass ihr Regelungsgehalt nahezu ausschließlich auf weit in der Zukunft liegende Sachverhalte abzielt, und zudem in aller Regel äußerst ungewiss ist, ob sie überhaupt jemals zur Anwendung kommen.[707] Der Beweggrund zum Abschluss solcher Vereinbarungen ist die Absicherung der gemeinsamen, langfristigen Interessen im Hinblick auf ein gemeinsam eingegangenes Investment.[708] Hingegen dienen in Gesellschaftervereinbarungen

---

705 Siehe bereits S. 113; Opitz, in: Schäfer/Hamann, KMG, § 25a WpHG Rn. 51.

706 So wohl auch Opitz, in: Schäfer/Hamann, KMG, § 25a WpHG Rn. 52.

707 Seibt, CFL 2010, S. 502 (505); Cascante/Bingel, NZG 2011, S. 1086 (1096); Heinrich/Krämer, CFL 2013, S. 225 (232); von Werder/Petersen, CFL 2012, S. 178 (178); vgl. auch Opitz, in: Schäfer/Hamann, KMG, § 25a WpHG Rn. 49, 57; Krause, AG 2011, S. 469 (479).

708 Vgl. Schmiegelt/Schmidt, in: Beck'sches Handbuch der GmbH, § 3 Rn. 156 ff.; von Werder/Petersen, CFL 2012, S. 178 (178); Cascante/Bingel, NZG 2011, S. 1086 (1096); Merkner/Sustmann, NZG 2010, S. 681 (686); Seibt, CFL 2010, S. 502 (505).

und Gesellschaftsverträgen vereinbarte Vorrechte in aller Regel nicht einer bereits konkret ins Auge gefassten, in näherer Zukunft bevorstehenden Übertragung von Aktienbeteiligungen.[709] Da sie insofern nicht auf eine baldige Änderung in den Beteiligungs- und Stimmrechtsverhältnissen des jeweiligen Unternehmens ausgerichtet sind, hat ihr Bestehen in der Regel auch wenig Relevanz für den Kurswert der betroffenen Aktien.[710] In der Folge misst auch die Kapitalmarktöffentlichkeit solchen Informationen nur wenig Bedeutung zu.[711] Wenn entsprechende Mitteilungen i.S.d. § 25a Abs. 1 Satz 1 WpHG aber wenig Mehrwert für den Kapitalmarkt erzeugen, ist es der angestrebten Transparenz eher abträglich, wenn solche Mitteilungen dennoch die Aufmerksamkeit der Marktteilnehmer in Anspruch nehmen und ggf. von relevanteren Mitteilungen ablenken. Hinzu kommt, dass entsprechende Vereinbarungen weder in der Vergangenheit für den verdeckten Aufbau einer Beteiligung eingesetzt wurden, noch für diesen Zweck geeignet sind.[712] Allein aufgrund der schon bei ihrem Abschluss bestehenden Beteiligungen und der diesbezüglichen Unterrichtung der Kapitalmarktöffentlichkeit scheidet eine Vermeidung oder Umgehung von Mitteilungspflichten aus. Dementsprechend zählten solche Sachverhalte nicht zu denjenigen Fallgestaltungen, hinsichtlich derer der Gesetzgeber mit der Meldepflicht des § 25a Abs. 1 Satz 1 WpHG Transparenz erzeugen wollte.[713] Hierfür bestand auch kein Anlass, da einem ggf. bestehenden Transparenzbedarf hinsichtlich der gemeinsamen Interessen der Vertragsparteien bereits durch den Zurechnungstatbestand des § 22 Abs. 2 Satz 1 WpHG ausreichend Rechnung getragen wurde.[714] Schließlich haben viele an entsprechenden Vereinbarungen beteiligte Gesellschafter ein berechtigtes Interesse daran, dass die untereinander getroffenen Abreden vertraulich behandelt werden.[715] Die Vertraulichkeit konnte jedoch kaum gewährleistet werden, wenn die Einräumung solcher Vorrechte eine Mitteilung i.S.d. § 25a Abs. 1 Satz 1 WpHG nach sich zog.

---

709 Cascante/Bingel, NZG 2011, S. 1086 (1096); Heinrich/Krämer, CFL 2013, S. 225 (232); Seibt, CFL 2010, S. 502 (505).

710 Vgl. Heinrich/Krämer, CFL 2013, S. 225 (232); Seibt, CFL 2010, S. 502 (505).

711 Vgl. von Werder/Petersen, CFL 2012, S. 178 (178); Opitz, in: Schäfer/Hamann, KMG, § 25a WpHG Rn. 54 konstatiert immerhin ein „gewisses Interesse des Kapitalmarkts".

712 Nordholtz, in: Heidel, Aktienrecht und Kapitalmarktrecht, § 25a WpHG Rn. 60; Opitz, in: Schäfer/Hamann, KMG, § 25a WpHG Rn. 54; von Werder/Petersen, CFL 2012, S. 178 (178); Merkner/Sustmann, NZG 2013, S 1361 (1367); Götze, BKR 2013, S. 265 (269); Krause, AG 2011, S. 469 (479).

713 Götze, BKR 2013, S. 265 (269); Merkner/Sustmann, NZG 2013, S. 1361 (1367); Merkner/Sustmann, NZG 2012, S. 241 (243); Seibt, CFL 2010, S. 502 (505); Opitz, in: Schäfer/Hamann, KMG, § 25a WpHG Rn. 49.

714 Merkner/Sustmann, NZG 2013, S. 1361 (1367).

715 Krause, AG 2011, S. 469 (479); von Werder/Petersen, CFL 2012, S. 178 (178); Götze, BKR 2013, S. 265 (269); Cascante/Bingel, NZG 2011, S. 1086 (1096); Merkner/Sustmann, NZG 2012, S. 241 (243); Merkner/Sustmann, NZG 2010, S. 681 (686); Opitz, in: Schäfer/Hamann, KMG, § 25a WpHG Rn. 54, 57.

Aus diesen Gründen erschien die Offenlegung solcher Sachverhalte gemäß § 25a Abs. 1 Satz 1 WpHG weder erforderlich noch gerechtfertigt.[716] Da die bestehende Regelung aber keinen Spielraum für ein einschränkendes Verständnis ihres Wortlauts ließ,[717] war dennoch von einer entsprechenden Mitteilungspflicht auszugehen. Lediglich eine im Wege des § 25a Abs. 4 Satz 1, 2 WpHG ergehende Ausnahmebestimmung hätte den aufgezeigten Erwägungen Rechnung tragen können. Eine entsprechende Initiative des Bundesministeriums der Finanzen bzw. der Bundesanstalt für Finanzdienstleistungen blieb jedoch aus.

(e) Anbahnungsverträge im Vorfeld von öffentlichen Übernahmen, Unternehmenszusammenschlüssen und Unternehmensakquisitionen

Auch mit Großaktionären im Vorfeld von öffentlichen Übernahmen, Unternehmenszusammenschlüssen und Unternehmensakquisitionen abgeschlossene Vereinbarungen begründeten mitunter Mitteilungspflichten i.S.d. § 25a Abs. 1 Satz 1 WpHG.

Zu solchen Anbahnungsverträgen zählen zunächst sog. *Irrevocable Undertakings to Tender*. Hierbei handelt es sich um einseitig verpflichtende Vorverträge, mit denen sich Großaktionäre im Vorfeld eines öffentlichen Übernahmeangebots unwiderruflich verpflichten, alle oder zumindest einen Großteil der von ihnen gehaltenen Aktien auf das bevorstehende Übernahmeangebot einzureichen.[718] Solche Erklärungen gewähren dem Adressaten zwar in der Regel kein einseitiges aus einer bindenden Vereinbarung folgendes Erwerbsrecht i.S.d. § 25 Abs. 1 Satz 1 WpHG, da die Übertragung der Aktien noch von verschiedenen Bedingungen abhängt.[719] Allerdings begründeten sie aufgrund der darin geregelten Andienung von Aktien im Rahmen des beabsichtigten Übernahmeangebots eine Erwerbsmöglichkeit i.S.d. § 25a Abs. 1 Satz 2 Nr. 2 Alt. 1 WpHG und verpflichteten daher im Fall einer Schwellenberührung zu einer Mitteilung gemäß § 25a Abs. 1 Satz 1 WpHG.[720]

---

716 Brandt, CFL 2012, S. 110 (112); Brandt, WM 2014, S. 543 (544); Merkner/Sustmann, NZG 2013, S. 1361 (1367 f.); Merkner/Sustmann, NZG 2012, S. 241 (243); Handelsrechtsausschuss des Deutschen Anwaltvereins, NZG 2013, S. 658 (662); Nordholtz, in: Heidel, Aktienrecht und Kapitalmarktrecht, § 25a WpHG Rn. 60; a.A. Hirte, Der Konzern 2010, S. 599 (603).

717 Siehe bereits S. 128.

718 Deilmann, NZG 2007, S. 721 (722); Merkner/Sustmann, NZG 2012, S. 241 (243); Cascante/Bingel, NZG 2011, S. 1086 (1094); Opitz, in: Schäfer/Hamann, KMG, § 25a WpHG Rn. 62.

719 Vgl. Cascante/Bingel, NZG 2011, S. 1086 (1094); Merkner/Sustmann, NZG 2012, S. 241 (243). Eine solche Bedingung kann z.B. die Genehmigung der Angebotsunterlage durch die BaFin darstellen.

720 BaFin, Emittentenleitfaden, Ziffer VIII.2.9.1.1; Brandt, CFL 2012, S. 110 (112); Cascante/Bingel, NZG 2011, S. 1086 (1094 f.); Seibt, CFL 2011, S. 213 (219); Seibt, CFL 2013, S. 145 (152); Süßmann, in: Assmann/Schütze, Handbuch des Kapitalanlagerechts, § 14 Rn. 69.

Eine solche Mitteilungspflicht war sinnvoll, da solche Erklärungen gerade auf die Übertragung von bedeutenden Beteiligungen abzielten.[721] Darüber hinaus erlaubte die Information über solche Vorgänge das bevorstehende öffentliche Übernahmeangebot und dessen Erfolgswahrscheinlichkeit besser einzuschätzen.

Dennoch wurde auch bzgl. einer solchen Mitteilungspflicht teilweise vertreten, dass hierfür kein Transparenzbedürfnis bestünde.[722] Etwaigen Informationsbedürfnissen würde bereits durch die bei laufenden Übernahmeverfahren zur Anwendung kommenden Vorschriften des WpÜG ausreichend Rechnung getragen.[723] Dem war insoweit zuzustimmen, als dies in aller Regel zutraf. Dennoch war es nicht ausgeschlossen, dass solche Erklärungen zeitlich bereits deutlich vor Einleitung des Übernahmeverfahrens abgegeben wurden. In einem solchen Fall war es nicht gerechtfertigt, der Marktöffentlichkeit eine entsprechende Information bis zur Veröffentlichung der Angebotsunterlage vorzuenthalten. Darüber hinaus wurde eine Mitteilungspflicht gemäß § 25a Abs. 1 Satz 1 WpHG deshalb in Zweifel gezogen, weil in entsprechenden Vorverträgen häufig verschiedene Ausstiegsklauseln enthalten sind und die Vereinbarungen daher entgegen ihrer üblichen Bezeichnung keineswegs unwiderruflich sind.[724] Die tatsächliche Einreichung der Aktien auf das Übernahmeangebot wäre insofern noch von zahlreichen Unwägbarkeiten und Zwischenschritten abhängig.[725] Diesbezüglich war wiederum darauf zu verweisen, dass es für eine Erwerbsmöglichkeit i.S.d. § 25a Abs. 1 Satz 2 Nr. 2 Alt. 1 WpHG gerade unbeachtlich war, ob das fragliche Erwerbsrecht noch von Bedingungen oder anderen Voraussetzungen abhängig war.[726] Dem Gesetzgeber kam es bei der Einführung der Meldepflicht des § 25a Abs. 1 Satz 1 WpHG gerade darauf an, auch solche Fallgestaltungen einer Veröffentlichung zuzuführen, die den Erwerb von Aktien lediglich faktisch ermöglichten, ohne bereits ein Erwerbsrecht zu begründen.[727] Im Ergebnis war im Zusammenhang mit *Irrevocable Undertakings to Tender* daher eine Erwerbsmöglichkeit i.S.d. § 25a Abs. 1 Satz 1 WpHG anzunehmen.[728]

Darüber hinaus wurden Mitteilungspflichten gemäß § 25a Abs. 1 Satz 1 WpHG auch im Zusammenhang mit als *Letter of Intent* oder als *Memorandum of Understanding* bezeichneten, im Vorfeld von Unternehmenszusammenschlüssen oder Un-

---

721 Heinrich/Krämer, CFL 2013, S. 225 (232); Cascante/Bingel, NZG 2011, S. 1086 (1094); Merkner/Sustmann, NZG 2010, S. 681 (685); Nordholtz, in: Heidel, Aktienrecht und Kapitalmarktrecht, § 25a WpHG Rn. 43.

722 Krause, AG 2011, S. 469 (479); Merkner/Sustmann, NZG 2012, S. 241 (243).

723 Cascante/Bingel, NZG 2011, S. 1086 (1094); Merkner/Sustmann, NZG 2013, S. 1361 (1368).

724 Merkner/Sustmann, NZG 2012, S. 241 (243); Krause, AG 2011, S. 469 (479).

725 Cascante/Bingel, NZG 2011, S. 1086 (1094); Merkner/Sustmann, NZG 2012, S. 241 (243).

726 Siehe bereits S. 113.

727 RegBegrE zum AnsFuG, BT-Drucks. 17/3628, S. 19.

728 Im Ergebnis zustimmend Cascante/Bingel, NZG 2011, S. 1086 (1095); Merkner/Sustmann, NZG 2013, S. 1361 (1368).

ternehmensakquisitionen abgeschlossenen Vereinbarungen diskutiert. Ungeachtet der in der Praxis vorkommenden Vielgestaltigkeit solcher Vereinbarungen und der daraus resultierenden Möglichkeit einer abweichenden Einordnung, lassen sich solche Übereinkünfte in aller Regel als rechtlich unverbindliche, einen nachfolgenden Aktienkaufvertrag lediglich vorbereitende Absichtserklärung charakterisieren.[729] Ein auf die Übertragung von Aktien gerichteter, rechtlicher Anspruch folgt aus einer solchen Vereinbarung in aller Regel noch nicht. Vielmehr ist ihr Regelungsgehalt auf die bloße Kundgabe der generellen Verhandlungsbereitschaft gerichtet. In Einzelfällen können so bezeichnete Vereinbarungen allerdings auch als Vorverträge zu qualifizieren sein, wenn die darin getroffenen Regelungen bereits Teilbereiche der ins Auge gefassten Transaktion verbindlich festhalten.[730] In einem solchen Fall stellte sich die Frage, ob ab Erreichen einer bestimmten Regelungsintensität eine Erwerbsmöglichkeit i.S.d. § 25a Abs. 1 Satz 2 Nr. 2 Alt. 1 WpHG anzunehmen war.[731] Denkbar ist in diesem Zusammenhang beispielsweise, dass bereits eine verbindliche Pflicht zur Kostentragung oder sogar eine Vertragsstrafe für den Fall vereinbart wird, dass der angestrebte Aktienkaufvertrag im Nachhinein nicht zustande kommt.[732] Wenn eine solche Klausel die Vertragspartei aufgrund ihrer konkreten Ausgestaltung bereits dahin gehend bindet, dass der Abschluss des Aktienkaufvertrags aus faktischen bzw. wirtschaftlichen Gründen als besonders naheliegend erscheint, war in jedem Fall von einer mitteilungspflichtigen Erwerbsmöglichkeit auszugehen.[733] Teilweise wurde es für eine Erwerbsmöglichkeit i.S.d. § 25a Abs. 1 Satz 1 WpHG auch bereits als ausreichend angesehen, wenn bereits eine Exklusivitätsvereinbarung getroffen wurde und zusätzlich die grundsätzliche Verkaufsbereitschaft und ein Preiskorridor für den beabsichtigten Erwerb festgehalten wurde.[734] Eine generelle Aussage, ab welcher Regelungsintensität sich ein nachfolgender Aktienerwerb nicht mehr als bloße Zufälligkeit, sondern als kausal aus der Vereinbarung resultierende

729 Beisel, in: Beisel/Klumpp, Der Unternehmenskauf, 1. Kapital Rn. 67; Klöpper, in: Hauschka, Corporate Compliance, § 28 Rn. 11 f.; Krause, AG 2011, S. 469 (479).

730 Opitz, in: Schäfer/Hamann, KMG, § 25a WpHG Rn. 63; vgl. auch Beisel, in: Beisel/Klumpp, Der Unternehmenskauf, 1. Kapital Rn. 69.

731 Cascante/Bingel, NZG 2011, S. 1086 (1095); Teichmann/Epe, WM 2012, S. 1213 (1219); a.A. Süßmann, in: Assmann/Schütze, Handbuch des Kapitalanlagerechts, § 14 Rn. 64.

732 Cascante/Bingel, NZG 2011, S. 1086 (1095).

733 Vgl. Opitz, in: Schäfer/Hamann, KMG, § 25a WpHG Rn. 63; Teichmann/Epe, WM 2012, S. 1213 (1219); a.A. Süßmann, in: Assmann/Schütze, Handbuch des Kapitalanlagerechts, § 14 Rn. 64; weiter gehend Krause, AG 2011, S. 469 (479); lediglich im Fall eines Kontrahierungszwangs zustimmend Cascante/Bingel, NZG 2011, S. 1086 (1095); ohne nähere Konkretisierung Schneider, in: Assmann/Schneider, WpHG, § 25a Rn. 19; a.A. Heinrich/Krämer, CFL 2013, S. 225 (231), die eine Mitteilungspflicht in diesen Fällen unter Hinweis auf die Entbehrlichkeit einer Ad-hoc-Mitteilung generell ablehnen.

734 Opitz, in: Schäfer/Hamann, KMG, § 25a WpHG Rn. 63.

Erwerbsmöglichkeit darstellte, war jedoch kaum möglich. Erforderlich war vielmehr eine Grenzziehung im Einzelfall.[735] Hierbei musste berücksichtigt werden, dass nur Anbahnungsgeschäfte, denen mit hinreichender Wahrscheinlichkeit ein Beteiligungserwerb nachfolgt, eine Offenlegung rechtfertigten.[736] Eine ausnahmslose Offenlegung aller Anbahnungsgeschäfte konnte sich hingegen aufgrund der hierdurch verursachten Vielzahl oftmals folgenloser Meldungen wiederum der angestrebten Transparenz abträglich auswirken. Soweit gegen eine solche Mitteilungspflicht jedoch generell angeführt wurde, dass trotz Abschluss einer teilverbindlichen Absichtserklärung ein durchsetzbarer schuldrechtlicher Anspruch noch von zahlreichen Umständen abhängig war,[737] war darauf zu verweisen, dass dies nach dem Willen des Gesetzgebers gerade unbeachtlich sein sollte.[738] Entscheidend war allein, dass es aufgrund der wirtschaftlichen Logik oder der faktisch naheliegenden Geschehensabläufe zu einem Erwerb der Aktien kommen konnte.[739]

Als Ergebnis ist festzuhalten, dass auch Anbahnungsgeschäfte in Form von Vorverträgen im Vorfeld von bindenden Aktienkaufverträgen im Fall einer Schwellenberührung bereits Mitteilungspflichten gemäß § 25a Abs. 1 Satz 1 WpHG begründen konnten. Hierdurch konnte es jedoch zu einem Widerspruch zwischen den Regelungsregimen der kapitalmarktrechtlichen Beteiligungstransparenz einerseits und der *Ad-hoc*-Publizität andererseits kommen.[740] Denn der Abschluss eines *Letter of Intent* oder eines *Memorandum of Understanding* konnte nicht nur zu einer Mitteilungspflicht des potenziellen Erwerbers gemäß § 25a Abs. 1 Satz 1 WpHG führen, sondern im Fall der Einbeziehung der Zielgesellschaft in den Transaktionsprozess für diese auch eine Insiderinformation i.S.d. § 13 Abs. 1 Satz 1 WpHG darstellen. In diesem Fall ist die Zielgesellschaft grundsätzlich gemäß § 15 Abs. 1 Satz 1 WpHG verpflichtet, eine *Ad-hoc*-Mitteilung zu veröffentlichen.[741] Allerdings lässt § 15 Abs. 3 Satz 1 WpHG unter bestimmten Umständen eine Selbstbefreiung von dieser *Ad-hoc*-Mitteilungspflicht zu. Diese Selbstbefreiungsmöglichkeit wäre jedoch ihres Sinns beraubt worden, wenn sich zwar die Zielgesellschaft von ihrer *Ad-hoc*-Mitteilungsverpflichtung befreien konnte, gleichzeitig der potenzielle Erwerber aber aufgrund des § 25a Abs. 1 Satz 1 WpHG zu einer Mitteilung gegenüber der Marktöffentlichkeit verpflichtet blieb. Insofern standen sich die beiden Normkomplexe der kapitalmarktrechtlichen Beteiligungstransparenz und der *Ad-hoc*-Publizität in einem Regelungskonflikt gegenüber. Während der Regelung des § 15 Abs. 3 Satz 1 WpHG

---

735 BaFin, Emittentenleitfaden, Ziffer VIII.2.9.1.1; Nordholtz, in: Heidel, Aktienrecht und Kapitalmarktrecht, § 25a WpHG Rn. 59.

736 Vgl. auch Wehowsky, in: Erbs/Kohlhaas, Strafrechtliche Nebengesetze, § 25a WpHG Rn. 4; Cascante/Bingel, NZG 2011, S 1086 (1095); Merkner/Sustmann, NZG 2010, S. 681 (685).

737 Cascante/Bingel, NZG 2011, S. 1086 (1095).

738 Siehe bereits S. 113.

739 RegBegrE zum AnsFuG, BT-Drucks. 17/3628, S. 19 f.

740 Teichmann/Epe, WM 2012, S. 1213 (1219); Eichner, ZRP 2010, S. 5 (7).

741 Krause, AG 2011, S. 469 (479).

die Wertung zu entnehmen ist, dass unter bestimmten Umständen die berechtigten Interessen der Gesellschaft an der Geheimhaltung dem öffentlichen Transparenzinteresse vorgehen, wurde diese gesetzgeberische Abwägungsentscheidung im Rahmen des § 25a Abs. 1 Satz 1 WpHG gegensätzlich entschieden.

Einer Auflösung dieses Regelungskonflikts stand wiederum entgegen, dass § 25a Abs. 1 Satz 1 WpHG aus den vorstehend bereits erläuterten Gründen einer einschränkenden Auslegung nicht zugänglich war. Daher gewährte diese Norm keinen Spielraum für die Berücksichtigung der vom Gesetzgeber im Rahmen der *Ad-hoc*-Publizität vorgenommenen Abwägung zwischen Geheimhaltungs- und Transparenzinteressen. Die hierdurch entstehende Widersprüchlichkeit hätten lediglich durch eine klarstellende Konkretisierung seitens der Exekutive im Rahmen der von § 25a Abs. 4 Satz 1, 2 WpHG gewährten Möglichkeiten beseitigt werden können, die jedoch ausblieb.[742]

(f) Unternehmens- und Verschmelzungsverträge

Fraglich erschien schließlich, wie mit Erwerbsmöglichkeiten im Zusammenhang mit zwischen einzelnen Unternehmen abgeschlossenen, gesellschafts- bzw. umwandlungsrechtlichen Verträgen im Rahmen des § 25a Abs. 1 Satz 1 WpHG umzugehen war.

Eine Erwerbsmöglichkeit i.S.d. § 25a Abs. 1 Satz 1 WpHG kam zunächst im Rahmen von Beherrschungs- und Gewinnabführungsverträgen i.S.d. § 291 Abs. 1 Satz 1 AktG in Betracht. Gemäß § 305 Abs. 1 AktG hat ein solcher Unternehmensvertrag zwingend eine Erwerbspflicht des herrschenden Unternehmens für den Fall eines entsprechenden Verlangens eines außenstehenden Aktionärs vorzusehen.[743] Wird ein dieser gesetzlichen Vorgabe entsprechender Unternehmensvertrag abgeschlossen, befindet das sich herrschende Unternehmen aufgrund der darin vorgesehenen Erwerbspflicht letztlich in der Position eines Stillhalters einer Verkaufsoption. In einem solchen Fall war gemäß § 25a Abs. 1 Satz 2 Nr. 2 Alt. 2 WpHG eine Erwerbsmöglichkeit i.S.d. § 25a Abs. 1 Satz 1 WpHG begründet.[744] Da die durch § 305 Abs. 1 AktG vorgeschriebene Erwerbspflicht zwingend an alle außenstehenden Aktionäre gerichtet ist, erfasst die hierdurch begründete Erwerbsmöglichkeit letztlich alle noch nicht im Eigentum des herrschenden Unternehmens stehenden Aktien. Aufgrund der von § 25a Abs. 1 Satz 7 WpHG angeordneten Zusammenrechnung[745] mit Stimmrechten i.S.d. §§ 21 Abs. 1 Satz 1, 22 Abs. 1, Abs. 2 WpHG wäre das herrschende Unternehmen folglich in aller Regel zu einer Meldung in Höhe von 100 % der Stimmrechte verpflichtet gewesen.[746]

---

742 Teichmann/Epe, WM 2012, S. 1213 (1219).

743 Statt aller Paulsen, in: MüKo, AktG, Band 5, § 305 Rn. 17.

744 Merkner/Sustmann, NZG 2013, S. 1361 (1369); BaFin, Emittentenleitfaden, Ziffer VIII.2.9.1.1.

745 Siehe hierzu S. 151 f.

746 Merkner/Sustmann, NZG 2013, S. 1361 (1369).

Vor dem Hintergrund, dass ein Einsatz von Unternehmensverträgen zum verdeckten Beteiligungsaufbau bereits allein aufgrund der für ihren Abschluss benötigten, umfangreichen Vorbeteiligung ausscheidet, war dieses Ergebnis wiederum korrekturbedürftig.[747] Entsprechend wurde in diesen Fällen auch von den maßgeblichen Verwaltungsbehörden mangels eines über den durch § 293 Abs. 1 Satz 1 AktG bereits vorgeschriebenen Hauptversammlungsbeschluss sowie die von § 294 Abs. 1 Satz 1 AktG angeordnete Handelsregistereintragung hinausgehendes Publizitätsbedürfnis eine Mitteilung gemäß § 25a Abs. 1 Satz 1 WpHG verneint.[748]

Für die Rechtspraxis mag der Umgang mit solchen Sachverhalten hierdurch ausreichend geklärt gewesen sein. In dieser Anwendung des § 25a Abs. 1 Satz 1 WpHG lag jedoch im Ergebnis eine am Sinn und Zweck dieser Norm orientierte Beschränkung ihres Anwendungsbereichs und somit eine teleologische Reduktion. Einer solchen Auslegung stand im Grundsatz jedoch die vom Gesetzgeber in § 25a Abs. 4 Satz 1, 2 WpHG gerade für einen solchen Fall vorgesehene Ermächtigung der Verwaltungsbehörden zur Schaffung von Ausnahmetatbeständen auf dem Verordnungsweg entgegen.[749] Ob ein zur Entscheidung berufenes Gericht dieses Auslegungsergebnis teilen würde oder sich aufgrund der Gesetzessystematik und dem Prinzip der Gewaltenteilung hieran gehindert sehen würde, erschien dementsprechend fraglich. Dogmatisch war die Rechtsauffassung der Bundesanstalt für Finanzdienstleistungsaufsicht jedenfalls nicht begründbar. Folglich wurde hierdurch auch die systematische Durchdringung des § 25a WpHG nicht gefördert. Dies brachte wiederum die Gefahr erhöhter Rechtsunsicherheit im Umgang mit ähnlich gelagerten Fällen mit sich. So stellte sich beispielsweise im Weiteren die Frage, warum gerade für den Fall von Beherrschungs- und Gewinnabführungsverträgen von einer Mitteilungspflicht i.S.d. § 25a Abs. 1 Satz 1 WpHG abgesehen wurde, jedoch für andere Fallkonstellationen, in denen aus ähnlichen Gründen ebenfalls erkennbar kein Transparenzbedarf besteht, nicht auch von einer Meldepflicht abgesehen wurde.[750]

Wie unterschiedlich und wenig vorhersehbar die Rechtsauffassung der Verwaltungsbehörden war, ließ sich beispielsweise an der Behandlung von Verschmelzungsverträgen im Zusammenhang mit der Mitteilungspflicht des § 25a Abs. 1 Satz 1 WpHG verdeutlichen. Im Ausgangspunkt schied bei einer Verschmelzung eine Mitteilungspflicht gemäß § 25a Abs. 1 Satz 1 WpHG zwar aus, soweit die hierbei zum Umtausch verwendeten Aktien der übernehmenden Gesellschaft dem Regelfall entsprechend aus einer Kapitalerhöhung stammten. In diesem

---

747 Vgl. BaFin, Emittentenleitfaden, Ziffer VIII.2.9.1.1; Merkner/Sustmann, NZG 2013, S. 1361 (1369).

748 BaFin, Emittentenleitfaden, Ziffer VIII.2.9.1.1; vgl. auch Merkner/Sustmann, NZG 2013, S. 1361 (1369).

749 Siehe bereits S. 128.

750 Ähnlich Götze, BKR 2013, S. 265 (269); Brandt, WM 2014, S. 543 (544).

Fall lagen keine bereits ausgegebene Aktien vor, wie sie § 25a Abs. 1 Satz 1 WpHG jedoch voraussetzte. Anders konnte dies jedoch in den Fällen des § 68 Abs. 1 Satz 2 Nr. 1 und 2 UmwG sein. In diesen Fällen werden für den im Rahmen der Verschmelzung vorzunehmenden Aktienumtausch Aktien der übernehmenden Gesellschaft verwendet, die diese bereits zuvor gemäß § 71 Abs. 1 AktG erworben hat, bzw. die aus dem Vermögen des übertragenden Rechtsträgers stammen und daher im Rahmen der Verschmelzung zunächst auf die übernehmende Gesellschaft übergehen und anschließend an die Anteilseigner des übertragenden Rechtsträgers weitergereicht werden können. Gemeinsam ist beiden Fällen, dass dem in dem Verschmelzungsvertrag vorgesehenen Aktienumtausch bereits ausgegebene Aktien zugrunde liegen. Beinhaltete ein Verschmelzungsvertrag demnach eine dieser beiden Möglichkeiten, begründete der Verschmelzungsvertrag für die Anteilseigner des übertragenden Rechtsträgers eine Erwerbsmöglichkeit hinsichtlich der ihr zum Umtausch angebotenen Aktien der übernehmenden Gesellschaft. Im Fall des § 68 Abs. 1 Nr. 2 WpHG konnte man zudem noch eine Erwerbsmöglichkeit der übernehmenden Gesellschaft hinsichtlich der im Eigentum des übertragenden Rechtsträgers stehenden Aktien annehmen, die zugunsten eines Dritten in Person der Anteilseigner des übertragenden Rechtsträgers bestand.[751] Dementsprechend waren die Voraussetzungen des § 25a Abs. 1 Satz 2 Nr. 2 Alt. 1 WpHG – ggf. sogar mehrfach – erfüllt. Im Fall einer Schwellenberührung waren entsprechende Mitteilungen gemäß § 25a Abs. 1 Satz 1 WpHG abzugeben.[752]

Ähnlich wie bei Beherrschungs- und Gewinnabführungsverträgen war jedoch auch bei den geschilderten Verschmelzungskonstellationen bereits durch die gemäß § 13 Abs. 1 Satz 1 UmwG i.V.m. §§ 43 Abs. 1, 45d Abs. 1, 50 Abs. 1 Satz 1, 65 Abs. 1 Satz 1 UmwG einzuholenden Gremienzustimmungen ausreichend Transparenz hinsichtlich des bevorstehenden Aktienerwerbs gewährleistet.[753] Denn sowohl die Anteilseigner des übertragenden Rechtsträgers als auch die Teilhaber der übernehmenden Gesellschaft haben einem entsprechenden Verschmelzungsvertrag zuzustimmen. Allein aufgrund dieses Entscheidungsprozesses und der damit einhergehenden Beteiligung einer Vielzahl von Personen eignet sich das Rechtsinstitut der Verschmelzung nicht zum verdeckten Aufbau einer Beteiligung.[754] Die vom Gesetzgeber mit der Einführung des § 25a Abs. 1 Satz 1 WpHG bezweckte Verhinderung solcher Vorgehensweisen erforderte demnach die Erfassung dieser Fallgestaltungen nicht.[755] Dennoch bestanden die Verwaltungsbehörden in diesen Fällen ausdrücklich auf eine Mitteilung gemäß § 25a Abs. 1 Satz 1 WpHG, ohne jedoch eine Differenzierung zur Sachlage bei einem Beherrschungs- und Gewinn-

---

751 So Merkner/Sustmann, NZG 2013, S. 1361 (1369).
752 Nordholtz, in: Heidel, Aktienrecht und Kapitalmarktrecht, § 25a WpHG Rn. 58.
753 Nordholtz, in: Heidel, Aktienrecht und Kapitalmarktrecht, § 25a WpHG Rn. 58; Brandt, WM 2014, S. 543 (544 Fn. 11); Merkner/Sustmann, NZG 2013, S. 1361 (1369).
754 Merkner/Sustmann, NZG 2013, S. 1361 (1369).
755 Heinrich, in: Kölner Kommentar, WpHG, § 25a Rn. 58.

abführungsvertrag vorzunehmen.[756] Um der auch in diesem Fall angezeigten Befreiung von entsprechenden Mitteilungspflichten Rechnung zu tragen, wäre demnach ein Tätigwerden der Exekutive im Rahmen des § 25a Abs. 4 Satz 1, 2 WpHG erforderlich gewesen.[757]

Im Ergebnis war die von den Verwaltungsbehörden im Zusammenhang mit Beherrschungs- und Gewinnabführungsverträgen vertretene Rechtsauffassung, nach der keine Mitteilungspflicht besteht, in der Sache gerechtfertigt. Die Begründung für diese Rechtsansicht war jedoch aus dogmatischer Sicht bedenklich. In ähnlich gelagerten Fällen entstand für die Rechtspraxis hierdurch erhebliche Rechtsunsicherheit. Dieser Konflikt hätte lediglich durch ein gemäß § 25a Abs. 4 Satz 1, 2 WpHG mögliches, aber seitens der Exekutive unterlassenes Tätigwerden aufgelöst werden können.

(g) Zusammenfassung

Die vorstehend geschilderten Beispiele verdeutlichen den enorm weiten Anwendungsbereich des § 25a WpHG. Der wenig konkrete Wortlaut des § 25a Abs. 1 Satz 1 WpHG wurde vom Gesetzgeber bewusst gewählt, um mit dem neu eingeführten Mitteilungstatbestand Transparenzlücken zu schließen und einen möglichst wirksamen Umgehungsschutz zu errichten, der auch neue, bislang unbekannte Gestaltungen erfassen sollte.[758] So sinnvoll und gerechtfertigt diese Zielsetzung auch gewesen sein mag, war bei einigen Instrumenten, die dem Wortlaut des § 25a Abs. 1 Satz 1 WpHG unterfielen, fraglich, ob eine Offenlegung tatsächlich angezeigt oder überhaupt sinnvoll war.[759] Darüber hinaus ergaben sich in einigen Fällen auch Regelungskonflikte zu anderen Normen innerhalb der kapitalmarktrechtlichen Beteiligungstransparenz bzw. zu benachbarten Regelungskomplexen.

Zwangsläufig wurde in diesen Fällen nach einem sinnvollen Korrektiv des ausufernden Anwendungsbereichs von § 25a WpHG gesucht. Der Gesetzgeber hatte mit der Verordnungsermächtigung des § 25a Abs. 4 Satz 1 Nr. 2 WpHG auch eine entsprechende Möglichkeit zur Einschränkung der Regelungsreichweite des neu eingeführten Mitteilungstatbestands geschaffen. Von dem hierin eingeräumten Gestaltungsspielraum wurde seitens der berufenen Verwaltungsbehörden jedoch kaum Gebrauch gemacht. Gleichzeitig versperrte das gesetzlich angelegte Korrektiv die

756 Die Auffassung der Bundesanstalt für Finanzdienstleistung wiedergebend Merkner/Sustmann, NZG 2013, S. 1361 (1369).

757 Vgl. Brandt, WM 2014, S. 543 (544 Fn. 11).

758 Heinrich/Krämer, CFL 2013, S. 225 (225; 230); Krause, AG 2011, S. 469 (477).

759 Krause, AG 2011, S. 469 (484); von Werder/Petersen, CFL 2012, S. 178 (179); Brandt, CFL 2012, S. 110 (111); Merkner/Sustmann, NZG 2013, S. 1361 (1366); Heinrich/Krämer, CFL 2013, S. 225 (225); Opitz, in: Schäfer/Hamann, KMG, § 25a WpHG Rn. 1a; Krause, in: Kämmerer/Veil, Übernahme- und Kapitalmarktrecht in der Diskussion, S. 163 (183), der von einer Erhöhung, nicht aber von einer Verbesserung der Beteiligungstransparenz spricht.

Möglichkeit der Einschränkung des Anwendungsbereichs auf anderem Weg. Soweit die Exekutive nicht tätig wurde, bewirkte die in § 25a Abs. 4 Satz 1 Nr. 2 WpHG enthaltene Verordnungsermächtigung daher entgegen dem gesetzgeberischen Willen nicht eine sinnvolle Rückführung des Anwendungsbereichs des § 25a Abs. 1 Satz 1 WpHG, sondern verfestigte im Gegenteil dessen überschießende Regelungswirkungen.

c) *Meldeschwellen und Mitteilungsinhalt*

Lag nach dem Vorstehenden ein Instrument vor, das eine Erwerbsmöglichkeit i.S.d. § 25a Abs. 1 Satz 1, 2 WpHG gewährte, hatte das Entstehen einer Mitteilungspflicht nach dieser Norm weiterhin eine Schwellenberührung zur Voraussetzung.

aa) *Schwellenwerte*

Gemäß § 25a Abs. 1 Satz 1 WpHG hatte eine Mitteilung beim Erreichen, Überschreiten oder Unterschreiten der in § 21 Abs. 1 Satz 1 WpHG genannten Schwellen mit Ausnahme der Schwelle von 3 % zu erfolgen. In Anlehnung an § 25 Abs. 1 Satz 1 WpHG waren somit auch im Rahmen des § 25a Abs. 1 Satz 1 WpHG die eine Mitteilungspflicht auslösenden Schwellenwerte mit 5 %, 10 %, 15 %, 20 %, 25 %, 30 %, 50 % und 75 % der Stimmrechte festgelegt. Die im Vergleich zu § 21 Abs. 1 Satz 1 WpHG erhöhte Eingangsschwelle von 5 % der Stimmrechte sollte nach dem Willen des Gesetzgebers sicherstellen, dass lediglich solche Transaktionen von der Mitteilungspflicht des § 25a Abs. 1 Satz 1 WpHG erfasst wurden, die im Hinblick auf eine ggf. bevorstehende Übernahme oder aufgrund der mit ihnen verbundenen Gefahren für die Marktintegrität von Interesse waren.[760] Darüber hinaus sollte durch die Auslassung der Schwelle von 3 % eine der vom Gesetzgeber angestrebten Transparenzverbesserung abträgliche Häufung von Meldungen vermieden werden.[761]

Der Verweis auf die in § 21 Abs. 1 Satz 1 WpHG aufgeführten Schwellenwerte war so zu verstehen, dass die dort vorgegebenen Schwellenwerte im Rahmen des § 25a WpHG nicht durch tatsächlich vom Meldepflichtigen gehaltene Stimmrechte berührt werden mussten. § 25a Abs. 1 Satz 1 WpHG begründete eine Mitteilungspflicht bereits für Instrumente, die lediglich eine Möglichkeit zum künftigen Erwerb von mit Stimmrechten verbundenen Aktien gewährten. Der tatsächliche Erwerb der Aktien hatte demgemäß zum Zeitpunkt der Mitteilungspflicht noch nicht stattgefunden. Dementsprechend besaß der Inhaber der Instrumente zu diesem Zeitpunkt auch noch keine Stimmrechte, die zur Feststellung einer Schwellenberührung herangezogen werden konnten. Wie § 17 Abs. 4 Nr. 5 WpAIV verdeutlichte, war für eine Schwellenberührung i.S.d. § 25a Abs. 1 Satz 1 WpHG vielmehr die Anzahl der Stimmrechte maßgebend, die bestanden hätte, wenn der Mitteilungspflichtige statt der den Erwerb ermöglichenden Instrumente bereits die Aktien selbst hielte.

---

760 RegBegrE zum AnsFuG, BT-Drucks. 17/3628, S. 20.
761 RegBegrE zum AnsFuG, BT-Drucks. 17/3628, S. 20.

Im Anwendungsbereich des § 25a Abs. 1 Satz 1 WpHG genügte insofern bereits eine hypothetische Schwellenberührung durch fiktive Stimmrechte, um eine Mitteilungspflicht zu begründen.[762]

bb) Mitteilungsinhalt

Gleichermaßen wie bei der Feststellung einer Schwellenberührung im Rahmen des § 25a Abs. 1 Satz 1 WpHG auf fiktive Stimmrechte und eine hypothetische Schwellenberührung abzustellen war, hatte eine Mitteilung gemäß § 25a Abs. 1 Satz 1 WpHG auch einen fiktiven Stimmrechtsanteil zum Inhalt.[763] Der Wortlaut des § 25a Abs. 2 Satz 1, 2, Abs. 3 Satz 1 WpHG, der auf den „mitzuteilenden Stimmrechtsanteil" abstellte, war insofern missverständlich.[764] Denn ein tatsächlicher Stimmrechtsanteil, der mitgeteilt werden konnte, bestand mangels im Entstehungszeitpunkt einer Mitteilungspflicht vollzogenen Aktienerwerbs noch nicht. Wie sich aus § 25a Abs. 2 Satz 1 WpHG ergab, hatte Gegenstand einer Mitteilung i.S.d. § 25a Abs. 1 Satz 1 WpHG vielmehr die Anzahl derjenigen Stimmrechte zu sein, die aus Aktien stammten, deren Erwerb dem Inhaber oder einem Dritten aufgrund der jeweiligen Instrumente ermöglicht wurde.[765]

Anders als im Rahmen einer Mitteilung i.S.d. § 21 Abs. 1 Satz 1 WpHG, bzgl. derer der Umfang an selbst gehaltenen oder zugerechneten Stimmrechten in der Regel eindeutig zu bestimmen war, konnte sich im Fall des § 25a Abs. 1 Satz 1 WpHG die Berechnung des fiktiven, lediglich aus Erwerbsmöglichkeiten folgenden Stimmrechtsanteils schwieriger gestalten.[766] Aus diesem Grund enthielt § 25a Abs. 2 Satz 1 und 2 WpHG genauere Vorgaben hinsichtlich der Berechnung des mitzuteilenden, hypothetischen Stimmrechtsanteils.[767] Als Grundregel gab § 25a Abs. 2 Satz 1 WpHG vor, dass die Höhe des mitzuteilenden Stimmrechtsanteils aus der Anzahl der Aktien er ermitteln war, deren Erwerb aufgrund des jeweiligen Instruments ermöglicht wurde.[768] Soweit das Instrument keine diesbezüglichen Angaben enthielt, war der mitzuteilende Stimmrechtsanteil gemäß § 25a Abs. 2 Satz 2 Halbs. 1 WpHG aus der erforderlichen Anzahl entsprechender Aktien zu

762 BaFin, Emittentenleitfaden, Ziffer VIII.2.9.2; Opitz, in: Schäfer/Hamann, KMG, § 25a WpHG Rn. 86; vgl. auch Heusel, WM 2012, S. 291 (296).
763 Vgl. Süßmann, in: Assmann/Schütze, Handbuch des Kapitalanlagerechts, § 14 Rn. 72; Labudda, in: Just/Voß/Ritz/Becker, WpHG, § 25a Rn. 46; Merkner/Sustmann, NZG 2010, S. 681 (686).
764 Opitz, in: Schäfer/Hamann, KMG, § 25a WpHG Rn. 68.
765 Insofern von Stimmrechts-Anwartschaften sprechend Opitz, in: Schäfer/Hamann, KMG, § 25a WpHG Rn. 73.
766 Merkner/Sustmann, NZG 2010, S. 681 (686); vgl. auch Heusel, WM 2012, S. 291 (294).
767 Vgl. RegBegrE zum AnsFuG, BT-Drucks. 17/3628, S. 20.
768 Schneider, in: Assmann/Schneider, WpHG, § 25a Rn. 56 ff.; Opitz, in: Schäfer/Hamann, KMG, § 25a WpHG Rn. 74.

ermitteln, die die Gegenseite zum Zeitpunkt des Erwerbs des Instruments zu deren vollständiger Absicherung halten musste.

Die Berechnungsregel des § 25a Abs. 2 Satz 1 WpHG, die auf die konkrete Anzahl der erwerbbaren Aktien Bezug nahm, kam überwiegend in Fallgestaltungen zur Anwendung, die eine Erwerbsmöglichkeit i.S.d. § 25a Abs. 1 Satz 2 Nr. 2 WpHG begründeten.[769] Von § 25a Abs. 1 Satz 2 Nr. 2 WpHG wurden gerade Fallgestaltungen erfasst, die – in Abgrenzung zu § 25a Abs. 1 Satz 2 Nr. 1 WpHG – auf die physische Lieferung einer konkreten Anzahl von Aktien ausgerichtet waren.[770] Eine Kaufoption, die von dem Eintritt einer Bedingung abhängig war und daher zwar nicht von § 25 Abs. 1 Satz 1 WpHG jedoch von § 25a Abs. 1 Satz 1 WpHG erfasst wurde, ermöglichte beispielsweise den Erwerb der darin vereinbarten Anzahl von Aktien. In diesen Fällen war es naheliegend, die von dem Instrument in Bezug genommenen Aktien als Basis der Berechnung des mitzuteilenden Stimmrechtsanteils zu bestimmen. Für die Anwendung des § 25a Abs. 2 Satz 1 WpHG war jedoch nicht ausschlaggebend, dass die fraglichen Instrumente jeweils eine konkrete Angabe der Anzahl erwerbbarer Aktien enthielten.[771] Ausreichend war vielmehr, dass das Instrument nach seiner vertraglichen Ausgestaltung auf die physische Übertragung von Aktien ausgerichtet war und daher aus dem Vertragsinhalt die Anzahl der erwerbbaren Aktien bestimmbar war.[772] Insofern hatte die Berechnung des mitzuteilenden Stimmrechtsanteils beispielsweise auch im Fall eines Erwerbsrechts hinsichtlich eines in seinem aktuellen Bestand nicht näher definierten oder sogar mengenmäßigen Veränderungen unterliegenden Aktiendepots gemäß § 25a Abs. 2 Satz 1 WpHG zu erfolgen.[773]

Die Berechnungsregel des § 25a Abs. 2 Satz 2 WpHG, die auf die von der Gegenseite des Inhabers zu ihrer vollständigen Absicherung zu haltende Anzahl von Aktien Bezug nahm, wies hingegen einen klaren Bezug zu Instrumenten i.S.d. § 25a Abs. 1 Satz 2 Nr. 1 WpHG auf.[774] Denn sowohl in § 25a Abs. 2 Satz 2 WpHG als auch in § 25a Abs. 1 Satz 2 Nr. 1 WpHG wurde auf Aktien Bezug genommen, die die jeweilige Gegenseite des Meldepflichtigen zur Absicherung ihrer Risiken erwerben konnte. Auf die in § 25a Abs. 2 Satz 2 WpHG beschriebene Weise war der mitzuteilende Stimmrechtsanteil daher in erster Linie bei Barausgleichsderivaten zu

769 Opitz, in: Schäfer/Hamann, KMG, § 25a WpHG Rn. 71, 75 f.; Giedinghagen/Leuering, NJW-Spezial 2011, S. 271 (272).

770 Siehe bereits S. 118.

771 Opitz, in: Schäfer/Hamann, KMG, § 25a WpHG Rn. 72, 74; a.A. Krause, AG 2011, S. 469 (480); Schneider, AG 2011, S. 645 (651); Renn/Weber/Gotschev, AG 2012, S. 440 (445).

772 Vgl. RegBegrE zum AnsFuG, BT-Drucks. 17/3628, S. 20; Opitz, in: Schäfer/Hamann, KMG, § 25a WpHG Rn. 74.

773 Opitz, in: Schäfer/Hamann, KMG, § 25a WpHG Rn. 74.

774 Opitz, in: Schäfer/Hamann, KMG, § 25a WpHG Rn. 71, 75 f., 77, 80; Giedinghagen/Leuering, NJW-Spezial 2011, S. 271 (272).

ermitteln, die den wesentlichen Regelungsinhalt des § 25a Abs. 1 Satz 2 Nr. 1 WpHG bildeten.[775]

War in diesen Fällen der mitzuteilende Stimmrechtsanteil aus der Anzahl der Aktien abzuleiten, die die Gegenseite zu ihrer vollständigen Absicherung halten musste, war zunächst fraglich, wann ein solcher Zustand der vollständigen Absicherung i.S.d. § 25a Abs. 2 Satz 2 WpHG anzunehmen war. Teilweise wurde in diesem Zusammenhang darauf hingewiesen, dass eine Absicherung der Vertragsrisiken nicht ausschließlich durch den Erwerb von Aktien erfolgen musste, sondern z. B. auch andere aktienbasierte Finanzderivate genutzt werden konnten. Daher existiere eine konkrete Anzahl von Aktien, deren Erwerb zur Absicherung erforderlich war, nicht.[776] Dieser Hinweis war zwar richtig. Die darin enthaltene Kritik an dem Gesetzeswortlaut überzeugte jedoch nicht. Wie aus der Verwendung des Konjunktivs in § 25a Abs. 2 Satz 2 WpHG zu entnehmen war, war für die Berechnung des mitzuteilenden Stimmrechtsanteils eine hypothetische Absicherung allein durch den Erwerb von Aktien anzunehmen.[777] Andere Methoden zur Risikoabsicherung hatten daher bei der Berechnung des mitzuteilenden Stimmrechtsanteils außer Betracht zu bleiben.

Unklarheiten hinsichtlich der fiktiv zu ermittelnden, vollständigen Absicherung ergaben sich jedoch aus einem teilweisen Widerspruch zwischen § 25a Abs. 2 Satz 2 Halbs. 1 WpHG einerseits und § 25a Abs. 2 Satz 2 Halbs. 2 WpHG andererseits. Wie bereits dargestellt, verlangte § 25a Abs. 2 Satz 2 Halbs. 1 WpHG eine vollständige Absicherung der Gegenseite. Die Berechnung der für die Absicherung von Derivaterisiken erforderliche Aktienanzahl erfolgt in der Praxis jedoch mittels dem auch in § 25a Abs. 2 Satz 2 Halbs. 2 WpHG genannten Deltafaktor.[778] Er gibt an, in welchem Verhältnis der Preis eines Derivats auf eine Veränderung im Preis des Basiswerts reagiert.[779] Mittelbar lässt sich diesem Wert daher auch entnehmen, wie viele Aktien gehalten werden müssen, um die aus dem jeweiligen Derivat folgenden Risiken abzusichern.[780] Mathematisch lässt sich der Deltafaktor aus der ersten Ableitung der

---

775 Opitz, in: Schäfer/Hamann, KMG, § 25a WpHG Rn. 77.

776 Opitz, in: Schäfer/Hamann, KMG, § 25a WpHG Rn. 80.

777 Vgl. Krause, AG 2011, S. 469 (477).

778 Deutsches Aktieninstitut, NZG 2010, S. 778 (779); ausführlich zum Deltafaktor siehe Renn/Weber/Gotschev, AG 2012, S. 440 (441 ff.); Opitz, in: Schäfer/Hamann, KMG, § 25a WpHG Rn. 81b ff.; Brandt, BKR 2010, S. 270 (274); Krause, AG 2011, S. 469 (480); Black/Scholes, The Journal of Political Economy, Volume 81, 1973, Nr. 3, S. 637 (640 ff.); Renn, Einsatz und Offenlegung von Derivaten bei Unternehmensübernahmen, S. 71 ff.

779 Schneider, in: Assmann/Schneider, WpHG, § 25a Rn. 59; Opitz, in: Schäfer/Hamann, KMG, § 25a WpHG Rn. 81b, 81c; Cascante/Bingel, NZG 2011, S. 1086 (1091); Schneider, AG 2011, S. 645 (652); Parmentier, AG 2014, S. 15 (21); Renn, Einsatz und Offenlegung von Derivaten bei Unternehmensübernahmen, S. 72.

780 Renn/Weber/Gotschev, AG 2012, S. 440 (442 f.); Deutsches Aktieninstitut, Stellungnahme zum Diskussionsentwurf eines Gesetzes zur Stärkung des Anleger-

zur Wertbestimmung von Derivaten verwendeten Funktion ermitteln.[781] Da sich der Wert von Derivaten in Abhängigkeit von den jeweiligen Marktbedingungen wie z.B. einer Kursveränderung des Referenzwerts laufend verändert, unterliegt auch der Deltawert ständigen Veränderungen.

Im Fall einer durch Geldzahlung zu erfüllenden Option, weist der Deltafaktor beispielsweise einen relativ geringen Wert auf, wenn die Optionsausübung aufgrund eines aktuell unter dem Ausübungspreis liegenden Kursniveaus unwahrscheinlich ist. Dementsprechend muss auch nur eine geringe Anzahl von Aktien zur Absicherung des Ausübungsrisikos gehalten werden. Ist die Ausübung der Option wahrscheinlich, weist der Deltafaktor hingegen einen hohen Wert aus. Dementsprechend viele Aktien müssen dann zur Absicherung dieses Risikos erworben werden. Steht die Ausübung der Option fest, hat der Deltafaktor den Wert eins.[782] Für jeden Optionskontrakt ist in diesem Fall eine Aktie zur Absicherung zu halten. Wie dieses Beispiel verdeutlicht, erfolgt die Absicherung mithilfe des Deltawerts dynamisch in Korrelation zu den sich ständig ändernden Marktverhältnissen. Entgegen diesem dynamischen Prozess schrieb § 25a Abs. 2 Satz 2 Halbs. 2 WpHG aber vor, dass bei der fiktiv zu ermittelnden, vollständigen Absicherung stets von einem Deltafaktor mit dem Betrag eins auszugehen war. In dem vorstehenden Beispiel war daher für eine vollständige Absicherung i.S.d. § 25a Abs. 2 Satz 2 Halbs. 1 WpHG – unabhängig von der Wahrscheinlichkeit der Optionsausübung – zu unterstellen, dass der aus der Option verpflichtete Stillhalter die der Option zugrunde liegende Nominalanzahl von Aktien hält. Tatsächlich wäre der Stillhalter in diesem Fall zwar gegen das Risiko der Optionsausübung vollständig abgesichert gewesen. Gleichzeitig hätte für ihn aber ein erhebliches finanzielles Risiko darin bestanden, dass die seiner Absicherung dienenden Aktien an Wert verlieren und er die Aktien nach Auslaufen der Option zu einem geringen Preis veräußern muss. Daher erschien der Gesetzeswortlaut, der von einer vollständigen Absicherung sprach, auf den ersten Blick nicht zutreffend.[783] Tatsächlich wäre der Stillhalter keineswegs vollständig abgesichert, sondern dem Risiko fallender Kurse ausgesetzt gewesen. Insofern schien die Regelung des § 25a Abs. 2 Satz 2 Halbs. 1 WpHG, die eine vollständige Absicherung verlangte, nicht mit der Bestimmung des § 25a Abs. 2 Satz 2 Halbs. 2 WpHG, die den Deltafaktor mit dem Betrag eins festschrieb, vereinbar zu sein.

Diese Ungenauigkeit des Gesetzgebers konnte man darauf zurückzuführen, dass dieser sich bei der Formulierung des § 25a Abs. 2 Satz 2 WpHG einseitig an den auch in der vorliegenden Bearbeitung schwerpunktmäßig dargestellten

---

schutzes und Verbesserung der Funktionsfähigkeit des Kapitalmarktes, S. 6; Seibt, ZGR 2010, S. 795 (832); Opitz, in: Schäfer/Hamann, KMG, § 25a WpHG Rn. 81b; Schneider, in: Assmann/Schneider, WpHG, § 25a Rn. 59.

781 Renn/Weber/Gotschev, AG 2012, S. 440 (443).

782 Vgl. zum Ganzen Opitz, in: Schäfer/Hamann, KMG, § 25a WpHG Rn. 81c.

783 Vgl. Cascante/Bingel, NZG 2011, S. 1086 (1091); Opitz, in: Schäfer/Hamann, KMG, § 25a WpHG Rn. 81b; vgl. auch Renn, Einsatz und Offenlegung von Derivaten bei Unternehmensübernahmen, S. 76.

Cash Settled Total Return Equity Swaps orientiert haben mag.[784] Bei diesen Instrumenten kommt es zu einer vollständigen Übertragung der Chancen und Risiken sowohl für den Fall eines Kursanstiegs der Referenzaktien als auch für den Fall eines Kursverfalls. Daher trat bei *Cash Settled Total Return Equity Swaps* auch der vorstehend dargestellte Widerspruch innerhalb des § 25a Abs. 2 Satz 2 WpHG nicht auf.[785] Gegenstand einer Kaufoption sind hingegen lediglich die Chancen und Risiken eines steigenden Kurses, sodass die vorstehend erläuterten Widersprüchlichkeiten sichtbar wurden.

Jedoch ließ sich die Festschreibung des Deltafaktors mit dem Betrag eins auch dadurch erklären, dass der Gesetzgeber bei der Einführung des § 25a WpHG gerade die Fälle des verdeckten Beteiligungsaufbaus vor Augen hatte.[786] In diesen Fällen geht es demjenigen, der den Beteiligungsaufbau anstrebt, nicht primär um die Realisierung eines Spekulationsgewinns, sondern hauptsächlich um den Erwerb der Aktien.[787] Aufgrund dieser Zielsetzung läge in dem zuvor dargestellten Beispiel einer durch Geldzahlung zu erfüllenden Kaufoption die Ausübung der Option selbst bei einem während der Laufzeit der Option unter den Ausübungspreis fallenden Kurswert der Referenzaktien nahe.[788] Denn alternativ wäre zwar ein Erwerb der entsprechenden Aktien über die Börse möglich. Ein solches Vorgehen würde jedoch einen längeren Zeitraum in Anspruch nehmen und gemäß § 21 Abs. 1 Satz 1 WpHG zu entsprechenden Mitteilungen gegenüber der Marktöffentlichkeit verpflichten, aufgrund derer in aller Regel ein Kursanstieg eintreten würde, der diese Vorgehensweise im Ergebnis doch kostenintensiver als die Optionsausübung machen würde.[789] Im Ergebnis ist daher in Fällen des verdeckten Beteiligungsaufbaus unabhängig von den aktuellen Marktverhältnissen mit hoher Wahrscheinlichkeit von einer Optionsausübung auszugehen.[790] Kann aber unabhängig von den Marktbedingungen mit hinreichender Wahrscheinlichkeit von einer Optionsausübung ausgegangen werden, ist der Absicherungspraxis mithilfe des Deltafaktors die Grundlage entzogen, da diese darauf basiert, dass die Entscheidung über die Ausübung der Option allein mit dem Ziel eines Spekulationsgewinns getroffen wird und daher zunächst ungewiss ist.[791]

Um den dargestellten Widerspruch in den von § 25a Abs. 2 Satz 2 WpHG vorgegebenen Berechnungsparametern aufzulösen, war diese Norm im Ergebnis dahin

784 Vgl. Anzinger, WM 2011, S. 391 (395).

785 Bei *Cash Settled Total Return Equity Swaps* beträgt der Delta-Wert daher stets den Wert eins, vgl. Renn/Weber/Gotschev, AG 2012, S. 440 (443).

786 Vgl. RegBegrE zum AnsFuG, BT-Drucks. 3628, S. 1 f., 17.

787 Opitz, in: Schäfer/Hamann, KMG, § 25a WpHG Rn. 83b.

788 Vgl. Opitz, in: Schäfer/Hamann, KMG, § 25a WpHG Rn. 83b.

789 Opitz, in: Schäfer/Hamann, KMG, § 25a WpHG Rn. 83b; vgl. auch Baums/Sauter, ZHR 173 (2009), S. 454 (474); Otto, AG 1994, S. 167 (168).

790 Vgl. Brandt, BKR 2010, S. 270 (274).

791 Vgl. Krause, AG 2011, S. 469 (480); Opitz, in: Schäfer/Hamann, KMG, § 25a WpHG Rn. 82a, 83a f.

gehend auszulegen, dass der fiktive Stimmrechtsanteil aus der erforderlichen Anzahl von Aktien zu ermitteln war, die die Gegenseite zu ihrer vollständigen Absicherung lediglich der aus dem Instrument selbst folgenden Risiken halten musste. Eine Berücksichtigung weiterer Risiken, die nicht unmittelbar aus dem Instrument folgten, erfolgte hingegen nicht. Bei einem solchen Verständnis blieb das in obigem Beispiel aus dem physischen Aktieneigentum folgende Risiko eines Kursverfalls bei der Ermittlung der vollständigen Absicherung unberücksichtigt. Die Vorgaben der § 25a Abs. 2 Satz 2 Halbs. 1 WpHG und § 25a Abs. 2 Satz 2 Halbs. 2 WpHG standen dann miteinander im Einklang. Die Richtigkeit dieses Auslegungsergebnisses folgte auch aus dem Wortlaut des in § 25a Abs. 2 Satz 2 WpHG in Bezug genommenen § 25a Abs. 1 Satz 2 Nr. 1 WpHG.[792] Denn anders als in § 25a Abs. 2 Satz 2 WpHG war dort nicht schlicht von einer vollständigen Absicherung, sondern von der Absicherung der Risiken aus dem jeweiligen Instrument die Rede. Diese einschränkende Bezeichnung der zu berücksichtigenden Risiken war auch in § 25a Abs. 2 Satz 2 WpHG hineinzulesen.

cc) Zusammenrechnung verschiedener Stimmrechtsanteile

In Anlehnung an die Regelung des § 25 Abs. 1 Satz 2, Abs. 2 WpHG schrieb § 25a Abs. 1 Satz 7, Abs. 2 Satz 3 WpHG schließlich in zweifacher Hinsicht eine Zusammenrechnung verschiedener Stimmrechtsanteile vor.

Zum einen sah § 25a Abs. 2 Satz 3 WpHG vor, dass in Fällen, in denen der Meldepflichtige mehrere unterschiedliche Instrumente hielt, die gemäß § 25a Abs. 1 Satz 1 WpHG jeweils aufgrund ihrer Ausgestaltung den Erwerb von Aktien desselben Unternehmens ermöglichten, alle Stimmrechte, deren Erwerb durch diese Instrumente ermöglicht wurde, zusammenzurechnen waren.[793] Zunächst war daher innerhalb des Anwendungsbereichs § 25a Abs. 1 Satz 1 WpHG eine Gesamtsumme der nach dieser Norm mitzuteilenden Stimmrechtsanteile zu bilden.

Zum anderen gab § 25a Abs. 1 Satz 7 WpHG aber auch eine Aggregation dieser innerhalb des § 25a Abs. 1 Satz 1 WpHG gebildeten Binnensumme mit solchen Stimmrechtsanteilen vor, die im Rahmen der anderen beiden Mitteilungspflichten des § 21 Abs. 1 Satz 1 WpHG sowie des § 25 Abs. 1 Satz 1 WpHG mitzuteilen waren.[794] Ziel dieser Aggregationsvorgaben war einerseits die gesonderte Offenlegung von gegenwärtig bestehenden, bereits Stimmrechtseinfluss vermittelnden Beteiligungen und von zukünftigen, aufgrund von Erwerbsrechten bzw. Erwerbsmöglichkeiten gegenwärtig bereits angelegten Stimmrechtspotenzialen. Trotz der zu bildenden Gesamtsumme waren daher gemäß § 17 Abs. 4 Nr. 2 bis 5 WpHG

792 Zum Zusammenhang zwischen § 25a Abs. 2 Satz 2 WpHG und § 25a Abs. 1 Satz 2 Nr. 1 WpHG siehe bereits S. 147.

793 Vgl. BaFin, Emittentenleitfaden, Ziffer 2.9.1.2.

794 RegBegrE zum AnsFuG, BT-Drucks. 17/3628, S. 20; BaFin, Emittentenleitfaden, Ziffer 2.9.1.2.

in einer entsprechenden Mitteilung auch die jeweiligen Einzelsummen anzugeben.[795] Andererseits sollte jedoch auch größtmögliche Transparenz hinsichtlich der aus gegenwärtigem und zukünftigem Stimmrechtseinfluss folgenden Gesamtposition, die der jeweilige Mitteilungspflichtige an dem betroffenen Unternehmen hielt, hergestellt werden.[796] Lediglich in dem Fall, dass ein Instrument zugleich dem Anwendungsbereich des §§ 21 Abs. 1 Satz 1, 22 Abs. 1, 2 WpHG als auch dem Anwendungsbereich des § 25a Abs. 1 Satz 1 WpHG unterfiel, waren die Stimmrechte aus den diesem Instrument zugrunde liegenden Aktien lediglich einfach zu berücksichtigen.[797]

795 Schneider, in: Assmann/Schneider, WpHG, § 25a Rn. 71; Krause, AG 2011, S. 469 (481); BaFin, Emittentenleitfaden, Ziffer 2.9.2.1; RegBegrE zum AnsFuG, BT-Drucks. 17/3628, S. 20; Schneider, AG 2011, S. 645 (653).

796 RegBegrE zum AnsFuG, BT-Drucks. 17/3628, S. 20.

797 BaFin, Emittentenleitfaden, Ziffer 2.9.1.2; Schneider, in: Assmann/Schneider, WpHG, § 25a Rn. 63.

D. Veränderungen des Gesamtsystems der kapitalmarktrechtlichen Beteiligungstransparenz durch das AnsFuG

Die mit dem AnsFuG einhergehenden Änderungen der Vorschriften der kapitalmarktrechtlichen Beteiligungstransparenz beschränkten sich wie dargestellt auf die Überarbeitung des § 25 WpHG sowie die Neueinführung des § 25a WpHG. Gleichzeitig blieben die übrigen Regelungen innerhalb der §§ 21 bis 30 WpHG, die den Großteil dieses Regelungskomplexes darstellten, weitestgehend unverändert. Dennoch bewirkte das Inkrafttreten des AnsFuG einige gravierende Verschiebungen innerhalb des Regelungsgefüges der kapitalmarktrechtlichen Beteiligungstransparenz.[798] Vielfach wurde daher insbesondere im Hinblick auf den neuen Meldetatbestand des § 25a WpHG von einem Paradigmenwechsel im System der kapitalmarktrechtlichen Beteiligungstransparenz gesprochen.[799] Tatsächlich waren gleich mehrere Systemwechsel in der grundsätzlichen Ausrichtung der bisherigen Regelungen festzustellen. Berechtigter weise ließ sich daher sogar eine Neukonzeption des Melderegimes konstatieren.[800]

I. Ergänzung der Systematik um eine dritte Säule

Im Sinne einer solchen Neukonzeption konnte zunächst die inhaltliche Erweiterung der Mitteilungspflichten der §§ 21 bis 30 WpHG auf neue, bisher nicht erfasste Fallgestaltungen angeführt werden. So wurde mit § 25a WpHG ein neuer Mitteilungstatbestand eingeführt, der auf die Offenlegung von zuvor keinen Publizitätspflichten unterliegenden Sachverhalte abzielte. Bis zum Inkrafttreten des AnsFuG beruhte die Systematik der kapitalmarktrechtlichen Beteiligungstransparenz insofern lediglich auf zwei Säulen, die von §§ 21, 22 WpHG sowie von § 25 WpHG gebildet wurden.[801] Mit der Einführung des eigenständigen Meldetatbestands des § 25a WpHG trat neben diese zweigliedrige Basis eine eigenständige dritte Säule hinzu.[802] Das grund-

798 Vgl. Heusel, WM 2012, S. 291 (297).

799 Merkner/Sustmann, NZG 2012, S. 241 (242); Merkner/Sustmann, NZG 2013, S. 1361 (1366); Anzinger, Gesellschaftsrecht in der Diskussion 2010, S. 187 (223); Anzinger, WM 2011, S. 391 (393); Teichmann/Epe, WM 2012, S. 1213 (1217); Opitz, in: Schäfer/Hamann, KMG, § 25 WpHG Rn. 1a.

800 Heusel, WM 2012, S. 291 (297).

801 Siehe bereits S. 30 ff.

802 Götze, BKR 2013, S. 265 (269); Merkner/Sustmann, NZG 2013, S. 1361 (1361); Schneider, AG 2011, S. 645 (646); Schneider, in: Assmann/Schneider, WpHG, § 25 Rn. 3, 25a Rn. 12; Labudda, in: Just/Voß/Ritz/Becker, WpHG, § 25a Rn. 5; vgl.

legende Fundament der kapitalmarktrechtlichen Beteiligungstransparenz wurde auf diese Weise erheblich verbreitert.

Während im Rahmen der ersten Säule durch selbst gehaltene Aktien vermittelte Stimmrechte sowie aus Aktien Dritter stammende, dem Meldepflichtigen jedoch zugerechnete Stimmrechte und im Rahmen der zweiten Säule Stimmrechte aus Aktien, die einem einseitigen, rechtlich verbindlichen Erwerbsanspruch unterlagen, offenzulegen waren,[803] verlangte § 25a WpHG auch Mitteilungen über bloße Erwerbsmöglichkeiten hinsichtlich mit Stimmrechten verbundenen Aktien von börsennotierten Unternehmen.[804] Auf diese Weise wurde neben gegenwärtig bereits bestehendem Stimmrechtseinfluss sowie zukünftigem Stimmrechtseinfluss, der in Form eines nicht mehr entziehbaren Erwerbsrechts jedoch bereits gegenwärtig verfestigt war und sich daher mit hinreichender Sicherheit auch tatsächlich realisieren würde, durch § 25a WpHG auch zukünftig lediglich möglicherweise entstehender Stimmrechtseinfluss offengelegt, dessen künftige Realisierung keineswegs sicher war. § 25a WpHG bildete zukünftig potenziellen und daher lediglich hypothetischen Stimmrechtseinfluss ab.[805] Um dieses Element wurde das System der Mitteilungspflichten erweitert.

Diese nicht unerheblichen Unterschiede in den Mitteilungsgegenständen der einzelnen Säulen waren auch der Grund für die systematische Ausgestaltung des § 25a WpHG als eigenständiger Meldetatbestand und damit als dritte Säule. Denn im Fall einer Vermischung der unterschiedlichen Mitteilungsinhalte wäre der Aussagegehalt der einzelnen Meldungen verringert und das Risiko von Missverständnissen erhöht worden. Im Ergebnis diente die systematische Trennung der einzelnen Mitteilungstatbestände daher der Transparenz.[806]

Innerhalb der auf diese Weise neu geschaffenen, dreigliedrigen Säulensystematik ließ sich ein von §§ 21, 22 WpHG über § 25 WpHG hin zu § 25a WpHG abfallendes Stufensystem erkennen. So ließ sich bei den Übergängen von der ersten auf die zweite und von der zweiten auf die dritte Säule eine abnehmende Intensität der Verbindung zwischen den die Mitteilungspflicht begründenden Sachverhalten und den Aktien sowie den durch diese vermittelten Stimmrechten feststellen.[807] Mit der abnehmenden Intensität dieser Verringerung ging auch jeweils eine Verringerung des Einflusses auf das betroffene Unternehmen einher. Denn die Gewissheit bzw. Wahrscheinlichkeit des

---

auch Heusel, WM 2012, S. 291 (297), der letztlich eine pyramidenartige Struktur annimmt.

803 RegBegrE zum AnsFuG, BT-Drucks. 17/3628, S. 1.

804 Vgl. Brandt, BKR 2010, S. 270 (273); Götze, BKR 2013, S. 265 (269); Heusel, WM 2012, S. 291 (297); Schneider, AG 2011, S. 645 (646); Schneider, in: Assmann/Schneider, WpHG, § 25a Rn. 12.

805 Anzinger, Gesellschaftsrecht in der Diskussion 2010, S. 187 (198); Brandt, CFL 2012, S. 110 (110); vgl. auch Fleischer/Schmolke, NZG 2010, S. 846 (854); Heusel, WM 2012, S. 291 (296 f.).

806 Brandt, BKR 2010, S. 270 (273).

807 Brandt, BKR 2010, S. 270 (273).

Stimmrechtseinflusses aufgrund der jeweils erfassten Sachverhalte nahm von Stufe zu Stufe ab.[808] Auf der ersten Stufe waren die Aktien und damit auch die Stimmrechte dem Meldepflichtigen noch tatsächlich zugeordnet. Auf der zweiten Stufe lag schon nur noch ein rechtlich gesichertes Zugriffsrecht des Meldepflichtigen vor. Gegenwärtig waren sowohl die Aktien als auch die Stimmrechte aber noch einem Dritten zugeordnet. Auf der dritten Stufe bestand schließlich nur noch die Möglichkeit, dass es in der Zukunft zu einem Aktienerwerb durch den Meldepflichtigen kam. Ob dieser aber tatsächlich eintrat und der Meldepflichtige die Aktien sowie die hiermit verbundenen Stimmrechte erwarb, konnte aber noch ungewiss sein. Wie gering der Stimmrechtseinfluss in den von § 25a WpHG erfassten Sachverhalten tatsächlich war, wurde besonders deutlich, wenn man sich nicht lediglich die spektakulären Fälle des verdeckten Beteiligungsaufbaus vergegenwärtigte, in deren Folge es tatsächlich zum nachfolgenden Erwerb der Aktien kam und die auch der Anlass für das gesetzgeberische Tätigwerden waren. Denn der weite Wortlaut des § 25a Abs. 1 Satz 1 WpHG erfasste auch eine Vielzahl von Fallgestaltungen, obwohl in diesen Fällen nur eine geringe Wahrscheinlichkeit für die tatsächliche Realisierung eines Aktienerwerbs bestand. Eine Mitteilung über eine lediglich vorhandene Erwerbsmöglichkeit besaß daher im Ergebnis einen deutlich geringeren Aussagegehalt hinsichtlich der bei dem betroffenen Unternehmen bestehenden Einflusspotenziale, als eine Mitteilung über eine tatsächlich vorhandene Beteiligung.[809]

Diesem Stufenverhältnis entsprechend bestanden weitere Unterschiede zwischen den einzelnen Mitteilungssäulen. So ordnete beispielsweise § 28 Abs. 1 Satz 1 WpHG lediglich hinsichtlich eines Verstoßes gegen eine Mitteilungspflicht der ersten Säule den Rechtsverlust der Stimmrechte an, während im Fall eines Verstoßes gegen eine Meldepflicht der zweiten und dritten Säule lediglich die sonstigen Sanktionen der §§ 38 ff. WpHG eingriffen.[810] Auch fand sich auf Ebene der ersten Säule mit § 22 Abs. 1 Satz 1, 2, Abs. 2 WpHG ein ausdifferenziertes System von Zurechnungstatbeständen, während im Rahmen der zweiten und dritten Säule etwaige Umgehungsversuche lediglich durch das Tatbestandsmerkmal des „mittelbaren Haltens“ eingefangen werden sollten.

Schließlich ließ die Neueinführung der Mitteilungspflicht des § 25a WpHG auch eine stufenweise Vorverlagerung des Melderegimes hin zu Vorfeldtatbeständen des tatsächlichen Beteiligungserwerbs und zukünftigen Sachverhalten erkennen.[811] Während im Rahmen der ersten Säule noch an die vollendete Rechtsinhaberschaft angeknüpft wurde, fand eine erste Ausweitung und Vorverlagerung der Meldepflichten bereits im Rahmen des § 25 WpHG statt.[812] Denn auch die von dieser Norm

---

808 Heusel, WM 2012, S. 291 (297).

809 Anzinger, Gesellschaftsrecht in der Diskussion 2010, S. 187 (214).

810 Vgl. Schneider, in: Assmann/Schneider, WpHG, § 25a Rn. 12.

811 Brandt, CFL 2012, S. 110 (110); Götze, BKR 2013, S. 265 (269); Nordholtz, in: Heidel, Aktienrecht und Kapitalmarktrecht, § 25a WpHG Rn. 1.

812 Heusel, WM 2012, S. 291 (295).

erfassten Sachverhalte vermittelten noch keinen gegenwärtigen Stimmrechtseinfluss. Vielmehr handelt es sich auch bei einem verbindlichen Erwerbsanspruch um einen Vorfeldtatbestand, dessen Offenlegung lediglich einen Einblick in zukünftige Machtverhältnisse ermöglicht.[813] Die Mitteilungspflicht des § 25a WpHG ging noch einen Schritt weiter und erfasste bereits noch in der Anbahnungsphase befindliche Erwerbsgeschäfte, bei denen aufgrund ihrer frühzeitigen Erfassung noch oft ungewiss war, ob es tatsächlich zu einem Aktienerwerb kommen würde.

Im Ergebnis wurde mit § 25a WpHG eine dritte Säule in das Regelungsregime der kapitalmarktrechtlichen Beteiligungstransparenz eingeführt, die zuvor nicht erfasste Sachverhalte abbildete. Das bereits zwischen §§ 21, 22 WpHG und § 25 WpHG angelegtes Stufenverhältnis wurde auf diese Weise fortentwickelt. Die Mitteilungspflichten wurden dadurch zum einen weiter ins Vorfeld des tatsächlichen Beteiligungserwerbs vorverlagert. Zum anderen wurden aber auch die qualitativen Anforderungen an die offenzulegenden Einflusspotenziale herabgesetzt.

II. Wandel des Normzwecks hin zu übernahmespezifischer Funktion

Neben diesen Verschiebungen auf der inhaltlichen Ebene war hinsichtlich der im Rahmen des AnsFuG vorgenommenen Änderungen der §§ 21 bis 30 WpHG auch ein Wandel hinsichtlich des Normzwecks der kapitalmarktrechtlichen Beteiligungstransparenz festzustellen.

Ausweislich der Gesetzesbegründung zum Zweiten Finanzmarktförderungsgesetz und der Erwägungsgründe der ersten Transparenzrichtlinie, deren Umsetzung die Einführung der kapitalmarktrechtlichen Beteiligungstransparenz im Rahmen des Zweiten Finanzmarktförderungsgesetz diente, besteht die allgemeine und übergeordnete Zielsetzung der kapitalmarktrechtlichen Beteiligungstransparenz in der Gewährleistung eines angemessenen Anlegerschutzes auf dem Kapitalmarkt, der Sicherstellung der Funktionsfähigkeit des Kapitalmarkts selbst und der Förderung der *Corporate Governance* in börsennotierten Unternehmen.[814] Zur Erreichung dieser Ziele beabsichtigte der Gesetzgeber ursprünglich jedoch lediglich, das Kapitalmarktpublikum über „die Zusammensetzung des Aktionärskreises und die Veränderungen maßgeblicher Aktienbeteiligungen“ zu informieren.[815] Auf diese Weise sollte die

813 Heusel, WM 2012, S. 291 (296).

814 RegBegrE zum Zweiten Finanzmarktförderungsgesetz, BT-Drucks. 12/6679, S. 35; Richtlinie 88/627/EWG des Rates vom 12. Dezember 1988 über die bei Erwerb und Veräußerung einer bedeutenden Beteiligung an einer börsennotierten Gesellschaft zu veröffentlichenden Informationen, ABl. EU, L 348, 17. Dezember 1988, S. 62; siehe ferner bereits S. 27 ff.

815 RegBegrE zum Zweiten Finanzmarktförderungsgesetz, BT-Drucks. 12/6679, S. 52.

Kapitalmarktöffentlichkeit über die wesentlichen Machtverhältnisse innerhalb börsennotierter Unternehmen unterrichtet werden.[816]

Bei Einführung der kapitalmarktrechtlichen Beteiligungstransparenz beabsichtigte der Gesetzgeber dementsprechend lediglich, bereits abgeschlossene Beteiligungsveränderungen offenzulegen und hierdurch die jeweils gegenwärtigen Beteiligungsverhältnisse und Machtstrukturen innerhalb börsennotierter Unternehmen transparent zu machen. Hingegen beabsichtigte der Gesetzgeber ursprünglich nicht auch die Offenlegung von bloßen Vorfeldtatbestanden möglicherweise in der Zukunft bevorstehender Veränderungen in den Beteiligungsstrukturen börsennotierter Unternehmen.[817] Dieser Umstand zeigt sich deutlich an der ursprünglichen Ausgestaltung der §§ 21 bis 30 WpHG. Mit dem Zweiten Finanzmarktförderungsgesetz wurden zunächst lediglich der Mitteilungstatbestand des § 21 Abs. 1 Satz 1 WpHG sowie die in § 22 Abs. 1 WpHG enthaltenen Zurechnungstatbestände eingeführt.[818] Der Anwendungsbereich dieser beiden Normen erstreckte sich lediglich auf gegenwärtig vorhandene Stimmrechtspotenziale und unterrichtete die Kapitalmarktöffentlichkeit daher ausschließlich über abgeschlossene Beteiligungsveränderungen.[819]

---

816 Siehe bereits S. 27; Hirte, in: Kölner Kommentar, WpHG, § 21 Rn. 3; Schneider, in: Assmann/Schneider, WpHG, Vor § 21 Rn. 18 ff.; von Bülow/Stephanblome, ZIP 2008, S. 1797 (1798); Cahn, AG 2013, S. 459 (461 f.); Eichner, ZRP 2010, S. 5 (5); Witt, AG 1998, S. 171 (172); vgl. auch Teichmann/Epe, WM 2012, S. 1213 (1214); Brellochs, ZIP 2011, S. 2225 (2229); OLG Düsseldorf, Urteil vom 15. Januar 2010, Az. 17 U 6/09, AG 2010, S. 330 (331) = NZG 2010, S. 1069 (1070).

817 Arends, Die Offenlegung von Aktienbesitz nach deutschem Recht, S. 47; Starke, Beteiligungstransparenz im Gesellschafts- und Kapitalmarktrecht, S. 29 f., 69; Dehlinger/Zimmermann, in: Fuchs, WpHG, Vor §§ 21 bis 30 Rn. 23; Schneider, in: Assmann/Schneider, WpHG, Vor § 21 Rn. 29; Opitz, in: Schäfer/Hamann, KMG, § 22 WpHG Rn. 63; Steuer/Baur, WM 1996, S. 1477 (1479); Fleischer/Schmolke, NZG 2009, S. 401 (403, 409); Brombach, Kapitalmarktrechtliche und aufsichtsrechtliche Pflichten bei der Berührung von Schwellenwerten, S. 69; a.A. Witt, NZG 2000, S. 809 (810); Hirte, in: Kölner Kommentar, WpHG, § 21 Rn. 3; Christ, Barausgleichsderivate und das Anschleichen an Zielgesellschaften, S. 36; wohl ebenso Engel, JA 1996, S. 510 (515); Happ, JZ 1994, S. 240 (245).

818 Zum Inhalt dieser beiden Normen siehe bereits S. 35 f.

819 Lediglich der dem heutigen § 22 Abs. 1 Satz 1 Nr. 5 WpHG entsprechende Zurechnungstatbestand des § 22 Abs. 1 Nr. 6 WpHG a. F., der Stimmrechte aus Aktien erfasste, die der Meldepflichtige durch einseitige Willenserklärung erwerben konnte, wies einen gewissen Bezug zu bloßen Beteiligungsabsichten und zukünftigen Beteiligungsveränderungen auf. Diesem Umstand lag aber die maßgebliche Überlegung des Gesetzgebers zugrunde, eine Verschleierung der gegenwärtigen Stimmrechtsverhältnisse verhindern zu wollen, vgl. RegBegrE zum Zweiten Finanzmarktförderungsgesetz, BT-Drucks. 12/6679, S. 54. Insofern beabsichtigte der Gesetzgeber auch mit § 22 Abs. 1 Nr. 6 WpHG gerade keine Offenlegung von bloßen Beteiligungsabsichten und lediglich möglicherweise in der Zukunft bevorstehender Beteiligungsveränderungen. Zu pauschal daher Wansleben, StudZR 2009, S. 465 (487).

Trotz dieser ursprünglich beschränkten Zielsetzung, erlaubten die im Rahmen der §§ 21, 22 WpHG abgegebenen Mitteilungen aber faktisch Rückschlüsse auf Beteiligungsabsichten und zukünftig möglicherweise bevorstehende Veränderungen der Beteiligungsstrukturen von börsennotierten Unternehmen und insbesondere auf in der Anbahnungsphase befindliche Unternehmensübernahmen.[820] Denn Meldungen über das sukzessive Überschreiten mehrerer Meldeschwellen lassen in aller Regel den Schluss zu, dass der Meldepflichtige einen weiteren Ausbau seiner Beteiligung und letztlich ggf. sogar eine Übernahme des betroffenen Unternehmens anstrebt.[821]

Diesen Nebeneffekt erkannte auch der Gesetzgeber bald. So führte er bei der Einführung des Wertpapiererwerbs- und Übernahmegesetzes aus, dass „die Unterrichtung der Anleger über Veränderungen wesentlicher Stimmrechtsbeteiligungen wichtige Hinweise auf ggf. bevorstehende Unternehmensübernahmen geben".[822]

In der Folgezeit rückte dieser Aspekt der kapitalmarktrechtlichen Beteiligungstransparenz dann mehr und mehr in den Fokus des Gesetzgebers.[823] Grund für diese Entwicklung war der Umstand, dass die Rechtspraxis vermehrt dazu überging, im Vorfeld des Aufbaus einer umfangreichen Beteiligung bzw. im Vorfeld einer Unternehmensübernahme das Entstehen von Mitteilungspflichten gemäß §§ 21 bis 30 WpHG möglichst zu vermeiden und eine bestehende Beteiligungsabsicht auf diese Weise möglichst lange geheim zu halten. Eine solche Vorgehensweise wurde vom Gesetzgeber plastisch als „unbemerktes Anschleichen" an börsennotierte Unternehmen bezeichnet.[824] Der dieser Bezeichnung innewohnenden Missbilligung entsprechend machte es sich der Gesetzgeber in der Folgezeit zum Ziel, solche Vorgehensweisen zu erschweren.[825]

So ergriff er erstmals im Rahmen des TUG gesetzgeberische Maßnahmen um dem „unbemerkten Anschleichen" an börsennotierte Unternehmen entgegenzuwirken.[826] Sowohl die mit dem TUG einhergehende Absenkung der Eingangsmeldeschwel-

820 Vgl. Brinkmann, BB 2012, S. 1370 (1372); Cahn, AG 1997, S. 502 (508); Parmentier, AG 2014, S. 15 (17); siehe bereits S. 29.

821 Cahn, AG 2013, S. 459 (462); Brombach, Kapitalmarktrechtliche und aufsichtsrechtliche Pflichten bei der Berührung von Schwellenwerten, S. 69 f.; vgl. auch Heusel, WM 2012, S. 291 (291); Renz/Rippel, BKR 2008, S. 309 (310).

822 RegBegrE zum Gesetz zur Regelung von öffentlichen Angeboten zum Erwerb von Wertpapieren und von Unternehmensübernahmen, BT-Drucks. 14/7034, S. 70.

823 Vgl. Fleischer/Schmolke, NZG 2009, S. 401 (403).

824 RegBegrE zum Gesetz zur Umsetzung der Richtlinie 2004/109/EG des Europäischen Parlaments und des Rates vom 15. Dezember 2004 zur Harmonisierung der Transparenzanforderungen in Bezug auf Informationen über Emittenten, deren Wertpapiere zum Handel auf einem geregelten Markt zugelassen sind, und zur Änderung der Richtlinie 2001/34/EG (Transparenzrichtlinie-Umsetzungsgesetz – TUG), BT-Drucks. 16/2498, S. 26, 28, 34.

825 Möllers/Wenninger, NJW 2011, S. 1697 (1701).

826 Vgl. Fleischer/Schmolke, NZG 2009, S. 401 (409); Möllers/Wenninger, NJW 2011, S. 1697 (1701); Wansleben, StudZR 2009, S. 465 (467); Christ, Barausgleichsderivate und das Anschleichen an Zielgesellschaften, S. 36.

le auf 3 % und die Ergänzung zusätzlicher Meldeschwellen zwischen den bereits bestehenden Schwellenwerten als auch die Einführung des Meldetatbestands des § 25 WpHG sollten ausdrücklich eine solche Vorgehensweise erschweren.[827] Ebenso bezweckten die im Rahmen des Risikobegrenzungsgesetzes neu vorgeschriebene Aggregation von Mitteilungen i.S.d. §§ 21, 22 WpHG mit solchen i.S.d. § 25 WpHG und die ergänzend in § 27a WpHG aufgenommene Verpflichtung von Inhabern wesentlicher Beteiligungen zur Auskunft über die Herkunft der für den Beteiligungsaufbau aufgewendeten Mittel sowie über die mit der Beteiligung verfolgten Ziele, ein früheres Erreichen der Meldeschwellen, eine größere Meldedichte und die Information der übrigen Marktteilnehmer darüber, ob der Inhaber einer wesentlichen Beteiligung beabsichtigt, weitere Anteile oder eine Kontrollmehrheit zu erwerben.[828] Auch wenn die Gesetzesbegründung dies nicht explizit ausführt, sollten dementsprechend auch die im Rahmen des Risikobegrenzungsgesetzes vorgenommenen Gesetzesänderungen das „unbemerkte Anschleichen" an börsennotierte Unternehmen erschweren.[829]

Bereits im Rahmen der dem AnsFuG zeitlich vorangegangenen Reformen der kapitalmarktrechtlichen Beteiligungstransparenz nahm der Gesetzgeber also die in ihrem Ursprung noch zufällige Nebenfunktion der Meldepflichten als Aufklärungsmechanismus über in der Zukunft möglicherweise bevorstehenden Beteiligungsveränderungen in den Kreis der Regelungsziele der §§ 21 bis 30 WpHG auf.[830] Da er sich hierbei einseitig an dem „unbemerkten Anschleichen" – also dem Aufbau einer Beteiligung – orientierte, nicht aber auch ein „unbemerktes Herausschleichen" – also die Veräußerung einer Beteiligung – einer Regelung zuführte, lässt sich insofern nicht nur von einer zukunftsorientierten, sondern konkreter von einer auf die Erlangung einer Kontrollposition ausgerichteten und insofern übernahmespezifischen Komponente sprechen.[831]

Trotz dieser neu hinzugekommenen übernahmespezifischen Zielsetzung hielt der Gesetzgeber bei den genannten Reformen der kapitalmarktrechtlichen Beteiligungstransparenz jedoch an der ursprünglichen Zielsetzung der in den §§ 21 bis 30 WpHG vorgesehenen Mitteilungspflichten fest. So knüpften die mit dem TUG neu eingeführten Schwellenwerte sowie die mit dem Risikobegrenzungsgesetz eingeführte

---

827 RegBegrE zum Gesetz zur Umsetzung der Richtlinie 2004/109/EG des Europäischen Parlaments und des Rates vom 15. Dezember 2004 zur Harmonisierung der Transparenzanforderungen in Bezug auf Informationen über Emittenten, deren Wertpapiere zum Handel auf einem geregelten Markt zugelassen sind, und zur Änderung der Richtlinie 2001/34/EG (Transparenzrichtlinie-Umsetzungsgesetz – TUG), BT-Drucks. 16/2498, S. 26, 28, 34, 36 f.

828 RegBegrE zum Risikobegrenzungsgesetz, BT-Drucks. 16/7438, S. 8, 12.

829 Vgl. Noack, AG 2009, S. 227 (235); Möllers/Wenninger, NJW 2011, S. 1697 (1701); Fleischer/Schmolke, NZG 2009, S. 401 (403, 409); Heusel, WM 2012, S. 291 (297).

830 Ähnlich Veil, ZHR 177 (2013), S. 427 (429).

831 Ähnlich Brombach, Kapitalmarktrechtliche und aufsichtsrechtliche Pflichten bei der Berührung von Schwellenwerten, S. 69 f.; Wansleben, StudZR 2009, S. 465 (482).

Berichtspflicht des § 27a WpHG weiterhin an bestimmte Größenordnungen bereits bestehender Beteiligungen an. Daher bewirkten diese Gesetzesänderungen zwar einerseits eine verbesserte Aufklärung über Beteiligungsabsichten und zukünftige Beteiligungsveränderungen sowie ggf. bevorstehenden Unternehmensübernahmen. Andererseits erzeugten sie jedoch auch mehr Transparenz hinsichtlich der gegenwärtig bestehenden Beteiligungsstrukturen.

Lediglich bei der Einführung des § 25 WpHG löste sich der Gesetzgeber vorsichtig von der ursprünglichen Zielsetzung der Offenlegung von ausschließlich bereits bestehenden Beteiligungen. Denn Mitteilungsgegenstand dieses Meldetatbestands waren Stimmrechte, die nicht gegenwärtigem, sondern erst zukünftigem Aktieneigentum entsprangen, sodass eine entsprechende Mitteilung lediglich zukünftige Beteiligungsveränderungen widerspiegelte. Trotz dieses Umstands hielt der Gesetzgeber aber auch im Rahmen des § 25 WpHG noch an dem ursprünglichen Bezug zur Gegenwart insofern fest, als die eine Mitteilungspflicht nach dieser Norm begründenden Erwerbspositionen bereits im Zeitpunkt der Mitteilung derart verfestigt sein mussten, dass die Beteiligungsabsicht als faktisch bereits umgesetzt und der zukünftige Erwerb einer entsprechenden Beteiligungen als sicher erschien. Ist aber der Vollzug der Beteiligungsveränderung nur noch Formsache, findet dieser Umstand unabhängig von der noch unveränderten rechtlichen Zuordnung der Beteiligung auch bei der Betrachtung der gegenwärtigen Machtverhältnisse Berücksichtigung. Darüber hinaus bestand bei Mitteilungen i.S.d. § 25 Abs. 1 Satz 1 WpHG auch insofern eine Rückkoppelung zur Gegenwart, als die jeweiligen Mitteilungen zur zutreffenden Ermittlung des gegenwärtig noch frei verfügbaren Handelsvolumens der betroffenen Aktien beitrugen. Diejenigen Aktien, die bereits einem zugunsten eines bestimmten Investors bestehenden Erwerbsrecht unterliegen, stehen den übrigen Marktteilnehmern bereits gegenwärtig für ihre Handelsaktivitäten nicht mehr zu Verfügung.

Im Ergebnis ergänzte der Gesetzgeber bis zum Inkrafttreten des AnsFuG die Regelungsziele der kapitalmarktrechtlichen Beteiligungstransparenz lediglich um eine übernahmespezifische Komponente, ohne hierbei die ursprünglichen Bestrebungen dieses Regelungsregimes aufzugeben. So entstand ein Nebeneinander dieser beiden Zielsetzungen der kapitalmarktrechtlichen Beteiligungstransparenz.

Mit Inkrafttreten des AnsFuG wurde dieses Verhältnis der beiden unterschiedlichen Regelungsziele der kapitalmarktrechtlichen Beteiligungstransparenz jedoch deutlich in Richtung der Offenlegung von Beteiligungsabsichten und zukünftigen Beteiligungsveränderungen verschoben.[832] Der Gesetzgeber räumte der übernahmespezifischen Aufklärungsfunktion der Mitteilungspflichten bei der Überarbeitung des § 25 WpHG sowie der Einführung des § 25a WpHG einen deutlich höheren

832 Ähnlich Heusel, WM 2012, S. 291 (294); Heinrich/Krämer, CFL 2013, S. 225 (225); Veil, ZHR 177 (2013), S. 427 (430); Bachmann, in: Fleischer/Kalss/Vogt, Konvergenzen und Divergenzen im deutschen, österreichischen und schweizerischen Gesellschafts- und Kapitalmarktrecht, S. 233.

Stellenwert als zuvor ein. Gleichzeitig wurde der ursprüngliche Normzweck der §§ 21 bis 30 WpHG bei diesen Maßnahmen in weiten Teilen aufgegeben.

Eine stärkere Betonung der Ausrichtung der §§ 21 bis 30 WpHG auf den zukünftigen Aufbau von Beteiligungen erfolgte zunächst mit der im Rahmen des AnsFuG vorgenommenen Ausweitung des Anwendungsbereichs des § 25 Abs. 1 Satz 1 WpHG a. F. So wurden durch die zusätzliche Erfassung von „sonstigen Instrumenten" zunächst weitere Vorfeldtatbestände eines Beteiligungsaufbaus einer Mitteilungspflicht unterworfen und auf diese Weise die Aufklärung über zukünftige Beteiligungsveränderungen intensiviert.

Noch deutlicher wirkte sich aber die im Rahmen des AnsFuG vorgenommene Streichung des § 25 Abs. 1 Satz 4 WpHG a. F. aus. Diese Bestimmung sah vor, dass durch die in § 25 Abs. 1 Satz 3 WpHG angeordnete Zusammenrechnung von gegenwärtigem Stimmrechtseinfluss i.S.d. §§ 21 Abs. 1 Satz 1, 22 Abs. 1, 2 WpHG und künftigem Stimmrechtseinfluss i.S.d. § 25 Abs. 1 Satz 1 WpHG dann keine zusätzliche Mitteilung erforderlich wurde, wenn bereits eine Mitteilung gemäß §§ 21 Abs. 1 Satz 1, 22 Abs. 1, 2 WpHG erfolgt war und durch die Zusammenrechnung kein weiterer der in § 21 Abs. 1 Satz 1 WpHG genannten Schwellenwerte überschritten wurde. Die Streichung dieser Norm hatte ein beachtliches Ergebnis zur Folge. Der Inhaber einer wesentlichen Beteiligung, der beispielsweise bereits eine unmittelbare Beteiligung in Höhe von 5,1 % hielt und diese gemäß § 21 Abs. 1 Satz 1 WpHG gegenüber der Kapitalmarktöffentlichkeit mitgeteilt hatte, konnte eine weitere Beteiligung in Höhe von weiteren 4,8 % der Stimmrechte hinzuerwerben, ohne zu einer erneuten Meldung verpflichtet zu sein. Denn die dann in Höhe von 9,9 % bestehende Beteiligung erreichte noch nicht die nächste Meldeschwelle des § 21 Abs. 1 Satz 1 WpHG von 10 %. Erwarb er hingegen statt einer weiteren unmittelbaren Beteiligung lediglich von § 25 Abs. 1 Satz 1 WpHG erfasste Finanzinstrumente wie z. B. physisch zu erfüllende Kaufoptionen, unterlag er bereits einer Mitteilungspflicht, sofern dieser Kaufoption auch nur eine weitere Aktie der jeweiligen Gesellschaft zugrunde lag.[833] Denn in diesem Fall kam es zu der von § 25 Abs. 1 Satz 3 WpHG vorgeschriebenen Aggregation der Stimmrechtsanteile i.S.d. § 21 Abs. 1 WpHG und der zukünftigen und daher gegenwärtig noch fiktiven Stimmrechtsanteile i.S.d. § 25 Abs. 1 Satz 1 WpHG. Die vorgeschriebene Zusammenrechnung hatte wiederum zur Folge, dass der aggregierte Stimmrechtsanteil in Höhe von 5,1 % zzgl. einer Aktie wegen des Überschreitens der Meldeschwelle von 5 % gemäß § 25 Abs. 1 Satz 1 WpHG mitzuteilen war. Diese unterschiedliche Behandlung von Aktieneigentum einerseits und durch Finanzinstrumente vermittelten

833 Vgl. BaFin, Emittentenleitfaden, Ziffer VIII.2.8.1.2; unter Bezugnahme hierauf Pielka, Konsultation 04/2013 zur Überarbeitung von Teilen des Emittentenleitfadens, S. 7 f.; Verband der Auslandsbanken in Deutschland e. V., Konsultation 04/2013 – Überarbeitung von Teilen des Emittentenleitfadens, S. 4 f.

Erwerbsrechten andererseits muss verwundern.[834] Durch Finanzinstrumente vermittelte Erwerbsrechte stellen ein rechtliches Minus gegenüber dem Aktieneigentum dar und vermitteln dem Inhaber eine deutlich schwächere Rechtsstellung in Bezug auf das jeweilige Unternehmen als unmittelbares Aktieneigentum. Dennoch unterstellte der Gesetzgeber die durch Finanzinstrumente vermittelten Erwerbsrechte einem im Vergleich zu unmittelbarem Aktieneigentum strengeren und engmaschigeren Melderegime. Dieses Ergebnis ließ sich nur dadurch erklären, dass der gesetzgeberische Fokus im Rahmen des AnsFuG primär auf der Offenlegung von Beteiligungsabsichten lag, während die ursprünglich beabsichtigte Herstellung von Transparenz hinsichtlich bestehender Beteiligungen kaum mehr Beachtung fand. Andernfalls hätte es nahegelegen, die Meldeschwellen generell und somit sowohl für Finanzinstrumente als auch für Aktieneigentum abzusenken, statt lediglich § 25 Abs. 1 Satz 4 WpHG zu streichen.

Neben den Änderungen des § 25 WpHG ließ aber auch die Ausgestaltung des § 25a WpHG darauf schließen, dass es dem Gesetzgeber im Rahmen des AnsFuG primär um die Stärkung der übernahmespezifischen Zielsetzung der kapitalmarktrechtlichen Beteiligungstransparenz und weniger um die Abbildung gegenwärtiger Beteiligungsstrukturen ging.

So unterfielen § 25a WpHG zum einen – wie die bereits zuvor erarbeitete Darstellung[835] der atypischen, von § 25a WpHG erfassten Instrumente belegt – eine Vielzahl von in der Rechtspraxis nicht selten vorkommenden Sachverhalten, bei denen keine überwiegende Wahrscheinlichkeit bestand, dass es in näherer Zukunft[836] oder gar überhaupt[837] zu einem der erforderlichen Mitteilung i.S.d. § 25a Abs. 1 Satz 1 WpHG entsprechenden Beteiligungsaufbau kam.[838] Anders als bei den von § 25 WpHG erfassten Sachverhalten erschien bei diesen Sachverhalten der tatsächliche Beteiligungsaufbau oftmals gegenwärtig also gerade noch nicht sicher. Wenn aber vielfach ein der Mitteilung entsprechender Beteiligungserwerb zumindest in der näheren Zukunft nicht naheliegt, werden die Marktakteure einer entsprechenden Mitteilung kaum Aussagegehalt hinsichtlich der gegenwärtigen, innergesellschaftlichen Machtverhältnisse eines börsennotierten Unternehmens beimessen.[839] Gegen diese Feststellung ließ sich zwar anführen, dass auch den übrigen Mitteilungspflichten eine abstrakte Betrachtungsweise zugrunde liegt und daher auch diese Meldungen kein exaktes und in jedem Einzelfall zutreffendes Ab-

834 Ähnlich Handelsrechtsausschuss des Deutschen Anwaltvereins, NZG 2012, S. 770 (773).
835 Siehe bereits S. 122 ff.
836 Ein Beispiel für nicht auf die nähere Zukunft ausgerichtete Erwerbsmöglichkeiten sind etwa in Gesellschaftervereinbarungen enthaltene Vorrechte hinsichtlich der von den jeweiligen Vertragsparteien gehaltenen Beteiligungen.
837 Zu denken ist etwa an durch gewerbliche Pfandrechte begründete Mitteilungen i.S.d. § 25a Abs. 1 Satz 1 WpHG.
838 Vgl. Brandt, CFL 2012, S. 110 (113).
839 Brandt, CFL 2012, S. 110 (113).

bild der tatsächlichen Beteiligungsverhältnisse und Machtstrukturen erzeugen.[840] Allerdings überzeugte diese Gegenposition letztlich nicht, da die Anzahl der durch § 25a WpHG verursachten „Fehlmeldungen" deutlich höher gewesen sein dürfte, als diejenigen der übrigen Meldetatbestände. Maßgebliche Bedeutung kam einer Mitteilung i.S.d. § 25a Abs. 1 Satz 1 WpHG demgemäß nicht hinsichtlich der gegenwärtig bestehenden Beteiligungen, sondern allenfalls hinsichtlich einer etwaigen Beteiligungsabsicht und zukünftigen Beteiligungsveränderungen sowie ggf. bevorstehenden Unternehmensübernahmen zu.

Zum anderen wurde die einseitige Betonung der übernahmespezifischen Zielsetzung im Rahmen des § 25a WpHG auch in den in § 25a Abs. 2 Satz 2 WpHG enthaltenen Vorgaben bzgl. der Berechnung der bei Barausgleichsderivaten mitzuteilenden Stimmrechtsanteile deutlich. Denn wenn dort für Barausgleichsderivate unabhängig von der in der Praxis tatsächlich vorgenommenen Absicherung der Vertragsrisiken auf Grundlage des Deltafaktors eine fiktive Absicherung auf Basis der Nominalanzahl der von dem Derivat in Bezug genommenen Aktien vorgeschrieben wurde, konnte einer entsprechenden Mitteilung zwar entnommen werden, welche Anzahl von Aktien der Meldepflichtige im Rahmen der Abwicklung ggf. erwerben konnte, sofern die Barausgleichsderivate zum verdeckten Beteiligungsaufbau eingesetzt wurden. In Fällen, in denen die Barausgleichsderivate allerdings ihrer ursprünglichen Bestimmung gemäß zu Spekulationszwecken oder als Mittel zur Neutralisierung eines gegenläufigen Risikos genutzt wurden,[841] erlaubte eine entsprechende Mitteilung aufgrund der auf diese Fälle nicht zutreffenden Berechnungsvorgaben keinerlei Rückschlüsse auf die tatsächliche Anzahl von zu Sicherungszwecken gehaltenen Aktien. In diesen Fällen wurde daher lediglich ein fiktiver Stimmrechtsanteil offengelegt, dem in der Realität kein Äquivalent gegenüberstand und der daher auch keinerlei Rückschlüsse auf die gegenwärtig bestehenden Beteiligungs- und Machtstrukturen zuließ. Zusätzlich ließ sich einer auf diese Weise mit der Realität nicht in Einklang stehenden Mitteilung auch kein Hinweis mehr auf die Handelsliquidität der jeweiligen Aktie und das frei verfügbare Handelsvolumen entnehmen.[842] Auch dies belegt, dass der Gesetzgeber bei der Ausgestaltung des § 25a WpHG primär die Aufdeckung von Beteiligungsabsichten beabsichtigte und dem ursprünglichen Normzweck der kapitalmarktrechtlichen Beteiligungstransparenz kaum noch beachtete.

Unterstrichen wurde die primär übernahmespezifische Ausrichtung der §§ 25, 25a WpHG schließlich durch den Umstand, dass sich beide Normen lediglich einseitig an dem „Anschleichen" an eine börsennotierte Gesellschaft orientierten, ein etwaiges „Herausschleichen" aber vollkommen außer Acht gelassen wurde.[843]

---

840 Siehe bereits S. 44 f.

841 Siehe bereits S. 76.

842 Brandt, CFL 2012, S. 110 (113); Schneider, in: Assmann/Schneider, WpHG, § 25a Rn. 2.

843 Vgl. Nordholtz, in: Heidel, Aktienrecht und Kapitalmarktrecht, § 25a WpHG Rn. 14; Schneider, in: Assmann/Schneider, WpHG, § 25a Rn. 33, 36; Seibt, ZGR 2010, S. 795 (805); Baums/Sauter, ZHR 173 (2009), S. 454 (497, 502).

So ermöglicht der Einsatz von aktienbasierten Barausgleichsderivaten – wie bereits dargestellt – den verdeckten Aufbau einer Beteiligung, wenn der Investor darin die *Long Position* übernimmt. Andererseits kann ein Gesellschafter, der bereits über eine bedeutende Beteiligung verfügt, Aktienderivate aber spiegelbildlich hierzu auch zur heimlichen Einleitung der Veräußerung seiner Beteiligung nutzen. Zu denken ist in diesem Zusammenhang beispielsweise an Verkaufsoptionen. Eine solche Vorgehensweise konnte einzig durch die Mitteilungspflicht des § 25a Abs. 1 Satz 1 WpHG erfasst werden, da für die Gegenseite aus ihrer Rolle als Stillhalter der Verkaufsoption eine Erwerbsmöglichkeit i.S.d. § 25a Abs. 1 Satz 2 Nr. 2 Alt. 2 WpHG resultierte. Sofern die Optionsvereinbarung jedoch auf mehrere Vertragspartner aufgeteilt wurde und daher die bei diesen jeweils entstehenden Erwerbsmöglichkeiten keinen Schwellenwert berührten, war auch diese Gefahr einer Offenlegung gebannt. Für die zukünftigen Beteiligungs- und Machtstrukturen sind naturgemäß sowohl das „Anschleichen“ als auch das „Herausschleichen“ in gleichem Maße relevant. Die Tatsache, dass das „Herausschleichen“ dennoch nicht offenzulegen war, lässt wiederum nur den Schluss zu, dass der Gesetzgeber speziell Beteiligungsabsichten und ggf. bevorstehenden Unternehmensübernahmen publik machen wollte, die vollumfängliche Offenlegung von Veränderungen der Beteiligungsverhältnisse für ihn hingegen nebensächlich war.

Unabhängig von der Frage, ob die eingangs dieses Abschnitts genannten übergeordneten Zielsetzungen der kapitalmarktrechtlichen Beteiligungstransparenz die im Rahmen des AnsFuG erfolgten Reformen überhaupt rechtfertigten,[844] war mit dem Inkrafttreten dieser Gesetzesänderungen im Ergebnis jedenfalls eine deutliche Verschiebung des Normzwecks der kapitalmarktrechtlichen Beteiligungstransparenz festzustellen. Eine übernahmespezifische Ausrichtung des Normzwecks hatte zwar bereits im Rahmen der durch das TUG und das Risikobegrenzungsgesetz vorgenommenen Gesetzesänderungen Einzug in die kapitalmarktrechtliche Beteiligungstransparenz erhalten.[845] Sowohl die neuerliche Überarbeitung des § 25 WpHG als auch die Einführung des § 25a Abs. 1 Satz 1 WpHG dienten jedoch nahezu ausschließlich der frühzeitigen Offenlegung von potenziellen Übernahmesachverhalten und anderen Verschiebungen der Kontrollverhältnisse.[846] Das Regelungsziel der Her-

---

844 Zu dieser Frage siehe S. 175 ff.; dafür jedenfalls Schneider, in: Assmann/Schneider, WpHG, Vor § 21 Rn. 29; Teichmann/Epe, WM 2012, S. 1213 (1214).

845 Vgl. Hitzer/Düchting, ZIP 2011, S. 1084 (1088); Cascante/Bingel, NZG 2011, S. 1086 (1086); Baums/Sauter, ZHR 173 (2009), S. 454 (476); Schneider, WM 2006, S. 1321 (1325); Teichmann/Epe, WM 2010, S. 1477 (1478); Zetsche, EBOR 2009, S. 115 (146); Veil, ZHR 177 (2013), S. 427 (428); Süßmann, in: Assmann/Schütze, Handbuch des Kapitalanlagerechts, § 14 Rn. 3; Opitz, in: Schäfer/Hamann, KMG, § 25 WpHG Rn. 1c; Schneider, in: Assmann/Schneider, WpHG, § 25a Rn. 12; Schwark, in: Schwark/Zimmer, Kapitalmarktrechts-Kommentar, Vor § 21 WpHG Rn. 4; Hirte, in: Kölner Kommentar, WpHG, § 21 Rn. 3, 6.

846 Krause, AG 2011, S. 469 (469); Brandt, CFL 2012, S. 110 (113); Heusel, WM 2012, S. 291 (294); Parmentier, AG 2014, S. 15 (20); Heinrich/Krämer, CFL 2013, S. 225

stellung von Transparenz bzgl. bestehender Beteiligungsstrukturen und bzgl. der hiermit einhergehenden Machtverhältnisse in börsennotierten Unternehmen trat demgegenüber in den Hintergrund.[847] Die übernahmespezifische Komponente der kapitalmarktrechtlichen Beteiligungstransparenz hatte daher mit Inkrafttreten des AnsFuG eine neue Qualität erreicht.

III. Veränderungen in der Regelungstechnik

Eng mit dieser veränderten Gewichtung der Regelungsziele verbunden war auch eine grundlegende Änderung der in §§ 21 bis 30 WpHG bis zum Inkrafttreten des AnsFuG angewandten Regelungstechnik. Mit der Einführung des § 25a WpHG ging in diesem Zusammenhang gleich in mehrfacher Hinsicht eine Abkehr von dem bisherigen Regelungsansatz einher.

1. Aufgabe des fallgruppenorientierten Regelungsansatzes

Bis zum Inkrafttreten des AnsFuG waren die einzelnen Mitteilungs- und Zurechnungstatbestände der §§ 21 bis 30 WpHG von einem eng an bestimmten Fallgruppen orientierten Regelungsansatz geprägt.[848] So enthielten sowohl die Meldetatbestände des § 21 Abs. 1 Satz 1 WpHG und des § 25 Abs. 1 Satz 1 WpHG als auch die Zurechnungstatbestände des § 22 Abs. 1 Satz 1, 2, Abs. 2 WpHG jeweils eine enumerative Aufzählung von Fallkonstellationen. Einige dieser Fallgruppen konnten sogar einem konkreten Rechtsinstitut zugeordnet werden. § 21 Abs. 1 Satz 1 WpHG knüpft beispielsweise an das zivilrechtliche Eigentum an Aktien an. Die Zurechnungstatbestände des § 22 Abs. 1 Satz 1 Nr. 3 und 4 WpHG basieren etwa auf der Sicherungsübereignung bzw. der Bestellung eines Nießbrauchs. Soweit die übrigen Fallgruppen sich nicht einem bestimmten Rechtsbegriff zuordnen ließen, wurden sie doch jeweils durch eng gefasste Tatbestandsmerkmale genau umschrieben. So erfasste beispielsweise § 25 Abs. 1 Satz 1 WpHG nicht lediglich pauschal alle Finanzinstrumente, die ihrem Inhaber das Recht verliehen, Aktien zu erwerben. Vielmehr setzte eine Mitteilungspflicht nach dieser Norm darüber hinaus voraus, dass es sich um ein einseitiges, aus einer rechtlich bindenden Vereinbarung folgendes Erwerbsrecht handelte.

---

(225); Opitz, in: Schäfer/Hamann, KMG, § 25 WpHG Rn. 1a; Schneider, in: Assmann/Schneider, WpHG, § 25a Rn. 2; vgl. auch Friedeborn, Vormitgliedschaftliche Beteiligungstransparenz, S. 67.

847 Veil, ZHR 177 (2013), S. 427 (437, 441); Brandt, CFL 2012, S. 110 (113); Heusel, WM 2012, S. 291 (294); Opitz, in: Schäfer/Hamann, KMG, § 25 WpHG Rn. 1a; Schneider, in: Assmann/Schneider, WpHG, § 25a Rn. 2.

848 Siehe bereits S. 57 f.; Anzinger, WM 2011, S. 391 (394); Anzinger, Gesellschaftsrecht in der Diskussion 2010, S. 187 (229); vgl. auch Heusel, WM 2012, S. 291 (292); Renz/Rippel, BKR 2011, S. 235 (237); Teichmann/Epe, WM 2012, S. 1213 (1217); Teichmann/Epe, WM 2010, S. 1477 (1477).

Dieser fallgruppenorientierte Ansatz hatte den Vorzug einer vergleichsweise einfachen Rechtsanwendung und gewährleistete auf diese Weise die erforderliche Rechtssicherheit.[849] Diesem Vorteil stand jedoch der Nachteil einer höheren Umgehungsanfälligkeit gegenüber. Aufgrund der klaren Grenzen des Wortlauts war insbesondere eine primär am Normzweck und der Entwicklung der Rechtspraxis orientierte, dynamische Auslegung der jeweiligen Normen kaum möglich.[850] Dieser Umstand trat auch bei dem den Regelungsanlass des AnsFuG bildenden Phänomen des verdeckten Beteiligungsaufbaus zutage. Um dieses Problem der Umgehungsanfälligkeit zu lösen, wurden im Vorfeld des AnsFuG verschiedene Regelungsansätze diskutiert. Überwiegend wurde hierbei eine Loslösung von der beschriebenen, an konkreten Fallgruppen orientierten Regelungstechnik befürwortet. Als Alternativen wurden insbesondere eine prinzipiengeleitete Regelung sowie die Schaffung einer Generalklausel vorgeschlagen.[851] Während eine prinzipiengeleitete Regelung lediglich ein Regelungsziel vorgibt aber keine Voraussetzungen für ihre Anwendung nennt, formuliert eine Generalklausel abstrakte Tatbestandsmerkmale, deren Vorliegen Voraussetzung für den Eintritt der vorgegebenen Rechtsfolge ist.[852]

Der Gesetzgeber entschied sich bei der Ausgestaltung des § 25a WpHG für eine Generalklausel und gegen eine prinzipiengeleitete Vorschrift.[853] Der Wortlaut des § 25a Abs. 1 Satz 1 WpHG formulierte abstrakte Tatbestandsmerkmale. Insbesondere durch die Tatbestandsvoraussetzung eines Instruments, das seinem Inhaber oder einem Dritten aufgrund seiner Ausgestaltung den Erwerb von Aktien ermöglichte, und die darin enthaltenen, unbestimmten Rechtsbegriffe wurde dennoch die gewünschte Offenheit des Tatbestands gewährleistet.[854] Zur Sicherstellung der notwendigen Rechtssicherheit wurden zudem zwei Regelbeispiele aufgenommen.[855] Insofern enthielt § 25a WpHG eine Kombination des ursprünglichen, fallgruppen-

849 Anzinger, WM 2011, S. 391 (394); Heusel, WM 2012, S. 291 (292).
850 Vgl. Anzinger, Gesellschaftsrecht in der Diskussion 2010, S. 187 (223).
851 Heusel, WM 2012, S. 291 (292); Heinrich, in: Kölner Kommentar, WpHG, § 25a Rn. 7; für eine prinzipiengeleitete Regelung Anzinger, Gesellschaftsrecht in der Diskussion 2010, S. 187 (228, 230); Brouwer, AG 2010, S. 404 (406); dagegen Baums/Sauter, ZHR 173 (2009), S. 454 (487 ff.; 502); Seibt, CFL 2010, S. 502 (504); zu den jeweiligen Vor- und Nachteilen dieser beiden Regelungstechniken siehe Schneider, in: Gedächtnisschrift für Gruson, S. 369 (373 ff.).
852 Anzinger, WM 2011, S. 391 (395).
853 Götze, BKR 2013, S. 265 (269); Heinrich/Krämer, CFL 2013, S. 225 (225); Merkner/Sustmann, NZG 2012, S. 241 (241); Teichmann/Epe, WM 2010, S. 1477 (1477); Heusel, WM 2012, S. 291 (292); Seibt, CFL 2010, S. 502 (504); Schneider, in: Assmann/Schneider, WpHG, § 25a Rn. 13; unklar dagegen Deutsches Aktieninstitut, NZG 2010, S. 778 (778); Heinrich/Krämer, CFL 2013, S. 225 (225); Nordholtz, in: Heidel, Aktienrecht und Kapitalmarktrecht, § 25a WpHG Rn. 6.
854 Teichmann/Epe, WM 2012, S. 1213 (1217).
855 Heusel, WM 2012, S. 291 (292).

orientierten Regelungsansatzes mit einer Generalklausel.[856] Auf diese Weise wurde mit § 25a Abs. 1 Satz 1 WpHG ein Auffangtatbestand für Fallkonstellationen geschaffen, die von den übrigen Mitteilungs- und Zurechnungstatbeständen nicht erfasst werden konnten, obwohl nach Ansicht des Gesetzgebers ein Transparenzbedürfnis diesbezüglich bestand.[857]

Mit der Einführung des § 25a WpHG vollzog der Gesetzgeber im Ergebnis eine weitgehende Abkehr von dem fallgruppenorientierten Ansatz und wandte sich der Regulierung durch eine Generalklausel zu. Dieser Regelungsansatz war neu im System der kapitalmarktrechtlichen Beteiligungstransparenz und kam daher einem Wandel der Regelungstechnik gleich.[858]

2. Loslösung vom Stimmrechtsbezug

Ein weiteres Merkmal der in den §§ 21 bis 30 WpHG enthaltenen Mitteilungs- und Zurechnungstatbestände in ihrer bis zum Inkrafttreten des AnsFuG geltenden Fassung war die regelungstechnische Anknüpfung an durch Stimmrechte und somit rechtlich begründete Einflusspotenziale.[859] Bereits die amtliche Überschrift des fünften Abschnitts des WpHG macht diesen Umstand deutlich, soweit dort auf Veränderungen des „Stimmrechtsanteils" abgestellt wird.[860] In dem Mitteilungstatbestand des § 21 Abs. 1 Satz 1 WpHG sowie den Zurechnungstatbeständen des § 22 Abs. 1 Satz 1, 2, Abs. 2 WpHG wird dieser Grundsatz fortgesetzt. Auch diese knüpfen ausschließlich an Stimmrechtseinfluss an.[861] Hintergrund dieser Ausrichtung ist die Überlegung, dass sich das Einflusspotenzial einer Person bzgl. der Geschicke eines Unternehmens im Wesentlichen nach den von ihr gehaltenen Stimmrechten bestimmt.[862]

Eine gewisse Aufweichung dieses Stimmrechtsbezugs enthielt bereits der Meldetatbestand des § 25 WpHG.[863] Denn diese Norm verlangte Transparenz bzgl.

---

856 Merkner/Sustmann, NZG 2010, S. 681 (684); kritisch hierzu Anzinger, Gesellschaftsrecht in der Diskussion 2010, S. 187 (229).

857 Schneider, in: Assmann/Schneider, WpHG, § 25 Rn. 14; Brandt, WM 2014, S. 543 (545); Heinrich/Krämer, CFL 2013, S. 225 (225); Heusel, WM 2012, S. 291 (297); Deutsches Aktieninstitut, NZG 2010, S. 778 (778).

858 Renz/Rippel, BKR 2011, S. 235 (235); Teichmann/Epe, WM 2010, S. 1477 (1477); Heusel, WM 2012, S. 291 (292); Teichmann/Epe, WM 2012, S. 1213 (1217).

859 Siehe bereits S. 58 f. und 98 f.

860 Opitz, in: Schäfer/Hamann, KMG, § 25a WpHG Rn. 1a.

861 Merkner/Sustmann, NZG 2012, S. 241 (244); Opitz, in: Schäfer/Hamann, KMG, Vor § 21 WpHG Rn. 5; vgl. auch Anzinger, Gesellschaftsrecht in der Diskussion 2010, S. 187 (208); Brandt, BKR 2008, S. 441 (447).

862 Siehe bereits S. 25 f.; Nordholtz, in: Heidel, Aktienrecht und Kapitalmarktrecht, § 25a WpHG Rn. 7.

863 Heusel, WM 2012, S. 291 (297).

bloßer Vorfeldtatbestände des tatsächlichen Stimmrechtserwerbs.[864] Dennoch war auch § 25 WpHG noch insofern eng mit Stimmrechten verknüpft, als in den von § 25 WpHG erfassten Fallgestaltungen die Realisierung von Stimmrechtseinfluss aufgrund der Voraussetzung eines einseitigen, aus einer rechtlich verbindlichen Vereinbarung stammenden Erwerbsrechts hinsichtlich mit Stimmrechten verbundener Aktien hinreichend sicher war.[865]

Im Ergebnis war das System der Meldepflichten bis zum Inkrafttreten des AnsFuG daher klar auf die Offenlegung von Stimmrechtspotenzialen und rechtlich begründetem Einfluss ausgerichtet.[866] Dieser Umstand war auch der maßgebliche Grund dafür, dass der verdeckte Beteiligungsaufbau mittels aktienbasierten Barausgleichsderivaten überhaupt möglich war.[867] Aufgrund der alleinigen Anknüpfung an Stimmrechtseinfluss konnten die durch den Abschluss von durch Geldzahlung zu erfüllenden Aktienderivaten begründete wirtschaftliche Teilhabe und die hierdurch begründeten Vorteile für den zukünftigen Erwerb von mit Stimmrechten verbundenen Aktien nicht erfasst werden. Zur Beseitigung dieses vom Gesetzgeber als Defizit empfundenen Umstands standen im Grundsatz zwei unterschiedliche Wege zur Verfügung. Zum einen konnte die Anknüpfung an Stimmrechte fortgeführt werden. In diesem Fall wäre jedoch die in den §§ 21 Abs. 1 Satz 1, 22 Abs. 1 Satz 1, 2, Abs. 2, 25 Abs. 1 Satz 1 WpHG angelegte, an rechtlichen Kriterien ausgerichtete Zuordnung von Stimmrechten zu dem jeweils Meldepflichtigen um wirtschaftliche Gesichtspunkte zu ergänzen gewesen.[868] Zum anderen konnte aber auch der Bezug zu reinem Stimmrechtseinfluss aufgegeben werden und die unmittelbare Offenlegung (auch) von rein wirtschaftlichen Beteiligungsinteressen vorgeschrieben werden.[869]

Im Rahmen des § 25a Abs. 1 Satz 1 WpHG kam auf den ersten Blick der zuerst genannte Ansatz zur Anwendung. So wurde nach dem Wortlaut dieser Norm weiterhin vorausgesetzt, dass die jeweiligen Instrumente es ihrem Inhaber oder einem Dritten aufgrund ihrer Ausgestaltung ermöglichten, „mit Stimmrechten verbundene“ Aktien zu erwerben. Es wurde also weiterhin explizit auf Stimmrechte Bezug genommen. Insbesondere die in § 25a Abs. 1 Satz 2 Nr. 2 WpHG genannten Erwerbsrechte und -pflichten bzgl. mit Stimmrechten verbundenen Aktien gewährten zukünftige Stimmrechtspotenziale. Und auch § 25a Abs. 1 Satz 2 Nr. 1 WpHG konkretisierte lediglich die Anforderungen der von § 25a Abs. 1 Satz 1 WpHG vorausgesetzten Erwerbsmöglichkeit und ergänzt die bei der Prüfung einer solchen Erwerbsmöglich-

---

864 Opitz, in: Schäfer/Hamann, KMG, Vor § 21 Rn. 5; Heusel, WM 2012, S. 291 (297); Brandt, WM 2014, S. 543 (544).

865 Vgl. Heusel, WM 2012, S. 291 (296).

866 Brandt, BKR 2008, S. 441 (447); Anzinger, Gesellschaftsrecht in der Diskussion 2010, S. 187 (208); Nordholtz, in: Heidel, Aktienrecht und Kapitalmarktrecht, § 25a WpHG Rn. 7; Opitz, in: Schäfer/Hamann, KMG, Vor § 21 WpHG Rn. 5.

867 Siehe bereits S. 98 ff.

868 Anzinger, Gesellschaftsrecht in der Diskussion 2010, S. 187 (215 f.).

869 In diesem Sinne Seibt, ZGR 2010, S. 795 (828 ff.); Anzinger, Gesellschaftsrecht in der Diskussion 2010, S. 187 (216).

keit zu berücksichtigenden Erwägungen um wirtschaftliche Gesichtspunkte.[870] Teilweise wurde die neu entstandene Systematik daher dahin gehend beschrieben, dass im Rahmen des § 25a Abs. 1 Satz 1 WpHG bei der Zuordnung von Stimmrechten zwar eine wirtschaftliche Betrachtungsweise anzuwenden war,[871] weiterhin aber nicht rein wirtschaftliche Interessen abgebildet wurden.[872] Ähnlich wurden die Änderungen im Rahmen des AnsFuG dahin gehend interpretiert, dass der Stimmrechtsbezug zwar gelockert wurde, dennoch aber insofern an ihm festgehalten wurde, als lediglich zukünftig potenzieller Stimmrechtseinfluss offenzulegen war.[873]

Diese Sichtweise traf jedoch nicht in allen Fällen zu. Denn insbesondere durch die im Regelbeispiel des § 25a Abs. 1 Satz 2 Nr. 1 WpHG enthaltene gesetzgeberische Hypothese, dass aktienbasierte Barausgleichsderivate aufgrund ihrer Ausgestaltung stets den Erwerb von Aktien ermöglichen, konnte es Fälle geben, in denen eine Mitteilung i.S.d. § 25 Abs. 1 Satz 1 WpHG über einen fiktiven Stimmrechtsanteil abzugeben war, aus dem jedoch weder gegenwärtiger, noch zukünftiger Stimmrechtseinfluss entstehen konnte. Denn der isolierte Abschluss solcher Derivate gewährt weder gegenwärtigen noch zukünftigen Stimmrechtseinfluss.[874] In der Zukunft sich möglicherweise realisierender Stimmrechtseinfluss entsteht erst durch die üblichen Absicherungspraktiken derjenigen Vertragspartei, der in dem Barausgleichsderivat die *Short Position* zukommt. In diesen Fällen kann es bei der Abwicklung des Derivats zur Übertragung der Aktien auf den Vertragspartner kommen.[875] Auf die Absicherung der Vertragsrisiken durch den Erwerb von Aktien stellte folgerichtig auch § 25a Abs. 1 Satz 2 Nr. 1 WpHG ab. Allerdings war hiernach von einer Erwerbsmöglichkeit stets schon dann auszugehen, wenn die Gegenseite ihre Risiken durch das Halten von Aktien hypothetisch ausschließen oder vermindert konnte.[876] Nach der Gesetzesbegründung sollte es hingegen ausdrücklich unbeachtlich sein, ob und ggf. in welcher Höhe im konkreten Fall tatsächlich eine Absicherung erfolgte.[877]

---

870 Vgl. RegBegrE zum AnsFuG, BT-Drucks. 17/3628, S. 19.

871 Deutsches Aktieninstitut, NZG 2010, S. 778 (778).

872 Fleischer/Schmolke, NZG 2010, S. 846 (853); Nordholtz, in: Heidel, Aktienrecht und Kapitalmarktrecht, § 25a WpHG Rn. 7.

873 Vgl. Brandt, CFL 2012, S. 110 (110, 113 f.); Brandt, WM 2014, S. 543 (544); Wackerbarth, ZIP 2010, 1527 (1528); Anzinger, Gesellschaftsrecht in der Diskussion 2010, S. 187 (198); Fleischer/Schmolke, NZG 2010, S. 846 (854); Heusel, WM 2012, S. 291 (296); Schneider, in: Assmann/Schneider, WpHG, § 25a Rn. 12; Nordholtz, in: Heidel, Aktienrecht und Kapitalmarktrecht, § 25a WpHG Rn. 7.

874 Siehe bereits S. 100 ff.; Cascante/Topf, AG 2009, S. 53 (71); Brandt, CFL 2010, S. 110 (113); Opitz, in: Schäfer/Hamann, KMG, Vor § 21 WpHG Rn. 4, § 25a WpHG Rn. 1a; vgl. auch Schneider, in: Assmann/Schneider, WpHG, § 25a Rn. 29; unklar Baums/Sauter, ZHR 173 (2009), S. 454 (475, 496).

875 Siehe bereits S. 79 ff.

876 Vgl. den im Wortlaut des § 25a Abs. 1 Satz 2 Nr. 1 WpHG verwendeten Konjunktiv „könnte".

877 RegBegrE zum AnsFuG, BT-Drucks. 17/3628, S. 20.

Diese § 25a Abs. 1 Satz 2 Nr. 1 WpHG innewohnende Fiktion einer physischen Absicherung der Vertragsrisiken traf aber nicht in jedem Fall zu.[878] Wenn aktienbasierte Barausgleichsderivate beispielsweise ihrer ursprünglichen Zweckbestimmung gemäß ausschließlich zu Spekulationszwecken eingesetzt werden, ist es durchaus denkbar, dass der Vertragspartner seine Vertragsrisiken lediglich auf synthetischem Wege durch den Abschluss weiterer Aktienderivate mit gegenläufigem Risikoprofil absichert. In einem solchen Fall erwirbt er tatsächlich keine mit Stimmrechten verbundenen Aktien, sondern schließt lediglich gegenläufige Barausgleichsderivate mit anderen Spekulanten ab, die die zukünftige Entwicklung des Basiswerts anders einschätzen und daher selbst eine entsprechende Risikoposition einnehmen wollen, ohne gleichzeitig Aktien zur Absicherung ihrer Vertragsrisiken zu erwerben. An beiden Enden einer solchen Derivatekette stehen dann zwar gegensätzliche, jedoch von keiner Seite durch physisches Aktieneigentum abgesicherte Risikopositionen. In einem solchen Fall kommt daher auch bei der Abwicklung der Derivate eine physische Übertragung von Aktien nicht in Betracht. Dementsprechend lag auch kein zukünftig potenzieller Stimmrechtseinfluss vor. Eine Mitteilung i.S.d. § 25a Abs. 1 Satz 1 WpHG basierte in einem solchen Fall ausschließlich auf der aus den Barausgleichsderivaten resultierenden wirtschaftlichen Teilhabe an der Entwicklung der als Basiswert vereinbarten Aktien.

Und selbst wenn es bei dem Einsatz von Barausgleichsderivaten zu Spekulationszwecken nicht auf die beschriebene Weise zu einer Zusammenführung gegenläufiger Risikopositionen ohne entsprechende physische Sicherungsgeschäfte kam, sondern eine Vertragspartei tatsächlich Aktien zur Absicherung ihrer Vertragsrisiken erwarb, bildete eine Mitteilung i.S.d. § 25a WpHG oftmals lediglich wirtschaftliche Interessen ab. Grund hierfür war die von § 25a Abs. 2 Satz 2 WpHG vorgegebene Berechnungsmethode für den zu meldenden Stimmrechtsanteil, nach der zwingend ein Deltafaktor mit dem Betrag 1 anzusetzen war. Soweit der Deltafaktor eines konkreten Barausgleichsderivats unter den Wert von 1 fiel – was beispielsweise bei durch Barzahlung zu erfüllenden Kaufoptionen aufgrund der Ungewissheit über deren zukünftige Ausübung weit überwiegend der Fall ist – wurden von dem Vertragspartner, der den Umfang seiner Absicherung der gängigen Praxis entsprechend mithilfe des Deltawerts ermittelte, tatsächlich weniger Aktien gehalten, als bei der Berechnung des fiktiven Stimmrechtsanteils zu unterstellen war.[879] Eine entsprechende Mitteilung informierte daher nicht über ein zukünftiges Stimmrechtspotenzial, sondern lediglich darüber, welche Anzahl von Aktien das Barausgleichsderivat wertmäßig nachvollzog und in welchem Umfang der Meldepflichtige daher an der Entwicklung der jeweiligen Aktien wirtschaftlich partizipierte.

878 Vgl. Schanz/Schalast, Schaeffler KG/Continental AG im Lichte der CSX Corp.-Entscheidung des US District Court for the Southern District of New York, S. 18.

879 Siehe bereits S. 148 ff.

Vor diesem Hintergrund wurde zutreffend darauf hingewiesen, dass im Rahmen der Mitteilungen des § 25a Abs. 1 Satz 1 WpHG oftmals auch rein wirtschaftliche Interessen und „wirtschaftliches Eigentum“ offengelegt wurden.[880] Im Ergebnis bewirkte die Einführung des § 25a WpHG somit in Teilen die Aufgabe des zuvor ausschließlich an Stimmrechtspotenziale und somit rechtlich begründete Einflussmöglichkeiten anknüpfenden Systems der kapitalmarktrechtlichen Beteiligungstransparenz.[881] Entsprechend der bisherigen Regelungstechnik stellte der Wortlaut des § 25a WpHG zwar weiterhin auf durch Stimmrechte vermittelte Einflusspotenziale ab.[882] In vielen Fällen wurden jedoch aufgrund der detaillierten Vorgaben des § 25a WpHG rein wirtschaftliche Interessen abgebildet, sodass insofern von einem Systembruch gesprochen werden konnte.[883]

3. Aufgabe der dinglichen Betrachtungsweise

Schließlich war eine Verschiebung der Regelungstechnik mit Inkrafttreten des AnsFuG noch auf einer dritten Ebene festzustellen.

Insbesondere § 21 Abs. 1 Satz 1 WpHG als Grundnorm der kapitalmarktrechtlichen Beteiligungstransparenz basierte auf einer strikt dinglichen Betrachtungsweise. Allein entscheidend für die Entstehung einer Mitteilungspflicht nach dieser Norm war die formale Rechtstellung und somit der dingliche Erwerb von Aktieneigentum.[884] Eine Aufweichung dieses dinglichen Ansatzes fand bereits in den Zurechnungstatbeständen des § 22 Abs. 1 Satz 1, 2, Abs. 2 WpHG sowie der Mitteilungstatbestand des § 25 Abs. 1 Satz 1 WpHG statt. Teilweise war zwar auch innerhalb dieser Normen noch eine dingliche Beziehung des Meldepflichtigen zu den die Stimmrechte vermittelten Aktien festzustellen. So erfasst der Zurechnungstatbestand des § 22 Abs. 1 Satz 1 Nr. 5 WpHG beispielsweise das dingliche Anwartschaftsrecht als Vorstufe des Volleigentums an Aktien, welches überwiegend als dingliches Recht eingeordnet wird.[885] Im Übrigen

880 Merkner/Sustmann, NZG 2012, S. 241 (244); Anzinger, Gesellschaftsrecht in der Diskussion 2010, S. 187 (208); Heusel, WM 2012, S. 291 (293); Schneider, AG 2011, S. 645 (646); Schneider, in: Assmann/Schneider, WpHG, § 25a Rn. 12.

881 Brandt, CFL 2012, S. 110 (110); Heusel, WM 2012, S. 291 (297); Nordholtz, in: Heidel, Aktienrecht und Kapitalmarktrecht, § 25a WpHG Rn. 7.

882 Vgl. Renn/Weber/Gotschev, AG 2012, S. 440 (446 f.); Heusel, WM 2012, S. 291 (297); Schneider, AG 2011, S. 645 (646); Schneider, in: Assmann/Schneider, WpHG, § 25a Rn. 12.

883 Teichmann/Epe, WM 2010, S. 1477 (1481); Eichner, ZRP 2010, S. 5 (8); Brandt, BKR 2008, S. 441 (447); Anzinger, Gesellschaftsrecht in der Diskussion 2010, S. 187 (191); Opitz, in: Schäfer/Hamann, KMG, Vor § 21 WpHG Rn. 5; kritisch Zetsche, EBOR 2010, S. 231 (237).

884 Siehe bereits S. 45 f.; Merkner/Sustmann, NZG 2012, S. 241 (242); Merkner/Sustmann, NZG 2013, S. 1361 (1366); Merkner/Sustmann, NZG 2010, S. 681 (685); vgl. auch Nordholtz, in: Heidel, Aktienrecht und Kapitalmarktrecht, § 25a WpHG Rn. 7.

885 M.w.N. Westermann, in: MüKo, BGB, Band 3, § 449 Rn. 42.

wurde die rein dingliche Betrachtungsweise des § 21 Abs. 1 Satz 1 WpHG aber in weiten Teilen durch eine schuldrechtliche Betrachtung korrigiert. Exemplarisch war in diesem Zusammenhang die Einführung der Mitteilungspflicht des § 25 Abs. 1 Satz 1 WpHG, die rein schuldrechtliche, auf die Übertragung von Aktien gerichtete Ansprüche erfasste.

Diese im Ausgangspunkt dingliche, in weiten Teilen jedoch bereits um schuldrechtliche Elemente ergänzte Betrachtungsweise der §§ 21 bis 30 WpHG wurde im Rahmen des AnsFuG fortentwickelt und um neue Elemente ergänzt. Mit der Ausweitung des Anwendungsbereichs des § 25 Abs. 1 Satz 1 WpHG sowie der Einführung der neuen Mitteilungspflicht des § 25a Abs. 1 Satz 1 WpHG ging zunächst eine stärkere Verlagerung der Zuordnungskriterien auf schuldrechtliche Kriterien einher.[886] Letztlich wurden hierdurch auch im Gesamtsystem der §§ 21 bis 30 WpHG schuldrechtliche Gestaltungen stärker betont. Soweit im Rahmen des § 25a Abs. 1 Satz 1 WpHG darüber hinaus auch Instrumente erfasst wurden, die ihrem Inhaber den Erwerb von Aktien lediglich faktisch oder wirtschaftlich ermöglichten,[887] wurde hierdurch sogar die schuldrechtliche Ebene verlassen. Losgelöst von rechtlichen Kriterien erfolgte die Zuordnung von Stimmrechten zum Meldepflichtigen allein anhand wirtschaftlicher bzw. faktischer Gesichtspunkte. Diese Perspektive stellte ein neues Element in den Regelungen der kapitalmarktrechtlichen Beteiligungstransparenz dar.

IV. Zusammenfassung

Zusammenfassend ist festzuhalten, dass mit den im Rahmen des AnsFuG an den Regelungen der kapitalmarktrechtlichen Beteiligungstransparenz vorgenommenen Änderungen nicht nur eine inhaltliche Ausdehnung der Mitteilungspflichten einherging, die die Ergänzung der den §§ 21 bis 30 WpHG zugrunde liegenden Systematik um eine dritte Säule zur Folge hatte. Vielmehr bewirkten die Erweiterung des § 25 WpHG sowie die Neueinführung des § 25a WpHG auch eine nicht unerhebliche Verschiebung der Regelungsziele der kapitalmarktrechtlichen Beteiligungstransparenz. Die ursprünglich primär bezweckte Offenlegung der gegenwärtigen Macht- und Kontrollverhältnisse in börsennotierten Unternehmen wurde insbesondere durch die Einführung des § 25a WpHG zugunsten einer übernahmespezifischen Komponente der Regelungsziele verdrängt. Schließlich vollzog der Gesetzgeber mit dem AnsFuG auch einen weitreichenden Wechsel in der Regelungstechnik. So löste sich der Gesetzgeber mit der Einführung des § 25a WpHG als Auffangtatbestand, der im Wesentlichen eine Generalklausel enthält, von dem ursprünglich fallgruppenorientierten Regelungsansatz. Gleich-

886 Nordholtz, in: Heidel, Aktienrecht und Kapitalmarktrecht, § 25a WpHG Rn. 7; Merkner/Sustmann, NZG 2013, S. 1361 (1366); Merkner/Sustmann, NZG 2010, S. 681 (685).

887 RegBegrE zum AnsFuG, BT-Drucks. 17/3628, S. 19.

zeitig war der in den §§ 21, 22 WpHG noch enthaltene, im Ausgangspunkt strikte Stimmrechtsbezug, welcher bereits mit der Einführung des § 25 WpHG eine Aufweichung erfahren hatte, im Rahmen des § 25a WpHG nur noch rudimentär wiederzufinden. Mit der Einführung dieses Mitteilungstatbestands erhielt nicht nur eine wirtschaftliche Betrachtung bei der Zuordnung von Stimmrechten, sondern teilweise auch die Offenlegung rein wirtschaftlicher Interessen Einzug in das Regelungsregime der kapitalmarktrechtlichen Beteiligungstransparenz. Letztlich wurde auf diese Weise die im Ausgangspunkt dingliche und in Teilen bereits um schuldrechtliche Elemente korrigierte Betrachtungsweise der §§ 21 bis 30 WpHG durch eine auch auf wirtschaftliche und somit faktische Gesichtspunkte ausgerichtete Perspektive ergänzt.

E. Rechtspolitische Erwägungen

In Anbetracht der vorstehend dargestellten, durch das AnsFuG bewirkten Veränderungen der kapitalmarktrechtlichen Beteiligungstransparenz rückten die Vor- und Nachteile und letztlich die rechtspolitische Rechtfertigung der transparenzrechtlichen Regelungen in den Blick. Denn die hinter den §§ 21 bis 30 WpHG stehenden, rechtspolitischen Erwägungen sind durch gegenläufige Interessen verschiedener Kapitalmarktteilnehmer geprägt. Eine inhaltliche Ausweitung der Beteiligungstransparenz, wie sie mit dem AnsFuG einherging, führt daher zwangsläufig auch zu einer veränderten Gewichtung der unterschiedlichen Interessen. Werden einzelne Belange stärker berücksichtigt, finden gegenläufige Interessen weniger Beachtung. In der Folge verändern sich auch die Anreize für bestimmte Verhaltensweisen der Kapitalmarktteilnehmer, was sowohl gesamtwirtschaftlich erwünschte als auch unerwünschte Auswirkungen haben kann.

I. Zielkonflikt der kapitalmarktrechtlichen Beteiligungstransparenz

Im Ausgangspunkt liegt den Regelungen der kapitalmarktrechtlichen Beteiligungstransparenz ein grundsätzliches Spannungsverhältnis zwischen den gegenläufigen und daher kollidierenden Interessen potenzieller Investoren einerseits und der übrigen Kapitalmarktakteure andererseits zugrunde.[888]

Potenzielle Investoren sind aus verschiedenen Gründen bestrebt, ihre Beteiligungsabsichten erst möglichst spät offenzulegen.[889] Die Offenlegung ihrer Absichten birgt mehrere Nachteile für den Vollzug ihrer Beteiligungspläne. So verringert es zunächst die Erfolgswahrscheinlichkeit der Beteiligungspläne, wenn potenzielle Investoren ihre Beteiligungs- bzw. Übernahmeabsicht frühzeitig gegenüber den anderen Kapitalmarktteilnehmern preisgeben müssen.[890] Sobald die Zielgesellschaft Kenntnis von der Beteiligungsabsicht erhält, ist ihre Unternehmensleitung in der Lage, im Fall einer ablehnenden Haltung hinsichtlich der beabsichtigten Beteiligung

888 Heinrich, Kapitalmarktrechtliche Transparenzbestimmungen und die Offenlegung von Beteiligungsverhältnissen, S. 30; Renz/Rippel, BKR 2011, S. 235 (235 f.); Teichmann/Epe, WM 2010, S. 1477 (1477); Anzinger, Gesellschaftsrecht in der Diskussion 2010, S. 187 (207); vgl. auch Eichner, ZRP 2010, S. 5 (5); Opitz, in: Schäfer/Hamann, KMG, Vor § 21 WpHG Rn. 4; Christ, Barausgleichsderivate und das Anschleichen an Zielgesellschaften, S. 158.

889 Eichner, ZRP 2010, S. 5 (8); Opitz, in: Schäfer/Hamann, KMG, Vor § 21 WpHG Rn. 4 f.; Starke, Beteiligungstransparenz im Gesellschafts- und Kapitalmarktrecht, S. 76.

890 Seibt, ZGR 2010, S. 795 (820); Seibt, CFL 2011, S. 213 (218); Christ, Barausgleichsderivate und das Anschleichen an Zielgesellschaften, S. 154.

bzw. Übernahme Abwehrmaßnahmen einzuleiten.[891] Wird die Beteiligungsabsicht hingegen erst später offengelegt, können solche Abwehrmaßnahmen ggf. nicht mehr ergriffen werden, zumindest sind die Handlungsmöglichkeiten der Zielgesellschaft aber eingeschränkt.[892] Die frühzeitige Offenlegung der Beteiligungspläne eröffnet zusätzlich etwaigen Arbitrageuren die Möglichkeit, die Handelsstrategie des Investors nachzuahmen und hierdurch den angestrebten Beteiligungsaufbau bzw. die Übernahme zu verteuern und somit zu erschweren.[893] Darüber hinaus machen frühzeitig eingreifende Transparenzvorschriften auch etwaige Konkurrenten auf die Beteiligungspläne aufmerksam, bevor sich potenzielle Investoren einen sog. *toehold* sichern können, der die Anreize für einen konkurrierenden Beteiligungsaufbau durch Wettbewerber mindert.[894] In der Folge besteht im Fall einer frühzeitigen Offenlegung der Beteiligungsabsichten eine höhere Wahrscheinlichkeit, dass es zu einem Bieterwettstreit mit einem Konkurrenten um Anteile an der Zielgesellschaft kommt, der den Vollzug der Beteiligung ggf. vereitelt, in jedem Fall aber verteuert. Zusätzlich steht den Investoren nur eine geringere wirtschaftliche Absicherung für den Fall des Unterliegens in einem solchen Bieterwettstreit zur Verfügung. Wenn Investoren vor dem Hinzutreten eines Konkurrenten nur wenige Aktien der Zielgesellschaft erwerben konnten, können sie nach Abschluss eines etwaigen Bieterwettstreits auch nur wenige Aktien an den Konkurrenten zu dem zwischenzeitlich in aller Regel angestiegenen Preis veräußern.[895] Weiterhin erhöht die frühzeitige Offenlegung der Beteiligungspläne auch die Gesamtkosten der angestrebten Beteiligung und erschwert deren Kalkulation.[896] Denn das Bekanntwerden der Beteiligungspläne bewirkt in aller Regel einen Kursanstieg hinsichtlich der Aktien der Zielgesellschaft, der den Zukauf weiterer Aktien deutlich verteuert und im Vorfeld

891 Teichmann/Epe, WM 2010, S. 1477 (1477); Seibt, ZGR 2010, S. 795 (820); Seibt, CFL 2011, S. 213 (218).

892 Renn, Einsatz und Offenlegung von Derivaten bei Unternehmensübernahmen, S. 50.

893 Vgl. Fleischer/Schmolke, NZG 2009, S. 401 (405); Opitz, in: Schäfer/Hamann, KMG, Vor § 21 WpHG Rn. 4 f.; Starke, Beteiligungstransparenz im Gesellschafts- und Kapitalmarktrecht, S. 76; Christ, Barausgleichsderivate und das Anschleichen an Zielgesellschaften, S. 155.

894 Christ, Barausgleichsderivate und das Anschleichen an Zielgesellschaften, S. 155; Fleischer/Schmolke, NZG 2009, S. 401 (405); Seibt, ZGR 2010, S. 795 (821); Teichmann/Epe, WM 2010, S. 1477 (1477); Starke, Beteiligungstransparenz im Gesellschafts- und Kapitalmarktrecht, S. 77; zu ebenfalls möglichen Nachteilen einer Vorbeteiligung bei Unternehmensübernahme siehe Seibt, CFL 2011, S. 213 (218).

895 Seibt, CFL 2011, S. 213 (218).

896 Noack/Zetsche, in: FS Schwark, S. 569 (585); Fleischer/Schmolke, NZG 2009, S. 401 (405); Teichmann/Epe, WM 2010, S. 1477 (1477); Seibt, ZGR 2010, S. 795 (820); Seibt, CFL 2011, S. 213 (218); Heusel, WM 2012, S. 291 (292); Starke, Beteiligungstransparenz im Gesellschafts- und Kapitalmarktrecht, S. 76.

kaum zu kalkulieren ist.[897] Je früher die Marktöffentlichkeit Kenntnis von der Beteiligungsabsicht erhält, desto weniger Aktien kann der Investor daher zu einem von den Beteiligungsplänen noch unbeeinflussten Preis erwerben.[898]

Dieser Interessenlage von Investoren stehen aufseiten der übrigen Kapitalmarktteilnehmer gegensätzliche Bestrebungen gegenüber. Zum einen möchten die übrigen Anleger möglichst frühzeitig über Veränderungen in der Beteiligungsstruktur börsennotierter Unternehmen unterrichtet werden.[899] Denn ein wichtiges Kriterium für ihre Anlageentscheidung ist, ob und welche wesentlichen Beteiligungen an einem börsennotierten Unternehmen bestehen.[900] Auch bevorstehende Beteiligungsveränderungen und die hiermit einhergehenden Verschiebungen der Machtverhältnisse innerhalb des Unternehmens sind in diesem Zusammenhang für die Kapitalmarktakteure von Interesse.[901] Zum anderen sind aber auch die Zielgesellschaft selbst sowie deren Unternehmensleitung bestrebt, möglichst frühzeitig Klarheit über Beteiligungsveränderungen und über den Aktionärskreis zu haben.[902] Nur dann können sie die jeweiligen, mit der Beteiligung verfolgten Interessen der Aktionäre bei der Unternehmensausrichtung berücksichtigen und ihrer Verantwortung gegenüber den Anteilseignern gerecht werden.

Aus diesem Spannungsverhältnis zwischen den gegensätzlichen Interessenlagen der unterschiedlichen Kapitalmarktakteure resultiert ein bei der konkreten Ausgestaltung der kapitalmarktrechtlichen Meldepflichten stets auftretender Zielkonflikt.[903]

---

897 Heusel, WM 2012, S. 291 (292); Fleischer/Schmolke, ZIP 2008, S. 1501 (1511); Opitz, in: Schäfer/Hamann, KMG, Vor § 21 WpHG Rn. 4 f.; Starke, Beteiligungstransparenz im Gesellschafts- und Kapitalmarktrecht, S. 76; vgl. auch Burgard, AG 1992, S. 41 (42).

898 Schiessl, Der Konzern, 2009, S. 291 (291); Seibt, CFL 2011, S. 213 (218).

899 Fleischer/Schmolke, NZG 2009, S. 401 (405); Christ, Barausgleichsderivate und das Anschleichen an Zielgesellschaften, S. 156.

900 Möritz, ZVglRWiss 109 (2010), S. 94 (116); Anzinger, Gesellschaftsrecht in der Diskussion 2010, S. 187 (210); Anzinger, WM 2011, S. 391 (392); Starke, Beteiligungstransparenz im Gesellschafts- und Kapitalmarktrecht, S. 77; siehe bereits S. 28 f.

901 Fleischer/Schmolke, NZG 2009, S. 401 (406).

902 Schiessl, Der Konzern, 2009, S. 291 (291); Fleischer/Schmolke, NZG 2009, S. 401 (406); Renz/Rippel, BKR 2011, S. 235 (236); Starke, Beteiligungstransparenz im Gesellschafts- und Kapitalmarktrecht, S. 78; Christ, Barausgleichsderivate und das Anschleichen an Zielgesellschaften, S. 157.

903 Fleischer/Schmolke, NZG 2010, S. 846 (848); Fleischer/Schmolke, ZIP 2008, S. 1501 (1510); Fleischer, ZGR 2008, S. 185 (207); Eichner, ZRP 2010, S. 5 (7); Teichmann/Epe, WM 2010, S. 1477 (1478); Veil, ZHR 177 (2013), S. 427 (437); vgl. auch Theusinger/Möritz, Ad Legendum, S. 3 (6); Bachmann, in: Fleischer/Kalss/Vogt, Konvergenzen und Divergenzen im deutschen, österreichischen und schweizerischen Gesellschafts- und Kapitalmarktrecht, S. 225.

Einerseits hat eine den Interessen des breiten Kapitalmarktpublikums entsprechende Ausweitung der Publizitätsvorschriften im Grundsatz eine die Funktionsfähigkeit des Kapitalmarkts stärkende und insofern gesamtwohlstandsfördernde Wirkung.

So bewirkt eine weitreichende Beteiligungstransparenz zunächst eine Verbesserung des Anlegerschutzes.[904] Wenn umfangreiche Informationen über die Inhaber wesentlicher Beteiligungen bekannt sind, wird es für diese schwerer, Partikularinteressen zu verfolgen und Sondervorteile zu realisieren, die sich zum Nachteil der übrigen Aktionäre auswirken.[905] Auch steht den Anlegern eine breitere Informationsgrundlage für ihre Anlageentscheidungen zur Verfügung. Diese ermöglicht ihnen sach- und interessengerechte Investments. Beide Aspekte fördern das Vertrauen der Anleger in den Kapitalmarkt und stärken letztlich auch deren Schutz bei der Teilnahme auf dem Kapitalmarkt.

Darüber hinaus fördern umfangreiche Mitteilungspflichten die Informationseffizienz des Kapitalmarkts.[906] Auch Informationen über die Inhaber wesentlicher Beteiligungen kommt aufgrund des durch eine umfangreiche Beteiligung begründeten Einflusspotenzials erhebliche Bedeutung für die Bewertung von Unternehmen zu.[907] Auf Grundlage eines hohen Informationsniveaus diesbezüglich können daher sowohl die gegenwärtige, wirtschaftliche Situation von börsennotierten Unternehmen genauer eingeschätzt als auch die zukünftige Entwicklung präziser prognostiziert werden. Ein hohes Informationsniveau erhöht somit die Gewähr für eine zutreffende Preisbildung.

Schließlich stärkt ein Mindestmaß an Beteiligungstransparenz auch die *Corporate Governance* in börsennotierten Unternehmen. Einen wesentlichen Beitrag zur Förderung der *Corporate Governance* leistet der Markt für Unternehmenskontrolle.[908] Diesem wohnt ein Disziplinierungseffekt für die Leitungsorgane von Unternehmen inne.[909] Der Börsenwert eines Unternehmens reduziert sich, wenn das Unternehmen in wirtschaftlicher Hinsicht nicht erfolgreich geführt wird und lediglich geringe oder gar keine Gewinne erwirtschaftet.[910] Dies kann zu einer Unterbewertung des

---

904 Vgl. Heusel, WM 2012, S. 291 (293); Fleischer/Schmolke, ZIP 2008, S. 1501 (1509); Hu/Black, Southern California Law Review, Volume 79, 2006, Nr. 4, S. 811 (877).

905 Fleischer/Schmolke, ZIP 2008, S. 1501 (1509).

906 Vgl. Fleischer/Schmolke, NZG 2010, S. 846 (852 f.); Fleischer/Schmolke, ZIP 2008, S. 1501 (1509); Heusel, WM 2012, S. 291 (293); Hu/Black, Southern California Law Review, Volume 79, 2006, Nr. 4, S. 811 (877).

907 Anzinger, Gesellschaftsrecht in der Diskussion 2010, S. 187 (209); Anzinger, WM 2011, S. 391 (392).

908 Starke, Beteiligungstransparenz im Gesellschafts- und Kapitalmarktrecht, S. 67; zum Begriff des Markts für Unternehmenskontrolle siehe beispielsweise Hellgardt, Kapitalmarktdeliktsrecht, S. 161 f.; Köhler, in: Hopt/Wohlmannstetter, Handbuch Corporate Governance, S. 245 ff.; Grundmann, NZG 2005, S. 122 (122).

909 Zetsche, EBOR 2010, S. 231 (240); Eichner, ZRP 2010, S. 5 (7); kritisch Starke, Beteiligungstransparenz im Gesellschafts- und Kapitalmarktrecht, S. 72.

910 Schäfer/Ott, Lehrbuch der ökonomischen Analyse des Zivilrechts, 25.7, S. 712.

Unternehmens führen und das Unternehmen daher attraktiv für eine umfangreiche Beteiligung oder sogar eine Übernahme machen. Denn in diesem Fall besteht die Möglichkeit, im Anschluss an den Beteiligungserwerb die Unternehmensausrichtung neu zu justieren und aufgrund eines anschließend wieder steigenden Kurswerts finanzielle Gewinne zu erzielen.[911] Im Rahmen einer solchen Neuausrichtung eines Unternehmens kommt es häufig zu einem zumindest teilweisen Austausch der Unternehmensleitung. Den Mitgliedern der Unternehmensleitung ist jedoch in aller Regel an der Erhaltung ihrer Arbeitsplätze gelegen. Vor diesem Hintergrund besteht für sie ein Anreiz, das von ihnen geführte Unternehmen wirtschaftlich erfolgreich zu führen und ihre Tätigkeit an den Interessen der Anteilseigner auszurichten, um auf diese Weise eine hohe Bewertung ihres Unternehmens sicherzustellen und die Wahrscheinlichkeit einer Investorenbeteiligung oder Übernahme gering zu halten.[912]

Der Markt für Unternehmenskontrolle profitiert in gewissem Umfang von der kapitalmarktrechtlichen Beteiligungstransparenz und den durch die verschiedenen Meldepflichten zur Verfügung gestellten Informationen über Inhaber wesentlicher Beteiligungen.[913] So ermöglicht die Transparenz bzgl. der Beteiligungsverhältnisse beispielsweise potenziellen Investoren, das für ihre Pläne frei verfügbare Handelsvolumen von Aktien der Zielgesellschaft zu bestimmen oder etwaige Verkäufer von Beteiligungspaketen zu identifizieren.[914] Zusätzlich kann der Markt für Unternehmenskontrolle nur dann eine gesamtwohlstandsfördernde Wirkung entfalten, wenn ausreichender Wettbewerb zwischen den verschiedenen Investoren herrscht.[915] Nur dann ist gewährleistet, dass die Unternehmenskontrolle demjenigen Investor zugewiesen wird, der diese am effizientesten nutzen kann und daher in einem Bieterwettstreit aufgrund seiner höheren Zahlungsbereitschaft obsiegt. Dieser Wettbewerb wird gefördert, wenn potenzielle Wettbewerber auf die jeweiligen Beteiligungsaktivitäten ihrer Konkurrenten hingewiesen und somit auf attraktive Anlagemöglichkeiten aufmerksam gemacht werden. Eine unzureichende Beteiligungstransparenz verhindert hingegen gerade einen solchen Wettbewerb, da potenzielle Investoren sich unbemerkt einen sog. *toehold* sichern können, der potenzielle Wettbewerber im Folgenden von Konkurrenzangeboten abhält.[916]

---

911 Schäfer/Ott, Lehrbuch der ökonomischen Analyse des Zivilrechts, 25.7, S. 712.

912 Hellgardt, Kapitalmarktdeliktsrecht, S. 161.

913 Renz/Rippel, BKR 2008, S. 309 (310); Fleischer/Schmolke, ZIP 2008, S. 1501 (1510); Anzinger, Gesellschaftsrecht in der Diskussion 2010, S. 187 (211, 233); Schouten, Stanford Journal of Law, Business & Finance, Volume 15, 2009, Nr. 1, S. 127 (154).

914 Anzinger, Gesellschaftsrecht in der Diskussion 2010, S. 187 (211); Schouten, Stanford Journal of Law, Business & Finance, Volume 15, 2009, Nr. 1, S. 127 (154); vgl. auch Krämer/Kiesewetter, BB 2012, S. 1679 (1681 f.).

915 Vgl. Schouten, Stanford Journal of Law, Business & Finance, Volume 15, 2009, Nr. 1, S. 127 (154); Anzinger, Gesellschaftsrecht in der Diskussion 2010, S. 187 (211).

916 Seibt, ZGR 2010, S. 795 (821); Seibt, CFL 2010, S. 502 (503); Möritz, ZVglRWiss 109 (2010), S. 94 (110); Fleischer/Schmolke, ZIP 2008, S. 1501 (1510); Schouten,

Andererseits widersprechen gesetzgeberische Maßnahmen, die eine Ausweitung der Beteiligungstransparenz bewirken, den dargestellten Geheimhaltungsinteressen potenzieller Investoren und können sich daher auch nachteilig auf den Markt für Unternehmenskontrolle und damit letztlich die *Corporate Governance* in börsennotierten Unternehmen auswirken.[917]

Wie bereits erwähnt, können Investoren bei Vorliegen weitreichender Transparenzbestimmungen weniger Aktien zu einem von ihren Beteiligungsplänen noch unbeeinflussten Preis erwerben. Darüber hinaus erhält die Unternehmensleitung der Zielgesellschaft die Möglichkeit, frühzeitig Abwehrmaßnahmen einzuleiten, und etwaige Arbitrageure können die Situation zu ihren Gunsten ausnutzen. All dies verteuert, ebenso wie das Auftreten etwaiger durch Stimmrechtsmitteilungen auf eine attraktive Anlagemöglichkeit aufmerksam gewordene Konkurrenten, den Vollzug von Beteiligungs- bzw. Übernahmepläne.[918] Eine zunehmende Verteuerung der Transaktionsumsetzung schmälert jedoch die Gewinne, die Investoren mit einer Beteiligung zu realisieren versuchen.[919] Beteiligungs- oder Übernahmepläne, die lediglich eine relativ geringe Rendite erwirtschaften, können dann ggf. nicht mehr wirtschaftlich sinnvoll umgesetzt werden.[920] Werden auf diese Weise von vornherein die möglichen Gewinne sowie die Anzahl der überhaupt wirtschaftlich sinnvoll umsetzbaren Beteiligungsmöglichkeiten verringert, verlieren Investoren Teile ihrer ökonomischen Anreize für die Suche nach unterbewerteten oder entwicklungsfähigen Unternehmen.[921] Potenzielle Investoren werden daher ggf. nach Anlagemöglichkeiten außerhalb des Kapitalmarkts suchen und somit im Umfeld von börsennotierten Unternehmen seltener tätig.[922] Insgesamt sinkt somit

---

Stanford Journal of Law, Business & Finance, Volume 15, 2009, Nr. 1, S. 127 (154); Christ, Barausgleichsderivate und das Anschleichen an Zielgesellschaften, S. 181; Friedeborn, Vormitgliedschaftliche Beteiligungstransparenz, S. 66.

917 Kritisch hierzu Seibt, ZGR 2010, S. 795 (820 f.).

918 Christ, Barausgleichsderivate und das Anschleichen an Zielgesellschaften, S. 155.

919 Eidenmüller, DStR 2007, S. 2116 (2119); Schouten, Stanford Journal of Law, Business & Finance, Volume 15, 2009, Nr. 1, S. 127 (154).

920 Eichner, ZRP 2010, S. 5 (7).

921 Noack/Zetsche, in: FS Schwark, S. 569 (585); Zetsche, EBOR 2010, S. 231 (240); Eidenmüller, DStR 2007, S. 2116 (2119); Eichner, ZRP 2010, S. 5 (7); Hitzer/Düchting, ZIP 2011, S. 1084 (1089 f.); Fleischer, ZGR 2008, S. 185 (205 f.); Fleischer/Schmolke, NZG 2010, S. 846 (853); Fleischer/Schmolke, ZIP 2008, S. 1501 (1509 f.); Fleischer/Schmolke, NZG 2009, S. 401 (405); Brandt, BKR 2008, S. 441 (447); Baums/Sauter, ZHR 173 (2009), S. 454 (476 Fn. 70); Möllers/Holzner, NZG 2008, S. 166 (171); Anzinger, Gesellschaftsrecht in der Diskussion 2010, S. 187 (213); Möritz, ZVglRWiss 109 (2010), S. 94 (110, 125); vgl. auch Theusinger/Möritz, Ad Legendum, S. 3 (4); Hu/Black, Southern California Law Review, Volume 79, 2006, Nr. 4, S. 811 (877); Veil, ZHR 177 (2013), S. 427 (437); Christ, Barausgleichsderivate und das Anschleichen an Zielgesellschaften, S. 155; Heinrich, Kapitalmarktrechtliche Transparenzbestimmungen und die Offenlegung von Beteiligungsverhältnissen, S. 30.

922 Zetsche, EBOR 2010, S. 231 (243).

die Wahrscheinlichkeit für einen Beteiligungserwerb oder eine Übernahme von börsennotierten Unternehmen. Letztlich verringert dies den Disziplinierungseffekt für die Unternehmensleitung börsennotierter Unternehmen und steigert gleichzeitig die Gefahr, dass deren Mitglieder Eigeninteressen anstelle der Interessen der Aktionäre verfolgen.

Verringert sich aufgrund einer ihren Interessen widersprechenden Ausweitung der kapitalmarktrechtlichen Beteiligungstransparenz die Handelsaktivität von potenziellen Investoren, die auf dem Kapitalmarkt nach Anlagemöglichkeiten suchen, hat dies darüber hinaus auch nachteilige Auswirkungen auf die Informationseffizienz des Kapitalmarkts. Mit einer nachlassenden Handelsaktivität sinkt auch die auf dem Kapitalmarkt vorhandene Liquidität.[923] Eine geringere Liquidität erhöht wiederum die Gefahr von Preisschwankungen, die nicht durch neue Informationen oder Daten indiziert sind, sondern allein aufgrund kurzfristiger Verschiebungen von Angebot und Nachfrage entstehen. Demzufolge kann es zur Bildung von Preisen kommen, in denen die vorhandenen Informationen nicht zutreffend berücksichtigt sind.

Schließlich leidet auch der auf dem Kapitalmarkt bestehende Anlegerschutz, wenn sich Investoren aufgrund von zu weitgehenden, ihren Interessen schadenden Mitteilungspflichten aus dem Kapitalmarkt zurückziehen. Am Markt vorhandene unterbewertete Unternehmen werden dann nicht mehr durch die Aktivität einzelner Investoren ihrem wahren Wert zugeführt und bisher nicht genutzte Entwicklungspotenziale dieser Unternehmen bleiben unentdeckt.[924] Kleinaktionären ist dann unter Umständen eine wertgerechte Desinvestition aus vorhandenen Investments nicht mehr möglich. Zusätzlich sind auch die Aktionäre potenzieller Zielgesellschaften von einer Abschwächung des Markts für Unternehmenskontrolle negativ betroffen, wenn der vorstehend erläuterte Disziplinierungseffekt auf die Unternehmensleitung teilweise verloren geht.[925] Sie haben die steigenden, durch eine nicht mehr ausreichend an den Interessen der Aktionäre orientierte Unternehmensleitung verursachten Agenturkosten zu tragen.

Im Ergebnis sind Beteiligungen von Investoren und Unternehmensübernahmen – anders als dies in der häufig stark von feindlichen Beteiligungsvorgängen und Übernahmeversuchen geprägten öffentlichen Diskussion den Anschein hat – nicht stets negativ zu bewerten, sondern können oftmals gesamtwohlstandsfördernde Effekte haben.[926] Daher können zu stark ausgeprägte Publizitätspflichten für Inhaber we-

---

923 Theusinger/Möritz, Ad Legendum, S. 3 (6); Zetsche, EBOR 2010, S. 231 (243); Bachmann, in: Fleischer/Kalss/Vogt, Konvergenzen und Divergenzen im deutschen, österreichischen und schweizerischen Gesellschafts- und Kapitalmarktrecht, S. 227; Christ, Barausgleichsderivate und das Anschleichen an Zielgesellschaften, S. 176.

924 Vgl. Fleischer, ZGR 2008, S. 185 (188 f.).

925 Vgl. Schouten, Stanford Journal of Law, Business & Finance, Volume 15, 2009, Nr. 1, S. 127 (155).

926 Baums, ZIP 2010, S. 2374 (2389); Engert, ZIP 2006, S. 2105 (2106); Fleischer/Schmolke, NZG 2009, S. 401 (405); ähnlich Noack, AG 2009, S. 227 (235); Opitz, in: Schäfer/Hamann, KMG, Vor § 21 WpHG Rn. 4 f.

sentlicher Beteiligungen auch nachteilige Auswirkungen auf die Funktionsfähigkeit des Kapitalmarkts haben.[927]

Der bei einer Ausweitung der kapitalmarktrechtlichen Beteiligungstransparenz auftretende Zielkonflikt besteht daher darin, dass entsprechenden Maßnahmen nicht ausschließlich gesamtwohlstandsfördernde und daher für den Kapitalmarkt und letztlich die Allgemeinheit positive Effekte innewohnen. Vielmehr treten häufig gleichzeitig auch nachteilige Auswirkungen auf. Bis zu einem Mindestmaß an Beteiligungspublizität überwiegen grundsätzlich die positiven Effekte die ihnen gegenüberstehenden Nachteile. Je weiter die Transparenzvorschriften jedoch ausgebaut werden, desto mehr spitzt sich der Zielkonflikt zu, bis schließlich überwiegend nachteilige Auswirkungen drohen. Letztlich ist eine grenzenlose Transparenz daher nicht zielführend. Vielmehr ist ein Maß an Transparenz anzustreben, welches die gegenläufigen Effekte in einen angemessenen Ausgleich bringt. Insofern kommt es in vielerlei Hinsicht nicht auf ein Maximum, sondern auf das Optimum an Transparenz an.[928] Unter diesem Blickwinkel waren daher auch die im Rahmen des AnsFuG vorgenommenen Änderungen der kapitalmarktrechtlichen Beteiligungstransparenz hinsichtlich ihrer Auswirkungen zu betrachten.

II. Rechtspolitische Auswirkungen der durch das AnsFuG bewirkten Ausweitung der kapitalmarktrechtlichen Beteiligungstransparenz

Dem der kapitalmarktrechtlichen Beteiligungstransparenz innewohnenden Zielkonflikt entsprechend waren aufgrund der mit dem AnsFuG einhergehenden Ausweitung des Anwendungsbereichs des § 25 Abs. 1 Satz 1 WpHG sowie der Einführung des § 25a WpHG sowohl vorteilhafte als auch auf nachteilige Effekte bzgl. des Kapitalmarktgeschehens festzustellen.

1. Anlegerschutz

Zunächst rückten in diesem Zusammenhang die Auswirkungen der gesetzgeberischen Maßnahmen auf den Anlegerschutz in den Blick. Denn nach Bekanntwerden der Sachverhalte,[929] in denen einzelne Kapitalmarktakteure bestimmte Transaktionsstrukturen zum verdeckten Aufbau einer Beteiligung eingesetzt hatten, war vielfach ein Tätigwerden des Gesetzgebers mit der Begründung gefordert worden, dass in diesen Fällen den an der Zielgesellschaft beteiligten Anlegern eine ihnen zustehende

927 Eichner, ZRP 2010, S. 5 (7); Fleischer/Schmolke, ZIP 2008, S. 1501 (1511).

928 Fleischer/Schmolke, NZG 2010, S. 846 (853); Noack/Zetsche, in: FS Schwark, S. 569 (585); Christ, Barausgleichsderivate und das Anschleichen an Zielgesellschaften, S. 173 f.; vgl. auch Renn, Einsatz und Offenlegung von Derivaten bei Unternehmensübernahmen, S. 133.

929 Siehe bereits S. 61 ff.

„Kontroll- bzw. Übernahmeprämie“ genommen worden wäre und insofern kein ausreichender Anlegerschutz gewährleistet gewesen wäre.[930]

Dieser wertenden Behauptung liegt in tatsächlicher Hinsicht der Umstand zugrunde, dass das Bekanntwerden von Beteiligungs- bzw. Übernahmeplänen unmittelbare Auswirkungen auf den Kurswert der Zielgesellschaft hat.[931] In aller Regel zeigt sich diese Kursrelevanz in einem Kursanstieg.[932] Hintergrund dieses Preisanstiegs ist die Überlegung, dass sich der Erwerber von seiner Beteiligung und den hiermit einhergehenden Einflussmöglichkeiten auf die Zielgesellschaft Vorteile verspricht.[933] Andernfalls würde er die Beteiligung bzw. Übernahme nicht anstreben. Solche Vorteile können etwa Verbundvorteile in Form von Synergieeffekten aus einem Zusammenschluss der Zielgesellschaft mit einem bereits im Besitz des Investors befindlichen Unternehmen oder der Zugang zu Lieferanten, speziellen Märkten, neuen Patenten oder Ähnlichem sein.[934] Darüber hinaus kommen auch zukünftige Gewinne infolge einer Neuausrichtung der Zielgesellschaft oder die erwartete Korrektur einer Unterbewertung in Betracht.[935] Letztlich vermittelt eine wesentliche Beteiligung jedenfalls weitgehende Einflussmöglichkeiten auf die Zielgesellschaft, die einen Mehrwert gegenüber der bloßen Summe der Kurswerte einzelner Aktien darstellen.[936] Der eintretende Kursanstieg spiegelt daher den Wert wider, den die Zielgesellschaft für den interessierten Investor

---

930 Brouwer, AG 2010, S. 404 (406); Habersack, AG 2008, S. 817 (817); Möritz, ZVglRWiss 109 (2010), S. 94 (110 f., 114); Hutter/Kaulamo/Plepelits, in: Gedächtnisschrift für Gruson, S. 213 (218); Hitzer/Düchting, ZIP 2011, S. 1084 (1086); Habersack, AG 2008, S. 817 (819); vgl. auch Schiessl, Der Konzern 2009, S. 291 (298); Merkner/Sustmann, NZG 2010, S. 681 (682); Schneider, in: Assmann/Schneider, WpHG, § 25a Rn. 1; Christ, Barausgleichsderivate und das Anschleichen an Zielgesellschaften, S. 36.

931 Hutter/Kaulamo/Plepelits, in: Gedächtnisschrift für Gruson, S. 213 (218).

932 Noack/Zetsche, in: FS Schwark, S. 569 (585); Ruthardt, NZG 2014, S. 972 (973); Baums/Sauter, ZHR 173 (2009), S. 454 (478 f.); Seibt, ZGR 2010, S. 795 (820); Hutter/Kaulamo/Plepelits, in: Gedächtnisschrift für Gruson, S. 213 (218); Heusel, WM 2012, S. 291 (292); Weber/Meckbach, BB 2008, S. 2022 (2027); Zetsche, NZG 2009, S. 692 (696); Otto, AG 1994, S. 167 (170); Christ, Barausgleichsderivate und das Anschleichen an Zielgesellschaften, S. 156, 160; Renn, Einsatz und Offenlegung von Derivaten bei Unternehmensübernahmen, S. 48.

933 Baums, ZIP 2010, S. 2374 (2384).

934 Ruthardt, NZG 2014, S. 972 (974); Baums, ZIP 2010, S. 2374 (2384); Brandt, BKR 2008, S. 441 (447); Renn, Einsatz und Offenlegung von Derivaten bei Unternehmensübernahmen, S. 48.

935 Seibt, ZGR 2010, S. 795 (820); Eidenmüller, DStR 2007, S. 2116 (2117); Zetsche, NZG 2009, S. 692 (696).

936 Vgl. Hirte, Der Konzern 2010, S. 599 (600); Weber/Meckbach, BB 2008, S. 2022 (2027); Ruthardt, NZG 2014, S. 972 (973, 975); Otto, AG 1994, S. 167 (167); Weber/Meckbach, BB 2008, S. 2022 (2027); generell zu Vorteilen, die mit einer Mehrheitsbeteiligung einhergehen siehe Krause, in: FS Schneider, S. 669 (672 ff.); Renn, Einsatz und Offenlegung von Derivaten bei Unternehmensübernahmen, S. 147 f.

besitzt.[937] Dieser Mehrwert resultiert wiederum in einer erhöhten Zahlungsbereitschaft des Investors. Er lässt sich aus der Differenz zwischen dem Kurswert der Zielgesellschaft vor der Ankündigung der beabsichtigten Transaktion und der Bewertung der Zielgesellschaft nach Bekanntwerden der Beteiligungspläne ermitteln.[938] Üblicherweise beträgt er 10 bis 50 % des ursprünglichen Kurswerts.[939]

Aufgrund dieses Kursanstiegs kann der Investor nach Bekanntwerden seiner Absichten die Beteiligung bzw. Übernahme nur noch zu einem über dem ursprünglichen Kursniveau liegenden Preis realisieren. Gleichzeitig erhalten Aktionäre der Zielgesellschaft einen über dem ursprünglichen Kurswert der Zielgesellschaft liegenden Gegenwert, wenn sie ihre Aktien an den Investor verkaufen. Dieser bei den Aktionären der Zielgesellschaft anfallende Mehrwert wird als „Kontroll- bzw. Übernahmeprämie" bezeichnet.

Im Fall eines verdeckten Beteiligungsaufbaus erlangte die Kapitalmarktöffentlichkeit jedoch unter Geltung der bis zum Inkrafttreten des AnsFuG bestehenden Rechtslage zunächst keine Kenntnis von den Beteiligungsabsichten des Investors, da die speziellen Transaktionsstrukturen keinerlei Mitteilungspflicht gemäß der §§ 21 bis 30 WpHG begründeten.[940] Als Folge trat der zuvor beschriebene Kursanstieg zunächst nicht ein. Diejenigen Aktionäre der Zielgesellschaft, die ihre Aktien an den Vertragspartner des Investors im Rahmen von dessen Sicherungsgeschäften veräußerten, erhielten als Gegenleistung nur den von den Beteiligungsabsichten noch unbeeinflussten Kurswert der jeweiligen Aktien. Sie realisierten nur einen im Vergleich zu einer Veräußerung nach Bekanntwerden der Beteiligungspläne geringeren Gegenwert und erhielten somit keine „Kontroll- bzw. Übernahmeprämie".[941]

Die Behauptung eines Verlusts der „Kontroll- bzw. Übernahmeprämie" in Fällen eines verdeckten Beteiligungsaufbaus war jedoch zunächst insofern zu relativieren, als auch die Aktionäre der Zielgesellschaft, die ihre Aktien vor der Offenlegung etwaiger Beteiligungspläne veräußerten, jedenfalls teilweise an einem mittelbar durch die Beteiligungspläne verursachten Kursanstieg partizipierten. Denn durch die zusätzliche Nachfrage nach Aktien der Zielgesellschaft, die durch die Sicherungsgeschäfte der für den verdeckten Beteiligungsaufbau eingeschalteten Investmentbank entstand, erfolgte bereits eine gewisse Kursanpassung.[942] Richtig ist

937 Cascante/Topf, AG 2009, S. 53 (53); Baums, ZIP 2011, S. 2374 (2383); ähnlich Starke, Beteiligungstransparenz im Gesellschafts- und Kapitalmarktrecht, S. 79.

938 Ruthardt, NZG 2014, S. 972 (973); vgl. auch Witt, NZG 2000, S. 809 (811).

939 Schäfer/Ott, Lehrbuch der ökonomischen Analyse des Zivilrechts, 25.3, S. 701; Ruthardt, NZG 2014, S. 972 (973); Eidenmüller, DStR 2007, S. 2116 (2117); Christ, Barausgleichsderivate und das Anschleichen an Zielgesellschaften, S. 165.

940 Siehe bereits S. 89 ff.

941 Baums/Sauter, ZHR 173 (2009), S. 454 (478 f.).

942 Fleischer/Schmolke, NZG 2009, S. 401 (405); Baums/Sauter, ZHR 173 (2009), S. 454 (460); Seibt, CFL 2011, S. 213 (218); Cascante/Topf, AG 2009, S. 53 (53); Zetsche, EBOR 2010, S. 231 (239, 244); Noack/Zetsche, in: FS Schwark, S. 569 (585); Christ, Barausgleichsderivate und das Anschleichen an Zielgesellschaften, S. 156 f.

jedoch, dass der mit diesen Sicherungsgeschäften einhergehende Kursanstieg nicht den Umfang erreichte, der bei Bekanntwerden der Beteiligungspläne eingetreten wäre.[943] Teile der Aktionäre der Zielgesellschaft erhielten im Rahmen eines verdeckten Beteiligungsaufbaus daher tatsächlich eine geringere Gegenleistung, als sie im Fall eines Beteiligungsaufbaus durch den schrittweisen Erwerb von Aktien und entsprechende Meldungen i.S.d. § 21 Abs. 1 Satz 1 WpHG erhalten hätten.

Aber auch dieser Befund rechtfertigt allein noch nicht notwendigerweise den Schluss, dass den Aktionären der Zielgesellschaft ein Vermögenswert genommen wurde, der ihnen eigentlich zugestanden hätte, und daher kein ausreichender Anlegerschutz besteht. Denn die dieser Aussage vorgelagerte Frage, ob eine etwaige „Kontroll- bzw. Übernahmeprämie" den Aktionären der Zielgesellschaft überhaupt gebührt, lässt sich unterschiedlich beantworten.[944] Einerseits lassen sich eine aufgrund von nicht bekannten stillen Reserven entstehende Unterbewertung sowie ein ggf. vorhandenes Wertsteigerungspotenzial der Zielgesellschaft als Bestandteil des Unternehmenswerts der Zielgesellschaft betrachten.[945] Demnach liegt es nahe, diese Vermögenswerte den Aktionären als Eigentümern der Zielgesellschaft zuzuordnen. Im Fall eines verdeckten Beteiligungsaufbaus legt dies den Schluss nahe, dass den Aktionären der Zielgesellschaft tatsächlich ein Vermögenswert genommen wird, der ihnen im Grunde zusteht. Andererseits lässt sich die durch das Bekanntwerden der Beteiligungspläne verursachte Wertsteigerung der Zielgesellschaft auch als Belohnung des Investors für die Suche nach unterbewerteten oder entwicklungsfähigen Unternehmen und als Entschädigung für die zu diesem Zweck aufgewendeten Kosten betrachten.[946] In diesem Sinne lässt sich argumentieren, dass zum Beispiel etwaige Synergieeffekte ihren Ursprung nicht in der Zielgesellschaft selbst haben, sondern erst bei Hinzutreten des Investors zutage treten und daher im Grunde diesem zuzuordnen sind. Der verdeckte Aufbau einer Beteiligung ist dieser Meinung nach eine legitime Vorgehensweise, mit der keine regelungsbedürftige Benachteiligung der Aktionäre der Zielgesellschaft einhergeht.[947]

Bei genauerer Betrachtung kann keine der beiden genannten Ansichten einen überzeugenden Sachgrund für die Zuteilung der „Kontroll- bzw. Übernahmeprämie" entweder zu den Investoren oder zu den vorhandenen Aktionären der Zielgesellschaft vorweisen. Zum einen ist zu berücksichtigen, dass Investoren, die eine Be-

---

943 Baums/Sauter, ZHR 173 (2009), S. 454 (460 f.).

944 Fleischer/Schmolke, NZG 2009, S. 401 (405); vgl. auch Noack/Zetsche, in: FS Schwark, S. 569 (584); Seibt, ZGR 2010, S. 795 (817); Starke, Beteiligungstransparenz im Gesellschafts- und Kapitalmarktrecht, S. 79; einen Anspruch der Aktionäre der Zielgesellschaft auf eine Übernahmeprämie nach den Regelungen des WpÜG verneinend Baums, ZIP 2010, S. 2374 (2382 ff.).

945 Anzinger, Gesellschaftsrecht in der Diskussion 2010, S. 187 (212 f.).

946 Schouten, Stanford Journal of Law, Business & Finance, Volume 15, 2009, Nr. 1, S. 127 (154 f.); ähnlich Noack/Zetsche, in: FS Schwark, S. 569 (585).

947 Eichner, ZRP 2010, S. 5 (8); Opitz, in: Schäfer/Hamann, KMG, Vor § 21 WpHG Rn. 4a.

teiligung oder eine Unternehmensübernahme anstreben, oft selbst börsennotierte Unternehmen sind. Wenn die Aktionäre der Zielgesellschaft von einem bei Bekanntwerden der Beteiligungspläne eintretenden Kursanstieg profitieren, tragen daher auf der Gegenseite letztlich die Aktionäre der Gesellschaft, die die Übernahme anstrebt, die komplementären, finanziellen Nachteile in Form der Verteuerung der Transaktion.[948] Ähnlich ist es im umgekehrten Fall. Profitieren die Aktionäre derjenigen Gesellschaft, die die Übernahme anstrebt, da die Zielgesellschaft vergleichsweise günstig erworben werden kann, tritt gleichzeitig eine finanzielle Schlechterstellung der Aktionäre der Zielgesellschaft ein, die einen geringeren Gegenwert für die Veräußerung ihrer Beteiligungen erhalten. Im Ergebnis findet oftmals also lediglich eine Umverteilung von Vermögen von der einen Aktionärsgruppe zur anderen statt. Welche dieser Gruppen schutzwürdig ist, lässt sich pauschal nicht festlegen.

Zum anderen kann die jeweilige Rollenverteilung zwischen Zielgesellschaft und Investor von Situation zu Situation variieren.[949] Denn derjenige, der eine Beteiligung oder Übernahme anstrebt, kann in der Zukunft schon bald selbst das Ziel einer ebensolchen Beteiligung oder Übernahme werden. Daher spielt es im Endeffekt weder für die Zielgesellschaft noch für den Investor oder – eine ausreichende Diversifikation ihrer Portfolios vorausgesetzt – für die beteiligten Aktionäre eine Rolle, wem eine etwaige „Kontroll- bzw. Übernahmeprämie“ zugeordnet wird. Über einen hinreichend langen Zeitraum gesehen werden die Beteiligten sowohl positiv als auch negativ betroffen sein.

Letztlich erschöpft sich die Zuordnung einer etwaigen „Kontroll- bzw. Übernahmeprämie“ daher in einer reinen Wertungsfrage, deren Beantwortung dem Gesetzgeber obliegt.[950] Dieser steht Beteiligungen von Investoren und Unternehmensübernahmen zwar grundsätzlich neutral gegenüber.[951] So ist der Gesetzgeber bemüht, insbesondere Unternehmensübernahmen weder zu fördern noch zu verhindern, sondern lediglich Leitlinien für ein faires und geordnetes Verfahren zu gewährleisten.[952] Dennoch ließ sich bereits den Regelungen der §§ 21 bis 30 WpHG in ihrer bis zum Inkrafttreten des AnsFuG geltenden Fassung eine jedenfalls mittelbare Zuweisung der „Kontroll- bzw. Übernahmeprämie“ zu den Aktionären der

948 Zetsche, EBOR 2010, S. 231 (241); Noack/Zetsche, in: FS Schwark, S. 569 (585).

949 Noack/Zetsche, in: FS Schwark, S. 569 (585); Zetsche, NZG 2009, S. 692 (696); Zetsche, EBOR 2010, S. 231 (241).

950 Vgl. Zetsche, NZG 2009, S. 692 (696); Opitz, in: Schäfer/Hamann, KMG, Vor § 21 WpHG Rn. 5; ähnlich Christ, Barausgleichsderivate und das Anschleichen an Zielgesellschaften, S. 153.

951 Dehlinger/Zimmermann, in: Fuchs, WpHG, Vor §§ 21 bis 30 Rn. 18; Eichner, ZRP 2010, S. 5 (7), vgl. auch Baums, ZIP 2010, S. 2374 (2389); Opitz, in: Schäfer/Hamann, KMG, Vor § 21 WpHG Rn. 4a; Christ, Barausgleichsderivate und das Anschleichen an Zielgesellschaften, S. 181.

952 RegBegrE zum Gesetz zur Regelung von öffentlichen Angeboten zum Erwerb von Wertpapieren und von Unternehmensübernahmen, BT-Drucks. 14/7034, S. 28; ähnlich auch RegBegrE zum Risikobegrenzungsgesetz, BT-Drucks. 16/7438, S. 8.

Zielgesellschaft entnehmen.[953] Denn – wie bereits dargestellt[954] – erlaubten Mitteilungen i.S.d. §§ 21 bis 30 WpHG Rückschlüsse auf Beteiligungsabsichten und bevorstehende Beteiligungsveränderungen oder gar Unternehmensübernahmen. Daher verhinderte das Regelungsregime der kapitalmarktrechtlichen Beteiligungstransparenz auch bereits vor Inkrafttreten des AnsFuG in aller Regel, dass der Aufbau einer Beteiligung im Verborgenen erfolgte.[955] Dem Kapitalmarktpublikum wurde auf diese Weise wiederum die Möglichkeit gegeben, entsprechende Preisanpassungen vorzunehmen.[956] Eine Anpassung des Preises in diesem Sinne erfolgte in der Regel in Form einer höheren Bewertung der Zielgesellschaft, was mittelbar dazu führte, dass die Aktionäre der Zielgesellschaft eine „Kontroll- bzw. Übernahmeprämie" realisieren konnten. Zwar erlaubten es die einzelnen Mitteilungs- und Zurechnungstatbestände der kapitalmarktrechtlichen Beteiligungstransparenz in ihrer bis zum Inkrafttreten des AnsFuG geltenden Fassung, mithilfe bestimmter Transaktionsstrukturen einen Beteiligungsaufbau verdeckt vorzunehmen.[957] Hieraus konnte jedoch nicht der Schluss gezogen werden, dass dies vom Gesetzgeber beabsichtigt war. Denn soweit eine solche Verhaltensweise tatsächlich den Aufbau einer Beteiligung vorbereitete und den späteren Zugriff auf Aktien der Zielgesellschaft möglich machte, war kein Sachgrund ersichtlich, der in diesen Fällen eine abweichende Zuordnung der „Kontroll- bzw. Übernahmeprämie" gerechtfertigt hätte.

In Anbetracht dieser vom Gesetzgeber bereits vor Inkrafttreten des AnsFuG getroffenen Zuweisung der „Kontroll- bzw. Übernahmeprämie" zu den Aktionären der Zielgesellschaft, war es folgerichtig, mit den im Rahmen des AnsFuG vorgenommenen Gesetzesänderungen auch solche Fallgestaltungen einer Mitteilungspflicht zu unterwerfen.[958] Letztlich wurde dadurch die bereits vor Inkrafttreten des AnsFuG getroffene Entscheidung zugunsten der Aktionäre der Zielgesellschaft gestärkt und der hierdurch bewirkte Schutz dieser Anlegergruppe verbessert. Kleinanleger, die an börsennotierten Unternehmen beteiligt sind, sehen sich aufgrund des häufig stark zersplitterten Aktienbesitzes von börsennotierten Unternehmen oftmals dem

953 Fleischer/Schmolke, NZG 2009, S. 401 (405); Wackerbarth, ZIP 2010, 1527 (1531); Zetsche, NZG 2009, S. 692 (696); Möritz, ZVglRWiss 109 (2010), S. 94 (110); Anzinger, Gesellschaftsrecht in der Diskussion 2010, S. 187 (189); Weber/Meckbach, BB 2008, S. 2022 (2027); Baums/Sauter, ZHR 173 (2009), S. 454 (476 Fn. 70); vgl. auch Otto, AG 1994, S. 167 (170); mit fraglicher Begründung Christ, Barausgleichsderivate und das Anschleichen an Zielgesellschaften, S. 167; ebenso zur Rechtslage in der Schweiz Renn, Einsatz und Offenlegung von Derivaten bei Unternehmensübernahmen, S. 151.

954 Siehe bereits S. 158.

955 Theusinger/Möritz, Ad Legendum 2010, S. 3 (4); Wackerbarth, ZIP 2010, 1527 (1531).

956 Wackerbarth, ZIP 2010, 1527 (1531); Baums, ZIP 2010, S. 2374 (2386); Baums/Sauter, ZHR 173 (2009), S. 454 (475).

957 Siehe bereits S. 89 ff.

958 Hutter/Kaulamo/Plepelits, in: Gedächtnisschrift für Gruson, S. 213 (246); Wackerbarth, ZIP 2010, 1527 (1531); Baums/Sauter, ZHR 173 (2009), S. 454 (476).

Problem ausgesetzt, dass sie ihre Entscheidungen nicht untereinander koordinieren können.[959] Anders als der Inhaber eines größeren Aktienpakets befinden sich Kleinaktionäre daher in einer schlechten Verhandlungsposition gegenüber einem potenziellen Erwerber.[960] Zum einen haben sie keine Kenntnis darüber, wie viele Aktien der Investor zu erwerben beabsichtigt. Dementsprechend ist es ihnen nicht möglich, Rückschlüsse auf die hinter dem Erwerb stehenden Absichten zu ziehen und einen Preisaufschlag auf den aktuellen Kurswert der Aktien wegen der ggf. mit dem Aktieneigentum vermittelten Kontrollrechte zu verlangen. Zum anderen ist der Investor aber auch nicht auf die Veräußerungsbereitschaft jedes Einzelaktionärs angewiesen, sofern genug andere Aktionäre sein Angebot annehmen. Der potenzielle Erwerber besitzt insofern einen Informationsvorsprung gegenüber den Einzelaktionären. Die Mitteilungspflichten der kapitalmarktrechtlichen Beteiligungstransparenz kompensieren diese Nachteile zumindest teilweise und verhindern auf diese Weise, dass ein potenzieller Investor aus der bei börsennotierten Unternehmen oftmals vorhandenen Aufspaltung der Verhandlungsposition auf Verkäuferseite einen Vorteil generiert und letztlich der Aktionärsgesamtheit einen geringeren Preis zahlt, als er einem Einzelaktionär zu zahlen bereit wäre.[961] Aufgrund der von den §§ 21 bis 30 WpHG vorgeschriebenen Mitteilungen erhält die Kapitalmarktöffentlichkeit Kenntnis von der bereits vorhandenen Beteiligung des Investors und damit auch die Möglichkeit, dessen weiter gehende Absichten zu antizipieren. Diese Informationen können bei der Preisbildung für die Aktien der Zielgesellschaft berücksichtigt werden und kompensieren auf diese Weise die fehlenden Verhandlungsmöglichkeiten der Einzelaktionäre.

Im Ergebnis gewährleisteten die im Rahmen des AnsFuG vorgenommene Ausweitung des Anwendungsbereichs des § 25 WpHG und die Einführung des § 25a WpHG also, dass Kleinanleger, die an einer zum Ziel einer Beteiligung bzw. Übernahme werdenden Gesellschaft beteiligt waren, an dem durch den Beteiligungsaufbau bzw. die Übernahme verursachten Kursanstieg, unabhängig von der Strukturierung der Transaktion, partizipierten. Letztlich wurde damit ihre Position gegenüber dem Erwerber gestärkt, und insofern ein besserer Schutz dieser Anleger etabliert.

2. Informationseffizienz

Eng mit der Verbesserung des Anlegerschutzes verbunden waren auch positive Auswirkungen der mit dem AnsFuG einhergehenden Änderungen der §§ 21 bis 30 WpHG auf die informationseffiziente Preisbildung auf dem Kapitalmarkt.[962] Denn der ver-

959 Vgl. Starke, Beteiligungstransparenz im Gesellschafts- und Kapitalmarktrecht, S. 82; Baums ZIP 2010, S. 2374 (2486); Baums/Sauter, ZHR 173 (2009), S. 454 (475).

960 Baums/Sauter, ZHR 173 (2009), S. 454 (475 f.); Baums, ZIP 2010, S. 2374 (2386).

961 Baums, ZIP 2010, S. 2374 (2386); Baums/Sauter, ZHR 173 (2009), S. 454 (475); Christ, Barausgleichsderivate und das Anschleichen an Zielgesellschaften, S. 184.

962 Zum Begriff der Informationseffizienz siehe beispielsweise Starke, Beteiligungstransparenz im Gesellschafts- und Kapitalmarktrecht, S. 96.

besserte Schutz der Anleger wurde nicht durch eine ordnungsrechtliche Regulierung potenzieller Investoren, sondern durch die Offenlegung von bis zum Inkrafttreten des AnsFuG nicht mitteilungspflichtigen Sachverhalten erzielt.

Die mit der Erweiterung des Anwendungsbereichs des § 25 WpHG sowie der Einführung des § 25a WpHG bewirkte Offenlegung der in der Vergangenheit zum verdeckten Aufbau einer Beteiligung nutzbaren Transaktionsstrukturen ermöglichte es der Kapitalmarktöffentlichkeit, diese Vorgänge bei der Preisbildung zu berücksichtigen. Die Information, dass ein Investor Vorbereitungen für den Aufbau einer wesentlichen Beteiligung trifft, ist in aller Regel preis- und marktrelevant. Zwar handelte es sich bei den von §§ 25, 25a WpHG erfassten Sachverhalten noch um Vorfeldtatbestände des tatsächlichen Erwerbs von Aktieneigentum. Jedenfalls dann, wenn sich darin zukünftige Beteiligungsveränderungen mit hinreichender Gewissheit abzeichnen, beeinflussen Informationen über entsprechende Sachverhalte jedoch bereits den Preisbildungsprozess.[963] Ein Informationsbedürfnis des Kapitalmarktpublikums kann zudem auch bereits daraus resultieren, dass die Vorbereitungshandlungen des Investors seinen Vertragspartner veranlassen, in beträchtlichem Umfang Aktien der Zielgesellschaft zu erwerben. Da die so erworbenen Aktien lediglich zur Absicherung der gegenüber dem Investor bestehenden Vertragsrisiken dienen und folglich um die darin enthaltene wirtschaftliche Teilhabe entleert sind, liegt es nahe, dass die hieraus stammenden Stimmrechte nicht ausgeübt werden.[964] Mittelbar erhöhen sich dadurch die jeweiligen Stimmgewichte der anderen Aktionäre.[965] Zusätzlich verringert sich aufgrund der Sicherungsgeschäfte auch das für die übrigen Kapitalmarktakteure frei verfügbare Handelsvolumen bzgl. der Aktien der Zielgesellschaft.[966] Auch diese Information kann eine Preisanpassung rechtfertigen.

Zwar ist in diesem Zusammenhang zu berücksichtigen, dass auch bereits vor Inkrafttreten des AnsFuG der verdeckte Aufbau einer Beteiligung bei der Preisbildung nicht vollständig unberücksichtigt blieb. Denn die von dem Vertragspartner

---

963 Eichner, ZRP 2010, S. 5 (7); Teichmann/Epe, WM 2012, S. 1213 (1214); Wackerbarth, ZIP 2010, 1527 (1531); Anzinger, Gesellschaftsrecht in der Diskussion 2010, S. 187 (233); Baums/Sauter, ZHR 173 (2009), S. 454 (475); Wansleben, StudZR 2009, S. 465 (484); Christ, Barausgleichsderivate und das Anschleichen an Zielgesellschaften, S. 160 f.

964 Vgl. Fleischer/Schmolke, NZG 2010, S. 846 (852); Heusel, WM 2012, S. 291 (292); Seibt, CFL 2010, S. 502 (503).

965 Anzinger, Gesellschaftsrecht in der Diskussion 2010, S. 187 (210); Anzinger, WM 2011, S. 391 (392); vgl. auch Möritz, ZVglRWiss 109 (2010), S. 94 (111); Wansleben, StudZR 2009, S. 465 (482); Christ, Barausgleichsderivate und das Anschleichen an Zielgesellschaften, S. 167.

966 Fleischer/Schmolke, NZG 2010, S. 846 (852); Teichmann/Epe, WM 2012, S. 1213 (1214); Seibt, CFL 2010, S. 502 (503); Anzinger, Gesellschaftsrecht in der Diskussion 2010, S. 187 (210); Anzinger, WM 2011, S. 391 (392); Schouten, Stanford Journal of Law, Business & Finance, Volume 15, 2009, Nr. 1, S. 127 (167); Christ, Barausgleichsderivate und das Anschleichen an Zielgesellschaften, S. 162; Friedeborn, Vormitgliedschaftliche Beteiligungstransparenz, S. 64.

der Aktienderivate getätigten Sicherungsgeschäfte führten zu einem Anstieg der Nachfrage nach Aktien der Zielgesellschaft und bewirkten auf diese Weise eine entsprechende Preisanpassung. Der Abschluss der Derivatekontrakte spiegelte sich daher trotz des Fehlens einer gesonderten Meldepflicht im Markt wider.[967] Dennoch konnte lediglich die unspezifische Information einer erhöhten Nachfrage eingepreist werden. Die konkreten Beteiligungs- bzw. Übernahmeabsichten eines bestimmten Investors konnten hingegen keine Berücksichtigung im Preisbildungsprozess finden.

Durch die im Rahmen des AnsFuG vorgenommene Ausweitung der Offenlegungsvorschriften wurde verhindert, dass – wie es in der Vergangenheit bei dem verdeckten Aufbau einer Beteiligung vorkam – die vorgenannten, preisrelevanten Informationen bei der Preisbildung nicht berücksichtigt wurden und in der Folge bis zur freiwilligen Offenlegung der Beteiligungspläne durch den Investor uninformierte und daher „falsche" Preise herrschten.[968] Zwar kam es in der Vergangenheit vergleichsweise selten zu einem verdeckten Aufbau einer Beteiligung an einem börsennotierten Unternehmen.[969] Zudem endeten diese Beteiligungsstrategien für ihre jeweiligen Initiatoren oftmals nicht glücklich, sodass für die Zukunft ohnehin eine größere Zurückhaltung bzgl. solcher Beteiligungsstrategien erwartet werden konnte.[970] Ungeachtet dieser Umstände bedeutete die Offenlegung solcher Beteiligungsvorgänge und die Berücksichtigung der diesbezüglichen Information im Preisbildungsprozess eine Verbesserung der Informationseffizienz.

Soweit es darüber hinaus im Rahmen des § 25a WpHG auch zur Offenlegung von rein wirtschaftlichen Interessen kam,[971] stellte auch dies zunächst einen für die Informationseffizienz positiven Aspekt dar.[972] Auch die Offenlegung von rein wirtschaftlicher Teilhabe an der Entwicklung eines Unternehmenswerts, kann eine preisrelevante

967 Zetsche, NZG 2009, S. 692 (695); Zetsche, EBOR 2010, S. 231 (244).

968 Vgl. Hitzer/Düchting, ZIP 2011, S. 1084 (1084); Brouwer, AG 2010, S. 404 (406); Fleischer/Schmolke, NZG 2010, S. 846 (852); Fleischer/Schmolke, NZG 2010, S. 846 (852); Baums/Sauter, ZHR 173 (2009), S. 454 (474); Eichner, ZRP 2010, S. 5 (7); Christ, Barausgleichsderivate und das Anschleichen an Zielgesellschaften, S. 36, 161.

969 Fleischer/Schmolke, NZG 2010, S. 846 (852).

970 Fleischer/Schmolke, NZG 2010, S. 846 (852); Zetsche, EBOR 2010, S. 231 (238); Bachmann, in: Fleischer/Kalss/Vogt, Konvergenzen und Divergenzen im deutschen, österreichischen und schweizerischen Gesellschafts- und Kapitalmarktrecht, S. 228 f.; zum nachteiligen Ausgang der Übernahme der Continental AG durch die Schaeffler AG sowie der Übernahme der Volkswagen AG durch die Porsche Automobil Holding SE siehe bereits S. 61 ff.

971 Siehe bereits S. 167 ff.

972 Aus diesem Grund eine generelle Offenlegung des Auseinanderfallens von wirtschaftlichen Interessen und Stimmrechten befürwortend Anzinger, Gesellschaftsrecht in der Diskussion 2010, S. 187 (211); Anzinger, WM 2011, S. 391 (392); Seibt, CFL 2010, S. 502 (503); Teichmann/Epe, WM 2012, S. 1213 (1214); ähnlich Engert, ZIP 2006, S. 2105 (2108).

Information hinsichtlich der Bewertung des jeweiligen Unternehmens darstellen.[973] Dies gilt beispielweise dann, wenn Aktionäre bereits über eine Beteiligung verfügen und über die hierdurch vermittelten wirtschaftlichen Interessen hinaus noch zusätzlich an der Wertentwicklung des jeweiligen Unternehmens partizipieren. Eine solche Fallkonstellation lässt aufgrund der im Vergleich zur Stimmmacht überproportionalen wirtschaftlichen Teilhabe und der hierdurch verstärkten, wirtschaftlichen Konsequenzen aus der Stimmrechtsausübung den Schluss zu, dass der jeweilige Aktionär sein Einflusspotenzial konsequent ausüben und seine Verantwortung bei der Kontrolle der Unternehmensleitung besonders sorgfältig wahrnehmen wird.[974] Dies kann u. U. eine höhere Bewertung des Unternehmens rechtfertigen. Andererseits kann eine überproportionale wirtschaftliche Beteiligung auch ein Anreiz für die Verfolgung von Partikularinteressen – z. B. bzgl. einer hohen Dividendenausschüttung – oder der Ursprung von Interessenkonflikten sein.[975] Diese Aspekte sind bei der Bewertung des jeweiligen Unternehmens ggf. negativ zu berücksichtigen.

Im Ergebnis wurden durch die im Rahmen des AnsFuG vorgenommene Ausweitung der kapitalmarktrechtlichen Beteiligungstransparenz allgemein die Informationsvorsprünge derjenigen Kapitalmarktakteure reduziert, die einen verdeckten Beteiligungsaufbau oder eine rein wirtschaftliche Teilhabe anstrebten.[976] Dies entsprach der allgemeinen, den kapitalmarktrechtlichen Rechtsinstituten des Insiderhandelsverbots, der *Ad-hoc*-Publizität sowie den Preisgestaltungsvorgaben für öffentliche Übernahmeangebote zu entnehmenden Wertungsmaxime des Verbots der Ausnutzung einer privilegierten Informationsbasis.[977] Gleichzeitig wurden die entsprechenden Informationen der Allgemeinheit zur Verfügung gestellt und im Preisbildungsprozess berücksichtigt. All dies trug letztlich zur Stärkung der Informationseffizienz des Kapitalmarkts bei.

Trotz dieser grundsätzlich positiven Aspekte waren jedoch auch negative Regelungseffekte bzgl. der Informationsverarbeitung des Kapitalmarkts nicht aus dem Blick zu verlieren. Dieser Auswirkungen war sich auch der Gesetzgeber bei der Ausweitung der kapitalmarktrechtlichen Beteiligungstransparenz im Rahmen des AnsFuG im Grundsatz bewusst.[978]

---

973 Anzinger, Gesellschaftsrecht in der Diskussion 2010, S. 187 (209 f.); Anzinger, WM 2011, S. 391 (392); a.A. Baums/Sauter, ZHR 173 (2009), S. 454 (473); Möritz, ZVglRWiss 109 (2010), S. 94 (112 f.).

974 Schouten, Stanford Journal of Law, Business & Finance, Volume 15, 2009, Nr. 1, S. 127 (139).

975 Seibt, CFL 2010, S. 502 (503); Anzinger, Gesellschaftsrecht in der Diskussion 2010, S. 187 (210); Anzinger, WM 2011, S. 391 (392); Schouten, Stanford Journal of Law, Business & Finance, Volume 15, 2009, Nr. 1, S. 127 (167).

976 Vgl. Wansleben, StudZR 2009, S. 465 (484); Christ, Barausgleichsderivate und das Anschleichen an Zielgesellschaften, S. 168 f.

977 Seibt, CFL 2010, S. 502 (503); Seibt, ZGR 2010, S. 795 (820); vgl. auch Voß, BB 2010, S. 3099 (3103).

978 RegBegrE zum AnsFuG, BT-Drucks. 17/3628, S. 20.

Zunächst war zu beachten, dass Mitteilungen i.S.d. § 25 WpHG und insbesondere durch § 25a WpHG veranlasste Meldungen grundlegend andere Informationen transportierten als Mitteilungen i.S.d. §§ 21, 22 WpHG.[979] Die §§ 21, 22 WpHG einerseits und § 25 WpHG sowie § 25a WpHG andererseits knüpften auf Voraussetzungsebene an dem Grunde nach stark unterschiedene Fallkonstellationen an. Daher unterrichteten die von diesen Mitteilungstatbeständen veranlassten Mitteilungen auch jeweils über Sachverhalte, die sich erheblich voneinander unterschieden. Meldungen i.S.d. §§ 25, 25a WpHG gaben lediglich Auskunft über bestehende Erwerbspositionen, die in der Zukunft möglicherweise entstehende aber noch von mehreren Zwischenschritten abhängige Einflusspotenziale indizierten und im Fall des § 25a WpHG noch nicht einmal durch einen Rechtsanspruch gesichert waren. Die von §§ 21, 22 WpHG erfassten Sachverhalte vermittelten hingegen gegenwärtige, gesellschaftsrechtlich vermittelte und daher unmittelbare Einflussmöglichkeiten hinsichtlich des jeweiligen Unternehmens. Aufgrund dieser qualitativen Unterschiede der jeweiligen Einflusspotenziale kam den durch § 25 WpHG oder § 25a WpHG veranlassten Mitteilungen z. B. deutlich weniger Aussagekraft hinsichtlich der gegenwärtigen Vorgänge innerhalb des betroffenen Unternehmens zu, als Meldungen i.S.d. §§ 21, 22 WpHG.[980] Trotz dieser Unterschiede der §§ 21, 22 WpHG einerseits und des § 25 WpHG sowie des § 25a WpHG andererseits, sahen diese Normen jedoch weitestgehend identische Rechtsfolgen vor. Sowohl die §§ 21, 22 WpHG als auch § 25 WpHG und § 25a WpHG verpflichteten zur Angabe eines – in den Fällen der §§ 25, 25a WpHG hypothetischen – Anteils an den insgesamt vorhandenen Stimmrechten des jeweiligen Unternehmens. Wurde aber auf Rechtsfolgenebene nicht nach den Unterschieden auf Tatbestandsebene differenziert, war es dem Kapitalmarktpublikum nicht möglich, die unterschiedlichen Informationsinhalte der einzelnen Mitteilungen zu erkennen. Je mehr unterschiedliche Sachverhalte in die Mitteilungspflichten miteinbezogen wurden, desto geringer wurde daher die Aussagekraft der Mitteilungen insgesamt. Dieser Gefahr begegneten zwar die Regelungen des § 17 Abs. 3 Nr. 2 bis 2b, Abs. 4 Nr. 2 bis 5 WpHG, die im Rahmen der einzelnen Mitteilungen auch die Angabe der für jeden Mitteilungstatbestand gesondert ermittelten Einzelsummen vorschrieben. Bei genauerer Betrachtung der einzelnen Mitteilungen wurde hierdurch eine sachgerechte Einordnung der Mitteilungen ermöglicht. Trotz dieser Regelung wurde durch die auf die Meldepflichten der §§ 25, 25a WpHG zurückgehenden Meldungen zumindest aber die Komplexität der Stimmrechtsmitteilungen insgesamt weiter erhöht und deren adäquate Auswertung erschwert.[981] Auch dies konnte – zumindest für weniger erfahrene Kapitalmarktakteure – den Informationswert entsprechender Mitteilungen reduzieren und erhöhte die Gefahr von Fehlinterpretationen.

979 Zetsche, EBOR 2010, S. 231 (237); vgl. auch bereits Steuer/Baur, WM 1996, S. 1477 (1479); Cahn, AG 1997, S. 502 (512); Dehlinger/Zimmermann, in: Fuchs, WpHG, § 21 Rn. 28, § 22 Rn. 65; Opitz, in: Schäfer/Hamann, KMG, § 25a WpHG Rn. 1c; ähnlich auch Krämer/Kiesewetter, BB 2012, S. 1679 (1683); Veil, ZHR 177 (2013), S. 427 (431).

980 Zetsche, EBOR 2010, S. 231 (237).

981 Vgl. Brandt, BKR 2008, S. 441 (444).

Zudem verfügten insbesondere die auf § 25a Abs. 1 Satz 1 WpHG zurückgehenden Mitteilungen generell über eine nur beschränkte Aussagekraft.[982] Denn aufgrund der Ausgestaltung dieser Norm als Generalklausel erfasste sie zahlreiche, teilweise sehr unterschiedliche Sachverhalte. Die Wahrscheinlichkeit, dass diese verschiedenen Sachverhalte tatsächlich Auswirkungen auf das jeweilige Unternehmen nach sich zogen, konnte von Fall zu Fall stark variieren. Entsprechend konnte auch die einer solchen Meldung zukommende Relevanz für anstehende Anlageentscheidungen von Fall zu Fall sehr unterschiedlich ausfallen. Ein Aktienkaufvertrag beispielsweise, der lediglich noch dem Vorbehalt der Genehmigung durch die zuständigen Kartellbehörden unterlag, war ein deutliches Signal für eine in naher Zukunft bevorstehende Beteiligungsveränderung und daher auch für die nicht unmittelbar an dieser Transaktion beteiligten Kapitalmarktakteure von hohem Interesse. Einer Mitteilung i.S.d. § 25a WpHG, der lediglich ein gewerbliches Pfandrecht oder eine langfristige Gesellschaftervereinbarung zugrunde lag, folgte hingegen oftmals keine bzw. zumindest nicht in unmittelbarer, zeitlicher Nähe eine tatsächliche Beteiligungsveränderung nach. Daher war eine solche Stimmrechtsmitteilung von deutlich geringerem Interesse für die Kapitalmarktöffentlichkeit.[983] Auch die von § 25a Abs. 1 Satz 2 Nr. 1 WpHG erfassten Barausgleichsderivate konnten sehr unterschiedlichen Zwecken dienen.[984] Wurden sie zur Vorbereitung eines konkreten Beteiligungsaufbaus eingesetzt, war dies für die Kapitalmarktöffentlichkeit durchaus relevant. In der Mehrzahl der Fälle verfolgten Kapitalmarktakteure mit dem Einsatz solcher Derivate jedoch lediglich Spekulationsabsichten oder wollten direkte Investments in Aktien in wirtschaftlicher Hinsicht nachbilden, ohne Aktien tatsächlich zu erwerben.[985] In diesen Fällen war eine entsprechende Information bei einer Investitionsentscheidung – wenn überhaupt – in weit geringerem Ausmaß zu berücksichtigen.[986] Wie die bereits geschilderten, atypischen Anwendungsfälle des § 25a WpHG zeigten,[987] war der weit gefasste Tatbestand dieser Norm nicht geeignet, trennscharf zwischen diesen unterschiedlichen Fallgestaltungen zu unterscheiden, bzgl. derer in Einzelfällen durchaus Transparenzbedarf anzuerkennen war, oftmals eine Offenlegung aber der Transparenz eher abträglich war.[988] In der Folge war es auch der Kapitalmarktöffentlichkeit kaum möglich, die mit den einzelnen

---

982 Ähnlich Brandt, BKR 2010, S. 270 (273).

983 Vgl. auch Opitz, in: Schäfer/Hamann, KMG, § 25a WpHG Rn. 1c; siehe bereits S. 125 ff. und S. 131 ff.

984 Ebenso Wackerbarth, ZIP 2010, 1527 (1531).

985 Veil, ZHR 177 (2013), S. 427 (31); vgl. Anzinger, Gesellschaftsrecht in der Diskussion 2010, S. 187 (210); Anzinger, WM 2011, S. 391 (392); Baums/Sauter, ZHR 173 (2009), S. 454 (471).

986 Fleischer/Schmolke, NZG 2009, S. 401 (407); Baums/Sauter, ZHR 173 (2009), S. 454 (473); Veil, ZHR 177 (2013), S. 427 (430).

987 Siehe bereits S. 110 ff.

988 Brandt, CFL 2012, S. 110 (110); vgl. auch Wackerbarth, ZIP 2010, 1527 (1531).

Mitteilungen offengelegten Sachverhalte richtig zu interpretieren.[989] Mitteilungen i.S.d. § 25a Abs. 1 Satz 1 WpHG erzeugten insofern lediglich ein diffuses Signal für möglicherweise in der Zukunft bevorstehende Beteiligungsveränderungen.

Vor diesem Hintergrund bestand die Gefahr, dass solche Mitteilungen von den Kapitalteilnehmern missverstanden oder von einzelnen Handelsakteuren sogar gezielt missbräuchlich eingesetzt werden konnten.[990] So konnte die Hoffnung auf eine bevorstehende Unternehmensübernahme geweckt werden, obwohl die Mitteilung, die diese Hoffnung verursachte, beispielsweise lediglich auf den Einsatz von Barausgleichsderivaten zu Spekulationszwecken zurückging.[991] Hierbei wurde deutlich, dass die teilweise bewirkte Offenlegung von rein wirtschaftlichen Interessen im systematischen Zusammenhang der §§ 21 bis 30 WpHG systemfremd war.[992] Zudem wurden lediglich positive wirtschaftliche Interessen bzw. das „Anschleichen" an eine Zielgesellschaft, nicht aber auch negative wirtschaftliche Interessen bzw. das „Herausschleichen" aus einer Beteiligung offengelegt.[993] So konnte ein Investor bereits seine Übernahmeabsicht aufgegeben haben, und gegenläufige Derivate erworben haben, um seine Risikoposition zu neutralisieren, ohne den Markt darüber in Kenntnis zu setzen. In der Folge mussten die übrigen Kapitalmarktteilnehmer weiterhin von den tatsächlich bereits aufgegebenen Übernahmeplänen ausgehen.[994] All diese Umstände konnten sich nachteilig auf die Informationseffizienz des Kapitalmarkts auswirken.

Neben diesen in der konkreten Ausgestaltung der §§ 21 bis 30 WpHG begründeten Defiziten rückten auch allgemeine Bedenken gegen zu weitgehende Transparenzbestimmungen in den Blickpunkt. Ein Mehr an Informationen führt nicht zwangsläufig zu einer besseren Information des Kapitalmarktpublikums.[995] Ab einer gewissen

---

989 Cascante/Topf, AG 2009, S. 53 (71); Zetsche, EBOR 2010, S. 231 (243); Hutter/Kaulamo/Plepelits, in: Gedächtnisschrift für Gruson, S. 213 (217); Brandt, BKR 2008, S. 441 (447); Heusel, WM 2012, S. 291 (297); vgl. auch Veil, ZHR 177 (2013), S. 427 (431 f.).

990 Fleischer/Schmolke, ZIP 2008, S. 1501 (1511); Fleischer/Schmolke, NZG 2009, S. 401 (407); Cascante/Topf, AG 2009, S. 53 (71); Handelsrechtsausschuss des Deutschen Anwaltvereins, NZG 2013, S. 658 (661 f.); Baums/Sauter, ZHR 173 (2009), S. 454 (471); Merkner/Sustmann, NZG 2012, S. 241 (242); Opitz, in: Schäfer/Hamann, KMG, § 25a WpHG Rn. 1c; Veil, ZHR 177 (2013), S. 427 (431); Bachmann, in: Fleischer/Kalss/Vogt, Konvergenzen und Divergenzen im deutschen, österreichischen und schweizerischen Gesellschafts- und Kapitalmarktrecht, S. 227.

991 Heusel, WM 2012, S. 291 (297); vgl. auch Spindler/Bednarz, WM 2006, S. 601 (603).

992 Vgl. Baums/Sauter, ZHR 173 (2009), S. 454 (473).

993 Vgl. Zetsche, EBOR 2010, S. 231 (245).

994 Cascante/Bingel, NZG 2011, S. 1086 (1088).

995 Seibt, ZGR 2010, S. 795 (830); Möllers/Kernchen, ZGR 2011, S. 1 (9 f.); Fleischer/Schmolke, NZG 2009, S. 401 (406); Fleischer, ZGR 2008, S. 185 (205 f.); Brandt, BKR 2008, S. 441 (447); Heusel, WM 2012, S. 291 (294); Cascante/Topf, AG 2009, S. 53 (71); Möritz, ZVglRWiss 109 (2010), S. 94 (126); Schouten/Siems, Journal of Corporate Law Studies, 2010, S. 451 (474); Opitz, in: Schäfer/Hamann, KMG, § 22 WpHG Rn. 1; a.A. Schneider, AG 2011, S. 645 (645); Schneider, in: Assmann/Schneider, WpHG, § 25a Rn. 4.

Informationsmenge droht ein sog. "*Information Overload*". Bei Erreichen eines gewissen Informationsvolumens wird mangels ausreichender Verarbeitungskapazität eine Selektion der Informationen erforderlich, in deren Folge Teile der vorhandenen Informationen vernachlässigt werden und die Verarbeitungsqualität dadurch letztlich insgesamt abnimmt.[996] Ein solcher *Information Overload* droht im Fall eines uferlosen und unüberschaubaren Meldeaufkommens, das von der Kapitalmarktöffentlichkeit nicht mehr sachgerecht und differenziert aufgenommen werden kann.[997] Die relevanten Informationen drohen dann in einer Meldeflut weniger relevanter Daten unterzugehen.[998]

Soweit gegen diese Gefahr eines *Information Overload* angeführt wurde, dass ein Übermaß an Transparenz nicht zu befürchten war, da stets private Dienstleister zur Aufbereitung der Informationen eingesetzt werden konnten,[999] vermochte dies nicht zu überzeugen. Die Einführung gesetzlicher Regelungen, deren nachteilige Auswirkungen erst durch die Einschaltung von Dienstleistern wieder rückgängig gemacht werden müssen, ist von vornherein nicht sinnvoll. Überzeugender war hingegen der Einwand, dass die Gefahr einer Meldeflut bereits durch die in aller Regel hohe Marktkapitalisierung börsennotierter Unternehmen eingedämmt wurde. Transaktionen, denen zumindest 3 %[1000] bzw. 5 %[1001] der Aktien eines börsennotierten Unternehmens zugrunde liegen, weisen oftmals ein Milliardenvolumen auf.[1002] Allein aufgrund der für solche Transaktionen erforderlichen Finanzmittel handelt es sich um wenige Einzelfälle. Entsprechend hatte sich auch tatsächlich die im Vorfeld des AnsFuG vielfach befürchtete[1003] Meldeflut von durch §§ 25, 25a WpHG verursachten Meldungen nicht realisiert.[1004] Im Jahr 2012, in dem das AnsFuG in Kraft trat, wurden insgesamt 7.672 Stimmrechtsmitteilungen veröffentlicht. Hiervon basierten 5.841 (ca. 76 %) Mitteilugen auf §§ 21, 22 WpHG und lediglich 741 (ca. 10 %) bzw. 1.090 (ca. 14 %) Mitteilungen waren durch den erweiterten § 25 WpHG

---

996 Möllers/Kernchen, ZGR 2011, S. 1 (10).

997 Krause, AG 2011, S. 469 (480, 483); Götze, BKR 2013, S. 265 (269); Brandt, BKR 2008, S. 441 (447); Fleischer/Schmolke, NZG 2009, S. 401 (409); Fleischer/Schmolke, NZG 2010, S. 846 (853); Heusel, WM 2012, S. 291 (294); Schiessl, Der Konzern 2009, S. 291 (298); Casper, Ad Legendum 2010, S. 1 (2); Arends, Die Offenlegung von Aktienbesitz nach deutschem Recht, S. 7; Opitz, in: Schäfer/Hamann, KMG, § 25a WpHG Rn. 1b; Dehlinger/Zimmermann, in: Fuchs, WpHG, § 22 Rn. 4; RegBegrE zum AnsFuG, BT-Drucks. 17/3628, S. 21.

998 Arends, Die Offenlegung von Aktienbesitz nach deutschem Recht, S. 7; Opitz, in: Schäfer/Hamann, KMG, § 25a WpHG Rn. 1c.

999 Anzinger, Gesellschaftsrecht in der Diskussion 2010, S. 187 (215); Veil, ZHR 177 (2013), S. 427 (432).

1000 Dieser Schwellenwert gilt für Mitteilungen gemäß §§ 21, 22 WpHG.

1001 Dieser Schwellenwert gilt für Mitteilungen gemäß §§ 25, 25a WpGH.

1002 Vgl. Anzinger, Gesellschaftsrecht in der Diskussion 2010, S. 187 (214).

1003 Siehe beispielsweise Cascante/Bingel, NZG 2011, S. 1086 (1087); Teichmann/Epe, WM 2010, S. 1477 (1481).

1004 Veil, ZHR 177 (2013), S. 427 (432); a.A. Heinrich/Krämer, CFL 2013, S. 225 (225 f.).

bzw. den neu eingeführten § 25a WpHG veranlasst.[1005] In den Folgejahren erhöhte sich der Anteil der auf § 25 WpHG und § 25a WpHG zurückgehenden Meldungen leicht. Im Jahr 2013 wurden insgesamt 8.003 Stimmrechtsmitteilungen veröffentlicht, von denen 5.823 (ca. 73 %) auf §§ 21, 22 WpHG, 684 (ca. 9 %) auf § 25 WpHG und 1.496 (ca. 19 %) auf § 25a WpHG zurückgingen.[1006] Im Jahr 2014 wurden schließlich insgesamt 8.851 Stimmrechtsmitteilungen veröffentlicht, von denen 6.111 (ca. 69 %) auf §§ 21, 22 WpHG, 1.237 (ca. 14 %) auf § 25 WpHG und 1.503 (ca. 17 %) auf § 25a WpHG basierten.[1007] Vor dem Hintergrund, dass selbst im Jahr 2014, in dem die bislang meisten durch §§ 25, 25a WpHG veranlassten Mitteilungen veröffentlicht wurden, noch nahezu 70 % der Stimmrechtsmitteilungen auf §§ 21, 22 WpHG zurückgingen, konnte kaum von einer nicht mehr zu bewältigenden Meldeflut gesprochen werden, für die die Ausweitung des § 25 WpHG sowie die Einführung des § 25a WpHG im Rahmen des AnsFuG verantwortlich gewesen wären. Im Ergebnis ist daher festzuhalten, dass sich der vor Inkrafttreten des AnsFuG befürchtete *Information Overload* nicht realisiert hatte.

Ein anderer negativer Begleiteffekt der Ausweitung der kapitalmarktrechtlichen Beteiligungstransparenz ist die durch die verschiedenen Meldetatbestände bewirkte Vervielfältigung der Stimmrechte. Bereits den in § 22 Abs. 1 und 2 WpHG enthaltenen Zurechnungstatbeständen wohnt der Grundsatz der mehrfachen Zurechnung bzw. der doppelten Meldepflicht inne.[1008] Die Tatsache, dass einem Meldepflichtigen Stimmrechte zugerechnet werden, führt nicht dazu, dass diese Stimmrechte von ihrem Inhaber nicht mehr zu melden wären. Dies hat zur Folge, dass die Summe der mitgeteilten Stimmrechte die Anzahl der tatsächlich vorhandenen Stimmrechte häufig um ein Vielfaches übersteigt.[1009] Zudem sind der Hintergrund der Zurechnung und somit auch die Verbindung der zugerechneten Stimmrechte zu dem tatsächlichen Inhaber der Stimmrechte oftmals nicht mehr nachzuvollziehen.[1010] Dieses Phänomen der Stimmrechtsvervielfältigung wurde durch die Ausweitung des § 25 WpHG sowie die Einführung des § 25a WpHG noch verstärkt.[1011] Denn durch diese Meldetatbestände wurden Stimmrechte, die von ihrem Inhaber bereits gemäß § 21 Abs. 1 Satz 1 WpHG und ggf. zusätzlich von einem Dritten gemäß §§ 21 Abs. 1 Satz 1, 22 Abs. 1 und 2 WpHG gemeldet wurden, im Fall eines auf diese Stimmrechte bezogenen, neuerlichen Erwerbsvorgangs ein weiteres Mal erfasst.[1012] Zu denken ist beispielsweise daran, dass der *die Short Position* übernehmende Vertragspartner eines Barausgleichsderivats zur

---

1005 Jahresbericht der BaFin 2014, S. 226, Grafik 15.
1006 Jahresbericht der BaFin 2014, S. 226, Grafik 15.
1007 Jahresbericht der BaFin 2014, S. 226, Grafik 15.
1008 Siehe bereits S. 48.
1009 von Bülow, in: Kölner Kommentar, WpHG, § 22 Rn. 5, 48.
1010 Bayer, in: MüKo, AktG, Band 1, § 22 Anh. § 22 WpHG Rn. 4; vgl. auch von Bülow, in: Kölner Kommentar, WpHG, § 22 Rn. 5.
1011 Noack/Zetsche, in: FS Schwark, S. 569 (585).
1012 von Werder/Petersen, CFL 2012, S. 178 (182); Opitz, in: Schäfer/Hamann, KMG, Vor § 21 WpHG Rn. 4 f.

Absicherung seiner Vertragsrisiken keine physischen Aktien erwirbt, sondern sich auf synthetischem Wege mittels identischer, ihm jedoch eine *Long Position* einräumender Aktienderivate absichert. In einem solchen Fall hat sowohl hinsichtlich des ursprünglichen Derivategeschäfts, als auch hinsichtlich des lediglich zur Absicherung vorgenommenen Derivategeschäfts, diejenige Vertragspartei, die darin jeweils die *Long Position* innehat, eine Stimmrechtsmitteilung i.S.d. § 25a Abs. 1 Satz 1 WpHG abzugeben.[1013] Ggf. konnten noch weitere Ebenen von Derivategeschäften hinzutreten, sodass mehr und mehr Stimmrechte gemeldet wurden, obwohl mit den einzelnen Transaktionen kein neuerlicher Stimmrechtseinfluss begründet wurde oder überhaupt beabsichtigt war. Auf diese Weise können sich die gemeldeten Stimmrechte stärker und stärker vervielfältigen.[1014] In der Folge wird ein verzerrtes Bild der Stimmrechtsverhältnisse erzeugt, das es dem Kapitalmarktpublikum erschwert, die tatsächlichen Stimmrechtsverhältnisse zu ermitteln.[1015]

Zusätzlich konnten im Rahmen ein und desselben Erwerbsvorgangs mehrere Auf- und Abmeldungen der Stimmrechtsanteile erforderlich werden. So konnte sich im Laufe einer Transaktion zunächst lediglich eine Erwerbsmöglichkeit i.S.d. § 25a Abs. 1 Satz 1 WpHG ergeben und eine entsprechende Mitteilung erforderlich werden. Mit weiterem Fortschreiten des Erwerbsvorgangs konnte diese Erwerbsmöglichkeit dann zu einem Erwerbsrecht i.S.d. § 25 Abs. 1 Satz 1 WpHG erstarken. In der Folge war ggf. zum einen im Rahmen des § 25a WpHG eine Schwellenunterschreitung und zum anderen zeitgleich eine Schwellenüberschreitung für § 25 WpHG mitzuteilen. Bei endgültigem Vollzug des Erwerbs war dann wiederum eine Schwellenunterschreitung im Rahmen des § 25 WpHG sowie eine Schwellenüberschreitung für § 21 WpHG zu melden. Obwohl im Ergebnis lediglich ein einheitlicher Erwerbsvorgang vorlag, mussten mehrere verschiedene Meldungen veröffentlicht werden. Dies vermochte ggf. den einzelnen Erwerbsvorgang im Nachhinein transparenter machen.[1016] Gleichzeitig wurde jedoch die Übersichtlichkeit der Stimmrechtsmitteilungen im Ganzen verringert.[1017] Es drohte daher eine Verwirrung und Desinformation der übrigen Kapitalmarktteilnehmer, die der angestrebten Transparenz eher abträglich sind, als sie diese fördern.[1018]

Zwar mögen Mehrfachmeldungen sowie Auf- und Abmeldungen ihren Grund in der Systematik der kapitalmarktrechtlichen Beteiligungstransparenz haben, vom Gesetzgeber wissentlich in Kauf genommen worden sein und auch bereits vor

1013 Ähnlich Noack/Zetsche, in: FS Schwark, S. 569 (585).

1014 Vgl. Brandt, BKR 2010, S. 270 (273); Renz/Rippel, BKR 2011, S. 235 (238).

1015 Vgl. Krause, AG 2011, S. 469 (477, 482).

1016 Kritisch Seibt, CFL 2013, S. 145 (152).

1017 So auch Merkner/Sustmann, NZG 2013, S. 1361 (1367); vgl. auch Brandt, BKR 2010, S. 270 (273).

1018 von Werder/Petersen, CFL 2012, S. 178 (182); Cascante/Bingel, NZG 2011, S. 1086 (1089, 1094); Steuer/Baur, WM 1996, S. 1477 (1479); Opitz, in: Schäfer/Hamann, KMG, Vor § 21 WpHG Rn. 4 f.; Bayer, in: MüKo, AktG, Band 1, § 22 Anh. § 22 WpHG Rn. 4.

Inkrafttreten des AnsFuG zu Verzerrungen der Stimmrechtsverhältnisse geführt haben.[1019] Jedenfalls litt unter der mit der Ausweitung des § 25 WpHG sowie der Einführung § 25a WpHG einhergehenden Verstärkung der Stimmrechtsvervielfältigung jedoch die Praktikabilität der Stimmrechtsmitteilungen.[1020]

Im Ergebnis war bzgl. der Auswirkungen der mit dem AnsFuG einhergehenden Erweiterung der kapitalmarktrechtlichen Beteiligungstransparenz auf die Informationseffizienz festzuhalten, dass sowohl positive als auch negative Effekte feststellbar waren. So war aus dem Blickwinkel der Informationseffizienz insbesondere zu begrüßen, dass ein Beteiligungsaufbau nicht mehr verdeckt erfolgen konnte.[1021] Auch die Offenlegung von rein wirtschaftlicher Teilhabe war im Grundsatz positiv zu bewerten. Die vor Inkrafttreten des AnsFuG geäußerten Befürchtungen einer anschwellenden Meldeflut haben sich hingegen nicht bewahrheitet. Jedoch war als nachteilige Auswirkung zu konstatieren, dass insbesondere durch den neu eingeführten Meldetatbestand des § 25a WpHG die Auswertung der verschiedenen Meldepflichten komplexer geworden war und auch die tatsächlichen Stimmrechtsverhältnisse noch weniger als zuvor von den verschiedenen Mitteilungen abgebildet wurden. Insofern war die Verarbeitung der durch die Stimmrechtsmitteilungen transportierten Informationen aufwendiger geworden.

3. Auswirkungen auf die Corporate Governance in börsennotierten Unternehmen

Die vorstehend beschriebenen Folgen der erneuten Ausweitung der kapitalmarktrechtlichen Beteiligungstransparenz für den Anlegerschutz und die Informationseffizienz des Kapitalmarkts beeinflussten mittelbar auch die *Corporate Governance* in börsennotierten Unternehmen. Denn der Schutz von Anlegern sowie die Verbreitung und Verarbeitung von Informationen auf dem Kapitalmarkt tangieren auch den Markt für Unternehmenskontrolle, dessen Entwicklung sich wiederum auf die Leitungsorgane von Unternehmen und deren Unternehmensführung auswirkt.

Einerseits stärkt die Ausweitung der Transparenzbestimmungen den Markt für Unternehmenskontrolle. So wurden durch die Erweiterung des Anwendungsbereichs des § 25 WpHG sowie die Einführung des § 25a WpHG mehr Informationen über mögliche Beteiligungsziele zur Verfügung gestellt, die Investoren bei ihrer Suche nach Investitionsmöglichkeiten nutzen konnten. Dies erleichterte ihnen nicht nur die Informationsbeschaffung, sondern erlaubt ihnen auch eine genauere Abwägung der Chancen und Risiken einer beabsichtigten Beteiligung. Die zusätzlichen Mitteilungen erlaubten es beispielsweise, das für Beteiligungspläne zur Verfügung stehende

1019 Noack/Zetsche, in: FS Schwark, S. 569 (576); Merkner/Sustmann, NZG 2010, S. 1170 (1173).

1020 Krause, in: Kämmerer/Veil, Übernahme- und Kapitalmarktrecht in der Diskussion, S. 163 (183); Noack/Zetsche, in: FS Schwark, S. 569 (585).

1021 So auch Cascante/Bingel, NZG 2011, S. 1086 (1091).

Handelsvolumen genauer zu ermitteln, da durch die von § 25a WpHG veranlassten Meldungen etwa auch die Bindung größerer Aktienbestände in reinen Spekulationsgeschäften sichtbar wurde.[1022] Auch konnten potenzielle Paketverkäufer oder Kooperationspartner, die bereits über entsprechende, mit Aktien der Zielgesellschaft unterlegte Derivatepositionen verfügten, besser identifiziert werden. Gleichzeitig ließen sich bestehende Zugriffsrechte oder Erwerbsmöglichkeiten anderer Marktteilnehmer, die den Beteiligungsvorgang erschweren konnten, rechtzeitig erkennen.

Wird die Tätigkeit von Investoren auf diese Weise erleichtert, wirkt sich dies positiv auf ihre Handelsaktivität aus. Eine stärkere Handelsaktivität steigert wiederum die Wahrscheinlichkeit von Unternehmensübernahmen und Beteiligungen aktivistischer Investoren an börsennotierten Unternehmen. Deren Leitungsorgane sind jedoch aufgrund der mit einem solchen Vorgang verbundenen, für ihr berufliches Fortkommen oftmals nachteiligen Auswirkungen in der Regel bemüht, die Anreize für eine Übernahme oder Beteiligung durch eine erfolgreiche Unternehmensführung und eine hieraus resultierende Steigerung des Unternehmenswerts zu reduzieren. Eine durch umfangreiche Handelstätigkeiten von Investoren erhöhte Wahrscheinlichkeit für Unternehmensübernahmen und aktivistische Beteiligungen trägt daher zur Gewährleistung einer erfolgsorientierten und an den Interessen der Aktionäre ausgerichteten Unternehmensführung bei.[1023]

Darüber hinaus wird durch die frühere Offenlegung von Erwerbsgeschäften und von diesbezüglichen Vorbereitungshandlungen der Wettbewerb um Unternehmensbeteiligungen belebt und damit die wohlstandsfördernde Zuordnung von Beteiligungen gefördert. Potenzielle Wettbewerber werden durch die Ausweitung der Meldepflichten auch auf zuvor nicht transparente Beteiligungsaktivitäten hingewiesen und hierdurch ggf. veranlasst, konkurrierende Angebote für den Erwerb vielversprechender Beteiligungen abzugeben. Dies erhöht die Gewähr dafür, dass die Beteiligung in die Hände des Investors gelangt, der hieraus den größten Mehrwert erwirtschaften kann und daher über eine entsprechend hohe Zahlungsbereitschaft verfügt. Prinzipiell wird auf diese Weise die gesamtwirtschaftlich sinnvolle Allokation von Unternehmensbeteiligungen gewährleistet und Fehlanreize für die Unternehmensleitung vermindert.[1024]

Die Ausweitung der kapitalmarktrechtlichen Mitteilungspflichten kann aber andererseits auch potenziell nachteilige Folgen für die *Corporate Governance* in börsennotierten Unternehmen haben. Wie dargestellt konnten beispielsweise von § 25a WpHG vorgeschriebene Stimmrechtsmitteilungen die Aufmerksamkeit von konkurrierenden Investoren sowie etwaigen Arbitrageuren erregen und diese Marktteilnehmer frühzeitig auf noch in der Vorbereitung befindliche Beteiligungsvorgän-

1022 Zu den Risiken einer intransparenten Verknappung des *Freefloat* siehe beispielsweise die Entwicklungen im Zusammenhang mit der Übernahme der Volkswagen AG durch die Porsche Automobil Holding SE auf S. 65 ff.

1023 Siehe zum Ganzen bereits S. 178 ff.

1024 Siehe bereits S. 179 f.

ge hinweisen. Zudem gibt eine stärkere Ausprägung der Transparenzbestimmungen potenziellen Zielgesellschaften frühzeitig die Gelegenheit, Abwehrmaßnahmen zu ergreifen. Diese Gefahren des Hinzutretens von Wettbewerbern und Arbitrageuren sowie die Möglichkeit der Zielgesellschaft, sich frühzeitig gegen eine angestrebte Beteiligung oder Übernahme zu verteidigen, verringert die Kalkulierbarkeit von Beteiligungsplänen ebenso wie die Wahrscheinlichkeit für deren erfolgreichen Vollzug.

Treten Konkurrenten in einen Bieterwettstreit ein, versuchen Arbitrageure an den Beteiligungsabsichten finanziell zu profitieren oder ergreift die Zielgesellschaft Abwehrmaßnahmen, verteuert dies zudem die Investitionstätigkeit.[1025] Auch erhöhen sich durch zusätzlich erforderliche Stimmrechtsmitteilungen die Regulierungskosten.[1026] Diese Folge betrifft neben den mit der Überwachung der Stimmrechtsmitteilungen betrauten Aufsichtsbehörden und den betroffenen Unternehmen selbst insbesondere auch Investoren, die umfangreiche Beteiligungen erwerben.[1027] Diesen entsteht durch die Ausweitung von kapitalmarktrechtlichen Mitteilungspflichten zunächst insofern neuer Kostenaufwand, als sie im Vergleich zu einem restriktiv ausgestalteten Transparenzregime schlicht zusätzliche Mitteilungen abzugeben haben. Zum einen werden unter Umständen bereits im Vorfeld eines Beteiligungserwerbs Mitteilungen bzgl. bloßer Vorfeldtatbestände des tatsächlichen Aufbaus einer Beteiligung erforderlich. Bereitete ein Investor beispielsweise den Erwerb eines umfangreichen Aktienpakets durch einen Anbahnungsvertrag mit einem veräußerungswilligen Großaktionär vor, entstand seit dem Inkrafttreten des AnsFuG zusätzlich eine Meldepflicht gemäß § 25a WpHG. Zum anderen kann sich aber auch die Anzahl der bei Vollzug eines Beteiligungserwerbs abzugebenden Mitteilungen vervielfältigen. Hielten Investoren im Durchführungsstadium ihres Beteiligungsaufbaus zeitweise neben unmittelbarem Aktieneigentum auch Instrumente, die ihnen ein Erwerbsrecht i.S.d. § 25 Abs. 1 Satz 1 WpHG und/oder eine Erwerbsmöglichkeit i.S.d. § 25a Abs. 1 Satz 1 WpHG gewährten, hatten sie neben Meldungen i.S.d. §§ 21, 22 WpHG auch separate Mitteilungen gemäß § 25 WpHG und/oder § 25a WpHG abzugeben. Dieser Effekt wurde noch verstärkt, wenn während des Vollzugs der Transaktion die genannten Derivate in unmittelbares Aktieneigentum umgewandelt wurden und daher einerseits ein Unterschreiten von Meldeschwellen im Rahmen des § 25 WpHG und/oder des § 25a WpHG, andererseits aber gemäß §§ 21, 22 WpHG gleichzeitig auch ein Überschreiten von Schwellenwerten mitzuteilen war. Zusätzlich war die Ermittlung der gemäß §§ 25, 25a WpHG zu meldenden, fiktiven Stimmrechtsanteile z. B. im Fall des Haltens von Barausgleichsderivaten teilweise mit nicht unerheblichen Aufwand verbunden. Daher entstanden

---

1025 Siehe zum Ganzen bereits S. 180 f.

1026 Hierauf bereits hinweisend Steuer/Baur, WM 1996, S. 1477 (1479).

1027 Schneider, AG 2011, S. 645 (645); Fleischer/Schmolke, ZIP 2008, S. 1501 (1511); Hitzer/Düchting, ZIP 2011, S. 1084 (1090); vgl. auch Zetsche, EBOR 2010, S. 231 (249 f.); Christ, Barausgleichsderivate und das Anschleichen an Zielgesellschaften, S. 177.

über den reinen Verwaltungsaufwand im Zusammenhang mit der Erstellung einer entsprechenden Mitteilung hinaus oftmals zusätzliche Beratungskoten.

Aufgrund dieses Kostenaufwands wurde Investoren durch die gesetzgeberischen Maßnahmen im Rahmen des AnsFuG ein Teil der für sie zuvor bestehenden, finanziellen Anreize für die Suche nach wirtschaftlich sinnvollen Investitionsmöglichkeiten in Form von unterbewerteten oder entwicklungsfähigen Unternehmen genommen. Dies konnte Investoren veranlassen, ihre Investitionstätigkeit bei börsennotierten Unternehmen zu verringern und sich auf andere Anlagebereiche zu fokussieren. Wegen dieser Verringerung der Wahrscheinlichkeit von Unternehmensübernahmen und Unternehmensbeteiligungen konnte die Ausweitung der Meldepflichten im Rahmen des AnsFuG somit letztlich zu einer Schwächung des Markts für Unternehmenskontrolle und seines Disziplinierungseffekts auf die Unternehmensleitung von börsennotierten Unternehmen führen.[1028] In der Folge drohte ein weniger an den Interessen der Aktionäre orientiertes Handeln der Unternehmensleitung und somit letztlich eine Abschwächung der *Corporate Governance* in börsennotierten Unternehmen.

Eine exakte, quantitative Erfassung dieser ambivalenten, der *Corporate Governance* potenziell ebenso förderlichen wie abträglichen Aspekte hätte eine auf einen längeren Zeitraum angelegte empirische Untersuchung der auf dem Kapitalmarkt vorzufindenden Investitionstätigkeit vor und nach Inkrafttreten des AnsFuG erfordert, welche aufgrund der bereits wieder geänderten Rechtslage kaum mehr möglich ist. Eine rudimentäre Abwägung der Folgen lässt sich jedoch anhand der Schätzung vornehmen, dass beispielsweise die Schaeffler KG bei der Übernahme der Continental AG durch den Einsatz von *Cash Settled Total Return Equity Swaps* finanzielle Mittel in Höhe von etwa 145 Millionen Euro eingespart haben soll.[1029] In diesem Betrag sind der zusätzliche Aufwand für die Erstellung von Stimmrechtsmitteilungen sowie eine etwaige Verteuerung der gesamten Transaktion aufgrund eines Bieterwettstreits oder etwaiger Abwehrmaßnahmen der Continental AG noch nicht berücksichtigt. Insofern wäre die genannte Schätzung noch zu erhöhen. In Anbetracht dieser Größenordnung zusätzlicher Kosten ist es durchaus vorstellbar, dass Kapitalmarktakteure aufgrund der mit dem AnsFuG einhergehenden Ausweitung der Transparenzbestimmungen von einzelnen Transaktionen mangels ausreichender Renditechancen Abstand nehmen konnten.

4. Zusammenfassung

Aus rechtspolitischer Sicht ist zusammenfassend festzuhalten, dass der den kapitalmarktrechtlichen Transparenzbestimmungen innewohnende Zielkonflikt bei deren Überarbeitung im Rahmen des AnsFuG deutlich zutage trat.

1028 Siehe bereits S. 178 f.

1029 Habersack, AG 2008, S. 817 (818); Renn, Einsatz und Offenlegung von Derivaten bei Unternehmensübernahmen, S. 146.

Entsprechend dem Regelungsziel des AnsFuG, die in der Praxis von Investoren zum verdeckten Aufbau von Beteiligungen genutzten und vom Gesetzgeber als Umgehungsgestaltung bewerteten Transaktionsstrategien stärker zu regulieren, wurden primär die Interessen der an solchen Beteiligungsvorgängen unbeteiligten Kapitalmarktakteure berücksichtigt. So wurde der Anlegerschutz insofern gestärkt, als seit Inkrafttreten des AnsFuG die Beteiligung der vorhandenen Aktionäre an der sog. Kontrollprämie sichergestellt war. Die hiermit getroffene Wertungsentscheidung entsprach der auch bereits zuvor in den §§ 21 bis 30 WpHG angelegten Zuordnungsregel und war insofern stringent. Insbesondere die Rechtsposition von Kleinanlegern in Übernahmesituationen wurde hierdurch gestärkt. Hinsichtlich der Informationseffizienz des Kapitalmarkts waren sowohl positive als auch negative Effekte festzustellen. Die Offenlegung von Fallgestaltungen, die zum verdeckten Aufbau einer Beteiligung genutzt werden konnten, erlaubte die Berücksichtigung der sich abzeichnenden und in aller Regel preisrelevanten Beteiligungsveränderungen. Zudem förderte auch die Transparenz bzgl. rein wirtschaftlicher Teilhaben im Grundsatz die Richtigkeit des Preisbildungsprozesses und damit die Informationseffizienz des Kapitalmarkts. Allerdings konnten aufgrund des im Vergleich zu Stimmrechtsmitteilungen i.S.d. § 21 WpHG verschiedenen Informationsgehalts der durch § 25 WpHG sowie § 25a WpHG veranlassten Meldungen auch Missverständnisse und falsche Erwartungen bei einzelnen Kapitalmarktteilnehmern entstehen. Aufgrund des zusätzlich eher diffusen Aussagegehalts insbesondere von Mitteilungen i.S.d. § 25a WpHG, wurde die Verarbeitung und korrekte Auswertung der kapitalmarktrechtlichen Stimmrechtsmitteilungen zumindest komplexer. Die im Vorfeld des AnsFuG verschiedentlich prognostizierte Meldeflut bewahrheitete sich tatsächlich jedoch nicht. Potenziell negative Auswirkungen waren schließlich bzgl. der *Corporate Governance* in börsennotierten Unternehmen zu konstatieren. Die erweiterten Meldepflichten machten die Beteiligungspläne von Investoren weniger kalkulierbar und verteuern etwaige Transaktionen zudem. Diese Nachteile konnten ggf. den Markt für Unternehmenskontrolle und dessen disziplinierende Wirkung auf die Unternehmensleitung von börsennotierten Unternehmen abschwächen.

Im Ergebnis wurde die bis zum Inkrafttreten des AnsFuG bestehende Gewichtung der widerstreitenden Interessen von potenziellen Investoren auf der einen Seite und den übrigen Kapitalmarkteilnehmern auf der anderen Seite zulasten der Investoren verschoben. Zugleich wurden neue Anreizstrukturen für bestimmte Verhaltensweisen geschaffen. Eine Beeinträchtigung der Funktionsfähigkeit des Kapitalmarkts durch diese Maßnahmen war nicht zu befürchten. Die Informationseffizienz des Kapitalmarkts war sowohl positiv als auch negativ betroffen. Letztlich wogen sich diese ambivalenten Auswirkungen gegenseitig auf. Die potenziell nachteiligen Folgen für die *Corporate Governance* in börsennotierten Unternehmen standen einer Stärkung des Anlegerschutzes gegenüber. Da von einer Abschwächung der *Corporate Governance* in börsennotierten Unternehmen wiederum die Anleger als Eigentümer der Unternehmen betroffen sind, neutralisierten sich letztlich auch diese Regelungswirkungen.

F. Die Überarbeitung der kapitalmarktrechtlichen Beteiligungstransparenz durch das Gesetz zur Umsetzung der Transparenzrichtlinie-Änderungsrichtlinie

Wie vorstehend bereits dargestellt, traten Fälle des verdeckten Beteiligungsaufbaus in der Vergangenheit nicht nur in Deutschland, sondern auch in einer Vielzahl anderer Staaten auf.[1030] Ähnlich den dargestellten Maßnahmen des deutschen Gesetzgebers im Rahmen AnsFuG, reagierten daher auch die Gesetzgeber einiger anderer Nationen auf den verdeckten Beteiligungsaufbau mit einer Ergänzung der jeweiligen kapitalmarktrechtlichen Transparenzbestimmungen. Nicht nur weltweit, sondern insbesondere auch innerhalb der Europäischen Union entwickelten sich auf diese Weise verschiedene transparenzrechtliche Ansätze im Umgang mit dem Rechtsphänomen des verdeckten Beteiligungsaufbaus.

Diese Entwicklung verstärkte das in der Vergangenheit auf dem Gebiet der Beteiligungstransparenz ohnehin zu beobachtenden Phänomen des sog. "*Gold-Plating*"[1031] der europarechtlichen Transparenzbestimmungen.[1032] Innerhalb der Europäischen Union entstanden eine Vielzahl verschiedener Transparenzregime, die sich zwar hinsichtlich der in der zweiten Transparenzrichtlinie vorgesehenen Mindestanforderungen glichen, über diesen Regelungsrahmen hinaus jedoch weitere Vorgaben enthielten, die von Mitgliedsstaat zu Mitgliedsstaat mitunter nicht unerhebliche Unterschiede aufwiesen. Die zweite Transparenzrichtlinie, die lediglich einen Mindeststandard für die Beteiligungstransparenz innerhalb der Mitgliedsstaaten der Europäischen Union vorgab, enthielt selbst keine Vorgabe zur Offenlegung von solchen Transaktionsstrukturen, die in der Vergangenheit für den verdeckten Aufbau einer Beteiligung genutzt wurden. Aufgrund ihres lediglich eine Mindestharmonisierung bezweckenden Ansatzes stand sie entsprechenden einzelstaatlichen, über die europarechtlichen Bestimmungen hinausgehenden Maßnahmen der nationalen Gesetzgeber aber auch nicht entgegen.

Die aus diesem Entwicklungsprozess resultierenden Unterschiede innerhalb der Rechtssysteme der einzelnen Mitgliedsstaaten widersprachen dem insbesondere von der Europäischen Kommission verfolgten Ziel, innerhalb der Europäischen Union

1030 Siehe bereits S. 69 ff.

1031 Mit dem Anglizismus "*Gold-Plating*" ist allgemein eine überschießende Umsetzung des vom europäischen Gesetzgeber mittels Richtlinien vorgegebenen Regelungsrahmens beschrieben, vgl. m.w.N. Burmeister/Staebe, EuR 2009, S. 444 (445).

1032 Seibt/Wollenschläger, AG 2012, S. 305 (305).

einen möglichst einheitlichen Rechtsrahmen zu schaffen.[1033] Bereits am 25. Oktober 2011 hatte die Europäische Kommission daher einen Vorschlag zur Revision der zweiten Transparenzrichtlinie mit dem Ziel vorgelegt, das mitgliedschaftliche *Gold-Plating* im Bereich der kapitalmarktrechtlichen Beteiligungstransparenz durch eine weitgehende Vollharmonisierung in diesem Bereich einzudämmen.[1034] Hieraus entstand die am 6. November 2013 im Amtsblatt der Europäischen Union verkündete und am 27. November 2013 in Kraft getretene Transparenzrichtlinie-Änderungsrichtlinie.[1035] Art. 1 dieser Richtlinie bewirkte eine umfangreiche Überarbeitung der in der zweiten Transparenzrichtlinie vorgesehenen Bestimmungen zur Beteiligungstransparenz von börsennotierten Unternehmen und führte in diesem Regelungsbereich weitestgehend den Grundsatz der Voll- bzw. Maximalharmonisierung ein.[1036] Den einzelnen Mitgliedsstaaten verblieb daher bei der Umsetzung der Richtlinieninhalte deutlich weniger Spielraum als zuvor.

1033 Seibt/Wollenschläger, AG 2012, S. 305 (305); Seibt/Wollenschläger, ZIP 2014, S. 545 (545 f.); Parmentier, AG 2014, S. 15 (17); Burgard/Heimann, WM 2015, S. 1445 (1445).

1034 Erwägungsgrund 12 der Richtlinie 2013/50/EU des Europäischen Parlaments und des Rates vom 22. Oktober 2013 zur Änderung der Richtlinie 2004/109/EG des Europäischen Parlaments und des Rates zur Harmonisierung der Transparenzanforderungen in Bezug auf Informationen über Emittenten, deren Wertpapiere zum Handel auf einem geregelten Markt zugelassen sind, der Richtlinie 2003/71/EG des Europäischen Parlaments und des Rates betreffend den Prospekt, der beim öffentlichen Angebot von Wertpapieren oder bei deren Zulassung zum Handel zu veröffentlichen ist, sowie der Richtlinie 2007/14/EG der Kommission mit Durchführungsbestimmungen zu bestimmten Vorschriften der Richtlinie 2004/109/EG, ABl. EU, L 294, 6. November 2013, S. 13 ff.

1035 Richtlinie 2013/50/EU des Europäischen Parlaments und des Rates vom 22. Oktober 2013 zur Änderung der Richtlinie 2004/109/EG des Europäischen Parlaments und des Rates zur Harmonisierung der Transparenzanforderungen in Bezug auf Informationen über Emittenten, deren Wertpapiere zum Handel auf einem geregelten Markt zugelassen sind, der Richtlinie 2003/71/EG des Europäischen Parlaments und des Rates betreffend den Prospekt, der beim öffentlichen Angebot von Wertpapieren oder bei deren Zulassung zum Handel zu veröffentlichen ist, sowie der Richtlinie 2007/14/EG der Kommission mit Durchführungsbestimmungen zu bestimmten Vorschriften der Richtlinie 2004/109/EG, ABl. EU, L 294, 6. November 2013, S. 13 ff.

1036 Näher zum Inhalt der Transparenzrichtlinie-Änderungsrichtlinie siehe Parmentier, AG 2014, S. 15 (16 ff.); Blöink/Kumm, BB 2013, S. 1963 (1963 ff.); Seibt/Wollenschläger, ZIP 2014, S. 545 (546 ff.); Seibt/Wollenschläger, AG 2012, S. 305 (307 ff.); Brinckmann, BB 2012, S. 1370 (1370 ff.); Brouwer, AG 2012, S. 78 (80); Handelsrechtsausschuss des Deutschen Anwaltvereins, NZG 2012, S. 770 (770 ff.); Veil, BB 2012, S. 1374 (1374 ff.); Veil, WM 2012, S. 53 (55 ff.); Walla, BB 2012, S. 1358 (1358 ff.); Weber, NJW 2013, S. 275 (279); Weber, NJW 2014, S. 272 (273); Süßmann, in: Assmann/Schütze, Handbuch des Kapitalanlagerechts, § 14 Rn. 2; zum Wechsel von einer Mindestharmonisierung zu einer Vollharmonisierung siehe beispiels-

Ebenso wie die anderen mitgliedsstaatlichen Gesetzgeber der Europäischen Union setzte auch der deutsche Gesetzgeber diese Richtlinie bis zu dem vorgegebenen Umsetzungstermin am 27. November 2015 in nationales Recht um.[1037] Der von der Bundesregierung erarbeitete Entwurf eines Gesetzes zur Umsetzung der Transparenzrichtlinie-Änderungsrichtlinie[1038] wurde am 1. Oktober 2015 vom Bundestag in seiner 127. Sitzung beschlossen und trat ganz überwiegend am 26. November 2015 in Kraft.[1039]

Neben Änderungen des WpPG, des KAGB, des WpÜG, des AktG, des HGB, des EGHGB, des FinDAG, des KWG, des VAG und des auf diesen Gesetzen jeweils basierenden Verordnungswesens beinhaltete dieses Gesetzesvorhaben vor allem die Überarbeitung zahlreicher Regelungen des WpHG.[1040] Im Einzelnen waren innerhalb des WpHG neben den Regelungsbereichen des Herkunftsstaatsprinzips,[1041] der periodischen Finanzberichterstattung[1042] und den bei Verstößen gegen kapitalmarktrechtliche Pflichten drohenden Sanktionen[1043] im Schwerpunkt erneut die Vorschriften der kapitalmarktrechtlichen Beteiligungstransparenz in den §§ 21 bis 30 WpHG betroffen.[1044] Die hierbei vorgenommenen Änderungen beschränkten sich nicht auf bloße Detailveränderungen, sondern gestalteten die einzelnen Mitteilungstatbestände durchaus grundlegend um, sodass in der Gesetzesbegründung sogar von einem „neuen System der Meldetatbestände" gesprochen wurde.[1045]

---

weise Fleischer/Schmolke, NZG 2010, S. 1241 (1244 ff.); Fleischer/Schmolke, EBOR 2011, S. 121 (131 ff.).

1037 Vgl. Art. 4, 6 der Transparenzrichtlinie-Änderungsrichtlinie.

1038 Regierungsentwurf eines Gesetzes zur Umsetzung der Transparenzrichtlinie-Änderungsrichtlinie, BT-Drucks. 18/5010.

1039 Gesetz zur Umsetzung der Transparenzrichtlinie-Änderungsrichtlinie vom 20. November 2015, BGBl. I, 25. November 2015, S. 2029 ff.

1040 RegBegrE zum Entwurf eines Gesetzes zur Umsetzung der Transparenzrichtlinie-Änderungsrichtlinie, BT-Drucks. 18/5010, S. 2; Blöink/Kumm, BB 2015, S. 1515 (1515).

1041 Siehe bereits S. 39; Änderungen in dieser Hinsicht betreffen vornehmlich die §§ 2, 2b und 2c WpHG.

1042 Diesbezügliche Änderungen betreffen die §§ 37n ff. WpHG.

1043 Im Wesentlichen ist insofern § 39 Abs. 4 WpHG betroffen.

1044 RegBegrE zum Entwurf eines Gesetzes zur Umsetzung der Transparenzrichtlinie-Änderungsrichtlinie, BT-Drucks. 18/5010, S. 2; ähnlich Bosse, BB 2015, S. 746 (746 ff.); siehe insofern zum Regelungsinhalt der Transparenzrichtlinie-Änderungsrichtlinie auch Pötzsch, WM 2015, S. 357 (358); Parmentier, AG 2014, S. 15 (15); Seibt/Wollenschläger, ZIP 2014, S. 545 (546); Seibt/Wollenschläger, AG 2012, S. 305 (307 ff.); insbesondere zu Änderungen des Sanktionsregimes Nartowska/Walla, AG 2014, S. 891 (895).

1045 RegBegrE zum Entwurf eines Gesetzes zur Umsetzung der Transparenzrichtlinie-Änderungsrichtlinie, BT-Drucks. 18/5010, S. 46; a.A. wohl Bosse, BB 2015, S. 746 (748), der nur überschaubare inhaltliche Änderungen konstatiert.

I. Änderungen der ersten Säule der kapitalmarktrechtlichen Beteiligungstransparenz

Grundlegende Änderungen in diesem Sinne erfuhr insofern zunächst die aus den §§ 21, 22 WpHG bestehende erste Säule der kapitalmarktrechtlichen Beteiligungstransparenz.

1. Beginn der Meldefrist für Mitteilungen i.S.d. § 21 Abs. 1 Satz 1 WpHG

Zunächst ist in diesem Zusammenhang die Neuregelung des Fristbeginns für Stimmrechtsmitteilungen i.S.d. § 21 Abs. 1 Satz 1 WpHG zu nennen. Auch nach Inkrafttreten des Gesetzes zur Umsetzung der Transparenzrichtlinie-Änderungsrichtlinie beginnt diese Frist gemäß § 21 Abs. 1 Satz 3 WpHG zwar grundsätzlich mit der Kenntnis des Meldepflichtigen von der Berührung einer der in § 21 Abs. 1 Satz 1 WpHG genannten Schwellenwerte. Bis zur Umsetzung der Transparenzrichtlinie-Änderungsrichtlinie wurde bzgl. dieses Zeitpunkts gemäß § 21 Abs. 1 Satz 4 WpHG a.F. jedoch lediglich widerleglich vermutet, dass der Meldepflichtige zwei Handelstage nach einer Schwellenberührung von diesem Umstand Kenntnis hatte.[1046] Der neu gefasste § 21 Abs. 1 Satz 4 WpHG sieht hingegen ausdrücklich vor, dass spätestens zwei Handelstage nach dem Erreichen, Überschreiten oder Unterschreiten eines Schwellenwerts die Kenntnis des Meldepflichtigen unwiderleglich und somit zwingend vermutet wird.[1047] Die Neuregelung beinhaltet insofern strengere Vorgaben für die Berechnung der Meldefrist und führte zu einer Verkürzung des für eine Mitteilung verbleibenden Zeitraums, soweit der Meldepflichtige tatsächlich erst später als zwei Handelstage nach der Schwellenberührung hiervon Kenntnis erlangte. Da die in der Vergangenheit geltende, weniger strikte Vermutungsregel jedoch ohnehin nur in Ausnahmefällen zur Anwendung kam,[1048] hat die vorgenannte Gesetzesänderung für die Rechtspraxis nur geringe Bedeutung.

Zusätzlich zu dieser Neuregelung wurde mit dem Gesetz zur Umsetzung der Transparenzrichtlinie-Änderungsrichtlinie auch ein neuer § 21 Abs. 1 Satz 5 WpHG eingeführt. Dieser beinhaltet für die Bestimmung des Fristbeginns eine zuvor nicht vorgesehene Unterscheidung zwischen aktiven und passiven Schwellenberührungen.[1049] Während eine aktive Schwellenberührung vorliegt, wenn sich die Anzahl der vom Meldepflichtigen gehaltenen Stimmrechte ändert und dadurch einer der

1046 Schwark, in: Schwark/Zimmer, Kapitalmarktrechts-Kommentar, § 21 WpHG Rn. 28.

1047 Vgl. Burgard/Heimann, WM 2015, S. 1445 (1446).

1048 Heinrich, in: Heidel, Aktien- und Kapitalmarktrecht, § 21 WpHG Rn. 10; BaFin, Emittentenleitfaden, Ziffer VIII.2.3.9.4.

1049 RegBegrE zum Entwurf eines Gesetzes zur Umsetzung der Transparenzrichtlinie-Änderungsrichtlinie, BT-Drucks. 18/5010, S. 44; Burgard/Heimann, WM 2015, S. 1445 (1446).

in § 21 Abs. 1 Satz 1 WpHG genannten Schwellenwerte erreicht, über- oder unterschritten wird, liegt eine passive Schwellenberührung vor, wenn zwar die Anzahl der vom Meldepflichtigen gehaltenen Stimmrechte unverändert bleibt, sich jedoch die Gesamtzahl der vorhandenen Stimmrechte vermindert oder vergrößert und in der Folge einer der relativen Schwellenwerte des § 21 Abs. 1 Satz 1 WpHG tangiert wird. Gemäß dem neuen § 21 Abs. 1 Satz 5 WpHG beginnt die Frist für die Abgabe der Stimmrechtsmitteilung im Fall einer passiven Schwellenberührung zunächst zwar ebenfalls mit Kenntnis des Meldepflichtigen von der Schwellenberührung, spätestens – und dies ist eine Neuerung – jedoch mit der Veröffentlichung der Gesamtzahl von Stimmrechten durch das jeweilige Unternehmen gemäß § 26a Abs. 1 WpHG. Für Inhaber bedeutender Beteiligungen begründet diese Änderung seit ihrem Inkrafttreten die Notwendigkeit, Mitteilungen i.S.d. § 26a WpHG aufmerksamer zu verfolgen und im Fall einer passiven Schwellenberührung umgehend entsprechend zu reagieren.

2. Aufgabe der sachenrechtlichen Betrachtung im Rahmen des § 21 Abs. 1 Satz 1 WpHG

Diesen beiden eher punktuellen Änderungen noch vorgelagert war die Ergänzung des § 21 Abs. 1b WpHG. Nach dieser Vorschrift gilt seit dem Inkrafttreten des Gesetzes zur Umsetzung der Transparenzrichtlinie-Änderungsrichtlinie bereits das Bestehen eines auf die Übertragung von Aktien gerichteten, unbedingten und ohne zeitliche Verzögerung zu erfüllenden Anspruchs als „Gehören" im Sinne der §§ 21 bis 30 WpHG. Die Gesetzesbegründung führt hierzu schlicht aus, dass mit dieser Bestimmung eine neue Regelung hinsichtlich des die Meldepflicht auslösenden Zeitpunkts beabsichtigt war und der rechtstechnische Anknüpfungspunkt zu diesem Zweck angepasst wurde.[1050] Diese Erläuterungen spiegeln die tatsächliche Tragweite und Bedeutung der Neuregelung für die Gesamtsystematik der kapitalmarktrechtlichen Beteiligungstransparenz jedoch nur unzureichend wider.

Die konkreten Auswirkungen des neu eingeführten § 21 Abs. 1b WpHG sind zwar auf den ersten Blick nur schwer erkennbar, da der Rechtsbegriff „Gehören" kein durchgängiger Bestandteil der §§ 21 bis 30 WpHG ist.[1051] Beispielsweise findet sich in § 21 Abs. 1 Satz 1 WpHG kein unmittelbarer Bezugspunkt zu diesem Begriff. Entsprechend ist die Bedeutung des neuen § 21 Abs. 1b WpHG für die in § 21 Abs. 1 Satz 1 WpHG enthaltene Mitteilungspflicht zunächst nicht sonderlich augenfällig. Allerdings werden in den beiden Zurechnungstatbeständen des § 22 Abs. 1 Satz 1 Nr. 1 und 2 WpHG sowie in § 28 Satz 1 WpHG „Aktien, die einem Tochterunternehmen, einem Dritten bzw. dem Meldepflichtigen gehören", genannt. Wenn innerhalb dieser Vorschriften von Aktien, die einem Tochterunternehmen, ei-

1050 RegBegrE zum Entwurf eines Gesetzes zur Umsetzung der Transparenzrichtlinie-Änderungsrichtlinie, BT-Drucks. 18/5010, S. 44.

1051 Vgl. Handelsrechtsausschuss des Deutschen Anwaltvereins, NZG 2015, S. 1069 (1069).

nem Dritten oder dem Meldepflichtigen gehören, bereits dann auszugehen ist, wenn lediglich ein auf deren Übertragung gerichteter, unbedingter und ohne zeitliche Verzögerung zu erfüllender Anspruch besteht, kann für die Zuordnung von Aktien und der daraus fließenden Stimmrechte im Rahmen des § 21 Abs. 1 Satz 1 WpHG sowie der übrigen Zurechnungstatbestände des § 22 Abs. 1, 2 WpHG aber nichts anderes gelten. Auch im Rahmen des § 21 Abs. 1 Satz 1 WpHG und des § 22 Abs. 1, 2 WpHG ist daher konsequenterweise eine Abkehr von der vorherigen sachenrechtlichen Betrachtung zu vollziehen und hinsichtlich der Zuordnung der Stimmrechte allein auf schuldrechtliche Kriterien abzustellen.[1052] Andernfalls entstünden mit der Systematik der §§ 21 bis 30 WpHG nicht zu vereinbarende Regelungswidersprüche.

Vor diesem Hintergrund muss die Einführung des neuen § 21 Abs. 1b WpHG jedoch als grundlegender Paradigmenwechsel bezeichnet werden. In der Vergangenheit war im Rahmen der §§ 21, 22 WpHG stets eine dingliche Betrachtungsweise anzulegen.[1053] Die Bestimmung des Inhabers von Stimmrechten innerhalb dieser Normen hatte bis zum Inkrafttreten des Gesetzes zur Umsetzung der Transparenzrichtlinie-Änderungsrichtlinie stets zur Voraussetzung, dass der dingliche Rechtserwerb nach den allgemeinen sachenrechtlichen Grundsätzen bereits abgeschlossen war. Soweit § 21 Abs. 1b WpHG nun maßgeblich auf das jeweilige Kausalgeschäft Bezug nimmt, liegt darin eine gesetzliche Fiktion, nach der in Abweichung von der Rechtsdogmatik des allgemeinen Zivilrechts und ungeachtet des dort geltenden Trennungs- und Abstraktionsprinzips für die Zwecke der §§ 21, 22 WpHG bereits mit dem Abschluss des schuldrechtlichen Verpflichtungsgeschäfts der Rechtsübergang anzunehmen ist.[1054] Im Ergebnis wird durch diese Entkoppelung der §§ 21, 22 WpHG von den allgemeinen, zivilrechtlichen Grundsätzen ein Bild der Stimmrechtsverhältnisse fingiert, das mit der tatsächlichen Rechtslage nicht übereinstimmt.[1055]

Aufgrund dieser Abkehr von einer sachenrechtlichen und gleichzeitigen Hinwendung zu einer schuldrechtlichen Betrachtungsweise entstehen jedoch Friktionen innerhalb der Systematik der §§ 21 bis 30 WpHG. So haben sich Abgrenzungsschwierigkeiten zwischen dem Meldetatbestand des § 21 Abs. 1 Satz 1 WpHG einerseits und dem Zurechnungstatbestand des § 22 Abs. 1 Satz 1 Nr. 5 WpHG sowie dem Mitteilungstatbestand des § 25 Abs. 1 Satz 1 WpHG a. F.[1056] andererseits ergeben.

1052 RegBegrE zum Entwurf eines Gesetzes zur Umsetzung der Transparenzrichtlinie-Änderungsrichtlinie, BT-Drucks. 18/5010, S. 44; vgl. auch Bosse, BB 2015, S. 746 (749); Deutsches Aktieninstitut, Stellungnahme zum Entwurf eines Gesetzes zur Umsetzung der Transparenzrichtlinie-Änderungsrichtlinie, S. 4.

1053 Siehe bereits S. 45 f.

1054 Handelsrechtsausschuss des Deutschen Anwaltvereins, NZG 2015, S. 1069 (1069).

1055 Die Deutsche Kreditwirtschaft, Stellungnahme zum Regierungsentwurf eines Gesetzes zur Umsetzung der Transparenzrichtlinie-Änderungsrichtlinie, S. 2.

1056 Die Abgrenzungsschwierigkeiten im Verhältnis zu § 25 Abs. 1 Satz 1 WpHG a. F. sind auch nicht deshalb hinfällig, weil dieser im Rahmen des Gesetzes zur Umsetzung der Transparenzrichtlinie-Änderungsrichtlinie entsprechend angepasst

§ 22 Abs. 1 Satz 1 Nr. 5 WpHG bezweckt ebenso wie § 25 Abs. 1 Satz 1 WpHG a.F. eine Korrektur der in der Vergangenheit im Rahmen des § 21 Abs. 1 Satz 1 WpHG anzuwendenden sachenrechtlichen Perspektive um schuldrechtliche Aspekte.[1057] Wird jedoch im Rahmen des § 21 Abs. 1 Satz 1 WpHG ebenfalls eine auf das Kausalgeschäft ausgerichtete Betrachtung eingenommen, führt dies zwangsläufig zu Überschneidungen mit den Anwendungsbereichen der vorgenannten Normen. So soll ein auf die Übertragung von Aktien gerichteter Anspruch dann ohne zeitliche Verzögerung i.S.d. § 21 Abs. 1b WpHG zu erfüllen sein, wenn er innerhalb der üblicherweise im jeweiligen Markt als sofortige Lieferung akzeptierten Fristen zu erfüllen ist.[1058] Die von § 22 Abs. 1 Satz 1 Nr. 5 WpHG erfassten Fallgestaltungen zeichnen sich jedoch ebenfalls dadurch aus, dass ihnen in aller Regel ein schuldrechtlicher Anspruch zugrunde liegt, der ohne zeitliche Verzögerung i.S.d. § 21 Abs. 1b WpHG zu erfüllen ist. Andernfalls würde der Veräußerer die Übertragung der Aktien in den meisten Fällen nicht derart aus der Hand geben, dass – wie es § 22 Abs. 1 Satz 1 Nr. 5 WpHG voraussetzt – der dingliche Rechtserwerb ohne sein weiteres Zutun bereits durch nur eine Willenserklärung des Erwerbers vollendet werden kann.[1059] Letztlich wurde daher der für den Zurechnungstatbestand des § 22 Abs. 1 Satz 1 Nr. 5 WpHG verbleibende Anwendungsbereich durch die Einführung des § 21 Abs. 1b WpHG stark eingeschränkt. Zudem wurde auch die Trennlinie zwischen den Mitteilungstatbeständen des § 21 Abs. 1 Satz 1 WpHG einerseits und des § 25 Abs. 1 Satz 1 WpHG a.F. andererseits und somit die Unterscheidung zwischen der ersten und der zweiten Säule der kapitalmarktrechtlichen Beteiligungstransparenz aufgeweicht.[1060] Denn das wesentliche Abgrenzungsmerkmal zwischen diesen beiden Meldetatbeständen war gerade der Umstand, dass im Fall des § 21 Abs. 1 Satz 1 WpHG der Meldepflichtige bereits über die gemeldeten Stimmrechte dinglich verfügen konnte, während er im Fall des § 25 Abs. 1 Satz 1 WpHG a.F. zwar einen einseitigen und rechtlich bindenden, aber dinglich noch nicht vollzogenen Anspruch auf Übertragung der mit den Stimmrechten verbundenen Aktien innehatte. Werden aber auch im Rahmen § 21 Abs. 1 Satz 1 WpHG ebenfalls schuldrechtliche Ansprüche berücksichtigt, verbleibt als Abgrenzungsmerkmal lediglich noch der jeweilige Fälligkeitszeitpunkt der Ansprüche. Ob sich dieser zur trennscharfen Abgrenzung zwischen § 21 Abs. 1 Satz 1 WpHG und § 25 Abs. 1 Satz 1 WpHG a.F. eignet, erscheint jedoch zumindest fraglich. Denn im Ergebnis ist ein fließender Übergang zwi-

wurde. Vielmehr blieb der Mitteilungstatbestand des § 25 Abs. 1 Satz 1 WpHG a.F. in seinem Wesen erhalten, sodass die Abgrenzunsschwierigkeiten fortbestehen. Zu den Änderungen des § 25 Abs. 1 Satz 1 WpHG im Rahmen des Gesetzes zur Umsetzung der Transparenzrichtlinie-Änderungsrichtlinie siehe S. 215 ff.

1057 Siehe bereits S. 47 f. und 52 f.

1058 RegBegrE zum Entwurf eines Gesetzes zur Umsetzung der Transparenzrichtlinie-Änderungsrichtlinie, BT-Drucks. 18/5010, S. 44.

1059 Siehe bereits S. 50 f.

1060 Die Deutsche Kreditwirtschaft, Stellungnahme zum Regierungsentwurf eines Gesetzes zur Umsetzung der Transparenzrichtlinie-Änderungsrichtlinie, S. 3.

schen diesen beiden Meldesäulen entstanden. Inwiefern durch die Einführung des § 21 Abs. 1b WpHG eine deutlichere Abgrenzung zwischen § 21 Abs. 1 Satz 1 WpHG und § 25 Abs. 1 Satz 1 WpHG a.F. – wie in der Gesetzesbegründung angeführt[1061] – erreicht werden sollte, bleibt insofern unklar.

Zudem überzeugt auch die in der Gesetzesbegründung angeführte Rechtfertigung der Neuregelung nur teilweise. So trifft es zwar zu, dass mit dem Abstellen auf den Abschluss des Kausalgeschäfts, anders als nach der vorherigen Rechtslage nicht mehr auf das für den Eigentumsübergang entscheidende und dem Veräußerer häufig nicht ohne Weiteres bekannte Einbuchungsdatum der Aktien bei dem Erwerber abzustellen ist.[1062] Die Ermittlung des Zeitpunkts, zu dem das jeweilige Kausalgeschäft abgeschlossen wurde, kann aber für die Vertragsparteien ebenfalls mit Schwierigkeiten verbunden sein, wenn beispielsweise der Zeitpunkt des Zugangs der Annahmeerklärung nicht bekannt ist. Zudem erscheinen die in der Gesetzesbegründung angeführten Überlegungen eines angestrebten Gleichlaufs der Meldepraxis aller europäischer Staaten und der hiermit verbundenen Vereinfachung des grenzüberschreitenden Wertpapierhandels zu kurz gegriffen.[1063] Soweit den Rechtsordnungen anderer EU-Mitgliedsstaaten kein dem das deutsche Zivilrecht prägenden Trennungs- und Abstraktionsprinzip vergleichbares Rechtsinstitut bekannt ist, hat sich der jeweils Meldepflichtige im Zusammenhang mit dem Erwerb von Aktien, der sich nach deutschem Recht vollzieht, ohnehin mit den Besonderheiten des deutschen Sachenrechts auseinanderzusetzen.[1064] Insofern bewirkte der Wechsel zu einer schuldrechtlichen Betrachtung allenfalls eine teilweise Erleichterung.[1065]

3. Ergänzung der in § 22 Abs. 1, 2 WpHG enthaltenen Zurechnungstatbestände

Neben den vorgenannten Änderungen wurde auch der in § 22 Abs. 1 Satz 1 WpHG enthaltene Katalog von Zurechnungstatbeständen um zwei neue Varianten ergänzt.

Zum einen ist insofern die Einführung des § 22 Abs. 1 Satz 1 Nr. 7 WpHG zu nennen. Nach dieser Bestimmung werden dem Meldepflichtigen auch Stimmrechte aus Aktien Dritter zugerechnet, wenn der Meldepflichtige diese Stimmrechte

1061 RegBegrE zum Entwurf eines Gesetzes zur Umsetzung der Transparenzrichtlinie-Änderungsrichtlinie, BT-Drucks. 18/5010, S. 44.
1062 Siehe hierzu RegBegrE zum Entwurf eines Gesetzes zur Umsetzung der Transparenzrichtlinie-Änderungsrichtlinie, BT-Drucks. 18/5010, S. 45.
1063 RegBegrE zum Entwurf eines Gesetzes zur Umsetzung der Transparenzrichtlinie-Änderungsrichtlinie, BT-Drucks. 18/5010, S. 45.
1064 Ähnlich Burgard/Heimann, WM 2015, S. 1445 (1447).
1065 Handelsrechtsausschuss des Deutschen Anwaltvereins, NZG 2015, S. 1069 (1069 f.); Die Deutsche Kreditwirtschaft, Stellungnahme zum Regierungsentwurf eines Gesetzes zur Umsetzung der Transparenzrichtlinie-Änderungsrichtlinie, S. 2; Deutsches Aktieninstitut, Stellungnahme zum Entwurf eines Gesetzes zur Umsetzung der Transparenzrichtlinie-Änderungsrichtlinie, S. 4.

aufgrund einer Vereinbarung ausüben kann, die eine zeitweilige Übertragung der Stimmrechte ohne die damit verbundenen Aktien gegen eine Gegenleistung vorsieht. Eine solche separate Übertragung von Stimmrechten, die zu einer Trennung von Aktie und Stimmrecht führt, ist nach deutschem Recht wegen des aktienrechtlichen Abspaltungsverbots nicht zulässig.[1066] Aus diesem Grund kommt § 22 Abs. 1 Satz 1 Nr. 7 WpHG für nach deutschem Recht organisierte, börsennotierte Unternehmen kaum Bedeutung zu. Da jedoch das Gesellschaftsrecht anderer Staaten die Trennung von Aktieneigentum und den daraus folgenden Stimmrechten teilweise zulässt, stellt der neue Zurechnungstatbestand auch für diese Fälle nach ausländischem Recht organisierter Gesellschaften eine adäquate Offenlegung der Stimmrechtsverhältnisse sicher.[1067] Insofern handelt es sich bei der vorgenommenen Neuregelung um eine sinnvolle Ergänzung des vorherigen Transparenzregimes.

Zum anderen wurde mit § 22 Abs. 1 Satz 1 Nr. 8 WpHG ein weiterer neuer Zurechnungstatbestand ergänzt. Hiernach werden dem Meldepflichtigen auch Stimmrechte aus Aktien zugerechnet, die bei ihm als Sicherheit verwahrt werden, sofern der Meldepflichtige die hieraus folgenden Stimmrechte hält und die Absicht bekundet, diese Stimmrechte auszuüben. Dieser neue Zurechnungstatbestand ist dem auch zuvor bereits vorhandenen, auf die Sicherungsübereignung von Aktien zugeschnittenen § 22 Abs. 1 Satz 1 Nr. 3 WpHG sehr ähnlich. Der maßgebliche Unterschied zwischen beiden Zurechnungstatbeständen besteht darin, dass § 22 Abs. 1 Satz 1 Nr. 8 WpHG anders als der Zurechnungstatbestand des § 22 Abs. 1 Satz 1 Nr. 3 WpHG nicht nur bei Vorliegen einer Sicherungsübereignung, sondern generell in Fällen zur Anwendung kommt, in denen Aktien als Sicherheit dienen und der Sicherungsnehmer unabhängig von seiner etwaigen Eigentümerstellung bzgl. der Aktien über die entsprechenden Stimmrechte verfügen kann.[1068] Wegen des aktienrechtlichen Abspaltungsverbots, welches eine Übertragung von Stimmrechten ohne Übertragung auch der zugrunde liegenden Aktien nicht zulässt, wird auch diese neue Bestimmung lediglich in Einzelfällen zur Anwendung kommen. Denn der Zurechnungstatbestand des § 22 Abs. 1 Satz 1 Nr. 3 WpHG soll nach der Gesetzesbegründung in Fällen der Sicherungsübereignung von Aktien als Spezialregelung ausschließlich zur Anwendung kommen und daher gegenüber § 22 Abs. 1 Satz 1 Nr. 8 WpHG Vorrang genießen.[1069]

Die Parallelen zwischen § 22 Abs. 1 Satz 1 Nr. 3 WpHG und dem neuen § 22 Abs. 1 Satz 1 Nr. 8 WpHG sollen nach dem Willen des Gesetzgebers jedoch dazu führen, dass das im Rahmen des § 22 Abs. 1 Satz 1 Nr. 3 WpHG in der Vergangenheit

---

1066 Siehe bereits S. 45.

1067 RegBegrE zum Entwurf eines Gesetzes zur Umsetzung der Transparenzrichtlinie-Änderungsrichtlinie, BT-Drucks. 18/5010, S. 45; Burgard/Heimann, WM 2015, S. 1445 (1448).

1068 Bosse, BB 2015, S. 746 (749).

1069 RegBegrE zum Entwurf eines Gesetzes zur Umsetzung der Transparenzrichtlinie-Änderungsrichtlinie, BT-Drucks. 18/5010, S. 45.

geltende Prinzip der alternativen Zurechnung aufgegeben wird.[1070] Anders als zuvor müssen demnach – eine Schwellenberührung vorausgesetzt – die von § 22 Abs. 1 Satz 1 Nr. 3 oder 8 WpHG erfassten Stimmrechte sowohl von dem Sicherungsnehmer als auch dem Sicherungsgeber gemeldet werden. Grund für diese dem Wortlaut der neuen Regelung kaum zu entnehmende Änderung der Verwaltungspraxis soll der Zwang zu einer wortgetreuen Umsetzung der europarechtlichen Vorgaben sowie der Gleichlauf mit § 30 Abs. 1 Satz 1 Nr. 3 WpÜG sein, nach dem sowohl der Sicherungsgeber als auch der Sicherungsnehmer in Bezug auf dieselben Stimmrechte Mitteilungspflichten unterliegen können.[1071] Ungeachtet dieser grundsätzlich beachtlichen Belange ist jedoch auch der Umstand nicht zu vernachlässigen, dass die vom Gesetzgeber befürwortete Aufgabe der zuvor praktizierten, alternativen Zurechnung noch stärker als zuvor zu einer Vervielfältigung der Gesamtzahl von gemeldeten Stimmrechten führt.[1072] Denn soweit der Sicherungsnehmer über die Stimmrechte verfügen kann, werden die jeweils betroffenen Stimmrechte nicht mehr nur entweder vom Sicherungsgeber oder vom Sicherungsnehmer, sondern kumulativ von beiden gemeldet. Diese Vervielfältigung der Stimmrechte ist der Übersichtlichkeit der gemeldeten Stimmrechtsanteile und damit letztlich der Transparenz der tatsächlich bestehenden Stimmrechtsverhältnisse wenig zuträglich.[1073] Denn im Ergebnis hat in diesen Fällen entweder der Sicherungsgeber oder der Sicherungsnehmer Stimmrechte zu melden, deren Ausübung allein der anderen Partei der Sicherungsabrede obliegt und auf die er daher keinerlei Einfluss nehmen kann. Eine dennoch abzugebende Stimmrechtsmitteilung findet ihren Grund daher nicht in einer tatsächlich bestehenden Stimmrechtmacht. Zudem führt die Aufgabe der alternativen Zurechnung zu einer nicht unerheblichen Anzahl neuer Stimmrechtsmitteilungen, da Sicherungsübereignungen von Aktien beispielsweise bei Akquisitionsfinanzierungen nicht selten vorkommen.[1074]

Schließlich wurden in § 22a WpHG die Vorschriften zur Qualifikation von Tochterunternehmen zusammengefasst werden.[1075] Zu diesem Zweck wurden die zu-

---

1070 RegBegrE zum Entwurf eines Gesetzes zur Umsetzung der Transparenzrichtlinie-Änderungsrichtlinie, BT-Drucks. 18/5010, S. 45; zum Prinzip der alternativen Zurechnung siehe bereits S. 52 f.

1071 RegBegrE zum Entwurf eines Gesetzes zur Umsetzung der Transparenzrichtlinie-Änderungsrichtlinie, BT-Drucks. 18/5010, S. 45; zum Grundsatz der doppelten Zurechnung im Rahmen des § 30 Abs. 1 Satz 1 Nr. 3 WpÜG siehe Schneider, in: Assmann/Pötzsch/Schneider, WpÜG, § 30 Rn. 102 f.

1072 Die Deutsche Kreditwirtschaft, Stellungnahme zum Regierungsentwurf eines Gesetzes zur Umsetzung der Transparenzrichtlinie, S. 4.

1073 Ähnlich Burgard/Heimann, WM 2015, S. 1445 (1448); zu den nachteiligen Auswirkungen der Stimmrechtsvervielfältigung siehe bereits S. 196 ff.

1074 Die Deutsche Kreditwirtschaft, Stellungnahme zum Regierungsentwurf eines Gesetzes zur Umsetzung der Transparenzrichtlinie, S. 4.

1075 RegBegrE zum Entwurf eines Gesetzes zur Umsetzung der Transparenzrichtlinie-Änderungsrichtlinie, BT-Drucks. 18/5010, S. 45 f.

vor sowohl im WpHG[1076] als auch im KAGB[1077] enthaltenen Vorschriften zu dieser Thematik redaktionell überarbeitet und neu strukturiert. Inhaltliche Änderungen gegenüber der vorherigen Rechtslage ergaben sich hieraus jedoch nicht.[1078]

II. Überarbeitung der zweiten und dritten Säule der kapitalmarktrechtlichen Beteiligungstransparenz

Während die erste Säule der kapitalmarktrechtlichen Beteiligungstransparenz trotz der vorstehend dargestellten Änderungen in ihrem Kern weiterhin erhalten blieb, erfuhren die zweite und dritte Säule der kapitalmarktrechtlichen Mitteilungspflichten eine noch grundlegendere und deutlich umfangreichere Überarbeitung, die zu einer vollständig neuen Systematik in diesem Bereich führte.[1079]

1. Zusammenfassung der §§ 25, 25a WpHG a.F. in einem einheitlichen Meldetatbestand

So wurden die zuvor aus zwei selbstständigen Mitteilungstatbeständen bestehende zweite und dritte Säule der kapitalmarktrechtlichen Beteiligungstransparenz in nur einem Mitteilungstatbestand zusammengefasst.[1080] § 25 WpHG a.F. und § 25a WpHG a.F. gingen insofern in dem neu gefassten § 25 WpHG auf. Hierdurch entstand neben der ersten Meldesäule der §§ 21, 22 WpHG, die weiterhin die gegenwärtig vorhandenen Stimmrechtsverhältnisse abbildet, eine einheitliche zweite Säule, die sämtliche auf den zukünftigen Erwerb von mit Stimmrechten verbundenen Aktien gerichtete Instrumente erfasst.[1081]

Der neu gefasste § 25 Abs. 1 Satz 1 WpHG sieht insofern eine Mitteilungspflicht vor, die zusätzlich zu der Meldepflicht des § 21 Abs. 1 Satz 1 WpHG auch für unmittelbare und mittelbare Inhaber von bestimmten Instrumenten eine entsprechende Mitteilung vorschreibt. Hinsichtlich der Meldeschwellen, bei deren Berührung eine entsprechende Mitteilungspflicht entsteht, wurden die zuvor in §§ 25, 25a WpHG a.F. enthaltenen Schwellenwerte beibehalten, sodass für Inhaber der betroffenen Instrumente weiterhin die in § 21 Abs. 1 Satz 1 WpHG genannten Schwellenwerte mit Ausnahme der Meldeschwelle von 3 % maßgeblich sind. Allerdings wurde die zuvor sowohl in § 25 Abs. 1 Satz 1 WpHG a.F. als auch in § 25a Abs. 1 Satz 1 WpHG a.F.

1076 In diesem Zusammenhang sind die §§ 22 Abs. 3, 3a und 5 sowie 29a Abs. 3 WpHG zu nennen.

1077 Dies gilt für § 94 Abs. 2, 3 und 4 KAGB.

1078 Burgard/Heimann, WM 2015, S. 1445 (1449).

1079 RegBegrE zum Entwurf eines Gesetzes zur Umsetzung der Transparenzrichtlinie-Änderungsrichtlinie, BT-Drucks. 18/5010, S. 46.

1080 Vgl. Ritz, in: Just/Voß/Ritz/Becker, WpHG, Einleitung Rn. 73; Roth, GWR 2015, S. 485 (485).

1081 Vgl. RegBegrE zum Entwurf eines Gesetzes zur Umsetzung der Transparenzrichtlinie-Änderungsrichtlinie, BT-Drucks. 18/5010, S. 46.

vorhandene Unterscheidung zwischen „Finanzinstrumenten“ und „sonstigen Instrumenten“ aufgegeben und durch die einheitliche Qualifikation als „Instrumente“ ersetzt.[1082] Diese Vereinfachung des Tatbestands ist aufgrund der teilweise unklaren und im Rahmen der §§ 25, 25a WpHG a.F. ohnehin weitgehend bedeutungslos gebliebenen Abgrenzung zwischen Finanzinstrumenten und sonstigen Instrumenten zu begrüßen. Zudem wird in dem neuen § 25 Abs. 1 Satz 1 WpHG nicht mehr an das unmittelbare oder mittelbare Halten von Instrumenten angeknüpft, sondern der unmittelbare oder mittelbare Inhaber entsprechender Instrumente adressiert. Inhaltliche Änderungen gehen mit dieser redaktionellen Überarbeitung nicht einher. Schließlich wurde mit der Zusammenfassung der §§ 25, 25a WpHG a.F. in einem einheitlichen Mitteilungstatbestand auch die Erstreckung der in § 23 WpHG enthaltenen Ausnahmetatbestände für die Berücksichtigung von Instrumenten, die zum Beispiel im Handelsbestand von Wertpapierdienstleistern gehalten werden, auf die zuvor von § 25a WpHG a.F. erfassten Instrumente erweitert.[1083] Nach der vorherigen Rechtslage fand § 23 WpHG zwar im Rahmen der Mitteilungspflichten der §§ 21, 22 WpHG sowie des § 25 WpHG a.F. Anwendung. Anders war dies jedoch im Rahmen des § 25a WpHG a.F., der keinen Verweis auf § 23 WpHG enthielt. Durch den in § 25 Abs. 1 Satz 2 WpHG enthaltenen Verweis beansprucht der Geltungsbereich des § 23 WpHG nun auch für die zuvor von § 25a WpHG a.F. erfassten Instrumente Geltung.[1084]

Im Hinblick auf die weiteren Tatbestandsvoraussetzungen gliedert sich der neue § 25 Abs. 1 Satz 1 WpHG in zwei unterschiedliche Tatbestandsalternativen. § 25 Abs. 1 Satz 1 Nr. 1 WpHG erfasst einerseits Instrumente, die ihrem Inhaber entweder bei Fälligkeit ein unbedingtes Recht auf den Erwerb von mit Stimmrechten verbundenen Aktien verleihen oder ein Ermessen in Bezug auf ein Recht zum Erwerb von mit Stimmrechten verbundenen Aktien gewähren. § 25 Abs. 1 Satz 1 Nr. 2 WpHG findet andererseits auf Instrumente Anwendung, die sich auf mit Stimmrechten verbundene Aktien beziehen und eine vergleichbare wirtschaftliche Wirkung wie die in § 25 Abs. 1 Satz 1 Nr. 1 WpHG genannten Instrumente haben, unabhängig davon, ob sie einen Anspruch auf physische Lieferung einräumen oder nicht. Im Wesentlichen spiegelt sich somit die zuvor in § 25 Abs. 1 Satz 1 WpHG a.F. und § 25a Abs. 1 Satz 1 WpHG a.F. enthaltene Differenzierung der Instrumente nach der Intensität ihrer Verbindung zu den betroffenen Aktien und den hieraus fließenden Stimmrechten auch in dem neuen § 25 Abs. 1 Satz 1 WpHG wider.[1085] § 25 Abs. 1 Satz 1 Nr. 1 WpHG findet auf die zuvor von § 25 Abs. 1 Satz 1 WpHG a.F. erfassten Instrumente Anwendung, die einseitig im

---

1082 Burgard/Heimann, WM 2015, S. 1445 (1450).

1083 Vgl. Burgard/Heimann, WM 2015, S. 1445 (1450).

1084 RegBegrE zum Entwurf eines Gesetzes zur Umsetzung der Transparenzrichtlinie-Änderungsrichtlinie, BT-Drucks. 18/5010, S. 47.

1085 Zu dem innerhalb der §§ 21 ff. WpHG enthaltenen, nach der Intensität des jeweiligen Stimmrechtsbezugs gegliederten Stufensystem siehe bereits S. 154 f.

Rahmen einer bindenden Vereinbarung ein Recht zum Erwerb von mit Stimmrechten verbundenen Aktien gewährten. Die zuvor von § 25a Abs. 1 Satz 1 WpHG a.F. erfassten, eine Erwerbsmöglichkeit gewährenden Instrumente werden nach der neuen Rechtslage von § 25 Abs. 1 Satz 1 Nr. 2 WpHG aufgegriffen.[1086]

2. Änderung der Tatbestandsvoraussetzungen

Während sich aus der Überführung des § 25 Abs. 1 Satz 1 WpHG a.F. in § 25 Abs. 1 Satz 1 Nr. 1 WpHG keine inhaltlichen Änderungen ergeben, wurde das den Tatbestand des § 25a Abs. 1 Satz 1 WpHG a.F. prägende Merkmal einer Erwerbsmöglichkeit durch die in § 25 Abs. 1 Satz 1 Nr. 2 WpHG enthaltene Voraussetzung einer „vergleichbaren wirtschaftlichen Wirkung" ersetzt.[1087]

Weder der Gesetzeswortlaut noch die Gesetzesbegründung konkretisieren diesen neu in die Vorschriften der kapitalmarktrechtlichen Beteiligungstransparenz eingefügten, unbestimmten Rechtsbegriff näher. Die Gesetzesbegründung führt im Gegenteil sogar aus, dass bewusst eine offene und dynamische Regelung geschaffen wurde und die Bestimmung der Reichweite dieser neuen Norm im Detail der Praxis überlassen bleiben soll.[1088] Erste Rückschlüsse auf den Regelungsgehalt des § 25 Abs. 1 Satz 1 Nr. 2 WpHG können insofern lediglich der ebenfalls neuen Regelung des § 25 Abs. 2 WpHG entnommen werden. Die Bestimmung enthält eine beispielhafte, nicht abschließende Aufzählung von Instrumenten i.S.d. § 25 Abs. 1 WpHG. Hiernach zählen insbesondere übertragbare Wertpapiere, Optionen, Terminkontrakte, *Swaps*, Zinsausgleichsvereinbarungen und Differenzgeschäfte zu den von § 25 Abs. 1 WpHG erfassten Instrumenten. Von den genannten Instrumenten sind *Swaps*, Zinsausgleichsvereinbarungen und Differenzgeschäfte unter den Tatbestand des § 25 Abs. 1 Satz 1 Nr. 2 WpHG zu subsumieren. Denn diese Instrumente gewähren ihrem Inhaber weder ein unbedingtes noch ein von seinem Ermessen abhängiges Recht auf den Erwerb von Aktien, sodass sie nicht unter die Tatbestandsvoraussetzungen des § 25 Abs. 1 Satz 1 Nr. 1 WpHG subsumiert werden können. Optionen und Terminkontrakte stellen andererseits Beispiele für Instrumente i.S.d. § 25 Abs. 1 Satz 1 Nr. 1 WpHG dar.

Zum Zweck einer über diese ersten Anhaltspunkte hinausgehenden Konkretisierung des Normverständnisses wird in der Gesetzesbegründung auf die von der Europäischen Wertpapier- und Marktaufsichtsbehörde[1089] gemäß Art. 13 Abs. 1b Satz 2 der durch die Transparenzrichtlinie-Änderungsrichtlinie

---

1086 RegBegrE zum Entwurf eines Gesetzes zur Umsetzung der Transparenzrichtlinie-Änderungsrichtlinie, BT-Drucks. 18/5010, S. 46.

1087 RegBegrE zum Entwurf eines Gesetzes zur Umsetzung der Transparenzrichtlinie-Änderungsrichtlinie, BT-Drucks. 18/5010, S. 46.

1088 RegBegrE zum Entwurf eines Gesetzes zur Umsetzung der Transparenzrichtlinie-Änderungsrichtlinie, BT-Drucks. 18/5010, S. 46 f.

1089 Die Europäische Wertpapier- und Marktaufsichtsbehörde wird auch kurz als ESMA für European Securities and Markets Authority bezeichnet.

geänderten zweiten Transparenzrichtlinie zu erstellende und regelmäßig zu aktualisierende, nicht erschöpfende Liste von meldepflichtigen Instrumenten[1090] verwiesen.[1091] Diese zählt im Wesentlichen Instrumente auf, die auch unter den § 25a WpHG a. F. zu subsumieren waren. Hierunter fallen etwa Wandelanleihen mit Bezug zu bereits ausgegebenen Aktien, Zertifikate mit Bezug zu Aktienkörben oder Indizes, Wertpapierpensionsgeschäfte, Rückgewähransprüche im Zusammenhang mit Wertpapierleihen, vertragliche Vorkaufsrechte und andere bedingte Übertragungsansprüche. Eine abschließende Auflistung aller erfassten Instrumente enthält jedoch auch diese Zusammenstellung ausdrücklich nicht. Daher besteht unabhängig von den vorgenannten Beispielsfällen ein Bedürfnis, den Anwendungsbereich des neuen Meldetatbestands auch dogmatisch und abstrakt-generell genauer zu erfassen und abzugrenzen.

Insofern lässt der Wortlaut des § 25 Abs. 1 Satz 1 Nr. 2 WpHG jedoch unterschiedliche Verständnisse zu. Dem Verweis auf § 25 Abs. 1 Satz 1 Nr. 1 WpHG ist zwar zu entnehmen, dass die von § 25 Abs. 1 Satz 1 Nr. 2 WpHG erfassten Instrumente eine mit einem unbedingten bzw. allein vom Ermessen seines Inhabers abhängigen Erwerbsrecht „vergleichbare wirtschaftliche Wirkung" haben müssen. Wie diese „vergleichbare wirtschaftliche Wirkung" konkret zu qualifizieren ist, bleibt jedoch unklar.[1092] So kommen für die Feststellung einer einem Erwerbsrecht vergleichbarer wirtschaftlicher Wirkung verschiedene Anknüpfungspunkte in Betracht.

Die „wirtschaftliche Wirkung" eines Erwerbsrechts besteht in aller Regel darin, dass sein Inhaber bereits aufgrund des Erwerbsrechts an der wirtschaftlichen Entwicklung des Erwerbsgegenstands partizipiert.[1093] Steigt der Wert des Erwerbsgegenstands, steigt auch der Gegenwert eines hierauf gerichteten Erwerbsrechts. Die beispielhaft in § 25 Abs. 2 WpHG genannten Optionen und Terminkontrakte, die jeweils ein Erwerbsrecht begründen, sind hinsichtlich ihres Werts zum Beispiel mit der wirtschaftlichen Entwicklung der ihnen zugrunde liegenden Aktien verknüpft. Für ein auf diese wirtschaftliche Wirkung abstellendes Verständnis des § 25 Abs. 1 Satz 1 Nr. 2 WpHG spricht zudem die Nennung von *Swaps* und Differenzgeschäften in § 25 Abs. 2 WpHG. Denn das wesentliche Merkmal dieser Instrumente ist gerade die Nachbildung der wirtschaftlichen Wertentwicklung ihres Basiswerts.[1094] Insofern lässt sich ihre Nennung als die Anführung zweier idealtypischer Beispiele für in diesem Sinne verstandene Instrumente i.S.d. § 25 Abs. 1 Satz 1 Nr. 2 WpHG verstehen, die einen der „wirtschaftlichen Wirkung" eines Erwerbsrechts vergleichbaren Effekt haben.

1090 ESMA, Indicative List of Financial Instruments that are Subject to Notification Requirements According to Article 13(1b) of the revised Transparency Directive.

1091 RegBegrE zum Entwurf eines Gesetzes zur Umsetzung der Transparenzrichtlinie-Änderungsrichtlinie, BT-Drucks. 18/5010, S. 46.

1092 Vgl. Seibt/Wollenschläger, AG 2012, S. 305 (311).

1093 Dies gilt zumindest soweit der Ausübungspreis bereits verbindlich festgelegt wurde.

1094 Siehe bereits S. 74 ff.

Andererseits zeichnet sich die Wirkung eines Erwerbsrechts in rechtlicher Hinsicht dadurch aus, dass es eine Zugriffsmöglichkeit auf Aktien in Form eines auf deren Eigentumsübertragung gerichteten Anspruchs i.S.d. § 194 Abs. 1 BGB schafft. Die Voraussetzung einer einem Erwerbsrecht „vergleichbaren wirtschaftlichen Wirkung" lässt sich daher auch dahin gehend verstehen, dass auf wirtschaftlichem Weg eine einer rechtlichen Zugriffsmöglichkeit vergleichbare Erwerbsmöglichkeit geschaffen werden muss. Für eine solche Auslegung des § 25 Abs. 1 Satz 1 Nr. 2 WpHG lässt sich die im Rahmen dieser Untersuchung bereits dargestellte Entstehungsgeschichte des § 25a WpHG a.F. anführen.[1095] Denn § 25 Abs. 1 Satz 1 Nr. 2 WpHG folgt letztlich aus der Harmonisierung der einzelstaatlichen Regelungen, die in Reaktion auf die Fälle des verdeckten Beteiligungsaufbaus geschaffen wurden, und soll daher mittelbar auch selbst den verdeckten Beteiligungsaufbau verhindern.[1096] Die für den verdeckten Beteiligungsaufbau genutzten Strategien zeichneten sich gerade dadurch aus, dass sie zwar kein Erwerbsrecht begründeten, jedoch über wirtschaftliche Mechanismen den Erwerb der Aktien sicherstellten.[1097] Insofern liegt auch ein solches Verständnis des neuen Mitteilungstatbestands nicht fern.

In der Mehrzahl der Fälle kommen beide Auslegungsvarianten zu ähnlichen Ergebnissen, sodass eine Festlegung auf ein konkretes Normverständnis ganz überwiegend entbehrlich ist. Denn auch für den verdeckten Aufbau einer Beteiligung wurden stets Instrumente eingesetzt, die die wirtschaftliche Wertentwicklung ihrer Referenzaktien nachvollzogen.[1098] Auf dieser Wirkung basierte die Funktionsweise der zum Zweck eines verdeckten Beteiligungsaufbaus genutzten Strategien gerade. Nach beiden Auslegungsmöglichkeiten werden von § 25 Abs. 1 Satz 1 Nr. 2 WpHG daher insbesondere solche Instrumente erfasst, die ihren Inhaber an der Wertentwicklung der Referenzaktien partizipieren lassen.

Vor diesem Hintergrund erscheint auch die in der Gesetzesbegründung geäußerte Erwartung, dass durch den neuen Wortlaut des § 25 Abs. 1 Satz 1 Nr. 2 WpHG im Vergleich zu § 25a Abs. 1 Satz 1, 2 WpHG a.F. keine inhaltliche Änderung hinsichtlich der erfassten Instrumente bewirkt wird,[1099] nachvollziehbar. Eine in der Vergangenheit von § 25a Abs. 1 Satz 2 Nr. 2 Alt. 2 WpHG a.F. erfasste Abnahmeverpflichtung, die aus einer physischen Verkaufsoption stammt,[1100] besitzt jedoch keine einem Erwerbsrecht vergleichbare wirtschaftliche Wirkung.[1101] Sie bewirkt weder eine Partizipation an der wirtschaftlichen Entwicklung der Referenzaktien, noch schafft sie eine wirtschaftliche Zugriffsmöglichkeit in obengenanntem Sinne. Ähnliches gilt für die vor Inkrafttreten des Gesetzes zur Umsetzung der Transparenzrichtlinie-

1095 Siehe bereits S. 59 ff.
1096 Vgl. Parmentier, AG 2014, S. 15 (20).
1097 Vgl. bereits S. 98 ff.
1098 Zur Funktionsweise des verdeckten Beteiligungsaufbaus siehe bereits S. 73 ff.
1099 RegBegrE zum Entwurf eines Gesetzes zur Umsetzung der Transparenzrichtlinie-Änderungsrichtlinie, BT-Drucks. 18/5010, S. 46.
1100 Siehe bereits S. 120 ff.
1101 Ähnlich Seibt/Wollenschläger, AG 2012, S. 305 (312).

Änderungsrichtlinie in den Anwendungsbereich des § 25a Abs. 1 Satz 1 WpHG a. F. fallenden gewerblichen Pfandrechte, die eine Verfallsvereinbarung enthalten.[1102] Auch diesen Instrumenten kommt nach beiden Verständnismöglichkeiten keine einem Erwerbsrecht vergleichbare wirtschaftliche Wirkung zu. Zudem werden von dem neu gefassten Meldetatbestand anders als noch von § 25a Abs. 1 Satz 1 WpHG a. F. keine zugunsten Dritter bestehenden Erwerbsmöglichkeiten erfasst. Entgegen der Erwartung des Gesetzgebers haben sich aus der tatbestandlichen Umgestaltung im Ergebnis also durchaus auch inhaltliche Neuerungen ergeben.[1103]

3. Berechnung der mitzuteilenden Stimmrechtsanteile

Als weitere Neuerung wurde in diesem Zusammenhang auch die Berechnungsweise für die zu meldenden Stimmrechtsanteile geändert. Gemäß § 25 Abs. 3 Satz 1 WpHG ist im Grundsatz die Anzahl der mitzuteilenden Stimmrechte zwar weiterhin anhand der nominalen Anzahl der den Instrumenten zugrunde liegenden Aktien zu berechnen. Hiervon abweichend ist jedoch gemäß § 25 Abs. 3 Satz 2 WpHG bei Instrumenten, die keine physische Abwicklung, sondern einen Barausgleich vorsehen, die Anzahl der zu meldenden Stimmrechte mithilfe des variablen Deltafaktors zu berechnen.[1104] Zu diesem Zweck ist die nominale Anzahl der den Instrumenten zugrunde liegenden Aktien mit dem jeweiligen Deltawert des betroffenen Instruments zu multiplizieren. Für die Einzelheiten der Berechnung verweist § 25 Abs. 3 Satz 3 WpHG auf Art. 5 der von der Europäischen Kommission erlassenen Verordnung 2015/761[1105].

Anders als zuvor gemäß § 25a Abs. 2 Satz 2 Halbs. 2 WpHG a. F. ist also nach der neuen gesetzlichen Regelung nicht mehr stets von einem Deltafaktor mit dem Wert eins auszugehen, sondern der für jeden Einzelfall spezifisch zu ermittelnde Deltawert der entsprechenden Mitteilung zugrunde zu legen. Hiermit gehen verschiedenen Auswirkungen einher, die ebenfalls zu einer starken Veränderung des Melderegimes führen. So verändert sich der Deltafaktor beispielsweise laufend in Abhängigkeit von den jeweils vorzufindenden Marktbedingungen wie z. B. der gegenwärtigen Kursentwicklung des Referenzwerts und der noch verbleibenden Restlaufzeit.[1106] Entsprechend unterliegen auch die mithilfe des Deltafaktors berechneten Stimmrechtsanteile ständigen Veränderungen. Dieser Umstand verursacht erheblichen Verwaltungsaufwand für die

---

1102 Zur Anwendbarkeit des § 25a Abs. 1 Satz 1 WpHG auf gewerbliche Pfandrechte mit Verfallvereinbarung siehe bereits S. 125 ff.

1103 So wohl auch Bosse, BB 2015, S. 746 (748).

1104 Zur Bestimmung der zu meldenden Stimmrechtsanteile mithilfe des Deltafaktors siehe bereits S. 148 ff.; kritisch hierzu Parmentier, AG 2014, S. 15 (21).

1105 Delegierte Verordnung (EU) 2015/761 der Kommission vom 17. Dezember 2014 zur Ergänzung der Richtlinie 2004/109/EG des Europäischen Parlaments und des Rates im Hinblick auf bestimmte technische Regulierungsstandards für bedeutende Beteiligungen, ABl. EU, L 120, 13. Mai 2015, S. 2 ff.

1106 Brandt, BKR 2010, S. 270 (274).

Meldepflichtigen, da diese nach der neuen Regelung prinzipiell die fortlaufend veränderliche Höhe ihrer jeweiligen Stimmrechtsanteile überwachen müssen, um im Fall einer Schwellenberührung entsprechend reagieren zu können und ihren ggf. entstehenden Meldepflichten nachzukommen.[1107] Zudem besteht trotz der im Verordnungswege von der Europäischen Kommission erlassenen Vorgaben keine einheitliche, allgemeingültige Berechnungsmethode für den Deltafaktor.[1108] Insofern entstehen für die Meldepflichtigen erhebliche Rechtsrisiken, sofern sie eine Berechnungsmethode anwenden, die von den Aufsichtsbehörden ggf. als nicht ordnungsgemäß beurteilt wird. Weiterhin eröffnet das Fehlen eines allgemeingültigen Berechnungsstandards die Möglichkeit, die Berechnung des Deltawerts in Richtung einer bestimmten Zielgröße zu beeinflussen und birgt daher Manipulationsgefahren. Schließlich bringt eine streng nach dem Deltafaktor ausgerichtete Berechnungsmethode zwar den Vorteil mit sich, dass in Fällen, in denen Barausgleichsinstrumente lediglich zu Absicherungs- oder Spekulationszwecken eingesetzt werden, die zu meldenden Stimmrechtsanteile den tatsächlich aus den Sicherungsgeschäften des Vertragspartners entspringenden Stimmrechtspotenzialen entsprechen.[1109] Werden solche Instrumente jedoch zum Zweck eines verdeckten Beteiligungsaufbaus eingesetzt, besteht die Gefahr, dass die mittels des Deltafaktors errechneten Stimmrechtsanteile das tatsächlich entstehende Stimmrechtspotenzial nicht sachgerecht abbilden.[1110]

Die Stimmrechtsanteile der beiden Tatbestandsalternativen des § 25 Abs. 1 Satz 1 WpHG werden schließlich gemäß § 25 Abs. 4 WpHG zusammengerechnet. Diese Regelung entspricht insoweit der auch zuvor von § 25a Abs. 1 Satz 7 WpHG a. F. vorgeschriebenen Aggregation der jeweils nach § 25 Abs. 1 Satz 1 WpHG a. F. sowie § 25a Abs. 1 Satz 1 WpHG a. F. zu meldenden Stimmrechte.

4. Schaffung einer neuen dritten Meldesäule

Nachdem, wie vorstehend dargestellt, die ursprüngliche zweite und dritte Säule der kapitalmarktrechtlichen Beteiligungstransparenz zu einer einheitlichen zweiten Säule zusammengefasst wurden, wurde als neue dritte Säule eine eigenständige Meldepflicht für die aus der ersten und zweiten Säule aggregierten Stimmrechtsanteile etabliert. So verpflichtet § 25a Abs. 1 WpHG zu einer entsprechenden Mitteilung, soweit die Summe der nach § 21 Abs. 1 Satz 1 WpHG und nach § 25 Abs. 1 Satz 1 WpHG zu meldenden Stimmrechte bzgl. desselben Unternehmens die in § 21 Abs. 1 Satz 1 WpHG genannten Schwellenwerte mit Ausnahme der Meldeschwelle von 3 % erreicht, überschreitet oder unterschreitet. Anders als zuvor in

1107 Vgl. Fleischer/Schmolke, NZG 2010, S. 846 (854); Brandt, BKR 2010, S. 270 (274).
1108 Wackerbarth, ZIP 2010, 1527 (1530); Renn/Weber/Gotschev, AG 2012, S. 440 (442); Seibt, ZGR 2010, S. 795 (833); Brandt, BKR 2010, S. 270 (274); Fleischer/Schmolke, NZG 2010, S. 846 (854); Christ, Barausgleichsderivate und das Anschleichen an Zielgesellschaften, S. 227.
1109 Renn/Weber/Gotschev, AG 2012, S. 440 (447).
1110 Vgl. bereits S. 150 f.

§ 25 Abs. 1 Satz 3 WpHG a. F. sowie § 25a Abs. 1 Satz 7 WpHG a. F. vorgesehen, hat die Mitteilung der aggregierten Stimmrechtsanteile somit nicht mehr jeweils im Rahmen der einzelnen Mitteilungen erfolgen. Vielmehr wurde ein eigener Mitteilungstatbestand für die von den Meldepflichtigen erreichten Gesamtpositionen geschaffen. Dies fördert die Übersichtlichkeit der Stimmrechtsmitteilungen insgesamt.

III. Ausgestaltung der Meldungen und Überarbeitung des Sanktionsregimes

Neben diesen inhaltlichen Änderungen der in den §§ 21 bis 30 WpHG enthaltenen Mitteilungs- und Zurechnungstatbeständen wurden auch erhebliche Änderungen der Vorgaben für die Durchführung der Stimmrechtsmitteilungen und die für den Fall eines Verstoßes gegen die gesetzlichen Offenlegungspflichten drohenden Sanktionen vorgenommen.

Zunächst wurde in § 17 Abs. 1 WpAIV die Verwendung eines amtlichen Musters für die Erfüllung der aus §§ 21, 25 und 25a WpHG folgenden Mitteilungspflichten vorgeschrieben. Die nach der zuvor geltenden Rechtslage fakultative Verwendung der von der Bundesanstalt für Finanzdienstleistungsaufsicht zur Verfügung gestellten Meldeformulare wurde insofern durch die verpflichtende Nutzung der als Anlage zur WpAIV bereitgestellten Muster für Stimmrechtsmitteilungen ersetzt.[1111]

Größere Tragweite kam jedoch der Ausweitung des auch bereits zuvor in § 28 WpHG vorgesehenen Rechtsverlusts zu. Diese Norm ordnete zuvor lediglich bei Verstößen gegen die Mitteilungspflicht des § 21 Abs. 1 Satz 1 WpHG den Rechtsverlust für Aktien an, die dem Meldepflichtigen tatsächlich gehörten oder aus denen ihm gemäß § 22 Abs. 1 Satz 1 Nr. 1 oder 2 WpHG die Stimmrechte zugerechnet wurden. Der überarbeitete § 28 Abs. 1 WpHG weitet diesen Rechtsverlust bei Verstößen gegen § 21 Abs. 1 Satz 1 WpHG über den vorherigen Geltungsbereich hinaus zukünftig auch auf alle anderen in § 22 Abs. 1, 2 WpHG genannten Zurechnungstatbestände aus.[1112] Zudem droht anders als zuvor gemäß § 28 Abs. 2 WpHG der Verlust aller aus Aktien stammenden Rechte auch bei Verstößen gegen die Mitteilungspflichten des § 25 Abs. 1 Satz 1 WpHG sowie des § 25a Abs. 1 Satz 1 WpHG.[1113] Da in diesen Fällen die Aktien und die hiermit verbundenen Rechte aber oftmals noch nicht dem gemäß § 25 Abs. 1 Satz 1 WpHG bzw. gemäß § 25a Abs. 1 Satz 1 WpHG Meldepflichtigen gehören, sondern noch dem Aktieneigentümer zustehen, wurde der Rechtsverlust auf die Person des Meldepflichtigen beschränkt.

Zusätzlich zu dieser Ausweitung des drohenden Rechtsverlusts wurde der in § 39 Abs. 4 WpHG vorgesehene Bußgeldrahmen drastisch erhöht. Während ein

---

1111 Burgard/Heimann, WM 2015, S. 1445 (1447).

1112 RegBegrE zum Entwurf eines Gesetzes zur Umsetzung der Transparenzrichtlinie-Änderungsrichtlinie, BT-Drucks. 18/5010, S. 48; Bosse, BB 2015, S. 746 (749).

1113 RegBegrE zum Entwurf eines Gesetzes zur Umsetzung der Transparenzrichtlinie-Änderungsrichtlinie, BT-Drucks. 18/5010, S. 48.

Verstoß gegen kapitalmarktrechtliche Meldepflichten zuvor höchstens mit einer Geldbuße in Höhe von einer Million Euro geahndet werden konnte, sind nun gegen natürliche Personen bereits Geldbußen bis zur Höhe von zwei Millionen Euro möglich.[1114] Gegenüber juristischen Personen oder Personenvereinigungen können sogar Geldbußen bis zu zehn Millionen Euro bzw. bis zu fünf Prozent ihres Gesamtumsatzes im vorausgegangenen Geschäftsjahr verhängt werden.[1115] Die Verknüpfung der konkreten Bußgeldhöhe mit dem Gesamtumsatz des betroffenen Unternehmens war vor dieser Neuregelung lediglich aus dem Kartellrecht bekannt und stellt ein völlig neuartiges Element innerhalb des kapitalmarktrechtlichen Sanktionsregimes dar.[1116] Gleiches gilt für die in § 39 Abs. 4 Satz 3 WpHG vorgesehene Möglichkeit, einen Verstoß gegen Meldepflichten alternativ auch mit einer Buße bis zu dem Zweifachen des aus dem Meldeverstoß gezogenen wirtschaftlichen Vorteils abzugelten.[1117]

Schließlich wurde ein neuer § 40c WpHG eingefügt, der die Bundesanstalt für Finanzdienstleistungsaufsicht bei Verstößen gegen kapitalmarktrechtliche Mitteilungspflichten verpflichtet, die diesbezüglich getroffenen Maßnahmen und Sanktionen auf ihrer Internetseite zu veröffentlichen. Gemäß § 40c Abs. 2 WpHG sind hierbei insbesondere die verantwortlichen natürlichen oder juristischen Personen zu nennen.

Im Ergebnis wurde also eine empfindliche Verschärfung der Sanktionen für Meldeverstöße vorgenommen.[1118] Vor dem Hintergrund, dass insbesondere mit der generellen Verlagerung zu einer schuldrechtlichen Betrachtungsweise und der Einführung des unbestimmten Rechtsbegriffs einer vergleichbaren wirtschaftlichen Wirkung die Konturen der einzelnen Meldetatbestände im Vergleich zur bisherigen Rechtslage weniger trennscharf und bestimmt ausgestaltet wurden, erscheint dieser Befund nicht unbedenklich. Die Motivation des Gesetzgebers ist zwar insofern nachvollziehbar, als die zuvor angedrohten Geldbußen in Anbetracht der für den Erwerb von wesentlichen Beteiligungen an börsennotierten Unternehmen eingesetzten beträchtlichen Finanzmittel kaum Abschreckungswirkung entfalten konnten. Nichtsdestotrotz ist im Rahmen des Ordnungswidrigkeitenrechts der aus dem in Art. 20 GG verankerten Rechtsstaatsprinzip fließende Bestimmtheitsgrundsatz zu beachten. Bedenken wegen der Wahrung dieses für rechtsstaatliches Handeln essenziellen Grundsatzes bei der beabsichtigten Schaffung offener und dynamischer Regelungen und gleichzeitiger, drastischer Verschärfung der drohenden Sanktionen, werden zwar aufgrund der von der Europäischen Wertpapier- und Marktaufsichtsbehörde zu erstellenden Liste meldepflichtiger Instrumente weitgehend

1114 Vgl. § 39 Abs. 4 Satz 1 WpHG.

1115 Vgl. § 39 Abs. 4 Satz 2 WpHG; zu den diesbezüglichen Vorgaben der Transparenzrichtlinie-Änderungsrichtlinie siehe Nartowska/Walla, AG 2014, S. 891 (899).

1116 Seibt/Wollenschläger, AG 2012, S. 305 (312); Handelsrechtsausschuss des Deutschen Anwaltvereins, NZG 2015, S. 1069 (1072).

1117 Handelsrechtsausschuss des Deutschen Anwaltvereins, NZG 2015, S. 1069 (1072).

1118 Kritisch diesbezüglich Deutsches Aktieninstitut, Stellungnahme zum Entwurf eines Gesetzes zur Umsetzung der Transparenzrichtlinie-Änderungsrichtlinie, S. 3, 12.

ausgeräumt.[1119] Gerade bei der Entwicklung neuartiger Finanzprodukte kann in Einzelfällen jedoch die Erfassung durch die §§ 21 bis 30 WpHG unklar und umstritten sein. In diesen Fällen bergen die empfindlichen Sanktionen erhebliche und nicht unbedenkliche Risiken.

IV. Auswirkungen auf die Gesamtsystematik der kapitalmarktrechtlichen Beteiligungstransparenz und rechtspolitische Überlegungen

Aufgrund der vorstehend dargestellten Änderungen der §§ 21 bis 30 WpHG durch das Gesetz zur Umsetzung der Transparenzrichtlinie-Änderungsrichtlinie hat sich die Gesamtsystematik der kapitalmarktrechtlichen Beteiligungstransparenz erneut grundlegend verändert. Zwar blieb eine dreigliedrige Säulenstruktur erhalten. Inhaltlich wurden die zweite und dritte Säule jedoch stark modifiziert. Die erste Säule dient nicht mehr nur der Offenlegung der gegenwärtigen Stimmrechtsverhältnisse in börsennotierten Unternehmen, sondern erfasst zusätzlich auch zukünftige Stimmrechtspotenziale, deren Realisierung unmittelbar bevorsteht. Mitteilungen der zweiten Säule bilden darüber hinaus sonstige zukünftige und bereits im Aufbau befindliche Stimmrechtspotenziale ab. Hierbei wurde jedoch die Unterscheidung dieser auf zukünftigen Stimmrechtseinfluss ausgerichteten Potenziale nach ihrer gegenwärtigen Verfestigung und somit nach der Wahrscheinlichkeit ihrer Realisierung, wie sie noch in § 25 WpHG a. F. einerseits und § 25a WpHG a. F. andererseits angelegt war, aufgegeben. Die dritte Säule der kapitalmarktrechtlichen Beteiligungstransparenz dient schließlich der Offenlegung der aggregierten Stimmrechtsmachten aus der ersten sowie der zweiten Meldesäule.

Zudem bewirkte die Einführung des § 21 Abs. 1b WpHG eine erneute Vorverlagerung der kapitalmarktrechtlichen Meldepflichten und eine frühere Information des Kapitalmarktpublikums über anstehende Beteiligungswechsel.[1120] Diese Entwicklung setzt die vorstehend erarbeitete, auch die gesetzgeberischen Regelungsbemühungen im Rahmen des AnsFuG prägende Regelungstendenz zur Ausweitung und Vorverlegung der kapitalmarktrechtlichen Mitteilungspflichten mit ihren verschiedenen Vor- und Nachteilen fort.[1121] Die der kapitalmarktrechtlichen Beteiligungstransparenz zwar von Beginn an innewohnende, zunächst jedoch unbeabsichtigte und lediglich einen Nebenzweck darstellende, übernahmespezifische Komponente der einzelnen Mitteilungspflichten wurde hierdurch noch stärker betont. Der ursprüngliche Zweck der §§ 21 bis 30 WpHG, dem Kapitalmarktpublikum die Beteiligungsverhältnisse an börsennotierten Unternehmen und die daraus gegenwärtig

---

1119 Kritisch Burgard/Heimann, WM 2015, S. 1445 (1451).

1120 RegBegrE zum Entwurf eines Gesetzes zur Umsetzung der Transparenzrichtlinie-Änderungsrichtlinie, BT-Drucks. 18/5010, S. 45; Burgard/Heimann, WM 2015, S. 1445 (1446 f.).

1121 Siehe bereits S. 156 ff.

resultierenden innergesellschaftlichen Macht- und Kontrollstrukturen zu offenbaren, rückte demgegenüber weiter in den Hintergrund.[1122]

Hinsichtlich der Regelungstechnik ist festzustellen, dass die im Rahmen des AnsFuG eingeführte, als Generalklausel fungierende Regelung des § 25a Abs. 1 Satz 1 WpHG a.F. wieder durch einen stärker fallgruppenorientierten Ansatz ersetzt wurde. Insbesondere die in § 25 Abs. 2 WpHG enthaltene Aufzählung belegt diese Wandlung. Zudem kommt der norminterpretierenden, von der Europäischen Wertpapier- und Marktaufsichtsbehörde veröffentlichten Liste der zu meldenden Instrumente eine entscheidende Bedeutung zu. Auch diese enthält eine indikative, fallgruppenartig aufgebaute Aufzählung verschiedener Instrumente, die von der Mitteilungspflicht des § 25 WpHG erfasst werden. Um dennoch die nötige Flexibilität der neuen Bestimmungen zu gewährleisten, verwendet der Gesetzgeber weiterhin unbestimmte Rechtsbegriffe. Dies gilt in besonderem Maße für die Tatbestandsalternative des § 25 Abs. 1 Satz 1 Nr. 2 WpHG, deren Kernelement die mit Erwerbsrechten vergleichbare wirtschaftliche Wirkung ist. Darüber hinaus bietet auch die von der Europäischen Wertpapier- und Marktaufsichtsbehörde herausgegebene Liste der erfassten Instrumente die Möglichkeit, auf dem Verwaltungsweg und somit deutlich flexibler und mit weniger zeitlichem Verzug auf aktuelle Entwicklungen zu reagieren, als dies im Fall einer erforderlichen Gesetzesänderung der Fall wäre.

Mit der neu eingeführten Tatbestandsalternative des § 25 Abs. 1 Satz 1 Nr. 2 WpHG wurde darüber hinaus der in der Vergangenheit bereits sukzessive gelockerte Stimmrechtsbezug nahezu vollständig aufgegeben. Der Wortlaut dieser Bestimmung verlangt – anders als die Vorgängerregelung des § 25a Abs. 1 Satz 1 WpHG a.F. – schon begrifflich keinen Bezug zu Stimmrechten mehr. Erforderlich ist lediglich eine einem Erwerbsrecht vergleichbare wirtschaftliche Wirkung. Daher werden von dieser Norm zahlreiche Instrumente erfasst, die keinerlei gegenwärtigen oder auch nur zukünftigen Stimmrechtseinfluss vermitteln.

Ähnliches ist hinsichtlich der im Rahmen der §§ 21 bis 30 WpHG ursprünglich noch dinglich begründeten Betrachtungsweise zu konstatieren. Mit der durch die Einführung des neuen § 21 Abs. 1b WpHG bedingten Ausrichtung auch des § 21 WpHG auf rein schuldrechtliche Erwerbsgeschäfte wurde der dingliche Stimmrechtsbezug weitestgehend aufgegeben. Die Mitteilungspflichten entstehen bereits mit dem Abschluss des jeweiligen Verpflichtungsgeschäfts und wurden daher von der dinglichen Rechtslage losgelöst.

Da mit diesen Änderungen in der Gesamtsystematik der kapitalmarktrechtlichen Beteiligungstransparenz im Wesentlichen die bereits im Rahmen des AnsFuG eingeschlagene Regelungstendenz des Gesetzgebers fortgesetzt wurde, lassen sich die bereits zu der mit dem AnsFuG einhergehenden Reform entwickelten rechtspolitischen Erwägungen in weiten Teilen auf die jüngst zurückliegende Überarbeitung der

1122 Ähnlich: Die Deutsche Kreditwirtschaft, Stellungnahme zum Regierungsentwurf eines Gesetzes zur Umsetzung der Transparenzrichtlinie-Änderungsrichtlinie, S. 3; siehe bereits S. 156 ff.

§§ 21 bis 30 WpHG übertragen. Teilweise wurden überschießende Regelungswirkungen der mit dem AnsFuG eingeführten Regelung des § 25a WpHG a.F. zwar wieder beseitigt. Dies gilt etwa für die Beseitigung der Offenlegungspflichten für aus gewerblichen Pfandrechten oder reinen Erwerbsverpflichtungen resultierende Erwerbsmöglichkeiten. In transparenzrechtlicher Hinsicht wenig relevante Fallgestaltungen wie beispielsweise in Gesellschaftervereinbarungen oder Gesellschaftsverträgen vereinbarte und langfristig angelegte Vorrechte verpflichten jedoch auch weiterhin zu entsprechenden Stimmrechtsmitteilungen. Auch bei den gesetzgeberischen Maßnahmen zur Umsetzung der Transparenzrichtlinie-Änderungsrichtlinie tritt daher der der kapitalmarktrechtlichen Beteiligungstransparenz innewohnende Zielkonflikt deutlich zutage.

Bedingt durch die Entstehungsgeschichte der neuerlichen Überarbeitung der §§ 21 bis 30 WpHG wurde den Belangen potenzieller Investoren weniger Beachtung geschenkt als den Interessen der übrigen Kapitalmarktteilnehmer. Die auch im Rahmen der Transparenzrichtlinie-Änderungsrichtlinie mittelbar beabsichtigte Verhinderung eines verdeckten Beteiligungsaufbaus stärkt insofern den Anlegerschutz.

Die Umstellung der ersten Säule auf eine schuldrechtliche Betrachtungsweise und die hiermit einhergehende Abweichung von der sachenrechtlichen Rechtsrealität birgt gleichzeitig jedoch die Gefahr, dass Mitteilungen i.S.d. § 21 Abs. 1 Satz 1 WpHG vermehrt zu Missverständnissen bei Handelsteilnehmern führen.[1123] Dies gilt nicht zuletzt im Hinblick auf die im Verhältnis zu den Parallelvorschriften der §§ 29 ff. WpÜG entstandenen Unterschiede, die dadurch verursacht werden, dass im Rahmen dieser Regelungen anders als gemäß § 21 Abs. 1b WpHG auch weiterhin die dingliche Rechtslage maßgebend ist.[1124] Aufgrund dieser Erwägungen wurde die Einführung des § 21 Abs. 1b WpHG in den zum Gesetzesentwurf erarbeiteten Stellungnahmen auch überwiegend abgelehnt.[1125] Der Gesetzgeber hat diese rechtspolitischen Bedenken jedoch unbeachtet gelassen und dem Bestreben nach frühestmöglicher Transparenz Priorität beigemessen. Zudem verschwimmen durch die vorgenannte Änderung des § 21 WpHG auch die Unterschiede zwischen Mitteilungen gemäß § 21 WpHG einerseits und solchen i.S.d. § 25 WpHG andererseits. Beide Meldetatbestände bilden zukünftige Stimmrechtspotenziale ab. Als einziger, oftmals gradueller Unterschied beider Mitteilungspflichten verbleibt der Zeitpunkt der voraussichtlichen Realisierung dieser Stimmrechtsmachten. Eine zutreffende Interpretation der jeweiligen Mitteilungen wird aufgrund dieser nicht immer trennscharfen Abgrenzung erschwert und in der Folge die Aussagekraft der jeweiligen

1123 Deutsches Aktieninstitut, Stellungnahme zum Entwurf eines Gesetzes zur Umsetzung der Transparenzrichtlinie-Änderungsrichtlinie, S. 4.

1124 Vgl. RegBegrE zum Entwurf eines Gesetzes zur Umsetzung der Transparenzrichtlinie-Änderungsrichtlinie, BT-Drucks. 18/5010, S. 45.

1125 Deutsches Aktieninstitut, Stellungnahme zum Entwurf eines Gesetzes zur Umsetzung der Transparenzrichtlinie-Änderungsrichtlinie, S. 4 f.; Die Deutsche Kreditwirtschaft, Stellungnahme zum Regierungsentwurf eines Gesetzes zur Umsetzung der Transparenzrichtlinie-Änderungsrichtlinie, S. 2 f.; Handelsrechtsausschuss des Deutschen Anwaltvereins, NZG 2015, S. 1069 (1069).

Meldungen insgesamt verringert. Hinzu kommt, dass aufgrund der Schaffung einer einheitlichen zweiten Meldesäule die zuvor entweder von § 25 WpHG a.F. oder § 25a WpHG a.F. erfassten Sachverhalte nicht mehr unterschieden werden können. Folglich können ähnlich lautenden Mitteilungen gänzlich verschiedene, für das Kapitalmarktpublikum unterschiedlich relevante Sachverhalte zugrunde liegen. Mangels Differenzierung in den einzelnen Mitteilungen ist dies jedoch für die nicht involvierten Kapitalmarktakteure kaum zu erkennen. Auch dies reduziert den Informationsgehalt der Mitteilungen insgesamt und erschwert deren zutreffende Auswertung. Zudem ist aufgrund der Abschaffung der alternativen Zurechnung im Rahmen des § 22 Abs. 1 Satz 1 Nr. 3 WpHG eine Vervielfältigung von Stimmrechtsmitteilungen im Zusammenhang mit der Sicherungsübereignung von Aktien zu befürchten. Ähnliches gilt für die im Rahmen des § 25 WpHG nun vorzunehmende Berechnung der mitzuteilenden Stimmrechtsanteile auf einer jeweils an den für jedes Instrument individuell zu ermittelnden Deltawert angepassten Grundlage. Auch diese Neuerung wird die Gesamtzahl der Stimmrechtsmeldungen weiter erhöhen. Dieser Folge steht zwar der grundsätzlich positive Effekt gegenüber, dass im Zusammenhang mit Derivategeschäften, denen reine Spekulationsabsichten zugrunde liegen, keine überhöhten, tatsächlich nicht der Realität entsprechenden Stimmrechtsanteile gemeldet werden. Aufgrund der neuen Berechnungsvorgaben stimmen die mitzuteilenden Stimmrechtsanteile mit der ebenfalls anhand des Deltawerts ermittelten Anzahl der für die Absicherung der Vertragsrisiken aus den Derivategeschäften erforderlichen Aktien überein. Die Verringerung der Aussagekraft der einzelnen Mitteilungen sowie die Vervielfältigung der Mitteilungen insgesamt können sich jedoch nachteilig auf die informationseffiziente Preisbildung und somit letztlich auf die Funktionsfähigkeit des Kapitalmarkts auswirken.

Zudem verursacht die neu vorgeschriebene Berechnungsweise der zu meldenden Stimmrechtsanteile aufgrund der fortlaufenden Veränderungen des für das jeweils betroffene Instrument spezifischen Deltawerts nicht unerheblichen Mehraufwand für Investoren. Dieser beschränkt sich nicht nur auf die zwingend fortlaufende Neuberechnung der jeweiligen Stimmrechtsanteile. Aufgrund von Marktschwankungen und den hierdurch bedingten Veränderungen des Deltawerts können auch zusätzliche Auf- und Abmeldungen erforderlich werden. Darüber hinaus bestehen im Detail noch Unklarheiten bzgl. der konkreten Berechnungsweise des Deltawerts. Diese bedingen wiederum in gewissem Umfang Rechtsunsicherheit, die vor dem Hintergrund der verschärften Sanktionen abschreckend auf Investoren wirken kann. Durch den zusätzlichen Aufwand und die verbleibende Rechtsunsicherheit können sich Investoren veranlasst sehen, ihre Investitionstätigkeit weniger auf börsennotierte Unternehmen auszurichten, als sich vielmehr auf andere Anlagemöglichkeiten zu fokussieren. Dies kann sich zum einen negativ auf die vorhandene Liquidität auswirken. Zum anderen kann dies aber auch den Markt für Unternehmenskontrolle schwächen und den hiervon ausgehenden Disziplinierungseffekt auf die Unternehmensleitung börsennotierter Unternehmen reduzieren. Letztlich droht daher auch die *Corporate Governance* in börsennotierten Unternehmen zu leiden.

G. Zusammenfassung und Fazit

Allgemein ist die kapitalmarktrechtliche Beteiligungstransparenz Teil einer umfassenden, das gesamte Kapitalmarktrecht prägenden Transparenzphilosophie, welche grundlegende Bedeutung für die Funktionsfähigkeit des Kapitalmarkts besitzt. Die der kapitalmarktrechtlichen Beteiligungstransparenz hierin zukommende Aufgabe bestand im Ausgangspunkt in der Offenlegung von wesentlichen Beteiligungen an börsennotierten Unternehmen. Das Bestehen einer bedeutenden Beteiligung setzte der Gesetzgeber im Rahmen des WpHG lange Zeit mit dem Innehaben eines durch Stimmrechte vermittelten Einflusspotenzials gleich. Diese Regelungstechnik entsprach dem bei Einführung der kapitalmarktrechtlichen Beteiligungstransparenz primär verfolgten Regelungsziel der Offenlegung der innergesellschaftlichen Macht- und Kontrollstrukturen von börsennotierten Unternehmen. Mittelbar werden durch die Offenlegung der innergesellschaftlichen Machtstrukturen der Anlegerschutz, die Informationseffizienz des Kapitalmarkts und die *Corporate Governance* in börsennotierten Unternehmen gefördert. Die bei börsennotierten Unternehmen vorherrschenden Machtstrukturen stellen einen wichtigen Aspekt für die Anlageentscheidung der Kapitalmarktteilnehmer dar. Die Zurverfügungstellung einer breiten Informationsgrundlage diesbezüglich ermöglicht Anlegern erst, eigenverantwortliche Anlageentscheidungen zu treffen. Darüber hinaus wird durch die Bereitstellung wichtiger Informationen das Anlegervertrauen gestärkt, was sich wiederum positiv auf die Liquidität des Kapitalmarkts auswirkt. Hinreichende Liquidität sowie die generelle Herstellung eines homogenen Informationsniveaus bei allen Marktteilnehmern wirkt Insidergeschäften entgegen und gewährleistet einen effizienten und funktionierenden Preisbildungsprozess. Schließlich wirkt sich Transparenz bzgl. der bestehenden Stimmrechtsverhältnisse auch positiv auf den Markt für Unternehmenskontrolle und somit auf die *Corporate Governance* in börsennotierten Unternehmen aus.

Ausgehend von dieser grundsätzlichen Zielsetzung entwickelte sich die kapitalmarktrechtliche Beteiligungstransparenz in der Folgezeit rasch fort. Parallel zu der raschen, durch den faktischen Wandel auf den Kapitalmärkten bedingten Entwicklung des gesamten Kapitalmarktrechts waren auch die Normen der kapitalmarktrechtlichen Beteiligungstransparenz während der inzwischen gut zweieinhalb Jahrzehnte ihres Bestehens erheblichen Veränderungen unterworfen. Bereits vor Inkrafttreten des AnsFuG wurde der Anwendungsbereich der einzelnen Mitteilungs- und Zurechnungstatbestände im Rahmen zahlreicher, gesetzgeberischer Reformen und Überarbeitungen sukzessive auf weitere Sachverhalte ausgedehnt. Aus dieser Entwicklung bildete sich in den §§ 21 bis 30 WpHG bis zum Inkrafttreten des AnsFuG eine auf zwei Säulen basierende Systematik heraus. Die erste Säule der kapitalmarktrechtlichen Beteiligungstransparenz diente der Offenlegung von Stimmrechten, die der jeweils Meldepflichtige gegenwärtig selbst hielt, sowie von ihm zugerechneten Stimmrechten Dritter, auf deren Ausübung der Meldepflichtige Einfluss nehmen konnte. Entsprechende Mitteilungen informierten daher über die gegenwärtigen Einfluss- und Machtverhältnisse in börsennotierten Unternehmen. Die zweite Säule der kapitalmarktrechtlichen Beteiligungstransparenz verpflichtete hingegen zur Mitteilung von zukünftigem Stimmrechtseinfluss, der aus qualifizierten, eine gesicherte Erwerbsposition begründenden Erwerbsrechten folgte. Hierdurch wurde über die zukünftigen Einfluss- und Machtstrukturen informiert, die jedoch bereits in der Gegenwart eine hinreichende Verfestigung aufwiesen, sodass bereits im Vorfeld des tatsächlichen Beteiligungserwerbs ein Transparenzbedürfnis gegeben war.

Diese Systematik konnte eine Reihe von spektakulären und in der Öffentlichkeit kontrovers diskutierten Sachverhalte, in denen der Aufbau umfangreicher Beteiligungen an börsennotierten Unternehmen durch den Einsatz von *Cash Settled Total Return Equity Swaps* und ähnlichen Aktienderivaten vorbereitet wurde, nicht erfassen. Denn der Einsatz dieser Derivate begründete für deren Inhaber zwar eine privilegierte Ausgangsposition für den nachfolgenden Aufbau einer tatsächlichen Beteiligung. Diese beruhte jedoch lediglich auf wirtschaftlichen Anreizen und Gesetzmäßigkeiten ohne einen einseitig durchsetzbaren Rechtsanspruch auf die Andienung von mit Stimmrechten verbundenen Aktien zu begründen. Da weder gegenwärtiger Stimmrechtseinfluss in Form eigenen Aktieneigentums oder Einflussmöglichkeiten auf die Ausübung Stimmrechte Dritter noch zukünftiger, durch rechtlich verbindliche Zugriffsrechte vermittelter Stimmrechtseinfluss bestand, konnten die §§ 21 bis 30 WpHG in ihrer vor Inkrafttreten des AnsFuG geltenden Fassung diese Erwerbspositionen nicht abbilden. Im Ergebnis wurden diese Vorbereitungshandlungen gegenüber der Marktöffentlichkeit daher nicht offengelegt, sodass aus Sicht der übrigen Marktteilnehmer der Aufbau der Beteiligung verdeckt erfolgte.

Der Gesetzgeber erkannte in diesem Rechtszustand ein Regelungsdefizit der bestehenden Transparenzvorschriften und reagierte mit den im Rahmen des AnsFuG vorgenommenen Reformen der kapitalmarktrechtlichen Beteiligungstransparenz auf die in der Praxis zutage getretenen Rechtspraktiken. Die mit dem AnsFuG einhergehende, neuerliche Überarbeitung der §§ 21 bis 30 WpHG brachte daher eine durchaus umfangreiche Ausweitung des Transparenzregimes mit sich. Dies galt zum einen bzgl. des in § 25 WpHG enthaltenen Mitteilungstatbestands, innerhalb dessen die Zusammenrechnung von gegenwärtigem und zukünftigem Stimmrechtseinfluss verstärkt wurde, um auf diese Weise Zugriffsrechte auf mit Stimmrechten verbundene Aktien besser zu erfassen und zeitlich frühere, detailliertere Meldungen zu bewirken. Zum anderen führte aber insbesondere die Einführung des gänzlich neuen Mitteilungstatbestands in § 25a WpHG zu einer erheblichen Ausweitung der transparenzrechtlichen Vorschriften. Dieser neuartige Meldetatbestand wurde vom Gesetzgeber bewusst weit gefasst und lediglich durch die Aufzählung dreier idealtypischer Fallgruppen mit gewissen Konturen ausgestattet. Über § 25 WpHG hinaus wurde von § 25a WpHG auf diese Weise zukünftiger Stimmrechtseinfluss nicht nur erfasst, wenn ein einseitiges, rechtlich verbindliches Erwerbsrecht bzgl. mit Stimmrechten verbundener Aktien bestand. Vielmehr verpflichtete jedes Erwerbsrecht, ungeachtet seiner konkreten Ausgestaltung zu einer Stimmrechtsmitteilung i.S.d. § 25a WpHG. Ob ein solches Erwerbsrecht noch von dem Eintritt weiterer Bedingungen, auf die der Meldepflichtige keinerlei Einfluss hatte, oder sogar dem Ermessen des Veräußerers abhing, war unerheblich. Weiterhin fand der neu eingeführte Mitteilungstatbestand nicht nur auf Erwerbsrechte, sondern auch auf Erwerbspflichten Anwendung. Schließlich wurden von § 25a WpHG auch Instrumente erfasst, die zwar in ihrer wirtschaftlichen Wertentwicklung von mit Stimmrechten verbundenen Aktien abhängig waren, darüber hinaus aber keinerlei rechtlichen Bezug zu solchen Aktien hatten. Dies galt etwa für die in der Vergangenheit mehrfach zum verdeckten Aufbau einer Beteiligung eingesetzten *Cash Settled Total Return Equity Swaps* und andere, eine ähnliche wirtschaftliche Wirkung aufweisende Barausgleichsderivate. Über diese drei Gruppen idealtypischer Instrumente i.S.d. § 25a WpHG hinaus erfasste die Generalklausel des § 25a Abs. 1 Satz 1 WpHG alle Instrumente, die aufgrund ihrer Ausgestaltung den Erwerb von mit Stimmrechten verbundenen Aktien ermöglichten. Die Auslegung und Konkretisierung dieses unbestimmten Rechtsbegriffs bereitete der Rechtspraxis nicht unerhebliche Schwierigkeit. So wurde beispielsweise der Stillhalter einer durch Geldzahlung zu erfüllenden Verkaufsoptionen verbreitet als verpflichtet angesehen, eine Mitteilung i.S.d. § 25a WpHG abzugeben. Eine nähere Untersuchung zeigt jedoch, dass die Tatbestandsvoraussetzungen des § 25a WpHG in diesen Fällen nicht erfüllt waren und daher keine Mitteilungspflicht bestand. Zudem wurden zahlreiche weitere Fallkonstellationen erfasst, die zwar die Tatbestandsvoraussetzungen des § 25a Abs. 1 Satz 1 WpHG erfüllten, hinsichtlich derer jedoch kaum Transparenzbedarf bestand und entsprechende Mitteilungspflichten der Transparenz abträglich sein konnten. In diesem Zusammenhang sind etwa gewerbliche, eine Verfallvereinbarung beinhaltende Pfandrechte, in Gesellschaftervereinbarungen und Gesellschaftsverträgen enthaltene Vorrechte und bestimmte Unternehmensverträge zu nennen. Der Gesetzgeber war sich der Gefahr in transparenzrechtlicher Hinsicht nicht gerechtfertigter Mitteilungspflichten bereits bei der Schaffung des § 25a WpHG bewusst. Die von ihm aus diesem Grund in § 25a Abs. 4 Satz 1 Nr. 2 WpHG angelegte Möglichkeit für eine Begrenzung des Anwendungsbereichs blieb seitens der Verwaltungsbehörden jedoch ungenutzt. Insofern fehlte es an einem sinnvollen Korrektiv des äußerst weit gefassten Wortlauts des § 25a Abs. 1 Satz 1 WpHG. Schließlich bereitete auch die Berechnung des im Rahmen einer Mitteilung i.S.d. § 25a WpHG mitzuteilenden Stimmrechtsanteils insbesondere für u. a. erfasste aktienbasierte Barausgleichsderivate Schwierigkeiten. Daher führte der Gesetzgeber für diese Fälle eine neue Berechnungsmethode ein. Hiernach hatte die Ermittlung des gemäß § 25a WpHG mitzuteilenden, fiktiven Stimmrechtsanteils anhand des sog. Deltafaktors zu erfolgen, für den jedoch unabhängig von der finanzmathematischen Verwendung dieser Rechengröße stets der Wert eins vorgeschrieben ist.

Diese im Rahmen des AnsFuG vorgenommene Überarbeitung der transparenzrechtlichen Bestimmungen bewirkte einige gravierende Verschiebungen in dem bestehenden Regelungsgefüge der §§ 21 bis 30 WpHG.

So wurde die zuvor auf zwei Säulen ruhende kapitalmarktrechtliche Beteiligungstransparenz um eine neue dritte Säule ergänzt. Während im Rahmen der ersten Säule gegenwärtig bestehender Stimmrechtseinfluss abgebildet wurde und die zweite Säule dem Transparenzbedürfnis bzgl. zukünftigem Stimmrechtseinfluss, der in Form eines nicht mehr entziehbaren Erwerbsrechts bereits gegenwärtig derart verfestigt war, dass er sich mit hinreichender Sicherheit realisierte, Rechnung trug, wurde durch § 25a WpHG als dritte Säule auch zukünftig lediglich möglicherweise entstehender Stimmrechtseinfluss offengelegt, dessen künftige Realisierung keineswegs sicher war. Innerhalb dieses neu geschaffenen dreigliedrigen Systems ließ sich ein von §§ 21, 22 WpHG über § 25 WpHG hin zu § 25a WpHG abfallendes Stufensystem erkennen. So ließ sich bei den Übergängen von der ersten auf die zweite und von der zweiten auf die dritte Säule eine abnehmende Intensität der Verbindung zwischen den die Mitteilungspflicht begründenden Sachverhalten und den Aktien sowie den durch diese vermittelten Stimmrechten feststellen. Denn die Sicherheit bzw. Wahrscheinlichkeit der tatsächlichen Stimmrechtsvermittlung aufgrund der jeweils erfassten Sachverhalte nahm von Stufe zu Stufe ab. Auf der ersten Stufe waren die Aktien und damit auch die Stimmrechte dem Meldepflichtigen bereits gegenwärtig zugeordnet. Auf der zweiten Stufe lag nur ein gesichertes Zugriffsrecht des Meldepflichtigen vor. Gegenwärtig waren sowohl die Aktien als auch die Stimmrechte aber noch einem Dritten zugeordnet. Auf der dritten Stufe bestand schließlich nur noch die Möglichkeit, dass es in der Zukunft zu einem Aktienerwerb durch den Meldepflichtigen kommen würde. Ob dieser aber tatsächlich eintreten würde und der Meldepflichtige die Aktien sowie die hiermit verbundenen Stimmrechte erwerben würde, war noch in weiterem Umfang offen.

Weiterhin ließ insbesondere die Neueinführung der Mitteilungspflicht des § 25a WpHG eine stufenweise Vorverlagerung des Melderegimes hin zu Vorfeldtatbeständen des tatsächlichen Beteiligungserwerbs und zukünftigen Sachverhalten erkennen. Während im Rahmen der ersten Säule noch an die vollendete Rechtsinhaberschaft angeknüpft wurde, fand eine erste Ausweitung und Vorverlagerung der Meldepflichten bereits im Rahmen des § 25 WpHG statt. Denn auch die von dieser Norm erfassten Sachverhalte vermittelten noch keinen gegenwärtigen Stimmrechtseinfluss. Die Mitteilungspflicht des § 25a WpHG ging noch einen Schritt weiter und erfasste bereits noch in der Anbahnungsphase befindliche Erwerbsgeschäfte, bei denen aufgrund ihrer frühzeitigen Erfassung oft noch ungewiss war, ob es überhaupt zu einem Aktienerwerb kommen würde.

Zudem ging mit dem Inkrafttreten des AnsFuG eine deutliche Verschiebung des Normzwecks der kapitalmarktrechtlichen Beteiligungstransparenz einher. Eine übernahmespezifische Ausrichtung des Normzwecks hatte zwar bereits im Rahmen der durch das TUG und das Risikobegrenzungsgesetz vorgenommenen Gesetzesänderungen Einzug in die kapitalmarktrechtliche Beteiligungstransparenz erhalten. Sowohl die neuerliche Überarbeitung des § 25 WpHG, als auch die Einführung des § 25a Abs. 1 Satz 1 WpHG, dienten jedoch nahezu ausschließlich der frühzeitigen Offenlegung von potenziellen Übernahmesachverhalten und anderweitigen Verschiebungen der Kontrollverhältnisse. Das Regelungsziel der Herstellung von

Transparenz hinsichtlich der bestehenden Beteiligungsstrukturen und den damit einhergehenden Machtverhältnissen in börsennotierten Unternehmen, trat demgegenüber in den Hintergrund. Die übernahmespezifische Komponente der mit der kapitalmarktrechtlichen Beteiligungstransparenz verfolgten Zielsetzung hatte daher eine neue Qualität erreicht.

Schließlich vollzog der Gesetzgeber mit dem AnsFuG auch einen weitreichenden Wechsel in der Regelungstechnik. So löste sich der Gesetzgeber mit der Einführung des § 25a WpHG als faktischem Auffangtatbestand, der im Wesentlichen eine Generalklausel enthielt, von dem ursprünglich fallgruppenorientierten Regelungsansatz. Gleichzeitig war der in den §§ 21, 22 WpHG noch enthaltene, im Ausgangspunkt dingliche Stimmrechtsbezug, welcher bereits mit der Einführung des § 25 WpHG eine Aufweichung erfahren hatte, im Rahmen des § 25a WpHG nur noch rudimentär wiederzufinden, da mit dieser Norm nicht nur eine wirtschaftliche Betrachtung bei der Zuordnung von Stimmrechten, sondern teilweise auch die Offenlegung rein wirtschaftlicher Interessen Einzug in das Regelungsregime der kapitalmarktrechtlichen Beteiligungstransparenz erhalten hatte.

Dem der kapitalmarktrechtlichen Beteiligungstransparenz generell innewohnenden Zielkonflikt entsprechend gingen mit diesen Maßnahmen nicht nur gesamtwohlstandsfördernde, sondern auch nachteilige Auswirkungen einher. Bis zu einem Mindestmaß an Beteiligungspublizität überwiegen grundsätzlich die positiven Effekte die ihnen gegenüberstehenden Nachteile. Je weiter die Transparenzvorschriften jedoch ausgebaut werden, desto mehr spitzt sich der Zielkonflikt zu, bis schließlich überwiegend nachteilige Auswirkungen drohen.

Entsprechend dem Regelungsziel des AnsFuG, die in der Praxis von Investoren zum verdeckten Aufbau von Beteiligungen genutzten und vom Gesetzgeber als Umgehungsgestaltung bewerteten Transaktionsstrategien stärker zu regulieren, wurden primär die Interessen der an solchen Beteiligungsvorgängen unbeteiligten Kapitalmarktakteure berücksichtigt. So wurde der Anlegerschutz insofern gestärkt, als seit Inkrafttreten des AnsFuG die Beteiligung der vorhandenen Aktionäre an der sog. Kontrollprämie sichergestellt war. Die hiermit getroffene Wertungsentscheidung entsprach der auch bereits zuvor in den §§ 21 bis 30 WpHG angelegten Zuordnungsregel und war insofern stringent. Insbesondere die Rechtsposition von Kleinanlegern in Übernahmesituationen wurde hierdurch gestärkt. Hinsichtlich der Informationseffizienz des Kapitalmarkts waren sowohl positive als auch negative Effekte festzustellen. Die Offenlegung von Fallgestaltungen, die zum verdeckten Aufbau einer Beteiligung genutzt werden konnten, erlaubte die Berücksichtigung der sich abzeichnenden und in aller Regel preisrelevanten Beteiligungsveränderungen. Zudem fördert auch die Transparenz rein wirtschaftlicher Teilhabe im Grundsatz den Preisbildungsprozess und damit die Informationseffizienz des Kapitalmarkts. Allerdings konnten aufgrund des im Vergleich zu Stimmrechtsmitteilungen i.S.d. § 21 WpHG deutlich geringeren Informationsgehalts von durch § 25 WpHG sowie § 25a WpHG veranlassten Meldungen auch Missverständnisse und falsche Erwartungen bei einzelnen Kapitalmarktteilnehmern entstehen. Aufgrund des zusätzlich eher diffusen Aussagegehalts, insbesondere von Mitteilungen i.S.d. § 25a WpHG, wurde die Verarbeitung und korrekte Auswertung der kapitalmarktrechtlichen Stimmrechtsmitteilungen zumindest komplexer. Die im Vorfeld des AnsFuG verschiedentlich prognostizierte Meldeflut hat sich tatsächlich jedoch nicht bewahrheitet. Potenziell negative Auswirkungen waren schließlich bzgl. der *Corporate Governance* in börsennotierten Unternehmen zu konstatieren. Die erweiterten Meldepflichten machten die Beteiligungspläne von Investoren weniger kalkulierbar und verteuerten etwaige Transaktionen zudem. Diese Nachteile konnten den Markt für Unternehmenskontrolle und dessen disziplinierende Wirkung auf die Unternehmensleitung von börsennotierten Unternehmen abschwächen.

Im Ergebnis wurde die bestehende Gewichtung der widerstreitenden Interessen von potenziellen Investoren auf der einen Seite und den übrigen Kapitalmarktteilnehmern auf der anderen Seite zulasten der Investoren verschoben.

Mit der Überarbeitung der kapitalmarktrechtlichen Beteiligungstransparenz durch die Umsetzung der Transparenzrichtlinie-Änderungsrichtlinie setzte sich diese bereits das AnsFuG prägende Regelungstendenz des Gesetzgebers weiter fort. Im Zusammenhang mit der zwingenden Überführung europarechtlicher Vorgaben in nationales Recht, wurden die §§ 21 bis 30 WpHG erneut durchaus grundlegend überarbeitet. Hiervon betroffen war zunächst die von den § 21, 22 WpHG gebildete erste Säule der kapitalmarktrechtlichen Beteiligungstransparenz. Hinsichtlich ihrer praktischen Auswirkungen noch wenig relevant sind insofern die neuen Vorgaben für die Bestimmung des Beginns der Mitteilungsfristen. Ähnliches gilt für die Einführung zweier neuer Zurechnungstatbestände in § 22 WpHG. Hierdurch wurde zwar eine erneute Ausweitung der Transparenzbestimmungen bewirkt. Aufgrund der geringen Anzahl von Fallgestaltungen, die von § 22 Abs. 1 Satz 1 Nr. 7 und 8 WpHG erfasst werden, wirkt sich dies jedoch nur in Einzelfällen aus. Einem Paradigmenwechsel gleichkommend waren jedoch die Abkehr von der dinglichen Betrachtungsweise und die gleichzeitig vorgenommene Hinwendung zu einer schuldrechtlichen Betrachtungsweise durch § 21 Abs. 1b WpHG. Für Mitteilungen im Rahmen der ersten Säule der kapitalmarktrechtlichen Beteiligungstransparenz ist in Abweichung zur sachenrechtlichen Rechtsrealität nicht mehr die dingliche Rechtslage entscheidend, sondern die eingegangenen schuldrechtlichen Verpflichtungsgeschäfte. Diese Umstellung führte zu einer Veränderung des Grundgerüsts der kapitalmarktrechtlichen Beteiligungstransparenz, welches verschiedene Abgrenzungsschwierigkeiten mit sich bringt. Die Mitteilungspflicht des § 21 Abs. 1 Satz 1 WpHG einerseits und der Zurechnungstatbestand des § 22 Abs. 1 Satz 1 Nr. 5 WpHG sowie der Meldetatbestand des § 25 Abs. 1 Satz 1 Nr. 1 WpHG unterscheiden sich in ihren Voraussetzungen nur noch graduell. Noch stärkeren Veränderungen waren jedoch die zweite und dritte Säule der kapitalmarktrechtlichen Beteiligungstransparenz unterworfen. So wurden § 25 WpHG a.F. und § 25a WpHG a.F. in einer einheitlichen zweiten Meldesäule zusammengefasst. Auf die zuvor von § 25 WpHG a.F. erfassten Instrumente findet der neue § 25 Abs. 1 Satz 1 Nr. 1 WpHG Anwendung. Die ehemals in § 25a WpHG a.F. genannten Instrumente werden überwiegend von § 25 Abs. 1 Satz 1 Nr. 2 WpHG erfasst. Anders als § 25a WpHG a.F. hat

§ 25 Abs. 1 Satz 1 Nr. 2 WpHG jedoch nicht das Bestehen einer Erwerbsmöglichkeit zur Voraussetzung, sondern verlangt eine mit einem Erwerbsrecht für Aktien vergleichbare wirtschaftliche Wirkung. Zur Konkretisierung dieses unbestimmten Rechtsbegriffs werden zum einen in § 25 Abs. 2 WpHG verschiedene Instrumente aufgezählt. Zum anderen hat die Europäische Wertpapier- und Marktaufsichtsbehörde eine indikative Liste von Instrumenten, die von dem Tatbestand des § 25 Abs. 1 Satz 1 Nr. 2 WpHG erfasst werden, veröffentlicht. Darüber hinaus ist der Regelungsinhalt dieser Norm hinsichtlich etwaiger in der Zukunft neu entwickelter Instrumente offen. Weiterhin wurden für aktienbasierte Barausgleichsderivate auch neue Berechnungsvorgaben hinsichtlich des mitzuteilenden Stimmrechtsanteils eingeführt. Die im Rahmen des AnsFuG noch vorgenommene Festlegung des Deltawerts mit dem Wert eins wurde durch eine Delta-adjustierte Berechnung ersetzt. Schließlich wurde als neue dritte Säule der kapitalmarktrechtlichen Beteiligungstransparenz in § 25a WpHG die Mitteilung der aggregierten, bereits im Rahmen der ersten beiden Meldesäulen mitzuteilenden Stimmrechtsanteile etabliert.

Mit dieser umfangreichen Umgestaltung der §§ 21 bis 30 WpHG ging eine Reihe systematischer Veränderungen einher. Die zwar weiterhin dreigliedrige Gesamtsystematik wurde inhaltlich stark verändert. Die erste Säule dient nun der Offenlegung gegenwärtiger und zukünftiger Stimmrechtsanteile, deren Realisierung unmittelbar bevorsteht. Sonstige zukünftige und bereits im Aufbau befindliche Stimmrechtspotenziale werden von Mitteilungen innerhalb der zweiten Säule wiedergegeben. Die dritte Säule der kapitalmarktrechtlichen Beteiligungstransparenz bezweckt ausschließlich die Offenlegung der aggregierten Stimmrechtsmachten aus der ersten sowie der zweiten Meldesäule. Zudem bewirkte die Einführung des § 21 Abs. 1b WpHG eine erneute Vorverlagerung der kapitalmarktrechtlichen Meldepflichten. Hierdurch wurde die der kapitalmarktrechtlichen Beteiligungstransparenz zwar von Beginn an innewohnende, zunächst jedoch unbeabsichtigte und lediglich einen Nebenzweck darstellende, übernahmespezifische Komponente der einzelnen Mitteilungspflichten noch stärker betont. Im Hinblick auf die im Rahmen der kapitalmarktrechtlichen Beteiligungstransparenz angewandte Regelungstechnik wurde von der generalklauselartigen Regelung des § 25a Abs. 1 Satz 1 WpHG a. F. Abstand genommen, und wieder stärker ein fallgruppenorientierten Regelungsansatz verfolgt. So enthalten § 25 Abs. 2 WpHG sowie die von der Europäischen Wertpapier- und Marktaufsichtsbehörde veröffentlichte Liste fallgruppenartig aufgebaute Aufzählungen verschiedener, von § 25 WpHG erfasster Instrumente. Mit der neu eingeführten Tatbestandsalternative des § 25 Abs. 1 Satz 1 Nr. 2 WpHG wurde darüber hinaus der in der Vergangenheit bereits sukzessive gelockerte Stimmrechtsbezug nahezu vollständig aufgegeben. Denn diese Mitteilungspflicht findet auch auf zahlreiche Instrumente Anwendung, die keinerlei gegenwärtigen oder auch nur zukünftigen Stimmrechtseinfluss vermitteln. Ebenfalls wurde die im Rahmen der §§ 21 bis 30 WpHG ursprünglich noch dinglich begründete Betrachtungsweise durch eine schuldrechtliche Perspektive abgelöst. Wurde zuvor die dingliche Betrachtungsweise lediglich durch weitere Mitteilungstatbestände korrigiert, ist nun generell das schuldrechtliche Verpflichtungsgeschäft maßgebend.

Ähnlich den rechtspolitischen Auswirkungen der im Rahmen des AnsFuG vorgenommenen Änderungen der §§ 21 bis 30 WpHG sind auch für die Umsetzung der Transparenzrichtlinie-Änderungsrichtlinie ambivalente Effekte zu erwarten. Die Verhinderung des verdeckten Aufbaus von Beteiligungen stärkt insofern zunächst den Anlegerschutz. Gleichzeitig sind jedoch durch die Loslösung der Mitteilungspflichten von der dinglichen Rechtslage bedingte Missverständnisse bei den Handelsteilnehmern zu befürchten. Zudem wurde durch die weniger scharfe Abgrenzung der einzelnen Meldesäulen und die Vereinigung des § 25 WpHG a. F. sowie des § 25a WpHG a. F. in einem einheitlichen Meldetatbestand die Aussagekraft der Stimmrechtsmitteilungen insgesamt verringert. Darüber hinaus bewirkt die Aufgabe der alternativen Zurechnung im Rahmen des § 22 Abs. 1 Satz 1 Nr. 3 WpHG sowie die Berechnungsvorgaben anhand des fortlaufend veränderlichen Deltawerts eine Erhöhung der Gesamtzahl von Stimmrechtsmitteilungen. Die Verringerung der Aussagekraft der einzelnen Mitteilungen sowie die Vervielfältigung der Mitteilungen insgesamt können sich nachteilig auf die informationseffiziente Preisbildung und somit letztlich auf die Funktionsfähigkeit des Kapitalmarkts auswirken. Schließlich verursachen die neuen Meldevorgaben nicht unerheblichen Mehraufwand für Investoren. In Kombination mit einer verbleibenden Rechtsunsicherheit im Zusammenhang mit den neuen Berechnungsvorgaben für die zu meldenden Stimmrechtsanteile können sich Investoren veranlasst sehen, ihre Investitionstätigkeit weniger auf börsennotierte Unternehmen auszurichten. In der Folge drohen nachteilige Effekte für die *Corporate Governance* in börsennotierten Unternehmen.

Abkürzungsverzeichnis

a.A.	anderer Ansicht
a.F.	alte Fassung
ABl.	Amtsblatt
Abs.	Absatz
AG	Aktiengesellschaft, Die Aktiengesellschaft
Anh.	Anhang
AnsFuG	Anlegerschutz- und Funktionsverbesserungsgesetz
AnsVG	Anlegerschutzverbesserungsgesetz
AktG	Aktiengesetz
Art.	Artikel
Aufl.	Auflage
Az.	Aktenzeichen
BaFin	Bundesanstalt der Finanzdienstleistungsaufsicht
BB	Betriebs-Berater
Bearb.	Bearbeiter
BeckRS	Beck Rechtsprechung
Begr.	Begründer
BGB	Bürgerliches Gesetzbuch
BGBl.	Bundesgesetzblatt
BGH	Bundesgerichtshof
BilMoG	Bilanzrechtsmodernisierungsgesetz
BKR	Zeitschrift für Bank- und Kapitalmarktrecht
BörsG	Börsengesetz
BR-Drucks.	Bundesrats-Drucksache
BT-Drucks.	Bundestags-Drucksache
bzw.	beziehungsweise
ca.	circa
CFL	Corporate Finance Law
DAX	Deutscher Aktienindex
DB	Der Betrieb
DepotG	Depotgesetz
DStR	Deutsches Steuerrecht
EBOR	European Business Organisation Review
EGHGB	Einführungsgesetz zum Handelsgesetzbuch
Einl.	Einleitung
ERGL	Ergänzungslieferung
ESMA	Europäische Wertpapier- und Marktaufsichtsbehörde
EU	Europäische Union
EuGH	Europäischer Gerichtshof
EuR	Zeitschrift für Europarecht

EuZW	Europäische Zeitschrift für Wirtschaftsrecht
EWiR	Entscheidungen im Wirtschaftsrecht
f.	folgend(e)
FinDAG	Finanzdienstleistungsaufsichtsgesetz
ff.	fortfolgend(e)
Fn.	Fußnote
FS	Festschrift
GWR	Gesellschafts- und Wirtschaftsrecht
HGB	Handelsgesetzbuch
Hrsg.	Herausgeber
i. d. R.	in der Regel
InvG	Investmentgesetz
i.S.d.	im Sinne des/der
i.V.m.	in Verbindung mit
JA	Juristische Arbeitsblätter
Jus	Juristische Schulung
JZ	Juristenzeitung
KAGB	Kapitalanlagegesetzbuch
KonTraG	Gesetz zur Kontrolle und Transparenz im Unternehmensbereich
KWG	Kreditwesengesetz
LG	Landgericht
MoRaKG	Gesetz zur Modernisierung der Rahmenbedingungen für Kapitalbeteiligungen
m.w.N.	mit weiteren Nachweisen
n.F.	neue Fassung
NJW	Neue Juristische Wochenschrift
NJW-RR	Neue Juristische Wochenschrift Rechtsprechungs-Report Zivilrecht
NZG	Neue Zeitschrift für Gesellschaftsrecht
Nr.	Nummer
OLG	Oberlandesgericht
RegBegrE	Begründung des Regierungsentwurfs
Rn.	Randnummer
S.	Seite
SolvV	Solvabilitätsverordnung
StudZR	Studentische Zeitschrift für Rechtswissenschaft Heidelberg
TUG	Transparenzrichtlinie-Umsetzungsgesetz
u. a.	unter anderem
VAG	Versicherungsaufsichtsgesetz
VG	Verwaltungsgericht
Vgl.	Vergleiche

WM	Wertpapier-Mitteilungen Zeitschrift für Wirtschafts- und Bankrecht
WpHG	Wertpapierhandelsgesetz
WpPG	Wertpapierprospektgesetz
WpÜG	Wertpapiererwerbs- und Übernahmegesetz
z. B.	zum Beispiel
ZBB	Zeitschrift für Bankrecht und Bankwirtschaft
ZGR	Zeitschrift für Unternehmens- und Gesellschaftsrecht
ZHR	Zeitschrift für das gesamte Handels- und Wirtschaftsrecht
ZIP	Zeitschrift für Wirtschaftsrecht
ZRP	Zeitschrift für Rechtspolitik
ZVglRWiss	Zeitschrift für Vergleichende Rechtswissenschaft

Ergänzend wird verwiesen auf: *Kirchner*, Hildebert: Abkürzungsverzeichnis der Rechtssprache, 6. Aufl., Berlin 2008

Literaturverzeichnis

Altenbockum, Uta-Bettina/*Leven*, Franz-Josef (Hrsg.): Die Ökonomie der Aktie: Dokumentation des Symposiums vom 27. Oktober 2008, Frankfurt am Main 2009

Anzinger, Heribert M.: Anschleichen an börsennotierte Unternehmen als kapitalmarktrechtliches Problem, in: *Gesellschaftsrechtliche Vereinigung* (Hrsg.): Gesellschaftsrecht in der Diskussion 2010. Jahrestagung der Gesellschaftsrechtlichen Vereinigung (VGR), Köln 2011, S. 187

Anzinger, Heribert M.: Die normative Reichweite des Transparenzgebots für Beteiligungen an börsennotierten Kapitalgesellschaften – Plädoyer für einen Paradigmenwechsel im Melderegime, in: WM 2011, S. 391

Arends, Volker: Die Offenlegung von Aktienbesitz nach deutschem Recht, Wiesbaden 2000

Assies, Paul H./*Beule*, Dirk/*Heise*, Julia/*Strube*, Harmut (Hrsg.): Handbuch des Fachanwalts Bank- und Kapitalmarktrecht, 4. Aufl., Köln 2015

Assmann, Heinz-Dieter/*Pötzsch*, Thorsten/*Schneider*, Uwe H. (Hrsg.): Wertpapiererwerbs- und Übernahmegesetz, 2. Aufl., Köln 2013

Assmann, Heinz-Dieter/*Schneider*, Uwe H. (Hrsg.): Wertpapierhandelsgesetz, 6. Aufl., Köln 2012

Assmann, Heinz-Dieter/*Schütze*, Rolf A. (Hrsg.): Handbuch des Kapitalanlagerechts, 4. Aufl., München 2015

Bachmann, Gregor: Kapitalmarktrechtliche Beteiligungstransparenz im Lichte moderner Finanzinstrumente, in: *Fleischer*, Holger/*Kalss*, Susanne/*Vogt*, Hans-Ueli (Hrsg.): Konvergenzen und Divergenzen im deutschen, österreichischen und schweizerischen Gesellschafts- und Kapitalmarktrecht, Tübingen 2011, S. 208

Bachmann, Gregor: Rechtsfragen der Wertpapierleihe, in: ZHR 173 (2009), S. 596

Bamberger, Heinz Georg/*Roth*, Herbert (Hrsg.): Kommentar zum Bürgerlichen Gesetzbuch: BGB

– Band 1: §§ 1–610 CISG, 3. Aufl., München 2012 (zitiert: Bamberger/Roth, BGB)

Baums, Theodor: Low Balling, Creeping in und deutsches Übernahmerecht, in: ZIP 2010, S. 2374

Baums, Theodor/*Hutter*, Stephan (Hrsg.): Gedächtnisschrift für Michael Gruson, Berlin 2009 (zitiert: Gedächtnisschrift für Gruson)

Baums, Theodor/*Sauter*, Maike: Anschleichen an Übernahmeziele mit Hilfe von Aktienderivaten, in: ZHR 173 (2009), S. 454

Bayer, Walter/*Scholz*, Philipp: Der Legitimationsaktionär – Aktuelle Fragen aus der gerichtlichen Praxis, in: NZG 2013, S. 721

Becht, Marco/*Franks*, Julian/*Mayer*, Colin/*Rossi*, Stefano: Returns to Shareholder Activism – Evidence from a Clinical Study of the Hermes U.K. Focus Fund, abrufbar unter: http://www.ie.edu/workshop_governance/pdf/Paper4_Collin_mayer.pdf (Abruf: 26. März 2016)

Beck, Heinz (Begr.)/*Samm*, Carl-Theodor/*Kokemoor*, Axel (Hrsg.): Kreditwesengesetz mit CRR, Stand: 180. Aktualisierung, Heidelberg 2015 (zitiert: Beck/Samm/Kokemoor, KWG)

Beisel, Wilhelm/*Klump*, Hans-Hermann (Begr.): Der Unternehmenskauf – Gesamtdarstellung der zivil- und steuerrechtlichen Vorgänge einschließlich gesellschafts-, arbeits- und kartellrechtlicher Fragen bei der Übertragung eines Unternehmens, 6. Aufl., München 2009

Black, Fischer/*Scholes*, Myron: The Pricing of Options and Corporate Liabilities, in: The Journal of Political Economy, Volume 81, 1973, Nr. 3, S. 637

Blöink, Thomas/*Kumm*, Nina: Erleichterungen und neue Pflichten – ein Überblick über die Regelpublizität nach der neuen EU-Transparenzrichtlinie, in: BB 2013, S. 1963

Blöink, Thomas/*Kumm*, Nina: Überblick über die Regelpublizität nach dem RegE eines Gesetzes zur Umsetzung der Transparenzrichtlinie-Änderungsrichtlinie – Update zu BB 2013, 1963 ff., in: BB 2015, S. 1515

Bödeker, Vinzenz: Anlegerschutz und „Grauer Kapitalmarkt" – Ein Überblick über die jüngsten Aktivitäten des Gesetzgebers, in: GWR 2011, S. 278

Boos, Karl-Heinz/*Fischer*, Reinfrid/*Schulte-Mattler*, Hermann (Hrsg.): Kreditwesengesetz. Kommentar zu KWG und Ausführungsvorschriften, 4. Aufl., München 2012

Bosse, Christian: Referentenentwurf zur Umsetzung der EU-Transparenzrichtlinie-Änderungsrichtlinie: Änderungen der periodischen Finanzberichterstattung und Beteiligungstransparenz, BB 2015, S. 746

Bosse, Christian: Wesentliche Neuerungen ab 2007 aufgrund des Transparenzrichtlinie-Umsetzungsgesetzes für börsennotierte Unternehmen, in: DB 2007, S. 39

Bott, Claudia/*Schleef*, Michael: Transparenz von Beteiligungsverhältnissen nach dem Wertpapierhandelsgesetz – Nutzen für den Anleger?, in: ZBB 1998, S. 330

Brandt, Ulrich: Der Anwendungsbereich von § 25a WpHG in Bezug auf Pfandrechte, in: CFL 2012, S. 110

Brandt, Ulrich: Meldepflichten für aktienbasierte Instrumente: Anmerkungen zum Diskussionsentwurf des Bundesfinanzministeriums (AnlegerstärkungsG), in: BKR 2010, S. 270

Brandt, Ulrich: Stimmrechtsmitteilungen nach §§ 21, 25, 25a, 27a WpHG im Aktienemissionsgeschäft, in: WM 2014, S. 543

Brandt, Ulrich: Transparenz nach RisikobegrenzungsG – und darüber hinaus?, in: BKR 2008, 441

Brav, Alon/*Jiang*, Wei/Partnoy, Frank/*Thomas*, Randall: Hedge Fund Activism, Corporate Governance and Firm Performance, in: The Journal of Finance, Volume 63, 2008, Nr. 4, S. 1729

Brellochs, Michael: Die Auslegung der kapitalmarktrechtlichen Melde- und Zurechnungsnormen im Licht der BGH-Rechtsprechung, in: ZIP 2011, S. 2225

Brinckmann, Hendrik: Die geplante Reform der Transparenz-RL: Veränderungen bei der Regelpublizität und der Beteiligungstransparenz, in: BB 2012, S. 1370

Brombach, Florian: Kapitalmarktrechtliche und aufsichtsrechtliche Pflichten bei der Berührung von Schwellenwerten, Frankfurt 2011

Brouwer, Tobias: Neue Transparenzvorgaben auf dem Weg zum Kapitalmarktrecht – Leerverkäufe und Beteiligungstransparenz stehen auf dem Prüfstand –, in: AG 2010, S. 404

Brouwer, Tobias: Stimmrechtsverlust de lege ferenda bei unterlassener Meldung potentieller Stimmrechte (§§ 25, 25a WpHG), in: AG 2012, S. 78

Buck-Heeb, Petra (Hrsg.): Kapitalmarktrecht, 7. Aufl., Heidelberg 2014

Bundesanstalt für Finanzdienstleistungsaufsicht: Emittentenleifaden, 4. Aufl., abrufbar unter: http://www.bafin.de/SharedDocs/Downloads/DE/Leitfaden/WA/dl_emittentenleitfaden_2013.pdf?__blob=publicationFile&v=5 (Abruf: 26. März 2016)

Bundesanstalt für Finanzdienstleistungsaufsicht: Jahresbericht der Bundesanstalt für Finanzdienstleistungsaufsicht 2014, abrufbar unter: https://www.bafin.de/SharedDocs/Downloads/DE/Jahresbericht/dl_jb_2014.pdf;jsessionid=4EC2BF4591423E241EA3E4F767968544.1_cid381?__blob=publicationFile&v=8 (Abruf: 26. März 2016)

Bulow, Jeremy/*Huan*, Ming/*Klemperer*, Paul: Toeholds and Takeovers, in: Journal of Political Economy, Volume 107, 1999, Nr. 3, S. 427

Bülow, Christoph von/*Petersen*, Sven: Stimmrechtszurechnung zum Treuhänder, in: NZG 2009, S. 1373

Bülow, Christoph von/*Stephanblome*, Markus: Acting in Concert und neue Offenlegungspflichten nach dem Risikobegrenzungsgesetz, in: ZIP 2008, 1797

Burgard, Ulrich: Die Offenlegung von Beteiligungen bei der Aktiengesellschaft, AG 1992, S. 41

Burgard, Ulrich/*Hadding*, Walther/*Mülbert*, Peter O./*Welter*, Reinhard (Hrsg.): Festschrift für Uwe H. Schneider zum 70. Geburtstag, Köln 2011

Burgard, Ulrich/*Heimann*, Carsten: Beteiligungstransparenz nach dem Regierungsentwurf eines Gesetzes zur Umsetzung der Transparenzrichtlinie-Änderungsrichtlinie, in: WM 2015, S. 1445

Bürgers, Thobias/*Körber*, Torsten (Hrsg.): Aktiengesetz, 3. Aufl. München 2014

Burmeister, Frank/*Staebe*, Erik: Grenzen des sog. Gold Plating bei der Umsetzung europäischer Richtlinien in nationales Recht, in: EuR 2009, S. 444

Cahn, Andreas: Die Mitteilungspflicht des Legitimationsaktionärs. Kommentar zu OLG Köln v. 6.6.2012–18 U 240/11, AG 2012, 599, in: AG 2013, S. 459

Cahn, Andreas: Probleme der Mitteilungs- und Veröffentlichungspflichten nach dem WpHG bei Veränderungen des Stimmrechtsanteils an börsennotierten Gesellschaften, in: AG 1997, S. 502

Canaris, Claus-Wilhelm/*Heldrich*, Andreas/*Hopt*, Klaus J./*Roxin*, Claus/*Schmidt*, Karten/ *Widmaier*, Gunter (Hrsg.): 50 Jahre Bundesgerichtshof, Festgabe aus der Wissenschaft, München 2000

Cascante, Christian/*Bingel*, Adrian: Verbesserte Beteiligungstransparenz (nicht nur) vor Übernahmen? Die Vorschriften des Anlegerschutz- und Funktionsverbesserungsgesetzes, in: NZG 2011, S. 1086

Cascante, Christian/*Topf*, Cornelia: „Auf leisen Sohlen"? – Stakebuilding bei der börsennotierten AG, in: AG 2009, S. 53.

Casper, Matthias: Kapitalmarktrecht: Reform in Permanenz – oder: zwischen Apollo 11 und dem kleinen Häwelmann: wohin geht die Reise? –, in: Ad Legendum 2010, S. 1

Casper, Matthias: Acting in Concert – Grundlagen eines neuen kapitalmarktrechtlichen Zurechnungstatbestandes, in: ZIP 2003, S. 1469

Christ, Dominique: Barausgleichsderivate und das Anschleichen an Zielgesellschaften, Baden-Baden 2011

Claussen, Carsten Peter (Begr.)/*Erne*, Roland (Hrsg.): Bank- und Börsenrecht, 5. Aufl., München 2014

Dauner-Lieb, Barbara/*Langen*, Werner (Hrsg.): BGB Schuldrecht, 2. Aufl., Baden-Baden 2012 (zitiert: Dauner-Lieb/Langen, Schuldrecht)

Deilmann, Barbara: Aktienrechtlicher versus übernahmerechtlicher Squeeze-Out, in: NZG 2007, S. 721

Derleder, Peter/*Knops*, Kai-Oliver/*Bamberger*, Heinz Georg (Hrsg.): Handbuch zum deutschen und europäischen Bankrecht, 2. Aufl., Berlin 2009 (zitiert: Handbuch zum deutschen und europäischen Bankrecht)

Deutsches Aktieninstitut: Stellungnahme zum Diskussionsentwurf eines Gesetzes zur Stärkung des Anlegerschutzes und Verbesserung der Funktionsfähigkeit des Kapitalmarktes, abrufbar unter: http://webarchiv.bundestag.de/archive/2011/0311/bundestag/ausschuesse17/a07/anhoerungen/2010/037/Stellungnahmen/22_Dt__Aktieninst.pdf (Abruf: 26. März 2016)

Deutsches Aktieninstitut: Stellungnahme zum Diskussionsentwurf eines Gesetzes zur Stärkung des Anlegerschutzes und Verbesserung der Funktionsfähigkeit des Kapitalmarktes, in: NZG 2010, S. 778

Deutsches Aktieninstitut: Stellungnahme zum Regierungsentwurf eines Gesetzes zur Umsetzung der Transparenzrichtlinie, abrufbar unter: https://www.dai.de/files/dai_usercontent/dokumente/positionspapiere/2015-03-13%20DAI%20Stellungnahme%20TRL%20III-Umsetzung%20FINAL.pdf (Abruf: 26. März 2016)

Die Deutsche Kreditwirtschaft: Stellungnahme zum Regierungsentwurf eines Gesetzes zur Umsetzung der Transparenzrichtlinie-Änderungsrichtlinie, abrufbar unter: https://bankenverband.de/media/files/20150313_DK_Stellungnahme.pdf (Abruf: 26. März 2016)

Diekmann, Hans: Namensaktien bei Publikumsgesellschaften, in: BB 1999, S. 1985

Diekmann, Hans/*Merkner*, Andreas: Erhöhte Transparenzanforderungen im Aktien- und Kapitalmarktrechts – ein Überblick über den Regierungsentwurf zum Risikobegrenzungsgesetz, in: NZG 2007, S. 921

Ebenroth, Carsten Thomas/*Boujong*, Karlheinz (Begr.)/*Joost*, Detlev/*Strohn*, Lutz (Hrsg.): Handelsgesetzbuch: HGB,

– Band 2: §§ 343–475h, 3. Aufl., München 2015 (zitiert: Ebenroth/Boujong/Joost/Strohn, HGB, Bank- und Börsenrecht)

Eichner, Moritz Peter: Anschleichen bei Unternehmensübernahmen – Perfides taktisches Manöver oder achtbare strategische Entscheidung?, in: ZRP 2010, S. 5

Eidenmüller, Horst: Regulierung von Finanzinvestoren, in: DStR 2007, S. 2116

Emmenegger, Susan: Creeping Takeovers in Deutschland und in der Schweiz, in: *Grundmann*, Stefan/*Haar*, Brigitte/*Merkt*, Hanno/*Mülbert*, Peter O./*Wellenhofer*, Marina/*Baum*, Harald/*von Hein*, Jan/*von Hippel*, Thomas/*Pistor*, Katharina/*Roth*, Markus/*Schweitzer*, Heike (Hrsg.), Festschrift für Klaus J. Hopt zum 70. Geburtstag am 24. August 2010. Unternehmen, Markt und Verantwortung, Berlin 2010, S. 1763

Emmerich, Volker/*Habersack*, Mathias (Hrsg.): Aktien- und GmbH-Konzernrecht, 7. Aufl., München 2013

Engel, Ronald: Das neue deutsche Insiderrecht, in: JA 1996, S. 510

Engert, Andreas: Hedgefonds als aktivistische Aktionäre, in: ZIP 2006, S. 2105

Erbs, Georg (Begr.)/*Kohlhaas*, Max/*Ambs*, Friedrich (Hrsg.): Strafrechtliche Nebengesetze, Stand: 201. ErgL, München 2015

Erman, Walter (Begr.)/*Westermann*, Harm Peter/*Grunewald*, Barbara/*Maier-Reimer*, Georg (Hrsg.): Bürgerliches Gesetzbuch: Handkommentar, 14. Aufl., Köln 2014 (zitiert: Erman, BGB)

Europäische Wertpapier- und Marktaufsichtsbehörde: Indicative List of Financial Instruments that are Subject to Notification Requirements according to Article 13(1b) of the Revised Transparency Directive (abrufbar unter: https://www.esma.europa.eu/sites/default/files/library/2015/11/esma-2015-1598_indicative_list_of_financial_instruments.docx (Abruf: 26. März 2016)

Ferrarini, Guido: Equity Derivatives and Transparency: When Should Substance Prevail?, in: *Grundmann*, Stefan/*Haar*, Brigitte/*Merkt*, Hanno/*Mülbert*, Peter O./*Wellenhofer*, Marina/*Baum*, Harald/*von Hein*, Jan/*von Hippel*, Thomas/*Pistor*, Katharina/*Roth*, Markus/*Schweitzer*, Heike (Hrsg.), Festschrift für Klaus J. Hopt zum 70. Geburtstag am 24. August 2010. Unternehmen, Markt und Verantwortung, Berlin 2010, S. 1803

Fiedler, Christine: Mitteilungen über Beteiligungen von Mutter- und Tochterunternehmen, Baden-Baden 2005

Findeisen, Ben: Haftung bei Fehlberatung zu Swapgeschäften, WM 2016, S. 444

Fleischer, Holger: Das Aktiengesetz von 1965 und das neue Kapitalmarktrecht, in: ZIP 2006, S. 451

Fleischer, Holger: Finanzinvestoren im ordnungspolitischen Gesamtgefüge von Aktien-, Bankaufsichts- und Kapitalmarktrecht, in: ZGR 2008, S. 185

Fleischer, Holger: Organpublizität im Aktien-, Bilanz- und Kapitalmarktrecht, NZG 2006, S. 561

Fleischer, Holger/*Bedkowski*, Dorothea: Stimmrechtszurechnung zum Treuhänder gemäß §§ 22 I 1 Nr. 2 WpHG: Ein zivilgerichtlicher Fehlgriff und seine kapitalmarktrechtlichen Folgen, in: DStR 2010, S. 933

Fleischer, Holger/*Kalss*, Susanne/*Vogt*, Hans-Ueli (Hrsg.): Konvergenzen und Divergenzen im deutschen, österreichischen und schweizerischen Gesellschafts- und Kapitalmarktrecht, Tübingen 2011

Fleischer, Holger/*Schmolke*, Ulrich: Das Anschleichen an eine börsennotierte Aktiengesellschaft – Überlegungen zur Beteiligungstransparenz de lege lata und de lege ferenda, in: NZG 2009, S. 401

Fleischer, Holger/*Schmolke*, Ulrich: Die Reform der Transparenzrichtlinie: Mindest- oder Vollharmonisierung der kapitalmarktrechtlichen Beteiligungspublizität?, in: NZG 2010, S. 1241

Fleischer, Holger/*Schmolke*, Ulrich: Kapitalmarktrechtliche Beteiligungstransparenz nach §§ 21 ff. WpHG und "Hidden Ownership", in: ZIP 2008, S. 1501

Fleischer, Holger/*Schmolke*, Ulrich: The Reform of the Transparency Directive: Minimum or Full Harmonisation of Ownership Disclosure?, in: EBOR 2011, S. 121

Fleischer, Holger/*Schmolke*, Ulrich: Zum beabsichtigten Ausbau der kapitalmarktrechtlichen Beteiligungstransparenz bei modernen Finanzinstrumenten (§§ 25, 25a DiskE-WpHG), in: NZG 2010, S. 846

Friedeborn, Jan: Vormitgliedschaftliche Beteiligungstransparenz. Offenlegungspflichten im Vorfeld des Aktienerwerbs, Berlin 2014 (zitiert: Vormitgliedschaftliche Beteiligungstransparenz)

Fuchs, Andreas (Hrsg.): Wertpapierhandelsgesetz (WpHG), München 2009 (zitiert: Fuchs, WpHG)

Gätsch, Andreas/*Schäfer*, Frank A.: Abgestimmtes Verhalten nach § 22 II WpHG und § 30 II WpÜG in der Fassung des Risikobegrenzungsgesetzes, in: NZG 2008, S. 846

Gesellschaftsrechtliche Vereinigung (Hrsg.): Gesellschaftsrecht in der Diskussion 2010. Jahrestagung der Gesellschaftsrechtlichen Vereinigung (VGR), Köln 2011 (zitiert: Gesellschaftsrecht in der Diskussion 2010)

Giedinghagen, Jan/*Leuering*, Dieter: Ausweitung der kapitalmarktrechtlichen Mitteilungspflichten, in: NJW-Spezial 2011, S. 271

Goette, Wulf/*Habersack*, Mathias (Hrsg.): Münchener Kommentar zum Aktiengesetz,

- Band 1: §§ 1–75, 3. Aufl., München 2008 (zitiert: MüKo, AktG, Band 1)
- Band 3: §§ 118–178, 3. Aufl., München 2013 (zitiert: MüKo, AktG, Band 3)
- Band 5: §§ 278–328, SpruchG, ÖGesAusG, Österreichisches Konzernrecht, 3. Aufl., München 2010 (zitiert: MüKo, AktG, Band 5)

Göres, Ulrich: Kapitalmarktrechtliche Pflichten nach dem Transparenzrichtlinie-Umsetzungsgesetz (TUG), in: Der Konzern 2007, S. 15

Götze, Cornelius: Der Entwurf eines Emittentenleitfadens 2013 – Änderungen der Verwaltungspraxis zur kapitalmarktrechtlichen Beteiligungstransparenz, in: BKR 2013, S. 265

Grundmann, Stefan: Die rechtliche Verfassung des Marktes für Unternehmenskontrolle nach Verabschiedung der Übernahme-Richtlinie, in: NZG 2005, S. 122

Grundmann, Stefan/*Kirchner*, Christian/*Raiser*, Thomas/*Schwintowski*, Hans-Peter/*Weber*, Martin/*Windbichler*, Christine(Hrsg.): Unternehmensrecht zu Beginn des 21. Jahrhunderts. Festschrift für Eberhard Schwark zum 70. Geburtstag, München 2009 (zitiert: FS Schwark)

Grundmann, Stefan/*Haar*, Brigitte/*Merkt*, Hanno/*Mülbert*, Peter O./*Wellenhofer*, Marina/*Baum*, Harald/*von Hein*, Jan/*von Hippel*, Thomas/*Pistor*, Katharina/*Roth*, Markus/*Schweitzer*, Heike (Hrsg.), Festschrift für Klaus J. Hopt zum 70. Geburtstag am 24. August 2010. Unternehmen, Markt und Verantwortung, Berlin 2010 (zitiert: FS Hopt)

Grunewald, Barbara/*Schlitt*, Michael (Hrsg.): Einführung in das Kapitalmarktrecht, 3. Aufl., München 2014

Habersack, Mathias: Beteiligungstransparenz adieu? – Lehren aus dem Fall Continental/Schaeffler –, in: AG 2008, S. 817

Habersack, Mathias/*Mülbert*, Peter O./*Schlitt*, Michael (Hrsg.): Handbuch der Kapitalmarktinformation, 2. Aufl., München 2013

Habersack, Mathias/*Mülbert*, Peter O./*Schlitt*, Michael (Hrsg.): Unternehmensfinanzierung am Kapitalmarkt, 3. Aufl., Köln 2013

Handelsrechtsausschuss des Deutschen Anwaltvereins: Stellungnahme zum Entwurf einer Überarbeitung von Teilen des Emittentenleitfadens der BaFin, in: NZG 2013, S. 658

Handelsrechtsausschuss des Deutschen Anwaltvereins: Stellungnahme zum Regierungsentwurf eines Gesetzes zur Umsetzung der Transparenzrichtlinie-Änderungsrichtlinie, in: NZG 2015, S. 1069

Handelsrechtsausschuss des Deutschen Anwaltvereins: Stellungnahme zum Vorschlag der EU-Kommission für eine Richtlinie zur Änderung der Richtlinie 2004/109/EG („Transparenzrichtlinie") sowie der Richtlinie 2007/14/EG, in: NZG 2012, S. 770

Happ, Wilhelm: Zum Regierungsentwurf eines Wertpapierhandelsgesetzes, in: JZ 1994, S. 240

Hauschka, Christoph E. (Hrsg.): Corporate Compliance – Handbuch der Haftungsvermeidung im Unternehmen, 2. Aufl., München 2010

Heidel, Thomas (Hrsg.), Aktienrecht und Kapitalmarktrecht, 4. Aufl., Baden-Baden 2014

Heidel, Thomas/*Hüßtege*, Rainer/*Mansel*, Heinz-Peter/*Noack*, Ulrich (Hrsg.): BGB – Allgemeiner Teil/EGBGB, 2. Aufl., Baden-Baden 2011 (zitiert: Heidel/Hüßtege/Mansel/Noack, BGB)

Heinrich, Tobias A.: Kapitalmarktrechtliche Transparenzbestimmungen und die Offenlegung von Beteiligungsverhältnissen – Eine rechtsvergleichende Untersuchung des europäischen, deutschen, englischen und US-amerikanischen Rechts, Frankfurt am Main 2006

Heinrich, Tobias A./*Krämer*, Lutz: Emittentenleitfaden „reloaded" 2013 – Bestandsaufnahme der Neufassung der BaFin vom 8. November 2013 mit Ausblick auf künftige Änderungen der Aufsichtspraxis durch die Transparenzrichtlinie 2013 –, in: CFL 2013, 225

Hellgardt, Alexander: Kapitalmarktdeliktsrecht, Haftung von Emittenten, Bietern, Organwaltern und Marktintermediären – Grundlagen, Systematik, Einzelfragen –, Tübingen 2008

Henssler, Martin/*Strohn*, Lutz(Hrsg.): Gesellschaftsrecht, 2. Aufl., München 2014

Heusel, Matthias, Der neue § 25a WpHG im System der Beteiligungstransparenz, in: WM 2012, S. 291

Hirte, Heribert: Anlegerschutz und Übernahmerecht in der Diskussion – Stellungnahme zum Regierungsentwurf eines Gesetzes zur Stärkung des Anlegerschutzes und Verbesserung der Funktionsfähigkeit des Kapitalmarktes (Anlegerschutz- und Funktionsverbesserungsgesetz) sowie zu dem SPD-Fraktionsentwurf eines Gesetzes zur Änderung des Wertpapiererwerbs- und Übernahmesgesetzes – in: Der Konzern 2010, S. 599

Hirte, Heribert/*Möllers*, Thomas M. J. (Hrsg.): Kölner Kommentar zum WpHG, 2. Aufl., Köln 2014 (zitiert: Kölner Kommentar, WpHG)

Hitzer, Martin/*Düchting*, Holger: Flankierung des Übernahmerechts durch weitere Reformen der Beteiligungstransparenz im WpHG?, in: ZIP 2011, S. 1084

Hoffmann-Becking, Michael: Münchener Handbuch des Gesellschaftsrechts,

– Band 4: Aktiengesellschaft, 3. Aufl., München, 2007 (zitiert: Hoffmann-Becking, Münchener Handbuch des Gesellschaftsrechts, Band 3)

Hölters, Wolfgang (Hrsg.): Aktiengesetz, 2. Aufl., München 2014 (zitiert: Hölters, AktG)

Hopt, Klaus J.: Grundsatz- und Praxisprobleme nach dem Wertpapierhandelsgesetz – insbesondere Insidergeschäfte und Ad-hoc-Publizität –, in: ZHR 159 (1995), S. 135

Hopt, Klaus J.: Kapitalmarktrecht (mit Prospekthaftung) in der Rechtsprechung des Bundesgerichthofes, in: *Canaris*, Claus-Wilhelm/*Heldrich*, Andreas/*Hopt*, Klaus J./*Roxin*, Claus/*Schmidt*, Karten/*Widmaier*, Gunter (Hrsg.): 50 Jahre Bundesgerichtshof, Festgabe aus der Wissenschaft, München 2000, S. 497

Hopt, Klaus: Vom Aktien- und Börsenrecht zum Kapitalmarktrecht? – Teil 2: Die deutsche Entwicklung im internationalen Vergleich –, in: ZHR 141 (1977), S. 389

Hopt, Klaus J./*Wiedemann*, Herbert (Hrsg.): Aktiengesetz Großkommentar,

– Erster Band, Einleitung §§ 1–53, 4. Aufl., Berlin 2004 (zitiert: Hopt/Wiedemann, AktG Großkommentar)

Hopt, Klaus J./*Wohlmannstetter*, Gottfried (Hrsg.): Handbuch der Corporate Governance von Banken, München 2011 (zitiert: Hopt/Wohlmannstetter, Handbuch der Corporate Governance)

Hu, Henry T. C./*Black*, Bernard: Empty Voting and Hidden (Morphable) Ownership: Taxonomy, Implications, and Reforms, in: The Business Lawyer, Volume 61, 2006, Nr. 3, S. 1011

Hu, Henry T. C./*Black*, Bernard: Equity and Debt Decoupling and Empty Voting II: Importance and Extensions, in: University of Pennsylvania Law Review, Volume 156, 2008, Nr. 3, S. 625

Hu, Henry T. C./*Black*, Bernard: Hedge Funds, Insiders, and the Decoupling of Economic and Voting Ownership: Empty Voting and Hidden (Morphable) Ownership, in: Journal of Corporate Finance, Volume 13, 2007, S. 343

Hu, Henry T. C./*Black*, Bernard: The new Vote Buying: Empty Voting and Hidden (Morphable) Ownership, in: Southern California Law Review, Volume 79, 2006, Nr. 4, S. 811

Hüffer, Uwe (Hrsg.): Aktiengesetz, 11. Aufl., München 2014 (zitiert: Hüffer, AktG)

Hutter, Stephan/*Kaulamo*, Katja: Das Transparenzrichtlinie-Umsetzungsgesetz: Änderungen der anlassabhängigen Publizität, in: NJW 2007, S. 471

Hutter, Stephan/*Kaulamo*, Katja/*Plebetis*, Marc O.: Die Verwendung von Total Return Equity Swaps bei feindlichen Übernahmen – Eine Analyse nach deutschem und US-amerikanischen Wertpapier- und Übernahmerecht, in: in: *Baums*, Theodor/*Hutter*, Stephan (Hrsg.): Gedächtnisschrift für Michael Gruson, Berlin 2009, S. 213

Just, Clemens/*Voß*, Thorsten/*Ritz*, Corinna/*Becker*, Ralf (Hrsg.): Wertpapierhandelsgesetz (WpHG), München 2015 (zitiert: Just/Voß/Ritz/Becker, WpHG)

Kämmerer, Jörn Axel/ *Veil*, Rüdiger (Hrsg.): Übernahme- und Kapitalmarktrecht in der Reformdiskussion, Tübingen 2013

Korff, Matthias, Das Risikobegrenzungsgesetz und seine Auswirkungen auf das WpHG, in: AG 2008, S. 692

Krämer, Lutz/*Heinrich*, Tobias: Emittentenleitfaden „reloaded", in: ZIP 2009, S. 1737

Krämer, Lutz/*Kiesewetter*, Matthias: Rechtliche und praktische Aspekte einer Due Diligence aus öffentlich zugänglichen Informationsquellen einer börsennotierten Gesellschaft, in: BB 2012, S. 1679

Krause, Hartmut: "Stakebuilding" im Kapitalmarkt- und Übernahmerecht, in: *Kämmerer*, Jörn Axel/ *Veil*, Rüdiger (Hrsg.): Übernahme- und Kapitalmarktrecht in der Reformdiskussion, Tübingen 2013

Krause, Hartmut: Die erweiterte Beteiligungstransparenz bei börsennotierten Aktiengesellschaften. Neue Mitteilungspflichten für Eigenkapitalderivate und andere Instrumente aufgrund des Anlegerschutz- und Funktionsverbesserungsgesetzes, in: AG 2011, S. 469

Krause, Hartmut: Die „kalte" Übernahme, in: *Burgard*, Ulrich/*Hadding*, Walther/ *Mülbert*, Peter O./ *Welter*, Reinhard (Hrsg.): Festschrift für Uwe H. Schneider zum 70. Geburtstag, Köln 2011, S. 669

Krause, Hartmut: Das neue Übernahmerecht, in: NJW 2002, S. 705

Krimphove, Dieter: Gesetzgebung im europäischen Bank- und Kapitalmarktrecht – eine ökonomische historische Betrachtung, in: EuR 2007, S. 597

Kübler, Friedrich/ *Werner*, Winfried/*Mertens*, Hans-Joachim (Hrsg.): Festschrift für Theodor Heinsius zum 65. Geburtstag am 25. September 1991, Berlin 1991 (zitiert: FS Heinsius)

Kumpan, Christoph/*Mittermeier*, Martin: Risikoentleerte Stimmrechte – Auswirkungen von Wertpapierdarlehen, in: ZIP 2009, S. 404

Kümpel, Siegfried (Begr.)/*Hammen*, Horst/*Ekkenga*, Jens (Hrsg.): Kapitalmarktrecht Handbuch für die Praxis, Stand: ErgL 2/15, Berlin 2014 (zitiert: Kümpel/Hammen/ Ekkenga, Kapitalmarktrecht)

Kümpel, Siegfried/ *Veil*, Rüdiger (Hrsg.): Wertpapierhandelsgesetz – Eine systematische Darstellung –, 2. Aufl., Berlin 2006

Kümpel, Siegfried (Begr.)/ *Wittig*, Arne (Hrsg): Bank- und Kapitalmarktrecht, 4. Aufl., Köln 2011

Kunz, Peter V.: Kapitalmarktrechtliche Beteiligungstransparenz im Lichte moderner Finanzinstrumente – Perspektive der Schweiz, in: *Fleischer*, Holger/*Kalss*, Susanne/ *Vogt*, Hans-Ueli (Hrsg.): Konvergenzen und Divergenzen im deutschen, österreichischen und schweizerischen Gesellschafts- und Kapitalmarktrecht, Tübingen 2011, S. 182

Lebherz, Axel: Publizitätspflichten bei der Übernahme börsennotierter Unternehmen, in: WM 2010, S 154

Lenenbach, Markus: Aktienanleihen: Ihre Behandlung im Zivil- und Börsenterminrecht und nach dem AGBG, in: NZG 2001, S. 481

Lenenbach, Markus (Hrsg.), Kapitalmarktrecht und kapitalmarktrelevantes Gesellschaftsrecht, 2. Aufl., Köln 2010 (zitiert: Kapitalmarktrecht)

Luz, Günther/*Neus*, Werner/*Schaber*, Mathias/*Schneider*, Peter/ *Wagner*, Claus-Peter/ *Weber*, Max (Hrsg.): KWG und CRR, 3. Aufl., Stuttgart 2015

Marsch-Barner, Reinhard/*Schäfer*, Frank A. (Hrsg.): Handbuch börsennotierte AG, Aktien- und Kapitalmarktrecht, 3. Aufl., Köln 2014 (zitiert: Handbuch börsennotierte AG)

Merkner, Andreas/*Sustmann*, Marco: Die Neuauflage des Emittentenleitfadens der BaFin – Rechtssicherheit bei der Abgabe von Stimmrechtsmitteilungen?, in: NZG 2009, S. 813

Merkner, Andreas/*Sustmann*, Marco: Die Verwaltungspraxis der BaFin in Sachen Beteiligungstransparenz auf Grundlage der Neufassung des Emittentenleitfadens, in: NZG 2013, S. 1361

Merkner, Andreas/*Sustmann*, Marco: Erste „Guidance" der BaFin zu den neuen Meldepflichten nach §§ 25, 25a WpHG, in: NZG 2012, S. 241

Merkner, Andreas/*Sustmann*, Marco: Stellungnahme im Rahmen des Konsultationsverfahrens 04/2013 zur Überarbeitung des Emittentenleitfadens, abrufbar unter: https://www.bafin.de/SharedDocs/Downloads/DE/Konsultation/2013/dl_kon_0413_ELF_stn_glademichelwirtz.pdf;jsessionid=274B61A9E285F147555006299604D418.1_cid290?__blob=publicationFile&v=3 (Abruf: 26. März 2016)

Merkner, Andreas/*Sustmann*, Marco: Vorbei mit dem unbemerkten Anschleichen an börsennotierte Unternehmen?, in: NZG 2010, S. 681

Merkner, Andreas/*Sustmann*, Marco: Wertpapierleihe und Empty Voting – Weitergehender Transparenzbedarf im WpHG?, in: NZG 2010, S. 1170

Merkt, Hanno: "Creeping in" aus internationaler Sicht, in: NZG 2011, S. 561

Merkt, Hanno/*Rossbach*, Oliver: Zur Einführung: Kapitalmarktrecht, in: Jus 2003, S. 217

Meyer, Andreas/*Bundschuh*, Michaela: Sicherungsübereignung börsennotierter Aktien, Pflichtangebot und Meldepflichten – Praxisfragen im Spannungsfeld zwischen Wertpapierhandels- und Übernahmerecht –, in: WM 2003, S. 960

Meyer, Andreas/*Kiesewetter*, Matthias: Rechtliche Rahmenbedingungen des Beteiligungsaufbaus im Vorfeld von Unternehmensübernahmen, in: WM 2009, S. 340

Möllers, Thomas M. J.: Die juristische Aufarbeitung der Übernahmeschlacht VW-Porsche – ein Überblick, in: NZG 2014, S. 361

Möllers, Thomas M. J./*Holzner*, Florian: Die Offenlegungspflichten des Risikobegrenzungsgesetzes (§ 27 II WpHG-E) – Defizitäre Rechtsvergleichung und mangelnde Allokationseffizienz –, in: NZG 2008, S. 166

Möllers, Thomas M. J./*Kernchen*, Eva: Information Overload am Kapitalmarkt – Plädoyer zur Einführung eines Kurzfinanzberichts auf empirischer, psychologischer und rechtsvergleichender Basis –, in: ZGR 2011, S. 1

Möllers, Thomas M. J./*Wenninger*, Thomas G.: Das Anlegerschutz- und Funktionsverbesserungsgesetz, in: NJW 2011, S. 1697

Möritz, Daniel: Eigenkapitalderivate, wirtschaftliches Eigentum und verdeckte Stimmmacht – Ein Vorschlag zur Reform der kapitalmarktrechtlichen Beteiligungstransparenz, in: ZVglRWiss 109 (2010), S. 94

Müller, Welf/*Rödder*, Klaus(Hrsg.): Beck'sches Handbuch der AG: Gesellschaftsrecht, Steuerrecht, Börsengang, 2. Aufl., München 2009

Nartowska, Urszula: Stimmrechtsmeldepflichten und Rechtsverlust eines Legitimationsaktionärs nach §§ 21. ff. WpHG?, in: NZG 2013, S. 124

Nartowska, Urszula/*Walla*, Fabian: Das Sanktionsregime für Verstöße gegen die Beteiligungstransparenz nach der Transparenzrichtlinie 2013, in: AG 2014, S. 891

Neye, Hans-Werner: Harmonisierung der Mitteilungspflichten zum Beteiligungsbesitz von börsennotierten Aktiengesellschaften, in: ZIP 1996, S. 1853

Nießen, Tobias: Die Harmonisierung der kapitalmarktrechtlichen Transparenzregeln durch das TUG, in: NZG 2007, S. 41

Noack, Ulrich: Das Aktienrecht der Krise – Das Aktienrecht in der Krise?, in: AG 2009, S. 227

Noack, Ulrich: Die Namensaktie – Dornröschen erwacht, in: DB 1999, S. 1306

Noack, Ulrich: Die Zukunft der Aktie aus rechtlicher Sicht, in: *Altenbockum*, Uta-Bettina/*Leven*, Franz-Josef (Hrsg.): Die Ökonomie der Aktie: Dokumentation des Symposiums vom 27. Oktober 2008, Frankfurt am Main 2009, S. 54

Noack, Ulrich: Neue Publizitätspflichten und Publizitätsmedien für Unternehmen – eine Bestandsaufnahme nach EHUG und TUG, in: WM 2007, S. 377

Noack, Ulrich/*Zetsche*, Dirk: Verdeckter Positionsaufbau in börsennotierten Aktiengesellschaften – Anlegerschutz, Publizität, Enforcement –, in: *Grundmann*, Stefan/*Kirchner*, Christian/*Raiser*, Thomas/*Schwintowski*, Hans-Peter/*Weber*, Martin/*Windbichler*, Christine(Hrsg.): Unternehmensrecht zu Beginn des 21. Jahrhunderts. Festschrift für Eberhard Schwark zum 70. Geburtstag, München 2009, S. 569

Nottmeier, Horst/*Schäfer*, Holger: Praktische Fragen im Zusammenhang mit §§ 21, 22 WpHG, in: AG 1997, S. 87

Otto, Hans-Jochen: Die Verteilung der Kontrollprämie bei Übernahme von Aktiengesellschaften und die Funktion des Höchststimmrechts, in: AG 1994, S. 167

Palandt, Otto (Begr.)/*Bassenge*, Peter/Ellenberger, Jürgen/Grüneberg, Christian/Thorn, Karsten/Brudermüller, Gerd/Götz, Isabell/Sprau, Hartwig/Weidenkaff, Walter/Weidlich, Dietmar (Bearb.): Bürgerliches Gesetzbuch mit Nebengesetzen, 74. Aufl., München 2015 (zitiert: Palandt, BGB)

Park, Tido (Hrsg.): Kapitalmarktstrafrecht: Straftaten, Ordnungswidrigkeiten, Finanzaufsicht, Compliance – Handkommentar, 3. Aufl., Baden-Baden 2013

Parmentier, Miriam: Die Revision der EU-Transparenzrichtlinie für börsennotierte Unternehmen, in: AG 2014, S. 15

Pavlova, Venelina N.: Anlassbezogene Informationspflichten der Emittenten nach dem Wertpapierhandelsgesetz, Baden-Baden 2008

Petersen, Sven/ *Wille*, Julia Sophia: Zulässigkeit eines Squeeze-out und Stimmrechtszurechnung bei Wertpapierdarlehen, in: NZG 2009, S. 856

Pielka, Hendrik: Konsultation 04/2013 zur Überarbeitung von Teilen des Emittentenleitfadens, abrufbar unter: https://www.bafin.de/SharedDocs/Downloads/DE/Konsultation/2013/dl_kon_0413_ELF_stn_ra_waldeck.pdf;jsessionid=A8342CFD3022C0885DF57DEFD24915D5.1_cid290?__blob=publicationFile&v=3 (Abruf: 26. März 2016)

Pluskat, Sorika: „Investorenmitteilung nach § 27a WpHG – wie viel Beteiligungstransparenz geht noch?", in: NZG 2009, S. 206

Pötsch, Thorsten: Aktuelle Entwicklungen des Kapitalmarktrechts – Ein Überblick, in: WM 2015, S. 357

Pötsch, Thorsten: Das Dritte Finanzmarktförderungsgesetz, in: WM 1998, S. 949

Prinz, Ulrich/ *Winkeljohann*, Norbert (Hrsg.): Beck'sches Handbuch der GmbH, 5. Aufl., München 2014

Renn, Christian: Einsatz und Offenlegung von Derivaten bei Unternehmensübernahmen. Eine Analyse der börsenrechtlichen Meldepflicht aus ökonomisch-juristischer Sicht, Zürich 2010 (zitiert: Einsatz und Offenlegung bei Unternehmensübernahmen)

Renn, Christian/ *Weber*, Christoph Andreas/ *Gotschev*, Georg G.: Beteiligungstransparenz und dynamisches Hedging – Zur Frage einer Delta-Adjustierung der Meldepflichten, in: AG 2012, S. 440

Renz, Hartmut/ *Rippel*, Julia-Christine: Änderungen der Transparenzvorschriften gem. §§ 21 ff. WpHG (Mitteilungspflichten von Stimmrechten) durch das Gesetz zur Stärkung des Anlegerschutzes und der Verbesserung der Funktionsfähigkeit des Kapitalmarktes, in: BKR 2011, S. 235

Renz, Hartmut/ *Rippel*, Julia-Christine: Die Informationspflichten gem. §§ 21 ff. WpHG und deren Änderungen durch das Risikobegrenzungsgesetz, in: BKR 2008, S. 309

Renz, Hartmut/ *Rippel*, Julia-Christine: Die Unterschiede zwischen Theorie und Praxis – Vergleich der gesetzlichen Lage der Informationspflichten gem. §§ 21 ff. WpHG und der Umsetzung durch den Emittentenleitfaden der BaFin, in: BKR 2009, S. 265

Richter, Wolfgang: Gute Policey im Aktienrecht, in: ZHR 177 (2013), S. 577

Rodewald, Jörg/*Unger*, Ulrike: Zusätzliche Transparenz für die europäischen Kapitalmärkte – die Umsetzung der EU-Transparenzrichtlinie in Deutschland, BB 2006, S. 1917

Roth, Hans-Peter: Das Gesetz zur Umsetzung der Transparenzrichtlinie-Änderungsrichtlinie, GWR 2015, S. 485

Rothhaas, Norbert (Hrsg.), Der Hase und der Igel, 2. Aufl., Stuttgart 1993

Ruthardt, Frederik: Angemessene Barabfindung und Gleichbehandlung von Minderheits- und Mehrheitsaktionären – Zur grundsätzlichen Unzulässigkeit eines Governance Abschlages, in: NZG 2014, S. 972

Säcker, Franz Jürgen/*Rixecker*, Roland/*Oetker*, Hartmut (Hrsg.): Münchener Kommentar zum Bürgerlichen Gesetzbuch,

- Band 1: Allgemeiner Teil, §§ 1–240, ProstG, AGG, 7. Aufl., München 2015 (zitiert: MüKo, BGB, Band 1)
- Band 3: Schuldrecht, Besonderer Teil, §§ 433–610, Finanzierungsleasing, HeinkostenV, BetriebskostenV, CISG, 6. Aufl., München 2012 (zitiert: MüKo, BGB, Band 3)
- Band 5: Schuldrecht, Besonderer Teil III, §§ 705–853, Partnerschaftsgesellschaftsgesetz, Produkthaftungsgesetz, 6. Aufl., München 2013 (zitiert: MüKo, BGB, Band 5)
- Band 6: Sachenrecht, §§ 854–1296, WEG, ErbbauRG, 6. Aufl., München 2013 (zitiert: MüKo, BGB, Band 6)
- Band 11: Internationales Privatrecht II, Internationales Wirtschaftsrecht, Einführungsgesetz zum Bürgerlichen Gesetzbuch, 6. Aufl., München 2015 (zitiert: MüKo, BGB, Band 11, Internationales Finanzmarktrecht)

Salewski, Sabrina: Zertifikate – reguläre Finanzinstrumente oder unerlaubtes Glücksspiel?, in: BKR 2012, S. 100

Schäfer, Dietrich: Aktuelle Probleme des neuen Aktienrechts, in: BB 1966, S. 229

Schäfer, Frank A./*Hamman*, Uwe (Hrsg): Kapitalmarktgesetze, Stand: ErgL 1/2013, Stuttgart 2013 (zitiert: Schäfer/Hamann, KMG)

Schäfer, Hans-Bernd/*Ott*, Claus (Hrsg.): Lehrbuch der ökonomischen Analyse des Zivilrechts, 5. Aufl., Heidelberg 2012

Schanz, Kay-Michael: Schaeffler/Continental: Umgehung von Meldepflichten bei öffentlichen Übernahmen durch Einsatz von derivativen Finanzinstrumenten, in: DB 2008, S. 1899

Schanz, Kay-Michael/*Schalast* Christoph: Schaeffler KG/Continental AG im Lichte der CSX Corp.-Entscheidung des US District Court for the Southern District of New York, abrufbar unter: http://www.schanz-law.de/download.php?datei=32 (Abruf: 26. März 2016)

Schiessl, Maximilian: Beteiligungsaufbau mittels Cash-settled Total Return Equity Swaps – neue Modelle und Einführung von Meldepflichten, Der Konzern 2009, S. 291

Schimansky, Herbert/*Bunte*, Hermann-Josef/*Lwowski*, Hans-Jürgen (Hrsg.): Bankrechts-Handbuch, 4. Aufl., München 2011

Schlitt, Michael/*Schäfer*, Susanne: Auswirkungen der Umsetzung der Transparenzrichtlinie und der Finanzmarktrichtlinie auf Aktien- und Equity-Linked-Emissionen, in: AG 2007, S. 227

Schmidt, Karsten/*Ebke*, Werner F. (Hrsg.): Münchener Kommentar zum Handelsgesetzbuch

- Band 4: Drittes Buch. Handelsbücher §§ 238–342e HGB, 3. Aufl., München 2013 (zitiert: MüKo, HGB, Band 4)
- Band 6: Bankvertragsrecht, 3. Aufl., München 2014 (zitiert: MüKo, HGB, Band 6)

Schmidt, Karsten/*Lutter*, Marcus: Aktiengesetz Kommentar

- Band 1: §§ 1–149, 3. Aufl., Köln 2015 (zitiert: Schmidt/Lutter, AktG)

Schneider, Uwe H.: § 25a WpHG – die dritte Säule im Offenlegungsrecht, in: AG 2011, S. 645

Schneider, Uwe H.: Acting in Concert – ein kapitalmarktrechtlicher Zurechnungstatbestand, in: WM 2006, S. 1321

Schneider, Uwe H.: Kapitalmarktrecht – Principles-Based- oder Rules-Based Regulation?, in: *Baums*, Theodor/*Hutter*, Stephan (Hrsg.): Gedächtnisschrift für Michael Gruson, Berlin 2009, S. 369

Schneider, Uwe H.: Missbräuchliches Verhalten durch Private Equity, in: NZG 2007, S. 888

Schneider, Uwe H./*Anzinger*, Heribert M.: Umgehung und missbräuchliche Gestaltungen im Kapitalmarktrecht oder: Brauchen wir eine § 42 AO entsprechende Vorschrift im Kapitalmarktrecht?, in: ZIP 2009, S. 1

Schneider, Uwe H./*Brouwer*, Tobias: Kapitalmarktrechtliche Meldepflichten bei Finanzinstrumenten, in: AG 2008, S. 557

Schouten, Michael C.: The Case for Mandatory Ownership Disclosure, in: Stanford Journal of Law, Business & Finance, Volume 15, 2009, Nr. 1, S. 127

Schouten, Michael C./*Siems*, Mathias M.: The Evolution of Ownership Disclosure Rules across Countries, in: Journal of Corporate Law Studies, Volume 10, 2010, Nr. 2, S. 451

Schulze, Reiner (Hrsg.): Bürgerliches Gesetzbuch Handkommentar, 8. Aufl., Baden-Baden 2014

Schwark, Eberhard/*Zimmer*, Daniel (Hrsg.): Kapitalmarktrechts-Kommentar, 4. Aufl., München 2010

Schwarz, Günter Christian: Kapitalmarktrecht – Ein Überblick, in: DStR 2003, S. 1930

Schwennicke, Andreas/*Auerbach*, Dirk/*Adelt*, Verena et al. (Hrsg.): Kreditwesengesetz (KWG), 2. Aufl., München 2013 (zitiert: Schwennicke/Auerbach, KWG)

Schwintowski, Hans-Peter (Hrsg.): Bankrechts, 4. Aufl., Köln 2014

Seibt, Christoph H.: Grenzen des übernahmerechtlichen Zurechnungstatbestandes in § 30 Abs. 2 WpÜG (Acting in Concert), in: ZIP 2004, S. 1829

Seibt, Christoph H.: Neues Regime der kapitalmarktrechtlichen Beteiligungstransparenz – Stellungnahme zum Anlegerschutz- und Funktionsverbesserungsgesetz, in: CFL 2010, S. 502

Seibt, Christoph H.: Stellungnahme in Thesen im Rahmen der Anhörung des Finanzausschusses des Deutschen Bundestages zu dem Gesetzesentwurf der Bundesregierung „Entwurf eines Gesetzes zur Stärkung des Anlegerschutzes und Verbesserung der Funktionsfähigkeit des Kapitalmarktes (Anlegerschutz- und Funktionsverbesserungsgesetz)" – zu Artikel 1 Nr. 1 bis 4 und Artikel 4 (Erweiterung der Beteiligungstransparenz)", abrufbar unter: http://webarchiv.bundestag.de/cgi/show.php?fileToLoad=1846&id=1161 (Abruf: 26. März 2016) (zitiert: Seibt, Stellungnahme zum AnsFuG)

Seibt, Christoph H.: Übernahmerecht: Update 2010/2011, in: CFL 2011, S. 213

Seibt, Christoph H.: Übernahmerecht: Update H2/2011 – H1/2013, in: CFL 2013, S. 145

Seibt, Christoph H.: Verbandssouveränität und Abspaltungsverbot im Aktien- und Kapitalmarktrecht – Revisited: Hidden Ownership, Empty Voting und andere Kleinigkeiten, in: ZGR 2010, S. 795

Seibt, Christoph H./*Wollenschläger*, Bernward: Europäisierung des Transparenzregimes: Der Vorschlag der Europäischen Kommission zur Revision der Transparenzrichtlinie, in: AG 2012, S. 305

Seibt, Christoph H./*Wollenschläger*, Bernward: Revision des Europäischen Transparenzregimes: Regelungsinhalte der TRL 2013 und Umsetzungsbedarf, in: ZIP 2014, S. 545

Siebel, Ulf R.: Zur Auskunftspflicht des Aktionärs – Übersicht mit Hinweisen auf englisches Recht –, in: *Kübler*, Friedrich/*Werner*, Winfried/*Mertens*, Hans-Joachim (Hrsg.): Festschrift für Theodor Heinsius zum 65. Geburtstag am 25. September 1991, Berlin 1991, S. 771

Spindler, Gerald/*Bednarz*, Sebastian: Die Regulierung von Hedge-Fonds im Kapitalmarkt- und Gesellschaftsrecht – Teil II: Der Stand der Reformdiskussion –, in: WM 2006, S. 601

Spindler, Gerald/*Stilz*, Eberhard (Hrsg.): Kommentar zum Aktiengesetz,

– Band 1: §§ 1–149, 3. Aufl., München 2015 (zitiert: Spindler/Stilz, AktG)

Starke, Till M.: Beteiligungstransparenz im Gesellschafts- und Kapitalmarktrecht. Rechtsprobleme der §§ 21 ff. WpHG und des § 20 AktG, Baden-Baden 2011

Staudinger, Julius von (Begr.): Kommentar zum Bürgerlichen Gesetzbuch mit Einführungsgesetz und Nebengesetzen

– Band 4b: Buch 1 Allgemeiner Teil §§ 139–163, Neubearbeitung 2010, Berlin 2010 (zitiert: Staudinger, BGB)

Steuer, Stephan/*Baur*, Georg: Erwerbsgeschäfte im Grenzbereich bedeutender Beteiligungen nach dem Wertpapierhandelsgesetz, in: WM 1996, S. 1477

Sudmeyer, Jan: Mitteilungs- und Veröffentlichungspflichten nach §§ 21, 22 WpHG, in: BB 2002, S. 685

Süßmann, Rainer: Unterwünschte Übernahmen, in: NZG 2011, S. 1281

Teichmann, Christoph/*Epe*, Daniel: Die neuen Meldepflichten für künftig erwerbbare Stimmrechte (§§ 25, 25a WpHG), in: WM 2012, S. 1213

Teichmann, Christoph/*Epe*, Daniel: Neuer Regelungsansatz in der kapitalmarktrechtlichen Beteiligungstransparenz: Generalklausel statt Fallgruppen-Lösung, in: WM 2010, S. 1477

Theusinger, Ingo/*Möritz*, Daniel: Empty Voting als moderner Stimmenkauf?, in: NZG 2010, S. 607

Theusinger, Ingo/*Möritz*, Daniel: Kapitalmarktrechtliche Beteiligungstransparenz – Ein "Evergreen" der Reformdiskussion – und kein Ende ist in Sicht! –, in: Ad Legendum 2010, S. 3

Vaupel, Christoph F.: Ansprüche von Aktiengesellschaften gegen Stimmrechtsempfehlungen institutioneller Stimmrechtsberater, in: AG 2011, S. 63

Veil, Rüdiger: Auf dem Weg zu einem Europäischen Kapitalmarktrecht: die Vorschläge der Kommission zur Neuregelung der Transparenzregime, in: WM 2012, S. 53

Veil, Rüdiger: Beteiligungstransparenz im Kapitalmarktrecht – Rechtsentwicklungen und Reformperspektiven –, in: ZHR 177 (2013), S. 427

Veil, Rüdiger (Hrsg.): Europäisches Kapitalmarktrecht, 2. Aufl., Tübingen 2014

Veil, Rüdiger: Stimmrechtsverlust nach dem Kommissionsvorschlag zur Neuregelung der kapitalmarktrechtlichen Beteiligungstransparenz, in: BB 2012, S. 1374

Veil, Rüdiger: Wie viel "Enforcement" ist notwendig? Zur Reform des Instrumente mix bei der Sanktionierung kapitalmarktrechtliche Mitteilungspflichten gemäß §§ 21 ff. WpHG, in: ZHR 175 (2011), S. 83

Verband der Auslandsbanken in Deutschland e. V.: Konsultation 04/2013 – Überarbeitung von Teilen des Emittentenleitfadens, abrufbar unter: https://www.bafin.de/SharedDocs/Downloads/DE/Konsultation/2013/dl_kon_0413_ELF_vab.pdf;jsessionid=A8342CFD3022C0885DF57DEFD24915D5.1_cid290?__blob=publicationFile&v=1 (Abruf: 26. März 2016)

Voß, Thorsten: Das Anlegerschutz- und Funktionsverbesserungsgesetz – ausgewählte Aspekte des Regierungsentwurfs, in: BB 2010, S. 3099

Wackerbarth, Ulrich: Ein Seismograph für Übernahmeaktivitäten, ZIP 2010, S. 1527

Walla, Fabian: Die Reformen der Europäischen Kommission zum Marktmissbrauchs- und Transparenzregime – Regelungskonzeption, Aufsicht und Sanktionen, in: BB 2012, S. 1358

Wansleben, Till: Derivative Finanzinstrumente und Meldepflichten nach dem WpHG, in: StudZR 2009, S. 465

Weber, Christoph/*Meckbach*, Anne: Finanzielle Differenzgeschäfte – Ein legaler Weg zum „Anschleichen“ an die Zielgesellschaft bei Übernahmen?, in: BB 2008, S. 2022

Weber, Martin: Die Entwicklung des Kapitalmarktrechts im zweiten Halbjahr 2013, in: NJW 2014, S. 272

Weber, Martin: Die Entwicklung des Kapitalmarktrechts im Jahre 2012, in: NJW 2013, S. 275

Weber, Martin: Die Entwicklung des Kapitalmarktrechts im Jahre 2008, in: NJW 2009, S. 33

Weber, Martin: Die Entwicklung des Kapitalmarktrechts im Jahre 2007, in: NJW 2007, S. 3688

Wecker, Claus/*Pluskat*, Sorika: "Acting in Concert" im deutschen Kapitalmarkt- und Gesellschaftsrecht. Richtungsänderung durch das Risikobegrenzungsgesetz 2008?, in: *Baums*, Theodor/*Hutter*, Stephan (Hrsg.): Gedächtnisschrift für Michael Gruson, Berlin 2009, S. 421

Werder, Andreas von/*Petersen*, Sven: Mitteilungspflichten nach § 25a WpHG bei Erwerbsrechten und Erwerbsmöglichkeiten aus Gesellschaftsverträgen oder Gesellschaftervereinbarungen?, in: CFL 2012, S. 178

Widder, Stefan/*Kocher*, Dirk: BGH begrenzt Möglichkeiten der Stimmrechtszurechnung, in: GWR 2011, S. 461

Widder, Stefan/*Kocher*, Dirk: Stimmrechtsmitteilungspflicht des weisungsgebundenen Legitimationsaktionärs nach §§ 21 ff. WpHG?, in: ZIP 2012, S. 2092

Wilsing, Hans-Ulrich/*Illert*, Staffan: § 22 WpHG 1/11 Kurzkommentar zu BGH, Urt. v. 19.7.2011, in: EWiR 2011, S. 789

Witt, Carl-Heinz: Die Änderungen der Mitteilungs- und Veröffentlichungspflichten nach §§ 21 ff. WpHG durch das geplante Wertpapiererwerbs- und Übernahmegesetz, in: AG 2001, S. 233

Witt, Carl-Heinz: Die Änderungen der Mitteilungs- und Veröffentlichungspflichten nach §§ 21 ff. WpHG und §§ 20 f. AktG durch das Dritte Finanzmarktförderungsgesetz und das „KonTraG“, in: WM 1998, S. 1153

Witt, Carl- Heinz: Regelmäßige „Wasserstandsmeldungen“ – unverzichtbarer Bestandteil eines künftigen Übernahmegesetzes, in: NZG 2000, S. 809

Witt, Carl-Heinz: Vorschlag für eine Zusammenfügung der §§ 21 ff. WpHG und des § 20 AktG zu einem einzigen Regelungskomplex, in: AG 1998, S. 171

Zetsche, Dirk A.: Against Mandatory Disclosure of Economic-only Positions Referenced to Shares of European Issuers – Twenty Arguments against the CESR Proposal, in: EBOR, Volume 11, 2010, Nr. 2, S. 231

Zetsche, Dirk: Challenging Wolf Packs: Thoughts on Efficent Enforcement of Shareholder Transparency Rules, abrufbar unter: http://ssrn.com/abstract=1428899 (Abruf: 26. März 2016)

Zetsche, Dirk: Continental AG vs. Schaeffler, Hidden Ownership and European Law – Matter of Law, or Enforcement?, abrufbar unter: http://ssrn.com/abstract=1170987 (Abruf: 26. März 2016)

Zetsche, Dirk: Die Europäische Regulierung von Hedgefonds und Private Equity – ein Zwischenstand, in: NZG 2009, S. 692

Zetsche, Dirk: Hidden Ownership in Europe: BAFin's Decision in Schaeffler v. Continental, in: EBOR, Volume 10, 2009, Nr. 1, S. 115

Zetsche, Dirk: Verdeckter Anteilsaufbau in börsennotierten Aktiengesellschaften – rechtspolitische Handlungsbedarf?, in: Statuts Recht 2008, S. 276

Zöllner, Wolfgang/*Noack*, Ulrich (Hrsg.): Kölner Kommentar zum Aktiengesetz

– Band 1, §§ 1–75 AktG, 3. Aufl., Köln 2011 (zitiert: Kölner Kommentar, AktG)

www.ingramcontent.com/pod-product-compliance
Ingram Content Group UK Ltd.
Pitfield, Milton Keynes, MK11 3LW, UK
UKHW021909290926
8980IPUK00015B/1158

9 783631 742198